电力现货市场101问

国家电力调度控制中心　组编

中国电力出版社
CHINA ELECTRIC POWER PRESS

内 容 提 要

在以新能源为主体的新型电力系统建设过程中，为稳步推进电力现货市场规范建设与运营，加强现货市场人员知识储备和培养，国家电力调度控制中心组织编写了《电力现货市场 101 问》，以问答形式讲述了一系列电力现货市场原理性问题和国内现货市场建设普遍关注的特有问题。

本书共分三章：第一章主要介绍电力现货市场基本概念及电网运行和现货市场运营的基础知识；第二章主要解答国内电力现货市场建设中可能遇到的若干关键和疑难问题；第三章重点介绍电力现货市场技术支持系统功能设计与开发相关内容。

本书可为电力市场从业人员答疑解惑，也可供从事电力市场规划设计、运营、技术开发及科研、教学人员培训使用。

图书在版编目（CIP）数据

电力现货市场 101 问 / 国家电力调度控制中心组编. —北京：中国电力出版社，2021.10（2025.12 重印）
ISBN 978-7-5198-5810-0

Ⅰ. ①电… Ⅱ. ①国… Ⅲ. ①电力市场–中国–问题解答 Ⅳ. ①F426.61-44

中国版本图书馆 CIP 数据核字（2021）第 142866 号

出版发行：中国电力出版社
地　　址：北京市东城区北京站西街 19 号（邮政编码 100005）
网　　址：http://www.cepp.sgcc.com.cn
责任编辑：陈　倩（010-63412512）
责任校对：黄　蓓　朱丽芳
装帧设计：张俊霞
责任印制：石　雷

印　　刷：三河市万龙印装有限公司
版　　次：2021 年 10 月第一版
印　　次：2025 年 12 月北京第十五次印刷
开　　本：787 毫米×1092 毫米　16 开本
印　　张：17.5
字　　数：399 千字
印　　数：28501—29500 册
定　　价：68.00 元

序　言

回首我国电力工业跨越式发展的辉煌历程，我们深切体会到这一切完全得益于改革开放。以集资办电为标志的电力投融资体制改革、以政企分开为标志的电力管理体制改革、以厂网分开为标志的电力工业体制改革极大地解放和发展了生产力，也真正完善了“放开两头、管住中间”的体制条件。不断深化的电力市场化改革，有力促进了电力行业从外延到内涵的全面快速发展，有效满足了社会经济进步对电力质和量的广泛需求，我国的电网规模和发电能力均已跃居世界第一，成就斐然。在电力市场化改革的道路上，符合我国国情的市场建设探索持续不断，相继开展了竞价上网、大用户与发电企业直接交易、节能发电调度、发电权交易、跨省区电能交易等方面的试点和探索，电价形成机制逐步完善，电力市场化交易取得重要进展，市场交易电量占比超过 50%，初步形成了电力市场主体多元化竞争格局，为电力市场建设的深入开展积累了宝贵经验。

我国《关于进一步深化电力体制改革的若干意见》（中发〔2015〕9 号文）印发后，新一轮电力市场化改革加速推进，步入了一个全新的发展阶段。在政府主管部门的主导下，国家电网有限公司积极推进电力市场建设，跨省区富余可再生能源电力现货交易平稳运行，有效缓解了清洁能源消纳压力，公司范围内 6 家省级电力现货市场试点单位因地制宜，全部实现整月结算试运行，辅助服务市场范围不断扩大，实现了除西藏自治区以外的全覆盖，市场优化配置电力能源资源的格局初步形成。

我们已经走在正确的道路上，然行百里者半九十，电力市场建设之路绝非坦途，不可能一蹴而就，需要我们潜心研究、扎实工作。当前，随着构建以新能源为主体的新型电力系统目标的提出，“电力市场化建设”被赋予了新的要求和任务，“十四五”期间，以促进优化电力能源结构、提高能源效率、促进节能减排、促进用能转型、有效保障供给、实现高质量发展为目标的新的电力现货市场建设必将全面展开，如何建设和运营好这一新型市场，毋庸讳言，这对我们将是必须回答、而且必须回答好的难新历史命题。面对新形势、新挑战，深化电力现货市场建设必须紧扣能源转型要求和国情客观实际，遵循电力系统的基本原理和技术规律，以确保电网安全运行和电力可靠供应为基本前提，以促进能源清洁低碳转型为重要目标，坚持因地制宜、实用高效，做好不同时间尺度、不同标的交易的电力市场的衔接和贯通，加快构建有中国特色的电力市场体系和现货市场交易模式，助力国家推动经济高质量发展、构建新发展格局和碳达峰、碳中和等战略目标落实。为此，我们需要做好思想、组织、技术、制度和知识的全方位准备。

电力市场建设是集政治、经济、技术为一体的系统工程，纵观世界各国、各地区电力市场的发展演进，千变万化，无一不是随着时间和内外部环境的变化而不断调整完善，也因此使得电力市场呈现得纷繁复杂。不积硅步无以至千里，要深刻了解电力市场的精髓，就需要从电力市场的基本原理和普遍规律入手，把握电力市场的实质和要义，并以此结合客观实际，认识和践行未来的新型电力系统对应的电力市场。问题是带领我们走出困境的最好向导，为更好地贯彻落实国家重大决策部署和深化市场改革相关要求、稳步推动我国电力现货市场规范建设，国家电力调度控制中心组织编写了本书，以问答的形式解答了一系列电力现货市场建设中普遍关注和应知应会的基础性、原理性问题。本书充分借鉴国外典型电力市场建设的运营经验，全面梳理和阐述了电力市场理论体系，揭示了电力市场建设的普遍规律和共性特征；同时，立足我国电力市场实际，系统总结了目前电力现货市场试点运行的实践做法和宝贵经验，为服务我国电力现货市场建设、加强经验传承和完善提升打下坚实基础。

我国特有的国情、网情决定了我国现货市场建设不能照搬照抄国外模式，必须走具有中国特色的现货市场建设道路。作为我国第一批现货市场试点经验的总结，本书值得国内现货市场建设、运营和参与者学习和参考，以便后续市场建设的快速铺开和健康运营。

陈国平

2021 年 9 月

前　言

当前，随着电力市场化改革的不断深化，我国电力现货市场正在有序推进和建设中，国内 8 个试点省均已完成整月结算试运行，市场运营水平逐渐提高，并取得了初步成效。但我们也意识到，一方面，对市场有深刻认识并具备丰富实践经验的现货市场相关人员十分匮乏，迫切需要迅速提高市场参与者对电力现货市场的深刻认识和实践水平；另一方面，尽管有关电力市场的书籍林林总总，但一线运行人员在运营过程中遇到实际问题却难以从中迅捷简便地寻得满意的答案。有鉴于此，本书力图比较完整地解答电力现货市场建设运营中大家普遍关注的问题，以期为电力市场从业人员答疑解惑，助其快速理解电力现货市场运营关键问题和核心技术。本书也可供从事电力市场规划设计、运营、监管及科研、教学人员认识和了解相关问题。

为使本书涉及问题更具针对性和实用性，国家电力调度控制中心（简称国调中心）组织相关科研和试点单位、电力市场主体及部分大专院校，通过访谈、座谈、问卷调研等途径，广泛搜集关于电力现货市场亟待解答的问题，从收集到的众多问题中梳理并遴选了 101 个问题，邀请权威专家和一线电力市场工作人员作答，并多次集体讨论修改推敲，精心编辑形成本书。全书分为三章：第一章主要介绍电力现货市场基本概念及电网运行和现货市场运营的相关知识，试图厘清现货市场的脉络和容易混淆的重要概念；第二章主要解答国内电力现货市场建设中的若干关键和疑难问题；第三章重点介绍电力现货市场技术支持系统，包括系统设计原则、主要功能、第三方校核、技术要求及相关技术问题等。本书在编写过程中，注重对我国现行相关政策文件的解读，书后附有电力体制改革政策文件。

本书约 30 万字，涉及内容较多，对于一般读者，完整、系统地阅读全书可能会需要一定精力和时间。为方便读者快速有效地阅读本书，在编写过程中，我们对问题进行了适当的分类，大多数问题包含若干子问题，形成一个“问题集”。在具体回答每个问题时，也尽量注重其独立性和完整性，使得读者阅读完一个问题后，就可以形成一个比较清楚完整的认识。在具体使用过程中，读者也可以根据特定需要，直接查找相关感兴趣的问题。

本书由国调中心牵头，南瑞集团，中国电科院，国网能源院，国网浙江、甘肃、山西、山东、福建、四川电力等单位参与编写，郭国川教授全程给予指导，全书的设问由南瑞集团协助整理。第一章由国调中心、南瑞集团和中国电科院编写；第二章由国调中心，国网能源院，国网浙江、甘肃、山西、山东、福建、四川电力编写；第三章由南瑞集团和中国电科院编写。本书参考和借鉴了大量国内外电力市场的研究实践成果和著述，特此感谢！

本书编写过程中清华大学陈启鑫教授、华北电力大学张粒子教授和张洪教授、东南大学张凯锋教授和王蓓蓓教授、国家能源局南方监管局王志军、华东网调胡朝阳等专家、学者和一线人员也给出了宝贵建议，中国电力出版社陈倩编辑在本书编辑和校稿过程中做了大量卓有成效的工作。在此，对以上单位和人员付出的辛勤劳动表示感谢！

由于时间仓促和编写人员水平所限，疏漏之处在所难免，恳请读者批评指正。

编　者

2021 年 9 月

目　录

第一章

电力现货市场基础

1. 什么是电力市场？电力市场与普通商品市场有哪些差异？电力市场有哪些特征？

（1）电力市场的概念。

我国关于电力市场的权威解释始见于《中国电力百科全书 电力系统卷（第二版）》。电力市场的定义为基于市场经济原则，为实现电力商品交换的电力工业组织结构、经营管理和运行规则的总和。电力市场又是一个具体的执行系统，包括交易场所、交易管理系统、计量和结算系统、信息和通信系统等。上面从组织和实操两个维度对电力市场进行了描绘。

通常电力市场包括广义和狭义两种含义。比照商品市场的一般定义，广义的电力市场泛指电力流通交换的领域。按照该含义，自电力作为商品实现交换之日起，电力市场就已经存在。当今在涉及市场规模和范围的语境下，运用的便是广义电力市场的概念。广义的电力市场有着明确的地域和容量指向，电力市场的地理边界可能差异很大，例如单一州（省）域内的电力市场，或者整个国家的电力市场，乃至跨国的电力市场。而这种地理边界受限于电网的覆盖范围，由于电网是电力传输的唯一通道，故多大范围的电网才可能有多大范围的电力市场；电力市场容量也同样存在很大的差异。

狭义的电力市场是指现代竞争性的电力市场，《中国电力百科全书》定义的电力市场即为狭义的电力市场，建立电力市场旨在通过开放、竞争等市场手段实现电力能源资源的优化配置。所谓基于市场经济原则主要是指电能生产者和使用者本着公平竞争、自愿互利的原则，通过协商、竞价等方式，就电能及其相关产品进行交易，通过市场竞争确定价格和数量的市场原则。目前广泛讨论的电力市场，除特殊语境下，通常都是指狭义的电力市场。

之所以称之为狭义的电力市场，主要原因有二。

1）专指现代电力市场。狭义的电力市场兴起于20世纪80年代，是在电力作为商品出现的百年之后，而这百年间，广义电力市场的形态发生了曲折的变迁。电力工业初创期的电力领域是以残酷的市场竞争形态出现的，既有生产方式的竞争（交流与直流之争），也有垂直一体化模式下的电力企业之间抢占市场范围和争夺同一服务地域内的用户之争。这种竞争，一方面有力推动了电力工业的技术进步；另一方面，却也限制了规模经济效益的发挥，并因重复建设等过度竞争而造成资源浪费。因此，20 世纪初，电力业态很快从无序竞争状态演变为政府管制或企业自律下的垄断市场形态，尤其是在二次世界大战之后，鉴于恢复经济的需要，大多数国家都采取国家垄断的模式。直至 20 世纪末，随着电网的发展和技术的进步，电力规模经济的低垂之果几乎已消耗殆尽，加之市场垄断造成的效率低下日渐凸显，且诸多国家政府电力财政补贴的负担日趋沉重，电力处于前所未有的困境，而这一时期，同为垄断行业的航空、石油、天然气、电信等产业的改革取得了令人瞩目的成就，催生了电力工业以建立电力市场为取向的市场化改革，而建立电力市场仅限于在可竞争环节引入竞争，因此也赋予了电力市场现代的含义。

2）专指电力商品流通交换的场所、空间及其机制。尽管狭义的电力市场内含电力商品交换所在地、购买方针对性、持续时间、交易流程、政府监管、价格机制、交易合规性、投机强度、市场规模、产业集中度、交易不对称性、波动性等诸多方面并可能有所延伸，涉及电力工业的结构重组和规则重构等内容，但均没有超越电能生产者和使用者之间的交易活动及为满足该交易活动所需的其他活动的范围。

鉴于实现电力能源资源的优化配置局限于交换环节，国内有专家学者提出了“泛电力市场”的概念，即在狭义电力市场的基础上，将电力市场化改革领域拓展到规划、投融资、碳交易、环境约束等环节，以实现电力生产、交换相关上下游环节的全链条市场化。

电力市场作为电力工业市场化改革的目标模式，因其改革的动因和目标取向不同，以及市场外部环境的差异，呈现出显著的多样性，也使其结构显得格外复杂。世界各地的电力市场，既没有统一的标准供引用，也没有通用的模板可复制，需要结合各自的国情、民情和网情建设和运营。总体上，电力市场有批发市场（wholesale market）与零售市场（retail market）之分。一般而言，电力批发市场可以按市场性质、交易品种、交易时间、竞争模式等维度进一步细分，各分类市场的知识将在后续问题讨论中详述。

（2）电力市场和普通商品市场的差异。

电力市场相较于普通商品市场具有显著的特殊性，归根到底就在于电力商品与其他一般商品的差异性。电力商品本质即电能，与其他商品最本质的差异在于其自然属性和社会属性。

电力商品具有无仓储性。电能的生产、交割和消费几乎是同时完成的，其交割速度远快于一般商品，因此也不存在一般商品一手交钱一手交货的交易方式。

电力商品具有同质性。电能不带有任何生产者的标识，电能生产者将生产的电能输入电网，即完成了生产过程；而电能的使用者也只能从电网获取所需数量的电能，电能生产者和消费者间可以达成交易，但在电能实际生产和消费过程中不存在对应性。

电力商品具有可预测性。电能需求在较长周期内会以日或周为单位呈现周期性波动，一定程度上抑制了投机行为，但也增加了市场主体滥用市场力的可能性。

电力商品具有生产资料和生活资料的双重属性，因此它既关系国计，又关系民生。电力市场既是生产资料市场，又是生活资料市场，还是十分典型的无仓储公共市场。

（3）电力市场的特征。

电力商品较之其他商品的特殊性，使得电力市场具有明显的特征。要深入了解电力市场的特征，首先需要了解电力工业的技术特征。电力工业具有如下独特的技术特征。

1）快速性：① 发、供、用瞬时完成，这是电力的基本特征，也是电能生产的特点，致使生产者不能自主确定生产计划；② 整个系统参数（电压、电流、相角）快速变化，市场难以及时反应；③ 服从基尔霍夫第一定律（电流节点定律），即在任何一个集总参数电路中的任一节点，在任一时刻通过该节点的所有支路电流的矢量和恒等于零，决定了电力市场的无仓储性，电能不可能大量储存，化学储能、飞轮储能、抽水蓄能电站均不是储存电能，而是把电能转换成另一种形式的能量储存起来。另外，电力工业的快速性还表现在电力系统中元件的投退都是在瞬间完成，从一种运行工况过渡到另一种运行工况的过程十分短暂，也使得电力系统事故的传播极其迅速。

2）网络性。电力的输送会受到网络覆盖范围的限制：① 大功率的电能传输在现阶段或相当长的时间内只能通过电力网络来实现；② 服从基尔霍夫第二定律，即在任何一个集总参数电路中任何时刻，沿任一回路所有支路电压的矢量和恒等于零，它揭示了网络的封闭性和整体性。网络性带来了电力市场的规模效应和输配电环节的自然垄断性。

3）稳定性（安全性）。主要表现为电力系统的稳定性，分为功角稳定、电压稳定和频率稳定。从威斯汀豪斯建立的交流系统开始，电力系统就确立了同步运行的原则。如果不同步，就会发生振荡，而电力系统一旦发生了振荡，就意味着特大事故，它的破坏性可能导致网络内所有机组停运、用户断供。电力系统的安全是公共安全，电力系统各个运行主体共担安全责任的特殊使命。

4）协调性。上述三个特性客观上要求保持电力系统各环节运行的协调性和系统的整体性，它使电网调度尤为重要，我国通过国务院颁布《电网调度管理条例》以维护电网调度的权威性，目的在于确保电力系统的安全、优质、经济运行。在电力市场环境下，系统运行协调难度加大，电网调度的地位和作用也更加突出。

上述特性共同促进了电力工业的高自动化和信息化，而高自动化和信息化又使得现代竞争性电力市场的建设成为可能。

电力工业的技术特征和电力商品的特殊性，导致了电力市场的固有特征。

1）电力市场服务的广泛性及其产品的不可替代性。电力需求与国民经济的发展呈现显著的正相关性，电力与社会经济的紧密联动性决定了电力市场的社会性和重要性，电能既然是商品，就必须遵循市场规律，它的价格就要遵循价值规律，但又要顾及社会的承受能力。

2）电力市场具有网络产业特性。无仓储性的市场供需关系以及整个销售的网络性特征，既是市场特征，也是技术特征。因此，电力市场的建设和运营，不仅需要从社会、政治、经济等方面全方位考虑，更需要遵循电网运行的客观规律，充分考虑电力工业的技术特性。

3）电力市场与环保的关联性。电力市场具有明显的经济外部性，电力市场与气候环境之间的关联性表现在电力的供给与对电能的需求两方面。科学有序的电力市场，有利于降低发电煤耗，有利于充分利用清洁能源，有利于引导用户合理消费电能。

电力市场是电力工业市场化改革的产物，迄今为止，所有的电力市场都处于不断完善的进程中，所以对电力市场的认识也需要与时俱进。

2. 什么是电力市场体系？电力现货市场在电力市场体系中的地位和作用是什么？

（1）电力市场体系的概念。

一般而言，电力市场体系是由政府监管下各类电力细分市场有机组合而成的群体系统，包括为构建各细分市场有机结合而建立的各关联机制。换言之，完整的电力市场通常由多个部分（子市场）共同构成，各子市场的集合即为电力市场体系。每个细分市场因其市场构架、市场主体、交易对象、交易类型、价格形成机制不同而彼此独立又相互关联。因此，电力市场体系中的各类市场相互联系、相互制约，推动整个能源电力经济的发展。

习近平总书记在 2014 年 6 月中央财经领导小组第六次会议上提出“四个革命，一个合作”能源安全新战略，提到“推动能源体制革命，打通能源发展快车道。坚定不移推进改革，还原能源商品属性，构建有效竞争的市场结构和市场体系。”因此，培育和发展统一、开放、竞争、有序的电力市场体系，是我国电力体制改革的目标取向。

我国电力市场体系的统一性包括电力市场框架、目标取向、交易方式的基本统一，也包括市场空间上的相对完整统一。从体系构成上看，它既包括商品市场，也包括服务市场；既包括批发市场，也包括零售市场；既包括实物市场，也包括金融市场。每一类市场均按照统一的原则细分，以电能量等为标的物的实物市场为例，既包括电力现货市场，也包括电力中长期市场、电力辅助服务市场以及发电容量市场（或补偿机制）、输电权市场（电力市场体系总体构成和细分参见问题 3）。从空间上看，各种类型的市场在其地域内是一个统一整体，可以从一个省（自治区、直辖市）起步，逐步实现跨省乃至全国的统一，并努力消除行政分割与封闭状态。

我国电力市场体系的开放性既指各类市场要对合规市场主体的无歧视性开放，也指各局部市场之间要相互开放，并按市场提供的价格信号来配置资源，以达到更大范围优化配置电力能源资源的目的。

我国电力市场体系的竞争性是指在电力工业领域的可竞争环节，充分引入竞争，鼓励和保护各市场主体的平等竞争，保障电力价格主要由市场决定，电力消费者自由选择、自主消费，电力生产者自主经营、公平竞争。通过公平竞争促进电力各生产要素的合理流动和优化配置，并实现电力能源经济的高质量发展；同时，由于电力是一种生活资料，电力市场体系的建立需要在鼓励平等竞争的基础上，重点关注普遍服务问题。

我国电力市场体系的有序性是指各类电力细分市场建设的协同性和运营的规范性。电力各类市场的紧密关联性，客观上要求其建设要协同推进，方能发挥市场优化配置资源的功能；电力可靠供应关系国计民生，电力安全关系公共安全及国家安全，各类电力市场都必须在国家法令和政策规范的要求下，按照政府主管部门制定的市场规则有序、规范地运营。

我国《关于进一步深化电力体制改革的若干意见》（中发〔2015〕9号文）（简称中发9号文）明确规定深化电力体制改革的指导思想和总体目标包括：“全面实施国家能源战略，加快构建有效竞争的市场结构和市场体系，形成主要由市场决定能源价格的机制，转变政府对能源的监管方式，建立健全能源法治体系，为建立现代能源体系、保障国家能源安全营造良好的制度环境，充分考虑各方面诉求和电力工业发展规律，兼顾改到位和保稳定。”

电力市场体系的系统性在电力市场建设中尤其重要，不仅体现在各类电力细分市场构成的科学性方面，也包括为建立各细分市场有机结合而建立的各关联机制的协调性。

各细分市场关联机制的核心是价格机制。我国电力市场建设与电力价格改革作为电力体制改革的两条主线分头推进，但各类市场建设无一不涉及价格机制建设，各类功能或互补或互斥，价格相互影响，且一段时间内可能存在市场机制与政府管制价格机制并存的状况，一旦相互矛盾，势必制约市场化改革的推进，致使市场机制优化配置资源、发现价格和促进新能源消纳的作用难以充分发挥，亟须从电力市场体系的高度，整体解决好电价改革与各细分市场价格机制之间的关系问题。

电力市场体系主要在普遍服务机制方面兼顾效率与公平，强调电力的“准公共品”（公益）属性，目标是推进基本公共服务均等化，逐步实现共同富裕。这既是由我国社会主义制度决定的，也是我国现代化经济体系的重要标志。普遍服务关注电力用户侧，具有承担电力普遍服务、电力保底服务等服务功能。

电力市场体系建设的出发点是清洁高效，习近平总书记在2014年6月中央财经领导小组第六次会议上提出：“推动能源供给革命，建立多元供应体系。立足国内多元供应保安全，大力推进煤炭清洁高效利用，着力发展非煤能源，形成煤、油、气、核、可再生能源多轮驱动的能源供应体系，同步加强能源输配网络和储备设施建设。”“推动能源技术革命，带动产业升级。立足我国国情，紧跟国际能源技术革命新趋势，以绿色低碳为方向，分类推动技术创新、产业创新、商业模式创新，并同其他领域高新技术紧密结合，把能源技术及其关联产业培育成带动我国产业升级的新增长点”。因此，绿色低碳发展是电力市场体系建设应有的内涵。在促进碳达峰和碳中和的前提下，建设包括价格补贴、配额制、绿证交易等政策措施的可再生能源电力消纳机制及发电容量成本回收机制等，实现绿色、低碳、可持续发展，把生态文明建设融入电力市场体系建设中。

（2）电力现货市场在电力市场体系中的地位和作用。

电力市场体系建设是一项系统工程，世界上绝大多数电力市场都是以电力现货市场建设起步。电力现货市场因其特殊性和复杂性，在电力市场体系中具有重要的地位和作用。

由于电力现货市场是实现电力实物交割的终极市场，它在整个电力市场体系，特别是电能量交易子系统中起着核心的作用，客观上要求电力中长期市场、电力辅助服务市场以及发电容量市场（或补偿机制）、输电权市场与现货市场的模式相适应，或者说，多数细分市场是因配套现货市场而建设的。

迄今为止，电力现货市场并没有一个十分统一、明晰的界定（将于问题4深入解答），达不到实物商品通行一手交钱、一手交货的现货交易程度，但其原理和机制已获得普遍共识。简而言之，电力现货市场是以实现电能量交割为目的，以集中竞价为交易方式，以较短时间为交易周期的电能交易市场，其要点首先要具有实物交易的属性，其次，交易与交付的时间要尽可能短。具体而言，为安排次日（或未来24h）发用电计划而组织的日前电力交易市场、为实现日内发用电计划滚动调整而组织的日内电力交易市场以及为保证电力供需的即时平衡而组织的实时（平衡）电力交易市场，通常被视为电力现货市场。

电力现货市场的重要特征是价格随时间波动。这源于电力系统运行特性：① 电能发用需要实时平衡；② 由于用电负荷在一天内存在显著的峰谷波动性，大幅的峰谷差导致现货市场产生较大的价格差，在可再生能源占比大的市场，现货市场价格的波动幅度将更大。这一特征致使通过市场发现价格成为可能，因此，在以现货市场电价为基础的电力市场中，电价可作为一个强有力的信号，用以调节和优化电力系统运行的可靠性和经济性。但这种波动性同时也带来了价格风险规避的问题，由此也派生出一系列关联的细分市场。

电力现货市场之所以在电力市场体系中发挥核心作用，集中表现在具有以下功能：

1）发现价格、引导供需。可真实反映电力商品在时间和空间上的供需关系，引导发用电资源响应市场价格波动，提升电网调节能力、缓解阻塞，同时为中长期交易提供价格风向标。

2）促进竞争、优化配置。以集中出清的手段促进了电量交易的充分竞争，实现了电力能源资源的高效、优化配置。

3）保障运行、管理阻塞。电力系统的物理属性和电力市场的经济属性紧密结合，形成与电力系统运行相适应、体现市场成员意愿的交易计划，为阻塞管理和辅助服务提供调节手段和经济信号。

4）引导规划、量化决策。分区、节点电价能够给出位置信号，有效引导电源、电网的合理规划，为建设投资提供量化决策依据。

但电力现货市场也有其局限性，需要相关细分市场同步建设，构筑完备的电力市场体系，共同形成市场优化配置电力资源的合力。

与现货市场强相关的是电力辅助服务市场。它是指为维护电力系统的安全稳定运行，保证电能质量，除正常电能生产、输送、使用外，市场内交易由并网发电厂或电力用户等市场主体提供的电力服务产品（详见问题6）。可以说，它是辅助于电能量市场的一种特殊市场，兼具实物和服务市场的双重特征，既体现在功能上支撑现货市场运营，保障电力系统安全运行和电能质量，又体现在价格上反映现货市场的机会成本，是现货市场不可或缺的互补性市场。

与现货市场时序上相衔接的是电能量中长期市场（详见问题5），它指符合准入条件的发电厂商、售电商、电力用户和独立的辅助服务提供主体等市场交易主体，通过自主协商、集中竞价等市场化方式，开展的多年、年、季、月、周等日以上的电力交易。电能量中长期市场交易结果是否作为现货市场的交易基础，决定了现货市场的模式。无论采用何种模式，现货市场与电能量中长期市场均通过市场价格密切关联，现货市场价格是中长期市场交易价格的参考，不存在脱离电力现货交易的中长期市场的价格发现。电能量中长期市场是规避现货市场价格风险的重要途径，二者相得益彰。

现货市场的价格形成机制客观上要求相应的发电容量市场与之相配套。发电容量市场是指以可靠性装机容量为交易标的物的市场（详见问题 8）。电力现货市场出清是基于边际成本定价的，因此部分发电厂商单纯靠现货市场难以回收其全部投资和运营成本，需建立容量成本补偿机制，用于吸引电力投资，保障长期电力供应的充裕度。

现货市场的输电阻塞管理，派生出特定的输电权市场（详见问题 9）。输电权有物理输电权（physical transmission right，PTR）和金融输电权（financial transmission right，FTR）之分。前者使购买方获得输电通道的使用权；后者在输电通道发生阻塞时，使购买方获得输电阻塞成本补偿的收益权。输电权市场机制取决于现货市场采取的定价机制和输电阻塞管理机制，在实行节点边际电价（locational marginal price，LMP）的现货市场中，金融输电权市场是必不可少的。

电力市场体系是一个十分庞大的系统，涉及电力工业的各个环节和电力经济的各个方面，推进电力市场建设，需要规划电力市场体系建设的总体方案，通过顶层设计，分层组织，分步实施，协调推进，以实现能源革命的战略目标。

3. 电力市场有哪些划分维度？具体如何划分？

如前所述，电力市场体系实质是电力市场交易体系，包括市场主体、交易对象、交易类型、价格形成机制等方面。完备的电力市场通常由多个部分（子市场）共同构成，各子市场相互联系、相互制约，共同形成合力，推动整个能源电力经济的发展。

电力市场体系中各类市场的划分有不同的维度，一般有交易数量和额度、市场性质、交易品种、时间、竞争模式等维度，如图 1－1 所示。

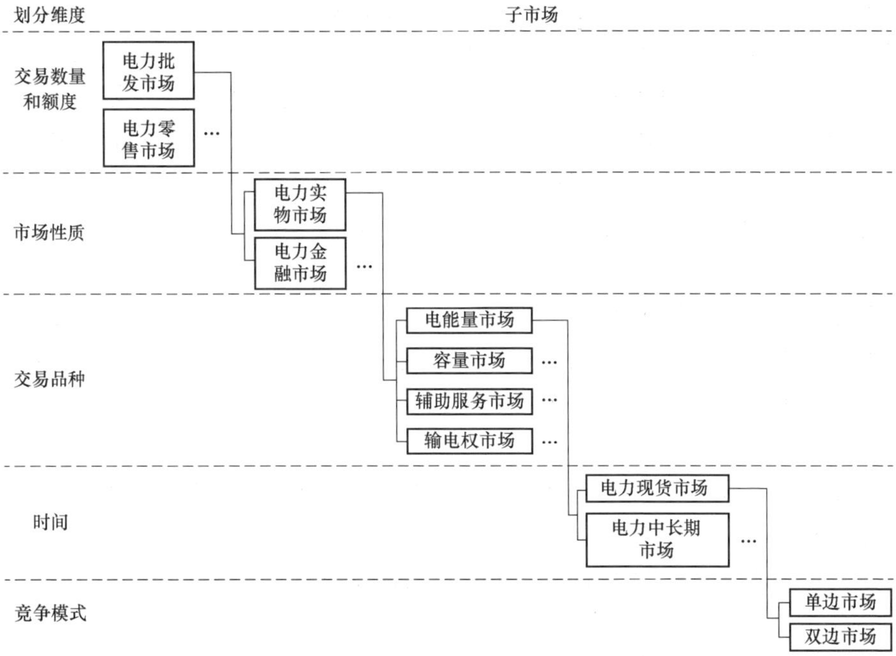

图 1－1　电力市场划分示意图

（1）交易数量和额度。

电力市场总体上可以划分为电力批发市场和电力零售市场两大类。世界上多数地区的电力市场建设都是从建立竞争性电力批发市场起步的，仅有少数是从建立竞争性电力零售市场开始的，但终极目标都是逐步形成竞争性的批发和零售市场。

1）电力批发市场。发电企业与大用户之间开展大宗电力商品直接交易的行为一般称之为批发，对应的市场为电力批发市场，其交易电量和功率较大。电力批发市场的市场交易主体一般包括发电企业、供电公司、售电企业（代理不直接参与电力批发市场的电力用户）、电力大用户和电力交易商。发电企业卖电，供电公司、售电企业、电力大用户和电力交易商买电。

2）电力零售市场。供电公司、售电商面向终端用户的销售行为一般都称之为零售，其交易电量和功率相对较小。对应的电力零售市场界定为供电公司、售电商和中小用户（以及不愿意参与电力批发市场的大用户）之间进行电力交易的市场。供电公司、售电商通常通过电力批发市场由发电企业处购买电能，再通过电力零售市场向终端用户出售电力商品。

（2）市场性质。

电力市场按其市场性质可分为实物市场与金融市场。一般而言，实物市场与金融市场可以通过按产品类型和市场主体的意图两个方面加以辨识。电力实物市场建设几乎是各国各地电力市场建设的重心，建设运营中普遍接受电力行政主管部门或监管机构的监管；电力金融市场严格意义上要接受金融监管机构的监管。

1）电力实物市场。

实物市场，业界也有译之为物理市场（physical market）的，它是以电能量及其相关服务产品交割为目的的各类细分市场的总和，包含电力生产、传输等环节相关的自然资源、基础设施、市场制度和市场主体，同时也包含实体商品的交易、交割及结算等。由于电力实物市场涉及电力实物商品的交割，因此实物市场的交割通常涉及实物商品的生产与输送环节，电力实物市场的范围受电网覆盖范围的严格制约。后续讨论的各类细分市场，若无特别说明，均属于实物市场的范畴。

2）电力金融市场。

电力金融市场涉及能源电力衍生出的金融产品的交易行为，具有金融衍生属性，包括市场结构与相关的制度安排、市场主体、产品与交易，同时也具备其特有的供求驱动因素。电力金融市场合同通常不涉及电力实物商品的交割，取而代之的是现金的交割（详见问题 10）。

电力金融市场一般参照金融市场期货、期权交易的基本原理进行期货、电力期权等电力金融衍生品的交易，具体包含交易主体、交易标的以及交易规则三个方面的内容。交易主体可以为从事电力金融交易的机构和个人，只要符合章程规定，一般无地域的限制；交易标的主要是电力金融衍生品，目前常见的电力金融衍生品合约主要有电力期货合约、电力期权合约等；交易规则主要包括了电力金融衍生品交易的结算规则、信息披露规则、风险控制规则、价格形成规则等。

电力金融市场是电力实物市场的完善与补充，能够吸引广泛的市场主体，增强电力市场的竞争性，增加市场的流动性，辅助发现电力市场真实的电力现货价格，为电力实物市场，尤其是现货交易提供所需的风险控制。

（3）交易品种。

电力批发市场按其交易标的物的不同，一般可分为电能量市场、发电容量市场、电力辅助服务和输电权市场，各类市场相互联系、相互制约。

1）电能量市场。

电能量市场（也称能量市场）是电力市场中以有功功率电能量为交易标的物的市场，后文将予详述。

2）发电容量市场。

发电容量市场是指以可靠性装机容量为交易标的物的市场。容量市场的主要目的是保证系统总装机容量的充裕性，并为提供了可靠装机容量的机组给予必要的补偿。鉴于理想电力现货市场出清是基于边际成本定价的，在某些特定市场规则下，部分发电厂商单纯靠现货市场难以回收其全部投资和运营成本，需建立容量成本补偿机制，用于吸引电力投资，保障长期电力供应的充裕度。因此，发电容量市场实质上是对能量市场的有效补充，可在一定程度上帮助投资主体收回在能量和辅助服务市场不能完全回收的成本（详见问题 8）。

3）电力辅助服务市场。

电力辅助服务指为维护电力系统的安全稳定运行、保证电能质量，除正常电能生产、输送、使用以外，由发电厂商、电网企业和电力用户等提供的服务。常见的电力辅助服务品种包括调频、备用、调压、黑启动等。相应地，电力辅助服务市场是指以调频、备用等各类辅助服务为交易标的物的市场，据此，电力辅助服务市场又进一步分为调频市场、备用市场、黑启动市场等。随着细分程度提高，辅助服务的品种还在不断创新。

电力辅助服务市场应当是伴随电力现货市场建设的一类特殊的辅助类市场。由于我国电力现货市场建设相对滞后，为解决提供辅助服务的公平问题，原国家电监会 2006 年底颁布了《并网发电厂辅助服务管理暂行办法》《发电厂并网运行管理规定》。我国六个区域分别结合本区域内电源、负荷和网络结构等实际情况，制定了相应的“两个细则”，之后陆续建设了各种辅助服务专项市场（如调峰市场、备用市场、调频市场），为我国电力辅助服务市场化做出了特别贡献。但本质上，“两个细则”确定的机制仅是一种辅助服务提供主体之间相互补偿的机制，而不是通常意义下提供者与使用者之间的市场机制。随着电力现货市场的建设发展，原来电能量与辅助服务一体的综合定价机制须相应解绑，对应的辅助服务补偿机制也应过渡为辅助服务市场机制。

为完成碳达峰和碳中和的历史使命，今后一个时期，风电、太阳能等新能源发电装机容量和比重势必快速增加，热电厂供热和发电、新能源消纳与电力可靠供应、新能源波动性与电力调节能力的矛盾日益突出，电力灵活性资源稀缺性日趋严重，电力辅助服务市场建设的紧迫性日渐凸显。

电力现货市场与电力辅助服务市场的运营主体具有天然的统一性，二者应当作为一个整体同步推进建设（详见问题 7）。

4）输电权市场。

输电权市场是以网络的输电权为标的物进行交易的市场。输电权有物理输电权、金融输电权。物理输电权是指输电权持有者拥有在约定时段内，通过输电网络中约定的输电线路或断面输送一定功率电力的权利。金融输电权是一种在日前市场中让市场主体抵消输电阻塞成本的合同，严格意义上属于金融市场范畴。金融输电权可保障其持有者在特定的输电路径上抵消因输电阻塞而产生的成本。

（4）时间维度。

电能量批发市场按其交易周期长短，通常可分为电力现货市场和电能量中长期市场（专指实物交易属性的电力中长期市场）。世界上多数地区的电力批发市场建设都是从建立电力现货市场或配套建设现货与中长期市场起步的。

关于按照电力交易的时间维度划分，中发9号文最初将电力交易类型分为中长期电力交易、短期和即时交易。之后，中发 9 号文配套文件中将短期和即时交易合并为现货交易，因此电力市场分为中长期市场和现货市场，与通常的分类相同。

1）电力现货市场。

电力现货市场可以定义为安排次日（或未来24h）发用电计划、为实现日内发用电计划滚动调整以及为保证电力供需实时平衡而组织的电力交易市场的总和。按照交易时间，现货市场一般可进一步分为日前市场和实时市场；此外，也有的分为日前市场、日内（小时前）市场、实时平衡市场（如北欧、英国电力市场），还有只将日前市场称为现货市场的。考虑到发电机组启停周期较长，有的国家和地区也会适当拉长现货市场交易周期。

目前在我国，根据《关于深化电力现货市场建设试点工作的意见》（发改办能源规〔2019〕828 号）的界定，现货市场主要开展日前、日内、实时的电能量交易，通过竞争形成分时市场出清价格，并配套开展备用、调频等辅助服务交易。试点地区可结合所选择的电力市场模式，同步或分步建立日前市场、日内市场、实时市场/实时平衡市场。

2）电力中长期市场。

电力中长期市场可以理解为开展多日以上较长周期电能量交易的市场，考虑到电力供需波动的周期性和电能生产组织的时段性，电力中长期市场一般可组织多年、年、季、月、周等多日以上的电力交易。

根据《电力中长期交易基本规则》（发改能源规〔2020〕889 号）的定义，电力中长期市场指“符合准入条件的发电厂商、电力用户、售电公司等市场主体，通过双边协商、集中交易等市场化方式，开展的多年、年、季、月、周、多日等电力批发交易”。并专门规定，“执行政府定价的优先发电电量和分配给燃煤（气）机组的基数电量（二者统称为计划电量）视为厂网间双边交易电量，签订厂网间购售电合同，相应合同纳入电力中长期交易合同管理范畴。”

（5）竞争模式。

按照电力市场中参与者之间的竞争模式划分为单边市场和双边市场。

1）单边市场。单边市场指进行单向交易模式（通称强制电力库，如英国的pool模式）的电力市场。其主要特点为单边交易、强制进场。市场成员只能通过与电网调度机构（简称调度机构）以单向交易的方式售卖电，即调度机构替用电方进行招标采购，代发电方投标售电，而不允许双方直接交易的市场。出现系统能量不平衡的问题后依赖集中调度的方式解决，所需费用由市场所有参与者平均分摊。而市场价格主要是基于发电方的报价竞争形成系统购入价，用电方需要支付的卖出价需增加部分辅助服务费、调度费等。

2）双边市场。双边市场指采用双边交易与平衡机制的市场。其主要特点为交易自由、责任自负。市场主体具有自由选择交易对象、交易场所、交易方式的权利。在交易中，发电方与用电方能够自主决定各项交易事项，因而双方需承担电量不平衡责任，由市场管理机构进行监督。除由调度机构单向购买的不平衡电量外，电力供需双方可以依据供需平衡共同决定交易价格。

4. 什么是电力现货市场？电力现货市场有何特殊性？为什么要建设电力现货市场？

（1）电力现货市场的概念。

“电力现货市场”初期来自美国的“Power Spot Market”概念，其理论基础是麻省理工学院 Schweppe 教授等人提出的“现货定价”（spot pricing）理论。1980 年，Schweppe 教授提出了这样的构想：要改变传统的供求模式，并建立电力市场，就应像计算电压和频率那样，计算和控制电能的价格，即采用 Spot Price，它不仅随时间变化（最初设想为 5min），而且区分节点位置、故障和可靠性电价。20 世纪 80 年代中后期，正式提出并建立了现货电价理论。

如前所述，电力现货市场泛指日前及更短时间内的电能量交易的市场。它是相对于电力中长期市场的一个概念，该定义类似外汇市场中的外汇现货交易（即时外汇交易），并非手递手的现货交易（交易达成之后，交易双方于当天或两个交易日内办理交割手续的一种交易行为）。电力现货市场边界认识的不统一，一定程度上造成世界各地区的电力现货市场从市场结构到价格形成机制均存在些许差异。但是，电力现货市场的特征是显著的，一般认为有以下四个方面：① 现货市场是竞争性市场，交易双方按照交易规则，集中在特定的交易平台达成交易，即采取集中竞价的方式确定电能交易数量和价格；② 具有实物交易的属性，交易双方均有完成实物交割的意图；③ 交易周期要尽可能短，一般是日或者更短的周期，但由于技术和效率的缘故，最短不小于 5min；④ 交易与交割是分别完成的，电力现货市场不需要市场主体的交易与交割一一对应。特征③决定了电力现货需要提前一定时间进行交易，交易与交割是分开的（详见问题 13）。

按照交易时间分类，现货市场的构成划分并非严格统一，常见的第一种是分为日前市场和实时市场；第二种分为日前市场、日内市场和实时平衡市场（如北欧电力市场）；第三种是只将日前市场称为现货市场（如欧洲）。在电力现货市场中交易的是电能量，但电力现货市场购、售电报价的标的是各时段的电力（即发电机组出力、电力用户的负荷），1 个时段的中标电力乘以时长就是该时段结算的电能量数值。

目前，根据《关于深化电力现货市场建设试点工作的意见》（发改办能源规〔2019〕

828 号）的界定，我国电力现货市场主要可开展日前、日内、实时的电能量交易，通过竞争形成分时市场出清价格，并配套开展备用、调频等辅助服务交易。试点地区可结合所选择的电力市场模式，同步或分步建立日前市场、日内市场、实时市场/实时平衡市场。可选性基本涵盖了所有可能，但其中的组合是固定搭配的。

1）电力日前市场。

电力日前市场（day-ahead market，DAM）是指在电能量交割前一天开展的针对次日24h 的电力交易，时段的时长选择多数是延续原有的调度发电计划周期；我国试点建设的电力现货市场中，电力日前市场以 15min 为一个交易时段，每天 96 个时段。日前市场有日前电能量市场和日前辅助服务市场及其他电力产品日前市场之分，无特殊说明，一般专指日前电能量市场。

时序上，电力日前市场是介乎于中长期市场和实时市场间的一种市场形态，在不同国家、地区的现货市场建设中是差异最大的，交易的组织、交易结果的执行，以及日前市场的价格形成机制皆为市场建设的热点问题。

日前市场交易结果的执行存在两种方式：① 实物交割方式，即同时用于交割与结算，后续的实时市场以其作为实时运行的前提条件，属于实物性的日前市场；② 金融交割方式，即只用于财务结算，与实时市场可以相对独立，属于金融性的日前市场。前者因其对实时市场的强相关性和约束性，必须充分考虑后续实际运行的技术需求，在条件可能的情况下，宜与实时市场整体建设、管理。

日前市场运营的组织机构存在三种方式：① 调度、交易合一的电力调度交易机构；② 调度、交易机构分设的调度机构；③ 调度、交易机构分设的电力交易机构，如欧洲的电力交易所。各国家、地区多数采用前两种方式，我国试点地区均选择第二种方式，主要是日前市场出清需考虑系统安全约束，以确定次日机组组合方案与日前计划，与调度机构负责的调度运行业务紧密联系，交由同一机构运营显然有利于提高电网运行安全稳定性、降低交易成本、提高市场效率。美国各区域电力市场采取第一种方式，值得指出的是，它们的交易与我国交易机构概念迥异，主要指组织现货市场交易的职能，美国独立系统运营商事实上与我国当前的调度机构职能基本重叠（美国还增加了规划职能）；欧洲采取第三种方式，这是欧洲作为分散式电力市场，日前市场往往较少考虑系统安全约束（仅考虑跨国、跨区联络线）所致，也与欧洲没有统一的调度机构有关。

日前市场的定价机制是现货市场建设的核心问题，日前市场普遍采用的定价机制可分为四种，即系统边际电价（system marginal pricing，SMP）、分区边际电价（zonal marginal pricing，ZMP）、节点边际电价以及基于节点边际电价的区域电价（zonal pricing，ZP）（定价机制的详细介绍见问题 17）。

2）电力日内市场。

电力日内交易是指在日前市场闭市后至实时平衡市场开启前的某（些）时段的电力交易，通常每个交易时段为 15～60min。在日内市场中，所有市场主体既可以买电，也可以卖电，交易主体申报实际交割前的各时段买电或卖电的量和价，通常采取先到先得、价格优先的原则进行滚动、持续出清。日内市场主要应用在日前市场交易结果需要实物交割的市场模式中，实际运用并不普遍。

3）电力实时市场/实时平衡市场。

实时市场（real-time electricity market）和实时平衡市场（real-time balancing market）是指相对交割时点前1h的电能交易市场，前者兼有市场竞价交易与系统平衡调度的功能，发电上网电量都必须在实时市场报价和中标；后者仅以系统平衡调度为目的，前序市场交易结果与实际运行的偏差量可通过这类市场获得平衡。二者在运行机制方面有很大差异（详见问题14）。

（2）电力现货市场的特殊性。

电力现货市场建设是整个电力市场体系建设的重点和难点，也是最具争议的焦点。有一种观点认为电力现货市场的结构和交易规则没有必要独树一帜，其他经济领域的通用交易规则对电力也适用，不需要任何特殊的交易规则和协议。其实不然，电力商品较之普通商品有其无可争议的特殊性。问题 1 从商品属性回答了电力市场与普通商品市场的差异，要深入了解电力现货市场的特殊性，则必须深刻理解电力的自然属性，自然属性的电力特殊性是与电力现货市场交易规则的特殊性高度一致的。

1）电能具有难以储存的特殊性。这一特点导致供需双方提前达成的交易结果与需求方实时消费的电能量在数量上必然存在偏差，为弥补这种偏差，势必需要维持实时平衡的特殊的市场规则。

2）电力具有服从基尔霍夫定律的特殊性。电力传输物理上服从基尔霍夫定律而不是在特定的交易对手方之间传递，在网络输送能力有限的情况下，不能保证所有的交易结果最终都能顺利完成交割。实时运行中，调度机构必须事先消除或事中依规调整发电或用电，以满足电网安全运行的需要，这势必需要网络阻塞管理的特殊的市场规则。

3）电力具有电能量与辅助服务相互依存的特殊性。电力消费的终极产品是电能量，但离开辅助服务是无法实现的，电能量的生产和辅助服务是相互制约、相互依存的，这势必需要耦合辅助服务市场的特殊的市场规则。

4）电力具有快速传播的特殊性。电力的快速传播性一方面使用户享有的产品具有同质性；另一方面，也使电力事故的影响具有全网性，无电网安全则无市场安全，客观上要求将维护电网安全、优质置于首位，这势必需要共同维护电网安全、优质的特殊的市场规则。

电力现货市场交易规则的特殊性，使得电力现货市场建设具有复杂性、挑战性，甚至争议性。

（3）电力现货市场建设的必要性。

建设电力现货市场的核心是建立竞争机制，通过市场实现电力资源的优化配置。表现形式上，就是改变传统调度发电计划产生方式，形成以市场交易结果作为安排调度发电计划的主要依据的全新调度模式。在电力工业一体化管理模式下，理想的调度方式是经济调度（详细内容见问题15），以发电成本（煤耗）最低或供电成本（煤耗）最低为目标，按照等微增的原则安排发电调度计划并实时调度，实现全系统利益最大化，优化运行产生的效益在企业内部共享，并最终传导给用户，在发挥电力工业规模经济优势的前提下，实现了既有资源既定目标的最优化，其科学性毋庸置疑，但没能解决企业技术进步和管理提升的内在动力问题，而且所有的电力用户都是被动参与者。随着发电和新能源技术的进步，电力工业的进入门槛逐步降低。20 世纪后半叶，一批独立发电厂商相继涌现，电力投资主体多元化的格局逐渐形成，致使传统经济调度的效益分配出现难题。按照经济调度安排发电调度计划并实时调度的模式受到了公允性的挑战，我国随即推行实施“三公调度”，按照两个“大致相当”的原则安排发电调度计划，即合同完成率大致相当和合同完成进度大致相当。在公平和效率方面，虽然较好解决了公平问题，但却脱离了优化调度的轨道。总之，无论是经济调度还是“三公调度”，都没能全面处理好公平和效率的深层次问题，电力工业投资高度政治化，技术、建设和维护效率低下，监管和定价难度大等弊端亟待解决。建设电力市场，通过市场机制促进提高效率，实现能源电力资源的优化配置成为潮流。通过电力现货市场安排发电调度计划并实时调度近乎成为不二选择。

然而，建设竞争性电力市场，尤其是电力现货市场并非易事。完备的电力现货市场必须具有完全竞争市场所需的 4 个条件：① 市场内有众多的买方和卖方；② 市场内每一个厂商生产的商品是无差异的；③ 所有的经济资源可以在各市场主体间自由流动；④ 市场内从事交易活动的参与者可以平等、完整地掌握市场信息。条件①中的“众多”是电力现货市场难以逾越但必须跨越的鸿沟，由于长期追求规模经济而形成的市场集中度畸高问题，以及广大用户参与竞争的技术壁垒问题都是无法回避的问题。垂直一体化电网管理模式和输电网络结构等是条件③的现实障碍；此外，管制依赖和管制依恋也是建设电力现货市场的严重阻滞。电力体制改革的市场化取向，其内涵就是逐步消除阻碍电力市场建设的各项因素，以落实建设竞争性电力市场所必需的基本条件，这也是建设电力市场是一项政府行为的原因所在。但完善市场条件绝非一蹴而就，实践中也并非等条件完备了才开启电力现货市场，往往是在条件基本满足的前提下先行建设，在建设中暴露问题，以此倒逼各项制度的进一步改革。

世界各国、各地区建设电力现货市场的目的往往都不仅限于引入竞争机制，而是各有其不同的动机和目的，广泛涉及公用事业管理职能的转变、发电厂商利益的调整和消费者市场红利的分配问题，由于动机和目的不同，加上市场基础条件不同，自然也就形成了不同模式的现货市场。但是，从原理上，电力现货市场的功能和作用也有其局限性，不应当指望通过电力现货市场解决所有的问题，掺入有悖市场原则的动机和目的，势必降低市场的效率，甚至导致市场扭曲。

我国在《关于深化电力现货市场建设试点工作的意见》（发改办能源规〔2019〕828 号）中，明确指出建立电力现货市场的目的是“完善市场化电力电量平衡机制和价格形成机制，促进形成清洁低碳、安全高效的能源体系”。

在电力现货市场试点实践中，各省结合各自的实际，确定了市场建设的具体目标，各省电力现货市场建设目标不同，市场的模式也必然不同。

世界各国、各地已建成的电力现货市场都在不断完善过程中，甚至有推倒重建的，因此，电力现货市场需要在实践中不懈探索和丰富。

5. 什么是电力中长期市场？电力现货市场和中长期市场之间有何关系？国内试点地区如何衔接？国外有哪些经验值得借鉴？

（1）电力中长期市场的概念。

电力中长期市场指符合准入条件的发电厂商、电力用户、售电公司和独立辅助服务提供主体等市场主体，通过双边协商、集中交易等市场化方式，开展的多年、年、季、月、周、多日等电力批发交易。在我国，对于执行政府定价的优先发电电量和分配给燃煤（气）机组的基数电量（二者统称为计划电量），视为厂网间双边交易电量，签订厂网间购售电合同，相应合同也纳入电力中长期交易管理范畴。

国外典型电力市场中的远期交易和期货、期权交易也是一种中长期交易。这几种交易的区别主要在于是否标准化。远期交易是一种非标准化的合同，交易双方自行确定交易的地点、交易的数量和价格，而期货和期权是一种标准化的合约，必须在期货交易所进行，对合约的数量、价格、交割地点等都有严格的规定，对市场成员的信用也有严格的管理。目前我国尚未建立相关的期货、期权交易市场。国外大多数实行电力市场的国家或地区都建立了若干期货、期权市场，其可以增加交易的流动性，降低市场的风险。

考虑到中长期市场的重要性，国家发展改革委、国家能源局于2020年11月发布了《关于做好2021年电力中长期合同签订工作的通知》（发改运行〔2020〕1784号），对中长期合同的签订提出了“六签”要求：① 全签，用户签约电量不低于上一年实际用电量的95%或前三年用电量平均值，生产经营调整较大的用户可适当放宽至不低于90%；② 长签，按年度签订合同，鼓励签订 2～3 年甚至更长周期的合同；③ 见签，引入电网企业参与签约，引入信用监管机构见证签约；④ 分时段签，根据各地实际按若干时段签订合同；⑤ 规范签，要出台合同范本并推广应用；⑥ 电子签，推进线上签订电子合同。

（2）电力现货市场和中长期市场的关系。

如前所述，在电力市场体系中，电力市场按照时间维度可划分为中长期市场和现货市场，两者之间的关系十分密切。

根据《电力中长期交易基本规则》（发改能源规〔2020〕889号）的界定：“未开展电力现货交易的地区，电力中长期交易执行本规则。开展电力现货交易的地区，可结合实际，制定与现货交易相衔接的电力中长期交易规则。”

电力现货市场和中长期市场两者互为补充和相互协调。中长期市场可稳定产销关系、稳定电价、规避风险；现货市场可增加市场竞争力，为中长期市场提供参考价格。此外还需要强调说明的是，不同国家、地区，不同的市场发展阶段，电力中长期市场和现货市场的模式也会各不相同，因此电力中长期市场和现货市场的具体关系也会不同。

鉴于电力中长期市场与现货市场之间的密切关系，二者之间的衔接就十分重要。《关于深化电力现货市场建设试点工作的意见》（发改办能源规〔2019〕828 号）明确指出：“统筹协调电力中长期交易与现货市场。中长期交易可以实物合同、差价合约等一种或多种形式签订。中长期双边交易形成的电量合同，可由交易双方自行分解为分时曲线。中长期交易实物合同，其分解曲线应在满足电网安全约束的前提下予以执行。对于优先发电、优先购电，根据市场建设进展纳入中长期交易。推动形成中长期交易价格与现货市场价格科学合理的互动机制。”

（3）国内试点中长期市场和现货市场的衔接方式。

各试点地区电力中长期市场与现货市场的衔接情况，因市场模式不同，各有差异。目前，我国的电力现货市场仍处于试点阶段。根据各试点地区的交易规则可以归纳如下。

1）中长期市场的电量合同的曲线分解方式。浙江外来电合同曲线按现行调度方式确定；甘肃、福建中长期交易合约电量均分解到日曲线，为固定曲线，全月电量进行滚动平衡；广东未考虑电源出力特性，按各自比重以及系统剩余负荷曲线比例分配；蒙西中长期交易进行日分解，物理执行，采用 15min 一点，连续 96 点分段线性曲线。

2）中长期市场的交易执行方式。浙江、山西、山东、甘肃、广东中长期交易均为差价合约，福建、蒙西、四川则为物理执行；对于基数（优先）电量，浙江、山西、山东、甘肃、广东为差价合约，其余现货试点省为物理执行。

3）中长期市场的偏差考核。福建为±3%以内不考核，超出部分考核，水电和风电的偏差暂不考核；蒙西为申报电量的±5%以内不考核，超出部分考核；浙江、山东、广东为金融合同，中长期差价结算等。

由以上可见，目前国内各试点省份在电力中长期市场与现货市场的衔接方面，各有侧重和不同，主要考虑到各地的宏观市场经济发展水平、各地不同的资源禀赋（例如新能源发电的比例不同）等因素。

有关合同曲线的分解，一般认为，在中长期交易体系不够健全，发用双方只签订电量合同没有签订曲线的地区，采用典型用电曲线结合新能源预测确定中长期曲线的方法，可基本保证中长期金融合同和实际运行曲线的一致，保障各类发电厂商的权益，是目前中长期电量合同转化为结算曲线的合适做法。随着中长期交易体系的不断完善，在中长期交易签订曲线合同后，即可按照中长期合同曲线开展与现货市场的衔接和相关结算工作。

（4）国外典型的电力中长期市场与现货市场衔接模式。

1）美国电力市场普遍应用了节点边际电价（LMP）机制，以反映电能量在时间、空间上的价值区别。尽管 LMP 较之于区域电价呈现了更精细的空间颗粒度，但也使得各市场主体被割裂至成百上千个节点上。与之相配套的中长期市场若没有针对性设计，其流动性堪忧。为解决这一问题，业界参考了管道天然气市场中的做法：① 定义被称为“交易枢纽”的虚拟节点作为中长期合约的结算节点，其一般性做法是挑选出受阻塞影响较小的一系列节点，且分别授之以固定权重，进而计算得到具代表性的加权平均价格；② 分别在场内、场外市场引入金融输电权（FTR）和位置基差互换，以便于对冲中长期合约结算节点与现货结算节点间随阻塞而出现的价差风险。

2）北欧电力市场中，各价区内的市场主体间可交易实物交割的中长期合约，价区间则仅能交易金融结算的中长期合约。该市场的中长期合约以系统电能量价格作金融结算，以集聚交易量，提升合约流动性；同时配合以差价合约来对冲各价区因阻塞而出现的价差风险。上述做法，本质上与美国电力中长期市场的设计思路类似。

3）英国电力市场尽可能还原了电能的商品属性，一方面，应用了区域定价机制且使全国范围内均为同一价区；另一方面，在关闸进入平衡市场前并不考虑价区内的实际物理参数。因此，该市场设计下的衔接机制相对简单，中长期市场、日前市场和日内市场虽存在时序上的不同，但其价格形成机制并无本质区别，市场主体可自由选择任意时点在场内或场外市场达成交易，仅需在关闸前提交需实物交割的合约曲线。

4）澳大利亚国家电力市场分为电力批发市场和电力零售市场，实行现货交易和金融合约交易（差价合约）。发电厂商通过竞争把发出的电力卖给电力批发市场，市场把电力批发给零售商，终端用户也可以通过合约形式向发电厂商直接购电。在零售市场上，零售商把批发到的电力卖给终端用户。其中的电力金融合约（差价合约）是一种金融风险管理手段，用来减少现货市场价格波动带来的影响。如果发电集团在市场中行使市场力抬高现货市场价格，所得的额外利润将返还给用户，进而抑制发电厂商行使市场力的动机。

有关国外典型的电力中长期市场与现货市场衔接模式，有学者还特别强调指出，电力现货市场对电力中长期市场的繁荣稳定存在决定性影响。尽管电力中长期市场因带有显著的金融属性而与金融市场息息相关，但从美国、北欧和英国电力中长期市场的发展历程来看，真正对其长期发展起决定性作用的仍是电力现货市场：① 美、英两国的金融业虽颇为发达，但前者的电力中长期市场曾因电力现货市场的不完善而出现了重大波折，后者则因发售一体化程度的加深而出现了流动性衰退；② 北欧的金融业较之上述二者并无明显优势，但其现货市场机制设计透明、稳定，发售两侧竞争充分，保证了中长期市场长期稳健的运行态势；③ 发售一体化使得风险内部消化，可能会降低其参与中长期交易的意愿，并致使市场流动性萎缩，抬高了中小型售电公司对冲风险的成本。

6. 什么是电力辅助服务？我国电力辅助服务分类和具体品种有哪些？提供电力辅助服务的来源有哪些？❶

（1）电力辅助服务的定义。

根据我国原国家电监会颁布并实施的《并网发电厂辅助服务管理暂行办法》，电力辅助服务的定义为：为维护电力系统的安全稳定运行，保证电能质量，除正常电能生产、输送、使用外，由发电企业、电网经营企业和电力用户提供的服务。

美国联邦能源管理委员会（Federal Energy Regulatory Commission，FERC）将电力辅助服务定义为：考虑到控制区及其内部输电公共设施的义务，以维持互联输电系统的可靠运行，从而支持电力从卖方向买方传输的服务。

欧洲输电系统运营商联盟（European Network of Transmission System Operators for Electricity，ENTSO－E）将电力辅助服务定义为：由独立输电组织签约的，可以保证电力系统安全性的一系列功能。

可见，欧美对于电力辅助服务的规范定义较为宽泛，其中，美国主要从义务分担者的

❶ 问题 6 根据《电力辅助服务市场机制研究》（国家能源局市场监管司、华北电力大学）整理。

角度进行定义，欧洲则主要从协议购买方的角度进行定义。我国对于辅助服务的规范定义则明确了辅助服务的作用、范围、提供主体和主要类型。其中，辅助服务的作用是维护电力系统的安全稳定运行，保证电能质量；范围是正常电能生产、输送、使用之外的服务；提供主体包括了发电企业、电网经营企业和电力用户。相对而言，我国对电力辅助服务的规范定义主要关注具体服务类型，沿用了运行管理的传统和习惯，更符合传统调度观念和运行管理规定。随着市场主体的丰富，电力辅助服务的定义须根据电力系统绿色低碳发展的需要进一步丰富服务品种，明确技术标准，将提供主体由现有的“源网荷”拓展至涵盖储能装置、可控负荷和虚拟电厂等新型辅助服务提供主体。

（2）我国电力辅助服务的分类。

我国电力辅助服务的种类十分丰富，可以从不同的角度进行分类。不同的电力系统由于电网结构、负荷特性等有所不同，所需要的辅助服务的种类与供应量也不同，对辅助服务的分类以及各品种辅助服务的定义也不尽相同，甚至在同一电力系统中，所需要的辅助服务也会随着电网结构、电源结构及负荷需求的变化而变化。

从功能的角度区分，电力辅助服务主要分为有功功率平衡服务、无功功率平衡服务、事故恢复服务三类，如图 1－2 所示。有功功率平衡服务主要包括调频、备用等，调频分为一次调频和二次调频。调峰作为一种特殊的有功功率平衡服务，产生于厂网分开、可再生能源大规模并网和电力现货市场尚未建立的背景，有效激励了灵活性发电资源的开发利用，但随着电力现货市场的建设和运行，将逐步与电能量日前、日内和实时（平衡）市场相融合。无功功率平衡服务主要为无功功率调节、电压支撑。事故恢复服务主要是指黑启动。

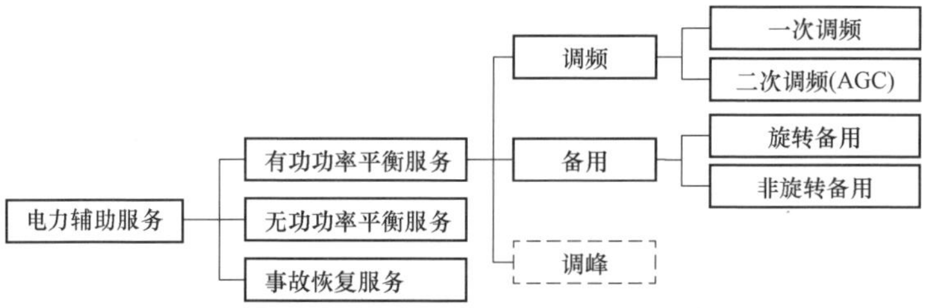

图 1－2　电力辅助服务按功能分类

从按照“两个细则”规定是否补偿的角度区分，我国根据电力市场发展实际，将并网发电厂提供的辅助服务分为基本辅助服务和有偿辅助服务两大类，对基本辅助服务不进行经济补偿，对有偿辅助服务基于成本进行经济补偿。其中，基本辅助服务是指为了保障电力系统安全稳定运行，保证电能质量，发电机组必须提供的辅助服务，包括一次调频、基本调峰、基本无功功率调节等；有偿辅助服务是指并网发电厂在基本辅助服务之外所提供的辅助服务，包括自动发电控制、有偿调峰、旋转备用、有偿无功功率调节、黑启动服务等。

（3）电力辅助服务的品种。

电力辅助服务的品种十分丰富，按照原国家电监会颁布的《并网发电厂辅助服务管理暂行办法》，辅助服务主要包括一次调频、自动发电控制、调峰、无功功率调节、旋转备用、黑启动服务等，具体定义如下。

1）一次调频是指当电力系统频率偏离目标频率时，发电机组通过调速系统的自动反应，调整有功功率减少频率偏差所提供的服务。

2）自动发电控制（AGC）是指发电机组在规定的出力调整范围内，跟踪电力调度指令，按照一定调节速率实时调整发电出力，以满足电力系统频率和联络线功率控制要求的服务。自动发电控制的作用为解决快速负荷波动与较小程度发电变化问题，使系统频率稳定在正常值或接近正常值的水平。

3）调峰是指发电机组为了跟踪负荷的峰谷变化而有计划的、按照一定调节速度进行的发电机组出力调整所提供的服务。调峰根据出力调整范围分为基本调峰和有偿调峰。

4）无功功率调节是指发电机组向电力系统注入或吸收无功功率所提供的服务，根据功率因数范围可分为基本无功功率调节和有偿无功功率调节。

5）旋转备用是指为了保证可靠供电，调度机构指定的并网机组通过预留发电容量所提供的服务。旋转备用必须在 10min 内能够调用。旋转备用的作用为消除可能危害系统稳定的、难以预测的大电能偏差。

6）黑启动是指电力系统大面积停电后，在无外界电源支持情况下，由具备自启动能力的发电机组所提供的恢复系统供电的服务。黑启动的作用为保证系统在任何情况下都可以快速恢复运行。

除了原国家电监会颁布的《并网发电厂辅助服务管理暂行办法》中所定义的 8 个辅助服务品种外，各区域在制定、修订“两个细则”过程中均结合本区域电力系统运行的实际情况定义了一些辅助服务品种，具体定义如下。

1）自动电压控制（AVC）是指在自动装置的作用下，发电厂的无功功率、变电站和用户的无功功率补偿设备以及变压器的分接头根据电力调度指令进行自动闭环调整，使全网达到最优的无功功率和电压控制的过程。自动电压控制的作用为将各母线上的电压控制在接近正常值的很小范围内。目前，《华北区域并网发电厂辅助服务管理实施细则》（2019 版）、《华东区域并网发电厂辅助服务管理实施细则》（2019 版）、《西北区域并网发电厂辅助服务管理实施细则》（2019 版）、《华中区域并网发电厂辅助服务管理实施细则》（2020 版）、《南方区域并网发电厂辅助服务管理实施细则》（2020 版）、《东北区域并网发电厂辅助服务管理实施细则》（2020 版）中设置了该品种，但具体定义有所差别。

2）低频调节是指当出现跨区直流功率失却等原因造成电网频率低于规定值［例如《华东区域并网发电厂辅助服务管理实施细则》（2019 版）规定 49.933Hz］时，发电机组参与所在控制区频率或者联络线偏差控制调节，短时快速增加发电出力，以满足电力系统频率要求的服务。目前，华东区域设置了该品种。

3）热备用是指为了保证可靠供电，根据电力调度指令指定的未并网机组所提供的必须在规定的时间（如《华东区域并网发电厂辅助服务管理实施细则》规定 1h）内能够调用的备用容量。

4）快速甩负荷是指电网发生严重事故时，发电机组根据电力调度指令与电网解列，转为只带厂用电的孤岛运行方式，并在电网事故消除后迅速并网，恢复向外供电所提供的服务。目前，华东区域设置了该品种。

5）调停备用是指燃煤发电机组按电力调度指令要求超过规定的时间（如《西北区域并网发电厂辅助服务管理实施细则》规定 72h）内的调停备用。目前，西北区域设置了该品种。

6）冷备用是指并网火力发电机组、核电机组由于电网运行安排、可再生能源消纳等需要，按电力调度指令停运，到接到电力调度指令再次启动前的备用状态，备用时间需大于规定时间（如《南方区域并网发电厂辅助服务管理实施细则》规定 72h），由于电厂自身原因停机不作为备用时间统计，但经检修后报备用开始算作冷备用时间。目前，南方区域设置了该品种。

7）稳控装置切机服务是指因系统原因在发电厂设置的稳控装置正确动作切机后应予以补偿。目前，西北区域设置了该品种。

实践中大多数电力辅助服务市场中的辅助服务交易品种主要有负荷跟踪与频率控制（AGC）、备用、无功功率电压支持、事故恢复服务（黑启动）。

（4）提供电力辅助服务的来源。

电力辅助服务对电力系统运行和电力市场运营都起着不可或缺的作用，所涉及提供来源主要包括源、网两方面。随着技术的进步和市场改革的深入，储能技术和需求侧资源等进一步丰富了电力辅助服务提供来源的范围，电力辅助服务提供来源如图 1－3 所示。

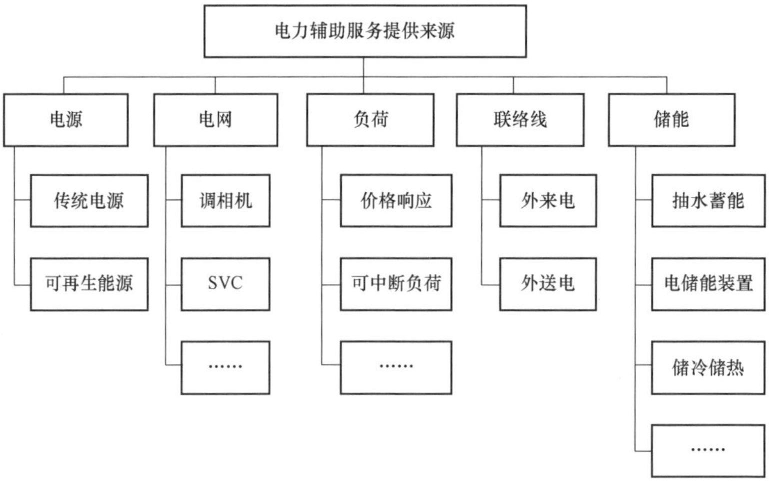

图 1－3　电力辅助服务提供来源

传统上，辅助服务的提供来源主要为水电机组、火电机组和电网设备，在核电占比较高的国家和地区，核电机组也是辅助服务的提供来源。近年来，储能装置、需求响应等新兴资源呈多元化趋势。

储能装置包含抽水蓄能、电化学储能、飞轮储能、压缩空气储能等多种形式，通过控制电能与化学能、动能、势能等能量形式的转化，实现电能的吸纳和释放。由于部分电储能装置充放电过程相对于传统机组更为快速，控制也更为精确，已应用于改善电网调频效果、平滑间歇性能源出力、负荷跟踪等方面。

需求响应一方面结合电储能装置，另一方面由负荷集成商对成规模的可控负荷集中控制，通过施加一定的控制策略，在满足日常生产生活需求的同时，发挥整体调节潜力。

随着技术进步，可再生能源不仅作为电能量的生产者、辅助服务的使用者，也可以通过调节发电出力在必要时提供辅助服务，电储能装置的引入，使其可控性得以大幅改善。

在以上几种新兴资源的基础上，可进一步采用“虚拟电厂”将分布式发电机组、可控负荷和分布式储能设施有机结合，辅以配套的调控技术、通信技术成为对各类分布式能源进行整合调控的载体，作为一个特殊电厂参与电力辅助服务市场和电网运行。

此外，远端电源也可以利用科学的调控手段参与提供辅助服务，在必要时为系统安全运行提供支持。

电网侧的 SVC、调相机等装置，可以发挥辅助服务资源的作用，但由于其作为电网侧调控装置的特殊定位，并不适于与上述其他辅助服务资源共同参与市场竞争。

7. 什么是电力辅助服务市场？电力辅助服务市场与电力现货市场的关系是什么？国外有哪些典型的电力辅助服务市场？❶

（1）电力辅助服务市场。

电力辅助服务市场是遵循市场原则对提供电力辅助服务的主体因提供产品或服务发生的成本进行经济补偿的一种市场机制。

对应不同的辅助服务调用方式，补偿机制可以分为基于统计成本和基于市场价格两种。

基于统计成本的方式是通过对历史数据的分析，测算得到不同类型机组提供辅助服务的平均成本，以此为依据设定补偿价格，但随着多种非发电资源的引入和技术的不断进步，辅助服务成本变化日趋复杂，统计得到的成本难以精确地反映实际发生的成本。

基于市场价格的方式是通过组织市场竞争，按市场出清的边际价格结算辅助服务费用。在经济学上已证实，按边际价格结算是促使市场成员按自身边际成本报价的有效手段，这种方式避开了辅助服务成本信息不对称和繁杂而不精确的成本统计分析，以经济利益驱动市场成员体现其提供辅助服务的成本，从而达到资源优化配置的目的。

随着可再生能源的发展，目前国际上电力辅助服务市场机制研究的重点在于如何激励多元化市场主体，为电力系统提供充裕的灵活性电力资源，以应对可再生能源发电对系统电力平衡和安全稳定运行的影响。

电力辅助服务主要通过强制提供、双边合约交易和集中交易三种方式获取。

1）强制提供是指在被调度机构调用时，机组必须无偿地提供辅助服务。机组承担强制提供辅助服务的义务，通常是在并网前进行约定的。这种辅助服务获取方式，通过“公平”计划能够增加辅助服务的资源，但会远远超出实际需求，并且对同一种辅助服务，不考虑不同机组的成本差异，一视同仁，不能降低总辅助服务成本。目前我国的基本辅助服务和国外电力市场中的一次调频服务都是采用这种获取方式。但随着可再生能源渗透率的提高，并网发电的常规能源比例逐步下降，强制提供辅助服务对于常规能源发电

❶ 问题 7 根据《电力辅助服务市场机制研究》（国家能源局市场监管司、华北电力大学）整理。

企业的压力将超出其技术能力和经济承受范围，需要采用更有效率的获取方式。

2）在双边合约中，辅助服务的需求方与提供者协商确定辅助服务的数量、质量、价格和支付条件。这种获取方式最大的优势是便于实现，特别是对于需要特定主体提供的辅助服务（如黑启动、发电机组进相运行提供的无功功率服务等），但是缺乏透明性，因而不适于可竞争的辅助服务。双边合约签订时的售方为具备辅助服务提供能力的各种资源，包括发电机组、储能装置和需求侧资源等；购买方既可以为调度机构，也可以为辅助服务责任体。在美国，辅助服务责任体一般为负荷服务商（load serving entity，LSE），根据预测的辅助服务需求按市场占有率分配辅助服务责任，然后利用自身资源或对外购买的辅助服务来履行所分配的辅助服务责任；在欧洲，平衡责任公司（balance responsible party，BRP）负责整合资源，实现自身电力平衡，也可以作为购买方通过双边合约获取辅助服务。

3）第三种获取方式是集中交易。短期辅助服务主要通过电力辅助服务市场集中交易获取，而长期辅助服务则主要通过长期招标实现。这是目前竞争电力市场中最常用的方式。通过集中交易方式获取的辅助服务主要是与有功功率平衡相关的服务，包括二次调频、旋转备用、替代备用等；无功功率平衡服务仍采用强制提供或双边合约的方式获取；黑启动服务时间跨度大、调用频次低，因此采用强制提供、双边合约或长期招标三种方式获取均可。

（2）电力辅助服务市场与电力现货市场的关系。

电力辅助服务市场与电力现货市场有着紧密的内在联系。在竞争性电力市场中，电力现货市场和电力辅助服务市场两者相辅相成。因为发电机组提供有功功率辅助服务和电能量都占用发电机组容量，因此互为机会成本。如果没有竞争性的电力现货市场，调频和备用等辅助服务的市场估价就没有参考价格。如果没有竞争性的辅助服务市场，辅助服务资源的投资和提供就会缺乏合理的激励。辅助服务欠补偿会造成电力灵活性资源短缺，进而可能造成电力现货市场供不应求、价格高涨、供电可靠性降低，也可能会影响可再生能源消纳；辅助服务过补偿则会造成资源错配，推高供电成本。

在国外典型电力市场中，主要对与有功功率平衡相关的调频、备用等辅助服务品种建立市场交易机制，而无功功率平衡服务由于受就地平衡和传输不经济等限制，与事故恢复服务一起不被包括在集中竞价交易的品种范围之内。随着辅助服务响应时间的延长，对辅助服务资源的技术要求逐渐降低，相应地其价格也逐渐降低。例如，调频是价格最高的服务，紧接着是旋转备用和非旋转备用等。电力现货市场建立后，电力辅助服务市场竞争中起决定作用的主要驱动要素是机会成本。一些市场将调频分为上调和下调，用来区分由于调节方向不同造成的能效损失和机会成本的差异。在电力灵活性资源稀缺程度不高的地区，电力系统调峰问题一般通过电力现货市场来解决。

电力现货市场与电力辅助服务市场具有强耦合性。发电机组自身运行特性决定了其在提供电能量与电力辅助服务时具有相互替代和相互依赖关系。从替代特性来说，受限于自身装机容量，发电机组所提供的电力与电力辅助服务所需使用的容量之和，不能超过其装机容量的限制。从依赖特性来说，发电机组在不同的发电出力水平上，所能提供的最大调频辅助服务容量不同。因此，在竞争性电力市场中，电力现货市场和电力辅助服务市场两者相辅相成。

电力现货市场与电力辅助服务市场具有功功率互补性。从保障发用电功率实时平衡的角度（即从系统或市场的角度）来说，电力现货市场与电力辅助服务市场机制是互补性市场机制。其中，备用辅助服务市场是保证电力日内和实时（平衡）市场电能量供应充裕性的机制，调频辅助服务市场是保证实时（平衡）市场闭市后偏差电量平衡的机制。

电力现货市场与电力辅助服务市场具有经济互斥性。从辅助服务提供主体的经济性角度来说，电力现货市场与电力辅助服务市场机制是互斥的。这是因为，在同一时间维度的市场上，如现货日前市场和日前备用市场、现货日内市场和日内备用市场、实时（平衡）市场与调频市场（实时备用市场），发电机组提供电能量与提供备用/调频服务互为机会成本。

从市场设计角度来说，电力辅助服务市场与电力现货市场的出清模式有较大相关性。电力现货市场与电力辅助服务市场的出清模式可以分为单独出清模式和联合出清模式。单独出清模式多见于分散式电力市场和集中式电力市场初期，比如欧洲各国和加拿大阿尔伯塔；联合出清模式主要应用于发展较为成熟的集中式电力市场中，比如目前的美国、澳大利亚等国家。单独出清模式要考虑电能量和各品种辅助服务的出清次序，一般根据交易标的物价值由高至低的次序，先出清电能量，再依次出清调频、旋转备用和非旋转备用。联合出清模式将电能量与调频、备用等同时段交易获取的辅助服务放在统一的数学模型中集中优化，求解得到满足系统安全运行约束的短期经济调度出清结果。学界普遍认为，理论上，在信息足够透明的前提下，电能量市场与辅助服务市场联合出清将获得更佳的整体经济效益，能够更有效地体现辅助服务提供主体的机会成本。电能量与辅助服务现货市场联合出清模型中囊括诸多变量和约束，该模型求解时间成为其应用的主要技术瓶颈。在实际应用中，为及时完成出清计算，电力市场技术支持系统开发商从工程的角度，对联合出清模型的约束条件做了大量简化，加之计算机技术的进步，最终得以广泛应用。但是，市场信息透明的前提在现实中难以完全达成，信息不对称和策略性报价也会在很大程度上影响出清结果的经济性。因此，在电力现货市场建设初期，特别是短期内尚不具备电能量市场与辅助服务市场联合出清条件的试点地区，有必要权衡电力现货市场与辅助服务市场出清模式的利弊，谨慎选择，及时完善辅助服务市场体系。

（3）国外典型电力辅助服务市场介绍。

1）美国辅助服务市场。

美国 PJM 辅助服务市场提供辅助服务，以在系统发生波动时及时满足系统对于电力供应和实时平衡的需求，每个区域输电组织（regional transmission organization，RTO）和电网用户必须向 PJM 购买该项服务。美国 PJM 辅助服务市场将辅助服务义务分配到负荷服务商（load-serving entities，LSE）。LSE 可以利用自己的发电资源或通过与第三方签订合同来满足自己的义务，也可以从 PJM 辅助服务市场购买该服务。调频辅助服务是指通过 AGC 在 5min 内，调整系统功率维持电网的频率在 60Hz 的相关服务。

美国加州由加州独立系统运营商（independent system operator，ISO）负责组织所有辅助服务的市场运作以及协调辅助服务提供主体的具体工作。辅助服务包括 AGC、旋转备用、非旋转备用、替代备用、电压支持和黑启动。其中前 4 种辅助服务是在日前市场中与电能量市场联合出清，通过协同考虑电能量和辅助服务实现总购买成本的最小化，避免出现电能量与辅助服务分离、各辅助服务顺序购买中出现的效率损失。电压支持和黑启动则以中长期合同方式进行交易。调频服务是由已经并入系统、处于运行状态的机组提供。在实时运行时，这些机组的自动发电控制设备会自动调节机组的出力，从而满足系统功率平衡，使系统频率稳定在一定的标准范围之内。调频辅助服务是通过加州组织的投标竞争的辅助服务市场来获得。

2）英国辅助服务市场。

在英国电力市场中，由英国国家电网公司（national grid company，NGC）的辅助服务业务部门（ancillary services business，ASB）负责以经济的方式购买辅助服务，以满足电力系统可靠性的要求，并通过收取用户的附加费来支付这些辅助服务费用。辅助服务包括频率响应、备用服务、电压与无功功率调节、黑启动等。辅助服务调度相应地和电能一样安排，各品种辅助服务和电能一起采用竞价方式，事先定价。这些辅助服务分为强制性辅助服务和商业化辅助服务两种提供形式，前者要求所有授权经营的发电企业义务提供，而后者则按照市场的规则由部分发电企业协商或竞价提供。

频率响应包括动态频率响应和非动态频率响应。动态频率响应是指对系统实时变化提供连续的服务，而非动态频率响应通常是由超过规定的频率偏差所触发。国家电网通过强制性频率响应、固定的频率响应和需求侧管理的频率响应三个不同的平衡服务来控制频率。其中强制性频率响应、需求侧管理的频率响应是通过签订双边合约获得，固定的频率响应通过平衡服务市场获得。

3）北欧辅助服务市场。

北欧瑞典、挪威、丹麦、芬兰 4 个国家的 5 个主干电网公司分别设立了调度机构，即输电系统运营者，负责实时市场和辅助服务市场的运营，并实现跨国资源的优化配置。

北欧辅助服务市场由 Nord Pool 通过多边协调交易模式，或实时竞价型和双边合约型的混合模式进行交易，各国都由自己的调度机构负责电网的安全稳定和实时运行。瑞典和挪威主要由水电提供调频服务，丹麦东部由火电提供、丹麦西部由风电参与，芬兰利用水电和火电联合及直流联络线共同参与。

现货市场结束后，市场成员上报自愿的出力（或负荷需求）上调与下调价格。当系统功率短缺时，按上调价格从低到高的顺序调度，直至满足需求，最后被调度机组的报价为此时的调整价格，调度机构将按此价格对辅助服务提供主体进行补偿；当系统功率过剩时，按下调价格从高到低的顺序减出力调度，直至满足要求，调整价格与补偿方法同上。

以挪威为代表的电力市场中，电网公司为输电系统运行机构，负责所辖电网的运行管理、规划及电力市场的运营。调频辅助服务功能的实现由调节市场完成，由于挪威的调频服务对机组有强制要求，且价格固定，因此其服务模式为非竞争型，服务形式分为基础辅助服务和超额辅助服务两种。基础辅助服务是调度机构要求市场主体必须提供的，没有额外报酬；而超额辅助服务则可以对提供主体进行额外补偿。挪威水电装机容量几乎占系统总装机容量的 100%，而且装机容量远大于尖峰负荷和备用容量的要求。调度机构要求机组运行在最佳运行点（约为各机组最大出力的 85%），此时系统已达到较好的安全水平和稳定性要求，因此一般情况下不需要提供超额辅助服务。挪威的调频辅助服务不但保证了系统的安全稳定性，而且还促进了水能的有效使用。

综合国外典型的电力辅助服务市场，具有以下特点：

a. 从辅助服务品种的经济特性来看，有些品种是固定价格的，有些品种是市场定价的。比如，美国的 PJM 电力市场和纽约电力市场中，发电计划、系统调度、无功调节和黑启动服务基于成本，价格由市场监管机构制定；调频、能量不平衡和备用服务基于市场，价格由该辅助服务品种的供给和需求共同决定。市场中标者由辅助服务提供主体的报价和能力决定。

b. 从辅助服务的提供主体来看，由于欧美的市场机制和模式灵活，近年来出现了大量非常规电源的技术参与提供辅助服务。从技术上，只要能满足辅助服务要求的各种资源都可以参与辅助服务市场，例如电储能技术和需求响应技术；从模式上，既可以单一资源作为主体参与辅助服务，又可以多个资源聚合为一个主体参与辅助服务，虚拟电厂是其典型代表。考虑到不同主体提供辅助服务效果的区别，美国在 755 法案中提出了按效果补偿调频服务的要求，英国则通过细分调频服务类型予以区分。

c. 从辅助服务的费用来源来看，所有辅助服务的成本都直接或间接由电力用户承担。在 PJM 电力市场中，辅助服务责任由大用户或者负荷服务商 LSE 等电能购买方承担，分担方式是根据其采购电量占市场总电量的比例来分摊，再由责任承担者自行提供或者购买来履行；英国则是将购买辅助服务的费用纳入系统使用费中，从而传导给发电企业和电力用户，另外也通过一定措施激励调度机构节约辅助服务的购买费用。

d. 从辅助服务的效果来看，成熟电力市场中的辅助服务确实起到了保障电力系统和电力市场安全、经济、清洁运行的作用。

8. 容量成本回收机制有哪些？为什么要建立容量市场？容量市场和现货市场之间是什么关系？国外有什么可以借鉴的经验？

（1）容量成本回收机制的组成。

在单一电能量市场中，发电机组只有在发电时才能获得收益。对于确保系统可靠性所需的某些发电机组，全年运行时间很短，这些发电机组必须在较短运行时段内回收全部投资成本。由于这些机组收回成本的机会时间有限，因此单一电能量市场需要引入容量成本回收机制。根据国家发展改革委 2020 年《容量成本回收机制工作指引》，“容量成本回收机制主要分为稀缺定价机制、容量成本补偿机制和容量市场三类。”

1）稀缺定价机制指在系统电能和备用稀缺的情况下提高电能价格。指定现货市场价格上限时，允许系统短时出现极高的价格尖峰，主要适用于社会对高价风险承受力强的地区。稀缺电价仅反映短时的供需，会给系统长期容量充裕度及发电投资带来较大的风险。目前美国得州和澳大利亚均采用该机制。

2）容量成本补偿机制是在政府相关主管部门的指导下，通过对单位容量补偿标准和各发电机组可补偿容量的核算，实现对发电容量成本的合理补偿，主要适用于电力市场发展初期，经济社会和金融市场仍欠发达的地区。该机制具备较好的理论基础和实践经验，能够有序引导发电容量投资，优化资源配置。较为典型的是智利电力市场容量补偿机制，此外我国山东也采用了容量补偿机制。

3）容量市场是以市场竞争的方式形成容量价格实现发电容量成本回收，是竞争性电力市场的有机组成，主要适用于电能量市场发展已经相对完善的地区。但是容量市场的设计在理论与实践上均需进一步完善，且对系统预测、市场管控等要求较高。如英国、法国、美国 PJM、NYISO、ISO－NE 等电力市场中已建立容量市场。

其中，稀缺定价机制下系统电能量和备用稀缺时，电能量和（或）备用的价格将由提前制定的备用需求曲线和实际的稀缺程度决定，电能价格能够快速大幅上涨，通过短时高价格满足电源回收投资的需要，用以鼓励投资新建电厂。但稀缺定价机制也面临着监管难度较大的问题，监管机构难以区分高电价是由合理的市场行为还是发电企业的市场操纵所导致，给市场监管带来一定的难度。

我国正处于电力现货市场建设第一阶段，各地区应结合实际选择适宜的容量成本回收机制。目前，电力现货试点配套容量成本回收机制以容量成本补偿机制为主。采用容量成本补偿机制的主要原因有三个方面。

1）从短期来看，大部分电力负荷对价格并不敏感，当价格不敏感的这部分电力负荷超过可用发电容量时，则只能采用管制的手段，比如拉限电或者切负荷。在这种情况下，必须采用行政管理手段来设定市场出清价格，如果市场价格设定的行政管理规定存在缺陷，将会削弱对发电容量投资的激励。

2）市场设计的某些特点和监管机制可能也会限制电能价格和辅助服务价格，使其无法上升到能够合理反映供应短缺情况的价格水平。在这种情况下，发电容量在电力供应短缺时的回报低于合理水平，将最终导致发电容量投资不足。

3）考虑到发电业务的风险结构，例如在电力供应短缺时，供需情况的微小变化都会对发电机组的利润产生重大影响，这就需要协调安排发电投资回收期来降低投资者的风险。一个相对稳定的市场环境有助于降低发电企业的回报风险，最终使得电力用户受益。

（2）建设容量市场的原因。

容量成本补偿机制能够保障容量电价长期稳定，对终端电价影响可控，实施成本和风险较低，主要缺点是“市场化”程度不足，但这与我国处于电力市场建设初级阶段的国情相适应。此外，现阶段我国电改措施从出台到落地，还需要一定的行政性措施保障，容量成本补偿机制正是一种行政性较强的机制。

对市场中的装机容量进行一定的补偿，除了以行政方式进行容量成本补偿机制外，也可以采用市场化方式进行。容量市场以可靠性装机容量为交易标的，是一种为避免装机容量不足而采取的激励措施，也是一种采用市场的方式进行容量补偿的机制，使可靠的发电机组或等同的需求响应负荷能够获得在不确定性较高的能量市场和辅助服务市场以外的稳定经济收入，从而鼓励机组建设，使系统在面对高峰负荷时有足够的发电容量冗余。

例如，高峰负荷通常是很特殊的天气或发生某些重大事件的结果，它的持续时间一般很短。因此高峰负荷时价格必须很高，才能使满足高峰负荷需求的投资能够得到回收并有所回报。一般来讲，由于期望的收益非常不稳定，而且很可能无法收回投资成本，依靠只有能量市场的电价信号，很难吸引对高峰容量的投资，因此有必要建立某种基于管制或市场的向发电企业支付容量费用的机制，以稳定发电企业的收入并鼓励新的投资品种，最终达到保证长期电力供应充裕性的目的。如果能量市场的价格帽很高，那么发电企业可以通过短时间的高电价来获取高额利润，这有利于鼓励发电企业投资发电容量，此种情况下建立容量市场的必要性相对较小。反之，如果价格帽很低，发电企业缺乏发电容量投资的动力，此种情况下建立容量市场十分必要。目前，在试点省份现货市场中，价格帽普遍较低，这使得容量市场的建设迫在眉睫。建立容量市场能够实现电力发展速度和发展质量可控，提高电力供应的可靠性，提高电力项目的发电利用效率，有利于实现电力稳定发展并降低社会综合投资成本和投资风险。

（3）容量市场和现货市场的关系。

有关容量市场的作用和定位，在完善电力现货市场配套机制方面，《关于深化电力现货市场建设试点工作的意见》（发改办能源规〔2019〕828 号）明确指出：“提高电力系统长期供应保障能力。持续做好电力系统长期供应能力评估分析，统筹降成本和稳供应，设计合理市场机制有效引导电力投资。加快研究、适时建立容量补偿机制或容量市场，保证电力系统长期容量的充裕性。”《电力中长期交易基本规则》（发改能源规〔2020〕889 号）也指出：“对于未来电力供应存在短缺风险的地区，可探索建立容量市场，保障长期电力供应安全。对于燃煤机组利用小时严重偏低的省份，可建立容量补偿机制。”

电力现货市场的有效推进需要建立容量市场来调节。现货市场短时的稀缺资源价格信号能有效激励发电侧存量资源，以及用户侧需求响应资源参与市场，调节市场供给，实现优化系统运行的目的。然而，现货市场的稀缺资源价格信号在激励新增电源投资、保障电力长期平稳供给方面的作用是令人存疑的，需要建设容量市场来满足电源投资激励。复杂电源结构系统的容量激励机制设计，需要充分考虑存量电源成本差异、增量电源结构调整需要等因素。综合多方考虑，兼顾公平与效率，探索设计差异化的容量市场机制，才能满足多政策目标需要。

（4）国外典型容量市场的建设经验。

针对容量成本补偿机制和容量市场的建设，国外已有可借鉴的成功经验如下。

1）南美智利容量补偿机制。

智利的现货市场与欧美等国的市场不同，所有发电企业不报价，只需上报可用容量及其运行成本（燃煤、燃气机组需提交燃料供应合同），发电侧现货市场运营中心审核其运行成本。现货市场以总发电成本最小为目标，基于某时点的系统负荷和机组发电边际成本进行安全经济调度，边际出清形成电能量市场价格。当由较高的变动成本设定市场价格时，变动成本较低的发电企业除了能够在现货市场回收其变动成本外，还能够回收一部分固定成本；而市场中变动成本最高的机组只能从现货市场回收其变动成本外。因此，为帮助发电企业回收固定成本，智利通过监管机构制定的容量价格为发电企业提供容量补偿，从而对竞争性发电侧现货市场起到补充作用。

智利容量补偿机制的操作流程分三个步骤：① 由智利国家能源委员会决定容量电价；② 智利国家电力调度机构决定发电企业能够获得补偿的容量；③ 进行容量补偿费用结

算。智利国家电力调度机构只提供容量补偿的清算依据，发电企业自行进行容量补偿结算，并依照可补偿容量获得容量补偿，同时发电企业也按照购售电合同用系统负荷最高时段的用电负荷支付相应的容量费用。

2）英国容量市场。

2009 年，英国能源和气候变化部（DECC）开始推进以低碳电力发展为重点的新一轮改革，并于 2013 年颁布了《英国电力市场改革执行方案》，正式进入了市场化的第四个阶段——电力市场改革（electricity market reform，EMR），引入了差价合约和容量市场两大机制。英国容量市场的范围包括英格兰、威尔士和苏格兰，不包括北爱尔兰。其容量市场包含容量定额、拍卖、交易、交付、支付 5 个阶段，英国政府在容量定额和交付阶段进行市场引导，拍卖和交易实现完全市场竞争。

需要说明的是，英国容量市场在实施过程中有过一些波折，2014 年 12 月的拍卖结果显示，在中标资源中，既有发电机组提供的容量占 64%，翻修和待翻修的现有机组占 30%，而新建机组只占 5%。同时，需求侧响应资源只占 0.35%。储能中标情况也不乐观。此外，拍卖出清价格偏低也引起人们的非议，2013 年最终出清的容量价格为 19.4 英镑/（kW·y）。对于新建机组来说，这个价格明显偏低。2018 年则更是跌到 8.4 英镑/（kW·y），这导致容量市场停摆。上述波折说明，英国需要对市场规则进行修改，以便在既有资源与新建资源、常规技术与新技术之间实现平衡，在消除市场力的基础上尽量满足各市场成员的利益诉求。

3）美国 PJM 容量市场。

美国 PJM 的可靠性定价模型（reliability pricing model，RPM）容量机制在业内具有很大的影响，这是由于：① 它是提倡利用市场力量激励容量投资的先行案例；② 它成功地在非常大的区域实现了确保资源充裕性的根本目标；③ 对其结构的研究可为了解其他容量机制提供借鉴。

1999 年，PJM 引入了第一个容量市场，即容量信用市场（capacity credit market，CCM）。在此之前，PJM 对市场成员也有容量义务要求，容量义务的履行可以通过建设新机组的方式，也可以通过购买容量的方式。但是负荷服务商 LSE 参与市场之后，情况发生了一些变化，因为 LSE 的体量普遍很小，不可能购买新机组，所以就面临不公平的市场力。为此，CCM 允许各 LSE 通过日前、月度和多月市场上的交易来实现自己的容量义务。

不过经过几年的实践，CCM 暴露出了一些缺陷，例如只有不到 PJM 需求量 10%的容量在市场上得以出清，机组的全市场收入（电量、辅助服务、CCM）低于新增容量的边际成本；CCM 市场设计没有激励新建机组投资的措施；需求曲线设计不合理，容量价格波动大；没有考虑输电约束、导致局部局域的可靠性问题；未考虑除发电外的资源参与容量市场。为此，2007 年 PJM 针对 CCM 的缺陷进行改进后替代为可靠性定价容量市场（RPM）。RPM 是一个多重拍卖市场，包括一个基本拍卖市场（BRA）、三个追加拍卖市场和一个双边市场，给予了市场充分的流动性，也为市场成员提供了多次报价的机会。

4）美国纽约州容量市场。

美国纽约州 NYISO 运营着一个装机容量（install capacity，ICAP）市场。该市场的关键特征是它是一个短期市场，虽然装机容量市场的目的是确保长期的资源充裕性，但不提供长期的价格信号，也不锁定未来几年的特定容量价格。

NYISO 的 ICAP 市场有两个为期 6 个月的容量期，即冬季和夏季容量期。通过三次拍卖来确保容量：① 容量期拍卖，为即将到来的容量期购买容量；② 月度拍卖，为当前容量期中剩余的所有月份购买容量；③ 现货拍卖，仅为当前月份购买容量，其中只有参与现货拍卖是强制性的。与 PJM 的可靠性定价容量市场（RPM）不同，ICAP 市场仅提供短期容量价格，不能为长期投资提供信号。当 LSE 无法通过长期合同或自我供应满足可靠性要求时，ICAP 市场则成为其满足可靠性要求的一种方式。然而，容量市场确实可以使容量产品标准化，这样一来，无论容量如何购买，系统运营商都可以保证可靠性要求得到满足。

纽约州控制区以外的发电资源也可以参与 ICAP 市场，只要这些资源能够证明是完全可以传输和使用的。然而，ICAP 市场的市场期限短意味着价格不确定性高，因此价格波动的可能性更大。从投资的角度来看，NYISO 的容量市场作为降低长期价格风险的工具属性较弱。当可用容量不足以满足近期可靠性要求时，容量市场可以释放投资需求的价格信号，吸引发电企业投资发电容量，保证系统发电容量的充裕性。

容量市场机制有一个目标容量水平，且容量价格在不同的容量需求变化下产生波动，有利于发电企业根据负荷变化情况进行投资决策，也使得平均投资成本不会过高，最终降低终端用户的电价。但是该机制的核心是装机容量需求曲线，表征容量电价与总容量的函数关系。该曲线主要根据过去的运营经验制定，主观随意性较大，如果不能如实地动态反映在不同容量充裕度水平下发电容量的真实价值，对最终市场形成的容量电价水平影响极大。同时，容量市场的设计在理论与实践上均需进一步完善，需要在系统预测、市场管控等方面具备较扎实的基础。

总之，是否建立容量市场以及容量市场的规则如何设定，都应该依据区域供需特性，具体问题具体分析。例如，2021 年美国得克萨斯州停电事件中，有观点认为，得克萨斯州的稀缺电价机制没能激励足够的备用容量投资，因此将眼光投向了容量市场的建立。但事实上，容量市场标准的建立是基于“十年一遇”，而不是“百年一遇”。永远不会遭遇危机的系统是不存在的。得克萨斯州通过稀缺电价，一方面解决了资金缺失问题，刺激了发电机组的可靠性投资。同时，该机制也在真正需要发电机组时提供实时激励，以确保所有机组都能在有需要时运行，这时机组也会做出“防寒”计划。大型发电厂商希望建立容量市场，以便在容量市场上获得更高收入。但到目前为止，得克萨斯州的用户和监管机构都反对，因为容量市场实际上也不能真正地解决得克萨斯州所面临的问题。

9. 什么是输电权？什么是输电权市场？

（1）输电权。

随着电力系统的发展，输电网络纵横交错，这为跨地区电能交易提供了极好的基础。然而，由于输电容量的限制，在跨地区电能交易过程中，可能会出现交易电能超过输电网络所能承受的最大传输功率的情况，称之为网络阻塞。网络阻塞会对输电网络的安全产生一定影响，违反一系列安全标准。在跨地区电能交易过程中，应极力避免该情况。

为避免这种情况，需要调度机构从中协调。其任务在于，在已有的输电容量情况下，保证在电能交易中各市场主体的利益最大化，而不影响输电网络的安全。在电力市场中，为保证输电网络安全，引入了输电权（市场主体所拥有的跨区域输电容量权利）的概念。调度机构在输电网络总输电容量允许的情况下，向市场主体提供一定的输电权限。只有获取了一定的输电权的市场主体，才能在电能交易中跨区域输送一定量的电能。

输电权可以视为一种财产权。从一般意义上讲，对某个物品的财产权包括使用权、收益权和排他权三个方面的权利。其中，使用权就是使用这个物品的权利；收益权是指可以获得与该物品相关的一些收益的权利；排他权是指禁止他人使用该物品的权利。

按照结算方式，输电权通常可分为金融输电权、物理输电权。

1）金融输电权是为市场交易者规避价格波动风险而设立的金融工具，它通过金融支付合同实现，这个合同的支付取决于电力现货市场的成交结果。当电力网络在输配电过程中发生阻塞时，金融输电权的拥有者获得经济补偿，以保持输配电价格的长期稳定性。金融输电权的引入很好地解决了阻塞盈余的分摊问题，但是同时带来了新的问题，即金融输电权的拍卖收入如何分摊的问题。目前，这个问题在国内外通常是按照负荷比例返还给电力用户。

金融输电权既与输电网有密切的联系，又与电力现货市场有密切关系。电力现货市场是通过基于竞价并实施一个受到电网运行的安全约束的经济调度来组织实施的。金融性输电权是基于现货定价理论的。由于网络阻塞引起各节点电价不同，称为节点边际电价。由现货定价理论，LMP 已经隐含考虑了阻塞的机会成本，参与现货市场竞标的交易商在相应节点按 LMP 进行交易；期货交易（双边交易）的交易商向调度机构支付阻塞费，即功率注入节点和功率流出节点的 LMP 之差。交易商可预先购买 FTR 以获得补偿，从而规避因节点间 LM P 差别引起的阻塞风险。

实施金融输电权机制使得电网的实际运营与电网的产权分开，这样就使得实际问题明显得到简化，解决了物理输电权机制在实际应用中所存在的问题。国际上的经验表明，这种金融输电权机制的实用性价值比物理输电权机制高。在一个协调的现货市场设计中加入金融输电权机制，已经成为目前国际上电力市场设计的一个明显特征。

2）物理输电权指持有者能够在某段时间内，通过输电网络中某一规定的支路或断面输送一定数量的电力的权益。物理输电权意味着对其使用的控制——在需要的时候能沿着传输线连接之处传输电能。但是，行使（或不行使）连接控制可能影响其他参与者行使他们连接控制的能力。事实上，在一个网状的网络中，任意两个节点之间传输的功率都在每条连接线上流动。以这种方式定义的输电权带来的僵化，会进一步限制调度机构对变化的需求和发电工况做出有效的调节。

物理输电权所有者仅有自己获得相关输电服务的权利，不可以转卖，没有收益权。我国各省在月度市场交易以及跨省交易中，首先对每个电厂规定了一定的最大上网容量/电量，实际上可以看作是对其使用物理电网的量的限制，或者说是一种授权，如果电厂实际没有发电，也不会得到其他的补偿。英国国内电力市场中电力用户、发电厂商的输电权也可以认为是一种物理输电权，英国电力市场的电力用户、发电厂商通过缴纳一定的输电费，就获得了在其所在位置获得输电服务的权力。对发电厂商来说，意味着其可以在规定的容量下将电卖给电网范围内任意位置的用户，不需要其他额外的费用；对用户来说，意味着其可以在规定的容量下从电网范围内的任意发电厂商买电，而不需要其他额外的费用。如果由于电网的原因，这个输电权无法物理执行，则电网需要给予一定的补偿。

（2）输电权市场。

输电权市场是针对输电权进行交易的市场。在输电权市场中，通过拍卖或竞价的方式向有需要的市场主体提供一定的输电权。因此，输电权被设计为一种重要的电力交易产品，尤其在日前和日内交易市场中，起着十分重要的作用。输电权是允许输送一定容量的权利，赋予其所有者使用相应输电容量的权利，或者取得与其相关经济利益的权利，具有锁定输电费用或保证电力传输的功能，即电力交易者在购买了输电权后，可以保证以既定的输电价格实现电能的传输，即使电网实际运行中发生阻塞，也能获得相应的经济补偿。市场主体基于不同节点的边际电价来支付阻塞盈余费用，由节点电价理论可知，当发生阻塞时不同节点的节点电价不同，在不考虑网损时阻塞盈余费用为功率注入节点和输出节点的节点电价之差与通过该支路的电量的乘积。当网络没有发生阻塞即输电通道仍有剩余容量时，不产生阻塞盈余费用。当发生阻塞时，市场主体需要支付阻塞盈余费用，并且阻塞盈余费用随着节点电价差值的增加而增加，但如果市场主体获得了输电权，则调度机构在结算时会将这部分阻塞盈余费用返还给输电权的拥有者，从而规避了网络阻塞带来的风险。

在现货市场中，发电厂商可以通过在规定的时间向电网调度申报其所在时段的发电曲线，实现其对相关电网资源的实际使用。如果发电厂商实际没有发电，发电厂商也无权因自身未使用该权力而向电网企业索要补偿，物理输电权仅是单纯的物理使用权。

欧洲跨国输电通道的输电阻塞一般由两种方式进行处理：① 输电容量显式拍卖（explicit auction），类似于美国的物理输电权（physical transmission rights）；② 输电容量隐式拍卖（implicit auction），类似于美国的金融输电权（financial transmission rights）。目前，欧洲采用显式与隐式拍卖结合的方式处理跨境输电通道阻塞。一般来说，显式拍卖适用于跨境双边电力交易；隐式拍卖主要适用于日前市场耦合。近年来，随着欧洲统一电力市场建设进程的加快，跨境双边电力交易的比例逐年下降，显式拍卖的比例也随之降低。

10. 什么是电力金融市场？国外有哪些经验可借鉴？

（1）电力金融市场的定义。

电力批发市场按其市场属性，可分为电力实物市场与电力金融市场。一般而言，电力实物市场与电力金融市场可以通过按产品类型和市场主体的意图两个方面加以辨识。电力实物市场建设几乎是各国各地电力市场建设的重心，建设运营中普遍接受电力监管机构的监管；电力金融市场严格意义上要接受金融监管机构的监管（见问题 3）。

电力金融市场涉及能源电力衍生出的金融产品的交易行为，具有金融衍生属性，包括市场结构与相关的制度安排、市场主体、产品与交易，同时也具备其特有的供求驱动因素。电力金融市场合同通常不涉及电力实物商品的交割，取而代之的是现金的交割。

电力金融市场中，一般参照金融市场期货、期权交易的基本原理进行电力期货、电力期权等电力金融衍生产品交易，其交易的对象是电力金融衍生品。

（2）电力金融市场的构成和分类。

电力金融市场包含交易主体、交易品种及交易规则三方面内容。交易主体包括但不限于售电主体和电网企业等从事电力金融交易的机构，且不受地域限制。交易品种主要有电力期货合约、电力期权合约等。交易规则主要包括电力衍生品交易的结算规则、信息披露规则、风险控制规则、价格形成规则和价格稳定规则。电力金融市场通常划分为电力期货交易和电力期权交易。

1）电力期货交易。

电力期货是在特定交易所内、以标准化金融合约约定未来特定时间、特定节点的电能交割价格的金融合约。根据电力期货交割期的长短分为日期货、周期货、月期货、季期货、年期货。

根据交割方式，电力期货分为实物交割期货和金融结算期货。实物交割期货指的是按照期货规定的交易时间和交易速率进行电力的实物交割，由于涉及电力系统调度，需要在期货到期前数日停止交易，并将交割计划通知调度机构，以保证届时交割。金融结算期货不需要交割电力，以现货价格为参考进行现金结算，可交易至到期前的最后一个交易日。

根据交割时段，电力期货可分为峰荷期货和基荷期货。峰荷期货是期货规定的交割时间为负荷较高时段的期货（通常指的是16h）。基荷期货是指交割时段为全天的期货。

2）电力期权交易。

电力期权是一种选择权，电力期权交易实质是对于电力这个商品或其使用权的买卖。1996年，电力期权首先在美国纽约商品交易所交易，1999年北欧电力市场也引入了电力期权。电力期权赋予了其持有者在某一确定的时间以某个确定的价格交易电力相关标的的权利，最大的特点在于在期权交易中，期权的买方有权在其认为合适的时候行使权力，但并不负有必须买进或卖出的义务；对于期权合约的卖方却没有任何权力，而只有义务满足期权买方要求履行合约时买进或卖出一定数量的期货合约，交易的双方权利和义务不对等。电力期权可以分为以下几类：

a. 根据电力期权标的物的流向，电力期权可分为看涨期权和看跌期权。看涨期权的持有者有权在某一确定的时间以某一确定的价格购买电力相关标的物。看跌期权的持有者有权在某一确定的时间以某一确定的价格出售电力相关标的物。

b. 根据期权执行期的特点，电力期权可以分为欧式期权和美式期权。欧式期权只能在期权的到期日执行。美式期权的执行期相对灵活，可在期权有效期内的任何时间执行期权。此外，还有新型期权，比欧式期权和美式期权的盈亏状况更为复杂，如亚式期权和障碍期权等。

c. 根据电力期权的标的物，电力期权可分为基于电力期货的期权（电力期货期权）和基于电力现货的期权（电力现货期权）。电力期货期权的交易对象为电力期货、电力远期合同等可存储的电力有价证券，电力现货期权的交易对象为不可存储的电力商品。

3）电力期货交易和电力期权交易的区别。

电力期货交易与电力期权交易有两个重要区别：① 电力期货交易中购得合约的持有者，到期必须按照合约的规定履行电力商品成交手续，否则要承担违约惩罚，电力期权交易其购买方在支付一定的权利金购得某项期权后，可以选择放弃或者继续执行；② 电力期货的衍生资产都是对称性衍生资产，电力期货的合约价值视其原始资产的估算价格与电力期货价格而定，正负皆可。而电力期权是非对称性衍生资产，买入与卖出电力期权的收益形态并不对称。

电力金融市场能够吸引大量的市场主体，不仅包括发电厂商、购电商等电力行业成员，还包括金融市场的大量投资者和投机者。但是在进入电力金融市场之前首先需要确立两点：① 电力市场任何交易形式始终必须在有利于电力系统安全稳定运行的前提下进行；② 电力市场任何交易都必须遵从一定的规则规范。这两点是基础，一切的电力金融交易都要以这两点为基准。相对而言，电力金融市场必须建立在较为成熟的电力现货市场的基础上，而我国电力市场还处于初始阶段，有关电力金融市场的建立需要进一步深入摸索。

（3）国外可供借鉴的经验。

1）北欧电力金融市场早期由 Nordic Pool 负责，2008 年转由纳斯达克交易所（Nasdaq OMX）运行。北欧电力金融市场成员众多，交易品种多样，为参与主体提供了很好的价格对冲与风险管理的手段。目前，北欧电力金融交易品种包括远期合约、期货合约、期权合约和差价合约，以现货市场价格为参考；交易主体范围除北欧外，已扩展至德国、荷兰和英国；交易时间跨度包括日、周、季度、年，最长可达 6 年。上述金融合约均采用现金结算的方式，不需要实物交割。远期合约以月、季度和年度为周期，期货合约以日、月为周期，其结算的参考价格为系统价格。北欧的差价合约与传统的差价合约有所差别，其专门是为规避阻塞产生的价差风险而设置的，以区域价格和系统电价的差价作为参考电价进行结算。因此如需要较好地规避价格风险，市场主体一般会选用远期或期货合约加差价合约的方式。

2）美国 PJM、加州等电力市场中拥有丰富的电力金融产品，既包括由纽约商业交易（NYMEX）和洲际交易所（ICE）等专门的期货交易所组织交易和结算的电力期货产品，也包括虚拟交易、阻塞交易（up-to-congestion）、FTR 交易等由市场运营机构自己组织交易和结算的其他电力金融产品。

纽约商业交易（NYMEX）和洲际交易所（ICE）为 PJM 市场提供的电力期货产品均只进行现金结算，不涉及实物交割。最后交易日之前对冲平仓的收益为买卖差价，最后交易日之后仍持有的合约，由交易所根据期货合约基准价格（以 PJM 提供数据为准）与期货收盘价价差进行结算。

虚拟交易是指没有发用电需求的用户可参与现货市场，在日前市场以日前价格购买或出售电，在实时市场按实时价格卖出或买回相同的电，由此对冲日前与实时市场之间的价格差。虚拟交易属于日前市场上的一种报价形式。虚拟电源申报功率、节点和价格，虚拟用户申报用电负荷、节点和价格。参与主体主要是金融机构等没有真实发电能力或者用电需求的市场主体，与真实发用电报价、阻塞交易一并进行经济调度出清，虚拟电源所定节点 LMP 高于申报价格时出清，虚拟负荷所定节点 LMP 低于申报价格时出清，出清需满足真实物理网络约束与安全约束。

阻塞交易与虚拟交易同属 PJM 日前市场上的一种报价形式，参与阻塞交易的市场主体申报卖出节点、买入节点、功率以及可以接受的买入节点与卖出节点的最大价差。参与主体主要是金融机构等没有真实发电能力或者用电需求的市场主体，与真实发用电报价、虚拟交易一并进行经济调度出清。阻塞交易可进一步区分为顺流交易与逆流交易两种类型。顺流交易指买入节点价格大于卖出节点价格的报价，逆流交易指卖出节点价格高于买入节点价格的报价。

金融输电权 FTR 本质上是一种金融权利，并不表示有实质上的能量传输权利，只要求在发生输电阻塞时获得经济补偿，可以帮助市场主体规避阻塞盈余费用不确定性带来的价格风险，也可以作为一种纯粹的投机工具。

3）澳大利亚电力市场中的电力金融产品主要包括电力期货以及差价合约，均为现金结算，不涉及实物交割。

澳大利亚电力市场的电力期货产品由澳大利亚股票交易所负责交易组织以及结算，主要是季度期货以及月度期货，只能选择现金结算，其他特征与美国 PJM、加州等市场电力期货以及北欧电力市场电力期货类似。

在市场刚设立时，为了保证市场的稳定及给予参与者一段逐步适应的时间，政府订立了最初的差价合约，也称授权差价合约。在此合约中，量价提前确定，目的在于使现有容量合约收入可以与进入市场之前相当。

随着市场改革的深化以及市场主体市场意识的逐渐提升，授权差价合约逐渐退出市场，取而代之的是市场化交易的双方自由签订的双边差价合约，双边差价合约在发电与购电、发电与发电、购电与购电之间签署。合约要素包括时间段、电量、合约价格和有效期。合同期限一般是按季度或者按年度，合同时间段一般分为全时、峰时、谷时。签约双方根据合约价与现货价格自行结算，电力市场组织者完全不参与差价合约的管理与结算。市场化差价合约可以进一步细分为单向差价合约和双向差价合约。

a. 单向差价合约。单向差价合约分为两种形式：① 发电方向用电方提供电力市场价格“保险”业务，市场价高于合约价，发电方将高出的部分补偿给用电方；② 用电方向发电方提供价格“保险”业务，市场价低于合约价，用电方将差价补偿给发电方。

b. 双向差价合约。当实时电力市场价格高于合约价格时，发电方按市场价与合约价的差价补偿用电方。当实时电力市场价格低于合约价格时，用电方反过来按合约价与市场化的差价补偿给发电方。

4）英国电力市场中的电力金融产品包括低碳合同公司（the low carbon contracts company，LCCC，英国能源和气候变化部拥有的一家公司）提供的差价合约、洲际交易所提供的电力期货以及纳斯达克交易所提供的电力金融产品，如期货、延期结算期货、电力价区差价期货、期权等，均为在交易所集中交易的标准化合约。

LCCC 提供的差价合约本质上是由符合条件的间歇性发电资源（风电、光伏发电等）、基荷发电资源（核电、化石燃料发电等）业主与 LCCC 自愿签订的购电协议，为双向差价合约。差价合约签订后，无论市场批发价格如何波动，发电者都将获得合同规定的执行价格，即市场价低于执行价时，发电厂商可以获得市场价与执行价之间的差额作为补贴；市场价高于执行价时，发电厂商需要退还市场价与执行价之间的差额。LCCC 负责签署和管理差价合约以及管理差价合约支付，差额资金由国家补贴进行支付，国家对每年补贴的总额规定了具体的额度，执行价格随时间进行动态调整，不同类型的可再生能源发电量执行价格可能不同。

洲际交易所（ICE）为英国电力市场提供的电力期货包括峰荷电力期货及基荷电力期货，且与其他大多数电力期货产品不同，这种期货到期只能进行实物交割，需要将成交电量均分到交割周期内的每个小时。电力期货产品得以进行实物交割与英国分散式电力市场模式有关。英国电力市场以中长期双边交易为主，且为实物合同，少部分电量日内平衡。交易截止日之前，期货合约的做多者以及做空者可以通过对冲平仓机制对冲了结，但最后交易日过后，未对冲了结的期货合约的买方或者卖方将分别被视为物理电力的买方和卖方，按合约量均分到期货合约对应日期和对应时段，具体买卖数据由洲际交易所提交英国国家电网公司调度机构进行调度安排，并提交不平衡电量结算公司 ELEXON 进行履约结算。

11. 什么是实物合约和金融合约？什么是差价合约？

由于电力产品的特殊性质和电力市场的寡头垄断特性，电力价格存在波动风险，电价变化十分复杂。为了规避电价波动风险，稳定电力供应，世界各国在电力市场化初期均大量采用电力双边合约（合约中包括了买卖双方在未来应尽义务的规定）进行电力交易，如英国、挪威、澳大利亚等。电力市场中的双边合约包括实物合约和金融合约两大类。

（1）实物合约与金融合约。

1）实物合约。实物合约（或称为物理合约）是合约双方根据实际供需情况自行签订，并要求按照合同条款以电力或电量而非现金交割执行的合约。实物合约的合约电量不再参与现货竞价，有固定电价且合约交割和现货市场竞价无关。签订后将合约电量上报调度机构执行交割，签订实物合约的发电厂商会减少在竞价市场中的投标容量，如灵活电力合约（flexible electricity contracts，FEC），按合同有效期分为一年合约、半年合约。

2）金融合约。金融合约是指市场主体以电力及其衍生物为标的，进行购买、出售、互换或回购等交易的协议，交易形式包括差价、远期、期权和互换等。电力金融合约仅约定财务交割责任，不作为市场主体发用电计划制定的依据。由于其合约电能通过现货市场交割，合约电量仍然参与现货竞价，所以金融合约并不影响现货市场的竞争。电力市场中常用的金融合约包括电力期货合约、电力期权合约等。

3）两种合约的结算方式。对电力这种物理的交易对象，由于其特殊的性质，对提前签订的合约，很难保证一定通过实物交割，因此在合约中明确违约、变更等相关条款十分重要。换言之，在电力实物合约中，需要约定如果交易无法实物交割，如何进行金融的交割或结算。对于实际发、用电与合约电量的差，可以从以下两个角度理解，也对应不同的结算方式。

a. 认为合约的一部分是物理执行，另一部分是金融执行。这样就必须在合约中约定，如果没有实物执行的部分，金融交割时价格的基准。也就是说，规定对未实物交割的部分以双方认可的某一个市场的价格为基准进行执行。目前，在不同市场中对金融执行时的价格基准有不同的约定，一般以实时市场的价格作为结算的基准。比如，以美国 PJM 为代表的电力市场中，对实际市场成员的偏差电量，均以实时市场的价格作为基准进行交割。

b. 认为合约必须要按签订时的约定物理执行。对于没有实物执行的部分，需要进行惩罚。此时，需要在合约中规定偏差结算（违约处理）的方法。英国、欧洲市场大多采用了这种思路，我国目前中长期交易中的偏差处理也是这种思路。这是一种惩罚的思想，认为双方应该履约，按照约定的数量发电、用电，如果实际发用电量有偏差，应该接受惩罚。这种机制的关键是对偏差量的结算机制。不同国家、地区有不同的方法。比如，广东 2017 年的电力市场中，规定无论是正偏差还是负偏差，都按照月度集中竞价价差的两倍进行考核。英国的 BETTA 模式中，分别规定了在系统不同情况下，市场主体不同方向偏差（多发少用的正偏差和少发多用的负偏差）的结算方法。

国家发展改革委、国家能源局 2018 年 12 月印发的《电力市场运营系统现货结算功能指南（试行）》中包含“合约电能结算”的相关条款。

a. 分散式和集中式电力市场下金融合约结算，金融性合约按照约定方式、典型曲线、滚动修正等方法分解合约曲线，依据合约分解曲线与现货市场交易出清结果，按合约规则进行合约交易结算。

b. 分散式电力市场下实物合约结算，物理性合约按照约定方式、典型曲线、滚动修正等方法分解合约曲线，依据合约分解曲线与现货交易结果、实际计量数据进行合约结算，作为物理执行的合约，实物合约须参与计算发用电偏差。

以上分析中，认为电能交易合约仅涉及供、需双方。实际上，由于电力的传送需要通过电网进行，一般电能的供、需求方都会和电网签订相关的合约，因此对标的物为实物电量的电力交易合约，也可以认为是供、需、网三方的合约。因此，在合同中应该约定由于各方原因造成无法履约情况下的合约条款。

综上，对于实物合约中没有实物交割部分的结算方式取决于市场的相关机制、没有实物交割的原因以及合约中的具体约定。对电能合约，不平衡量的结算可以按实时市场价格结算或以平衡市场价格结算；对输电合约，未执行的交易可以通过机会成本补偿、物理输电权、金融输电权等方式进行财务结算。财务结算是市场中最复杂的环节，不同的机制并没有绝对的“好坏”之分，不同的机制产生了不同的经济信号、不同的福利分配，每个国家、地区需要根据具体情况确定具体适用的方法。

（2）差价合约。

差价合约（contract for difference，CFD）具有电力金融市场属性，其金融本质是互换，从广义上来讲，互换是要求交易双方根据预定义的交换规则，在约定的时间段内，就一系列应收现金流（如利息、价差等）进行交换的双边合约。在电力市场中，差价合约不涉及实际电力的交割，是一种提前确定收益的金融工具，买卖双方可以商定商品的履约价格和交易数量。签订差价合约后，买卖双方可以和其他市场主体一样参与集中市场，一旦集中市场上的交易已经完成，差价合约就可以按照如下的方式进行结算：

1）如果差价合约的履约价格高于集中市场价格，购买方需要向卖出方支付一定金额，等于这两种价格的差价乘以合约规定的交易数量。

2）如果差价合约的履约价格低于集中市场价格，卖出方需要向购买方支付一定金额，等于这两种价格的差价乘以合约规定的交易数量。

简而言之，差价合约的售方按照合约数量支付基准价格，收取合约价格。单时段时售方的结算公式为：合约收益 =（合约价 – 基准价）× 合约量。但实际上，现货市场一般以小时或半小时为交易时段，而差价合约的结算也需要考虑多个时段。多时段差价合约的结算公式（对售方）为：Σ合约收益 =Σ［（合约价 – 基准价）× 合约量］。从以上结算方式也可以看出，利用差价合约进行套期保值交易之所以能够规避价格风险，原因在于某一商品的中长期价格和现货价格受相同经济因素的影响，价格走势基本相似。市场主体在交易时，中长期与现货买卖方向相反，所以一方亏损，另一方盈利，互相补偿，从而达到稳定成本或利润的目的。

差价合约可以按照交易主体或合约价格的生效方向的不同进行分类：

1）差价合约的交易主体包括购买方和售方，均可以是独立的市场主体或者政府。如果双方都是市场主体，就称为市场化差价合约，否则称为政府授权差价合约。

市场化差价合约，签订市场化差价合约的目的主要是规避某个市场的价格风险，购买方和售方是相应商品的生产者或消费者，如发电厂商、售电公司、用户等。银行、保险公司等金融机构也可以作为市场化差价合约的一方，其目的为盈利。

政府授权差价合约，电力市场的政府授权差价合约中，一般政府或政府指定的企业为购买方，售方为某类发电厂商，即购买方按照约定以某一价格向电厂购电。政府授权差价合约可以实现多个方面的目标：市场改革初期，政府与现有电厂按上网电价签订一定数量的差价合约，解决市场过渡的问题；对市场份额较大、具有市场力的发电厂商，政府强制与其以固定价格签订差价合约，以限制其市场力；对成本较高而电力系统确实需要，但在市场中无法收回全部成本的发电厂商，政府可以与其签订高于市场价格的差价合约，以增加其收益；通过差价合约增加某一特定类型发电厂商（如可再生能源）的收益等。

2）按照合约价格的生效方向分类，差价合约又可以分为单向差价合约和双向差价合约。单向差价合约，一方可以规避价格过高（或过低）的风险，而另一方为承受风险得到固定收益，合约价格主要取决于价格高于（或低于）约定的封顶（或封底）价格的情况。双向差价合约的售方可以规避价格过低的风险，购买方可以规避价格过高的风险，合约价格主要取决于签订差价合约时对基准价格的估计。

在电力市场中引入差价合约，一方面可以被市场主体用来规避价格波动的风险；另一方面，可以被政府用来解决搁浅成本、市场力控制及可再生能源消纳等问题。我国大部分电力现货试点的市场设计中，也将中长期合约设计为差价合约。实际电力市场中，差价合约有多种形式，如单向/双向差价合约、政府授权/市场化合约、确定数量/非确定数量合约、确定价格/非确定价格合约，用来解决不同的问题。如英国通过差价合约和容量市场解决低碳环保计划的相关问题，北欧通过位置价差远期差价合约来规避价区间价格波动的风险；澳大利亚通过单向和双向差价合约激励可再生能源的投资；新加坡通过限定合约（vesting contract，VC）缓解市场力水平。

12. 电力市场一般有哪些典型模式？国外有哪些典型模式可以借鉴？

（1）电力市场的典型模式。

电力市场模式通常是指电力市场的组织模式，其核心是中长期市场结果在现货市场应用的模式，表现了中长期交易和现货市场的衔接方式，主要分为集中式模式和分散式模式两种典型模式。

1）集中式模式。以中长期差价合约管理市场风险，配合现货交易采用全电量集中竞价的电力市场模式。对于电网阻塞较多、灵活调节电源占比低、新能源占比高的省份，宜采用集中式模式。

集中式模式下，发电厂商和电力用户达成的双边合约仅用于结算，并不要求在机组组合和发电计划安排中执行，主要的机组组合和计划安排由调度机构通过日前市场集中决策。

建立集中式市场的条件包括：

a. 对电源的要求：在日前和实时现货电力市场中，发电厂商提交全电量报价曲线、机组运行参数，不需要自行安排机组出力计划。

b. 对电网的要求：对电网运行特性依赖较小，适用性强，但阻塞管理的难度较大。

c. 对市场运营机构能力的要求：能够根据市场规则向市场主体进行信息披露，为市场主体充分决策提供支撑；能够向市场主体提供灵活、多样的报价申报方式，以接纳反映市场主体自身特性的报价信息；在中长期交易方面，能够组织集中交易、挂牌交易、滚动撮合交易等；在日前市场方面，能够集中优化出清机组组合和计划；实时市场中，能够根据市场成员的出力报价进行全电量出清；日前、实时市场交易出清复杂程度相对较高，对运营机构的计算能力要求较高。

该模式的优点包括：① 针对全电量进行集中竞争与优化安排，市场效益和资源配置效率较好；② 市场原理引导市场主体按照成本报价，对于市场主体自平衡能力要求较低，易于操作；③ 不同时间尺度的现货市场全量优化，统一的价格信号较明确；④ 市场操纵行为容易事先发现和追责。

该模式的缺点包括：① 市场风险规避要求高；② 对于调度机构的市场组织能力和监管机构的监管能力要求较高，对于市场主体的透明度相对分散式较低；③ 对既有发电效益格局影响较大，且需用户广泛参与；④ 向跨区现货市场过渡困难。

2）分散式模式。以中长期实物合同为基础，发用双方在日前阶段自行确定日发用电曲线，偏差电量通过日前、实时平衡交易进行调节的电力市场模式。对于电网阻塞较少、灵活调节电源占比高、市场集中度较高、发用电主体市场化程度高的省份，宜采用分散式模式。

分散式模式下，市场主体在不同时间尺度的实物电能量市场交易，但不排除电力金融衍生品交易。市场主体可基于实物交易结果，自主确定日发电计划，交由调度机构通过电网安全校核后，作为确定调度计划的基础。分散式模式强调电力商品交易的流动性，交易频次高且方式多样。分散式模式下发电机组开停机方式和计划出力安排主要以电力中长期实物交易合同约定的发用电曲线为基础，日前市场、日内市场和实时平衡市场相互关联，实现电力平衡。

适合建立分散式市场条件包括：

a. 对电源的要求：通过不同时间尺度的电力交易，形成的发电曲线能够满足发电机组自身出力上、下限约束和爬坡速率约束。分散式市场发展到高级阶段，允许发用电市场主体通过双边合约自主形成虚拟平衡体，承担相应的电力平衡责任，因而电源需具备足够的设备运行管理能力，能够自行决策开机方式和日计划出力曲线，同时能够借助日前、日内和实时平衡市场机制灵活应对不平衡风险，能够承担自平衡责任带来的收益风险。

b. 对电网的要求：电网运行方式要主动配合中长期交易结果，且各分区内阻塞较少。电力调度机构需专注运行安全，要求调度机构较高的运行平衡市场和辅助服务市场的能力。

c. 对市场运营机构能力的要求：能够高频次、高粒度地向市场主体发布供需信息，及时更新供需变化，为市场主体充分决策提供支撑；能够向市场主体提供灵活、多样的报价申报方式，以接纳反映市场主体自身特性的报价信息；中长期、日前市场交易出清复杂程度相对较低，对运营机构的计算能力要求较低；实时平衡市场中，对于发用电曲线与超短期负荷预测之间的偏差电量，能够根据市场成员的增减出力报价进行偏差量出清。

该模式的优点包括：① 市场风险管理的难度较小，与计划调度模式相似度较大；② 出清计算逻辑相对简单，在交易品种、交易周期、申报方式等方面为市场成员提供了丰富的交易机会和平衡手段；③ 调度机构安全责任明确，监管机构较易调控市场；④ 更易向更大范围市场过渡。

该模式的缺点包括：① 部分电量参与现货，现货价格信号不完整、竞争不充分，日前、日内、实时平衡三个市场的定价机制各不相同，价格信号之间缺乏一致性；② 需要市场主体对发用电曲线进行精准预测和精确调节，对市场主体要求较高；③ 中长期与现货市场衔接要求高，调度与交易机构关系复杂；④ 电网安全稳定运行边界约束条件多，调度灵活控制手段相对较少，安全压力较大。

（2）国外典型市场的模式选择。

美国、澳大利亚等国家采用集中式。英国、北欧、德国等欧洲国家普遍采用分散式。

美国七大区域电力批发市场均采用集中式模式。运营机构为调度与交易合一的独立系统运营商（ISO）或区域输电组织（RTO）。电力市场中的交易标的物一般包括电能、辅助服务、金融输电权和容量（美国得克萨斯州市场 ERCOT 和加州市场 CAISO 没有容量市场）。市场成员之间可签订从日前到中长期各种周期的双边交易合同，以规避日前和实时市场价格波动风险，不需要 ISO/RTO 集中组织和安全校核。双边交易合同约定的电量和电价只具有金融结算意义，不要求调度执行。ISO/RTO 只对现货相关联市场进行管理，主要包括日前和实时现货市场。大部分现货市场采用允许发电侧和用户侧（主要是负荷服务商）双向报价，价格机制采用节点电价机制，并通过拍卖金融输电权承担双边交易之外的所有结算服务，从使用市场服务的成员收取费用，并向提供服务的成员支付费用。

英国电力市场采用以市场成员分散决策、分散平衡为主的一种市场决策方式，突出的是电能的普通商品属性，提倡电能的自由买卖交易，属于典型的分散式模式。目前英国市场电能交易以双边交易为主，实时平衡机制为辅。双边交易合同是电网调度的重要基础，为需要执行的实物合同，占比甚至达到 95%，平衡机制电量占比较小。在英国电力市场中，可按照市场的组织形式划分为三类电力交易：

1）场外交易（OTC）。由交易双方通过自由谈判签订交易合约，约 90%的电量交易以场外交易的形式完成。市场中场外交易不仅仅局限于发电厂商和供电商之间，也允许中间商（通常为银行等金融机构）作为一方签订电力双边合约。电力中间商既不发电也不售电，只是通过交易图利。

2）交易所内交易。电量交易还可通过 APX 和 N2EX 两个电力市场进行交易，以短期电力交易为主，主要提供几个月到半小时前的电力交易。市场中约不到 10%的电量通过交易所交易。

3）实时平衡机制。由英国国家电网公司负责运行，目的是保证电力系统的实时平衡，用市场化手段解决合同电量和实际电量之间偏差电量，目前平衡机制交易的电量在 2%～5%。

两种模式各有优缺点，各有各的适应情况。世界各国在发展电力现货市场时，都是要从各国国情出发，考虑本国的电力系统情况、市场发育程度、传统管理模式、电源结构和新能源消纳要求以及建设市场的目标等多方面的条件。而各国的实际情况又都是不一样的，所以国际上并没有形成一致的电力现货市场模式。

13. 电力现货市场按时间尺度具体又可划分为哪些子市场？

电力现货市场一般是指为次日（或未来 24h）电能交易以及为保证电力供需的即时平衡而组织的实时电力交易。按照交易时间，现货市场一般可进一步分为日前市场、日内市场、实时市场/实时平衡市场。日前市场主要开展次日的电能交易，确定次日（一般是 96 或者 48 时段）的现货交易量和价格。日内市场是指在日前市场闭市后至实时市场开启前的某（些）时段的电能量市场，通常每个交易时段为 15～60min。实时市场/实时平衡市场是指在实时调度 1h 内开展的交易。一般根据市场模式不同，选择不同的现货市场组成，且在不同市场模式下，各周期的市场功能也有所不同。

现货市场时间轴如图 1－4 所示，集中式市场模式下，现货市场构成一般选择日前市场、实时市场。分散式市场模式下，现货市场构成一般选择日前市场、（日内市场）、实时平衡市场。以国外为例，可归类为集中式市场模式的国家和地区中，美国 PJM、MISO、加州（CASIO）、得克萨斯州（ERCOT）等选取的是日前市场和实时市场，澳大利亚、新加坡选取的是实时市场，其中，澳大利亚在日前采用预出清进行市场预测；可归类为分散式市场模式的国家和地区中，北欧和英国选取的是日前市场、日内市场、实时平衡市场等。需要说明的是，不同国家和地区，各周期现货市场的具体做法稍有不同。总结两种模式下不同周期现货市场的功能及特点，具体如下。

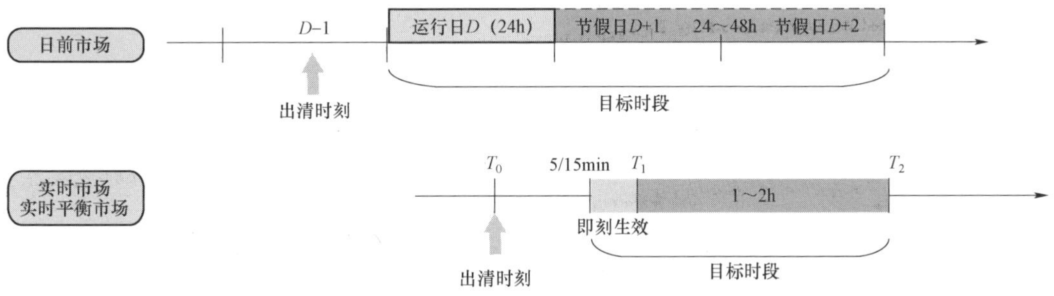

图 1－4　现货市场时间轴

（1）集中式市场模式下的市场构成。

市场供需双方在每天特定时间之前向调度机构报价，由调度机构根据供需双方报价和网络条件等出清。在不同国家，日前市场的名称有所不同。例如，在挪威和美国 PJM 电力市场称日前（day-ahead）交易，在澳大利亚称短期提前（short-run ahead）交易，在我国也有专家称之为预调度计划（pre-dispatch schedule）。日前市场每天出清一次，具有如下特点：

1）市场参与方根据各自成本和预期进行报价，报价内容包括发电机组参数（如电气连接点/市场结算点和发电容量）、同容量所对应的供给价格，如果用户侧参与报价，则需提供负荷的市场结算点、需求电量及价格。

2）基于所有报价信息，调度机构在安全校核的基础上决定最优化的机组组合方案，并基于最终的机组组合方案和修正后的机组报价，决定最终的机组、负荷的出清量和相应的日前价格。

3）市场采用节点边际电价确定市场价格，也有采用区域边际电价或者系统边际电价方式。调度机构在考虑系统安全约束的前提下，根据市场参与方成员的报价做电能平衡计算，形成考虑安全约束的日前市场调度模型，通过求解安全约束经济调度（security constrained economic dispatch，SCED）计算系统次日每个时段的调度计划和电价。

4）有的市场会规定最高限价，卖方报价不得超过规定限价，如 PJM。有的市场会进行一个以机组成本参考价为基准的行为和价格影响测试，对违反测试的机组视为利用市场力，会强制使用成本参考价代替原机组报价参加下一阶段的优化出清，如 NYISO。

日内市场主要解决快速启停机组的开机决策问题，也有专家认为日内市场解决可再生能源不能准确预测的问题。日内交易电量较少，但对交易操作的时效性要求较高，对参与者和运营者都有一定的技术要求。

实时市场主要根据超短期负荷预测进行发电调度，对各种备用和必开机组预先进行资源分配和实时阻塞管理，通过市场竞争交易实现系统平衡调度，发电上网电量必须在实时市场报价和中标。调度机构根据机组在日前市场提供的报价曲线或实时修改的报价曲线和超短期负荷预测，基于安全约束经济调度模型，实时计算各机组下一个时间段的中标电力及市场出清价格。一般实时市场每 5min 或 15min 出清一次，以电网实时运行状态下的最优经济调度来实现电力供需平衡。

（2）分散式市场模式下的市场构成。

日前市场中，发电厂商和电力用户双侧报价，以社会福利最大化为目标，对所有市场主体开展基于可用输电能力（ATC）的集中优化出清。主要特点如下：

1）发电厂商、电力用户均需申报量价曲线，以中长期双边交易之外的电量竞价上网。

2）调度机构通过分析计算，及时发现平衡和电网安全问题，引导市场成员调整交易，并非以调度指令的方式安排生产，也不进行机组组合。

3）日前市场的出清结果需要进行实物交割。

4）价格形成机制包括系统边际电价、分区边际电价。

日内市场更多的作用是日前市场的延伸，通过日内连续交易为各市场主体，特别是可再生能源占比较大的主体调整自身发用电计划提供机会，以实现自平衡责任。一般是在日前市场闭市后，对未来至实时调度前 1h 的市场供需变化进行的电力交易。市场参与方的报价规则和市场交易规则一般与日前市场相同。

实时平衡市场是指在实时调度 1h 内，调度机构根据系统电力平衡的需要，进行电力交易，市场成员既可以报卖出量价，也可以报买入量价。调度机构采用偏差平衡，依托平衡资源，以调整成本最小为目标，接受市场主体上调或下调报价，保障电力实时供需平衡（详见问题 14）。

我国在未建设电力现货市场前，为确保电力系统安全、优质、经济运行，调度机构依据有关规定对电力系统生产运行、电网调度系统进行计划、组织，指挥、协调及控制。我国电网调度管理依照《电网调度管理条例》和《电网调度管理条例实施办法》进行，办法中规定，“调度机构应当按年、月、日编制并下达发电调度计划”，“值班调度员根据电网运行情况，可以按照有关规定调整本调度机构下达的日发电、供电调度计划”。电力现货市场启动建设后，市场建设以实现电网安全、稳定、经济运行为目标，参照我国电网调度生产运行传统模式，电力现货市场按时间尺度一般选取日前市场、（日内市场）实时市场/实时平衡市场。试点地区可结合所选择的电力市场模式，同步或分步建立日前市场、日内市场、实时市场/实时平衡市场。

14. 什么是实时市场？什么是实时平衡市场？二者有何不同？

电网运行的一个重要特性是电能难以存储，需要保持实时的供需平衡，而电力负荷又无法提前准确预测。电力现货市场必须建立一套能够平衡实时运行中所有时段发电量和负荷量的交易、定价机制。为了提高系统实时运行经济性，反映系统实时供需情况和平衡成本，实时市场通过引入市场化的实时交易机制，保证市场环境下系统运行的稳定性和经济性，同时起到发现实时价格的作用。

（1）实时市场与实时平衡市场。

由于电力现货市场组织模式的不同，电力现货市场下的实时交易机制可以分为实时市场与实时平衡市场两类。实时市场是适用于集中式模式下的实时出清机制，由于日前市场确定的发用电曲线仅用于结算，不要求在发电计划安排中执行，调度机构通过实时阶段的全电量优化方式以社会福利最大化为目标组织市场交易，获得可用于执行的交易出清结果。实时平衡市场是适用于分散式组织模式下的实时平衡机制，由于日前阶段发用双方自行确定的发用电曲线要求物理执行，调度机构通过实时阶段的平衡机制以调整成本最小为目标进行系统平衡调节，获得可用于执行的交易调整结果。实时市场与实时平衡市场均是维持电力供需平衡的机制安排，通过调用平衡辅助服务、调节机组出力等方式，实现系统有功功率平衡。尽管实时阶段的总交易电量相对较少，但其能为电能交易和辅助服务提供价格信号，为不平衡电量结算和系统平衡成本分摊提供依据，是现货市场重要的组成。

实时市场采用“全电量优化”的模式，在实时运行之前，根据最新的预测与系统运行信息对全网的发电资源重新进行全局优化配置。所形成的实时交易计划与日前交易计划将存在差异，对于此偏差部分的电量，将按照实时节点边际电价进行增量结算。代表性的有美国 PJM 电力市场。在 PJM 日前市场，要求市场成员申报发用电的量价曲线及性能参数，并通过电能和辅助服务的联合优化，确定次日的发用电曲线结果，但该结果仅用于市场结算。在实时市场，PJM 可以对所有在线机组的出力进行优化，实时市场的交易出清本质上是一个考虑了电能、调频、备用资源相互耦合关系的安全约束经济调度问题。因此，实时市场的出清计算即可形成可执行性较好的发电计划，与实际运行的差异较小，有利于确保电网运行的安全性。实时市场采用节点边际电价机制，辅助服务则采取全网边际出清价格的定价机制，不区分节点差异。

实时平衡市场通过考虑全网平衡调度与阻塞管理，对市场成员所提交的发用电计划曲线进行调整，即接收竞价和出价。对于所接受的竞价和出价，都需进行单独结算，结算价格为该竞价和出价所对应的报价。代表性的有英国实时平衡市场。在英国的电力批发市场中，发电企业和零售商主要通过签订电力交易合同来满足发用电需求，电力交易合同包括通过双边协商达成的中长期和短期双边合约，以及通过电力交易所集中竞价达成的短期交易合同。由于签订双边合约的发电企业与电力用户均以追求经济效益为目标，不会从系统运行角度出发满足整体电力实时平衡，因此，仅靠市场主体签订的电力交易合同的组合，并不能完全满足电力系统的安全稳定运行要求。由于输电阻塞、预测偏差等原因，调度机构需要组织实时交易，来确保电力系统运行的实时平衡。在实时平衡市场中，由单台机组或者负荷集成体构成的平衡单元，作为参加报价和受调度控制的基本单元。平衡单元需要向系统运营商提交关于合同调整量的报价。报价包括增加发电或减少负荷（均称为上调）以及减少发电或增加负荷（均称为下调）的价格和对应的电量。随后，调度机构将依据市场成员的调整报价信息，以再调度成本最低为原则对电网进行平衡调度。

（2）实时市场与实时平衡市场的差异。

由于实时市场和实时平衡市场与系统运行密切相关，因此普遍采用了系统运营商负责的集中管理模式，但不同市场在设计和规则上仍存在较大差别。

1）从调度组织方式上看，实时市场适用于集中式市场模式，日前与实时交易均通过集中优化方式组织市场交易；实时平衡市场适用于分散式市场模式，日前交易阶段市场主体自调度，实时交易阶段通过平衡机制以调整成本最小为目标进行系统平衡调节。

2）对于平衡服务的交易，实时平衡市场采用“物理调节电能市场+辅助服务市场”的平衡资源获取模式，市场成员在电能市场中进行上调、下调报价，辅助服务市场独立于电能市场，每一种辅助服务都单独组织交易和出清；实时市场则可以采用“一体化交易”模式，根据市场成员的报价对电能、调频和备用联合出清。

3）对于平衡电能资源，实时平衡市场只能对已报价或者签订合约的机组出力进行调节；而在实时市场，可以调整所有在线机组的基准功率运行点，使机组偏离日前计划出力。

4）对于市场结算，实时平衡市场根据调用的上下调能量报价确定平衡电能出清价格；而实时市场则根据实时发电成本确定的节点边际电价进行结算。

15. 什么是经济调度？电力现货市场和经济调度之间的异同是什么？

（1）经济调度。

电力系统经济调度是指在满足安全和电能质量的前提下尽可能提高运行的经济性，即以特定优化目标（经济、环保等，典型的是最低的发电成本或燃料费用）合理利用既有的能源和设备，优化电力系统运行方式，保证对用户的可靠供电。

经济调度问题在于对于给定的用电负荷需求，如何在两台发电机组中分配实际负荷，以实现经济性最优。经济调度已经有一百多年的漫长历史，期间分为几个阶段。

在 20 世纪 30 年代之前，主要采用基本负荷方法和最佳负荷点方法两种负荷分配方法。基本负荷方法优先安排发电效率最高的机组以最大负荷运行，然后安排效率次之的机组发电，直至满足负荷需求。最佳负荷点方法安排顺序同基本负荷法，但出力安排不是按最大负荷，而是按最经济出力点。可以说，基本负荷方法朴素直接，非业内人士也持此观点。

20 世纪 30 年代初，业界开始认识到，机组负荷分配按照机组的增量成本相等原则进行调度，其结果最为经济。这就是等耗量微增率的基本原理，实现了从局部最优进化到全局最优，从而沿用至今。

20 世纪 40 年代，等微增概念的原创者 Steinnerg 和 Smith 考虑网损对经济调度的影响，而真正建立网损公式的当属 E.E.Gearge。

20 世纪 50 年代，科学建立微增燃料成本与微增网损关系，并一直沿用至今。这个时期提出了水火电联合经济调度问题，采用的是定水头解决。

20 世纪 60～70 年代，经济调度和潮流计算有机结合，形成了最优潮流的概念，实现了经济调度的重大突破。这一时期，水火联合经济调度的关注点从定水头发展为变水头。

同时，得益于动态规划法引入，经济调度也由静态扩展为动态。

20 世纪 80～90 年代，开启安全约束的经济调度的研究，并实现了实用化。随着可再生能源的发展，这时期的经济调度开始将可再生能源发电资源纳入优化，产生了随机经济调度的概念，但未成型。同时期，电力市场开始变化，如前所述，1980 年 Schweppe 基于最优潮流模型引入实时电价的概念，奠定了电力现货市场市场价格的理论基础。因此，电力现货市场与经济调度是同根同源。

从经济调度的发展理论可见，经济调度的第一关注点是火电厂的经济特性，集中表现在锅炉的经济特性。

燃料消耗微增率表示锅炉负荷每增加 1t/h 燃料消耗的增加值，即每增加单位功率时煤耗量的变化率。微增煤耗率是电力系统经济调度和电厂机组间经济调度最基本的指标。

微增煤耗率计算公式为 dB/dP，其中，B 为锅炉燃料消耗量（kg/h），P 为机组电功率（MW）。在正常负荷范围内，微增率随着负荷的增加而变大。数学推理可以证明，当每台锅炉的燃料消耗量微增率相同时，系统的总燃料消耗量最小。

常规火电机组运行成本（煤耗）与功率之间的函数可以用二次函数表示，如下所示：

$$C = a \cdot P^2 + b \cdot P + c$$

式中，a、b、c 为常数。

由于机组煤耗曲线为二次曲线，导致经济调度中安全约束机组组合（SCUC）模型类型为混合整数非线性规划（MINLP），安全约束经济调度（SCED）模型类型为非线性规划（NLP），大规模求解效率低下，问题定位困难，不能满足经济调度实用化需求，因此，需对煤耗曲线和热率曲线进行线性化分段处理，形成分段线性递增的煤耗微增曲线，使得 SCUC 和 SCED 转化为线性模型，提升计算效率，满足经济调度实用化的要求。

在垂直一体化模式下，电力系统经济调度（传统经济调度）是由电力调度机构自上而下统一操作：由发电企业上报发电机组煤耗（热）曲线或成本曲线，电力调度机构预测负荷需求，根据确定的系统负荷需求，在发电机组间按机组煤（热）耗/成本微增率相等原则分配负荷，最终实现全系统利益最大化。在电力投资主体多元的环境下，经济调度可以解决发电负荷的最优分配问题，却解决不了由此产生的系统效益如何分配的问题。同时，定用电负荷的前提，使得经济调度没能解决激励用户提高用能效率的问题，需要从机制上寻求突破。

（2）经济调度和电力现货市场的异同点。

电力现货市场通过市场方式解决机组调度的问题，它和传统经济调度的目标具有一致性，均以实现资源的有效配置、电力系统安全经济运行为最终目标，其差别在于前者是自上而下的基于机组发电成本进行调度，缺乏价格信号；后者通过市场引导自下而上的主动参与系统运行，以价格信号引导供需互动。在电力市场兴起一段时间后，美国能源部在 21 世纪初提出了电力市场条件下的经济调度问题，然而，二者有本质异同。从电力系统调度运行的角度，现货市场与传统的经济调度甚至于“三公调度”和节能调度都是调度计划编制的一种方式，二者的本质是按发供电成本优化或者按社会福利最大化为目标。如果市场主体根据成本曲线进行报价，则常规经济调度与现货市场出清的结果是趋同的。

然而现货市场的市场化运行意味着市场主体为自身负责并追求自身利益最大化，市场价格是所有市场成员共同作用的结果。现货市场意味着市场主体在短时间尺度内也能自主安排自己的发用电资源，显然可以更大程度地提高市场效率。但是这也意味着市场成员可以更为频繁地试探市场，比如通过策略性报价导致市场价格的不合理抬升。因此，相比于传统经济调度，现货市场监管难度更大，需要防范市场成员的市场力和价格联盟。此外，相比于传统经济调度而言，现货市场运行信息极为丰富、市场行为更为复杂，随着现货市场的发展，各种新问题会不断出现，正确分析和解决相关问题需要管理和技术等专业化知识的不断更新。

现货市场与传统的经济调度相似之处主要表现在：

1）二者均以实现电力系统范围内资源的有效配置、电力系统安全经济运行为最终目标。

2）从电力系统调度运行，现货市场与传统的经济调度均以成本最小/社会福利最大为目标进行调度决策。

现货市场与传统的经济调度不同之处主要表现在：

1）二者实现电力系统范围内资源的有效配置、电力系统安全经济运行为最终目标的手段不同，经济调度是自上而下地基于机组成本安排机组运行，现货市场是自下而上地基于参与者的市场竞价意愿引导参与者主动参加。

2）经济调度的依据是各种发电资源的物理和经济参数，收集难度较大；市场报价是市场主体的自主报价，可能偏离客观实际。影响二者鲁棒性和稳定性的因素不同，例如经济调度难以体现发电主体本身实际意愿，现货市场有效负荷需求则受发用电主体市场博弈的影响，市场主体面临复杂市场行为的挑战。

3）二者产生的引导信息不同。经济调度仅作为一种调度方式存在，在一定程度上通过不同机组利用小时数的差异起到引导投资的作用，但缺乏分时价格信号，对用户侧缺乏引导作用；现货市场能够产生分时价格信号，有效引导源网荷互动，充分调动全网资源的潜力，实现更有广度和深度的资源优化配置，并为中长期电力交易、电力规划和投资决策等提供经济信号。

4）二者对管理和技术型人才的需求不同，相比于经济调度，现货市场管理难度更大，需要更加复合型的人才支撑。

16. 什么是现货市场中的再调度？国外有哪些示例？

（1）现货市场中的再调度。

再调度法（re-dispatch）是一种实时消除阻塞的方法，这种阻塞管理方法不直接改变日前市场中标的发电量和价格，而是一个独立、自愿参与的市场，发电机组可以在其日前发电计划的基础上，对向上或向下调整的发电量进行报价，即机组的上调、下调报价，并在实际调用后获得收益。

1）再调度法原理。

系统运营商作为再调度市场的唯一买方，根据机组报价、出力约束、线路潮流分布因子等约束条件，以系统再次调节成本最低为目标，安排发电机组调整计划。具体来说，当系统发生阻塞时，在阻塞线路受端，需要对未调度发电机组按报价由低到高的顺序安排机组发电，这部分机组称为限上（constrained-on）机组，对于限上机组的多发电量按机组上调报价进行结算；在阻塞线路送端，对已经安排调度计划的发电机组按报价由高到低的顺序安排机组停发或少发电，这部分机组称为限下（constrained-off）机组，限下机组的少发电量按系统边际电价和下调报价之差进行补偿。

再调度产生的阻塞成本由两部分组成：① 限上机组参与再调度的上调报价和日前市场出清边际电价的差值；② 限下机组回购发电量的报价与日前市场中出清边际电价的价差。阻塞成本由系统运营商直接承担，并最终通过输电费用向用户进行分摊。

2）再调度法适用性分析。

再调度法适合消除偶发性、不可预测的阻塞，可用在阻塞不经常发生且造成的阻塞盈余费用很少的电力市场中。在阻塞问题严重的电力市场中，再调度法可能会对市场短期竞价和长期投资决策带来负面影响。

从短期来看，在阻塞线路送端地区，发电厂商为了确保自己在日前市场的中标量，可能会提交低于其边际成本的报价，从而在日前市场中获得更多的电量收益；而在实时平衡市场中，能以更大的价差或更多的再调度量获得补偿费用。这种报价行为会加重系统中的阻塞，造成系统再调度费用明显增加，容易产生输电阻塞导致的局部地区市场力。

从长期来看，对于需要建设额外发电容量的阻塞线路受端区域，再调度机制不能给出有效的价格引导信号。在这些区域，新投建的燃气等发电机组由于边际成本较高，不能被调用，难以获得再调度费用以覆盖其成本。因此，这可能会产生相反的激励信号，引导投资建设效率低下的电厂。

（2）电力现货市场再调度国际示例。

早期的英国电力市场采用单一买方电力库 Pool 模式，在该模式下，NGC 采用再调度的方式进行阻塞管理，首先基于机组报价和负荷预测排出次日最小费用发电计划，即无约束排序，并以系统边际机组报价加容量费的形式作为系统购入电价；在实际运行中，为满足系统约束，NGC 对机组发电计划进行修正，即再调度，产生限上机组（逆序开机或多发）和限下机组（逆序停机或少发）。限上机组的发电调整量按报价外加容量费结算，限下机组的发电调整量则按系统购入电价与机组报价之差予以补偿。限上、限下机组的补偿费用即为阻塞成本。

2005 年英国电力市场从 Pool 模式向 BETTA（british electricity trading and transmission arrange）模式过渡。在 BETTA 模式中，再调度是通过现货市场中的平衡机制来实现的。市场主体的合同发用电计划在日前以初始交易通报（initial physical notification，IPN）的形式提交给调度机构 NGET（national grid electricity transmission），在对应交易时段关闸时刻到来前可进行修改，并在关闸时刻自动成为最终交易通报（final physical notification，FPN），而 FPN 即形成了现货市场结算依据以及平衡机制中增减出力申报和调用的基准。

英国电力市场中容量大于 50MW 且与 NGET 具有远程通信连接的发电商和供电商可作为平衡机制单元（balancing mechanism unit，BMU），通过申报增减出力电量及价格对 Bid/Offer 参与系统平衡控制以解决阻塞和功率不平衡等问题。其中，Bid 和 Offer 分别是 BMU 对其可能的上调量和下调量的报价，由一组价格和对应的偏离 FPN 的程度构成，Bid 表示 BMU 单元愿意运行在一个低于 FPN 的水平，即发电减出力或用户增加负荷；Offer 则表示 BMU 单元愿意运行在一个高于 FPN 的水平，即发电增出力或用户减少负荷。由此，调度机构通过平衡机制购买 Bid/Offer，对系统运行实现再调度的目的。

17. 电力现货市场有哪些出清价格形成机制？影响电力现货市场出清价格的因素有哪些？

（1）电力现货市场的出清价格形成机制。

电力现货市场出清价格是根据供需报价和系统网络约束等算法，计算得到每个时刻、某一节点（区域或系统）的电能量成交价格。电力现货市场出清价格形成机制影响市场主体的报价行为、运行效率和市场力，是电力市场顶层设计的重点任务。目前国内外的主要电力现货出清价格形成机制采用边际出清价格机制，主要包括系统边际电价、分区边际电价和节点边际电价等具体价格形成机制。

1）系统边际电价。系统边际电价是指在现货电能交易中，按照报价从低到高的顺序逐一成交电力，使成交的电力满足负荷需求的最后一个电能供应者（称之为边际机组）的报价，如图 1－5 所示。系统边际电价是反映电力市场中电力商品短期供求关系的重要指标之一，是联系市场各方成员的经济纽带。系统边际电价模式适用于电网阻塞较少、阻塞程度较轻、阻塞成本低的地区。

2）分区边际电价。实际运行中，电网不同区域之间可能发生输电阻塞，而在区域内部输电阻塞发生的概率较小或情况比较轻微。此时，可采用分区边际电价，按阻塞断面将市场分成几个不同的区域（即价区），区域内的所有机组用同一个价格，即分区边际电价。分区边际电价模式适用于阻塞频繁发生在部分输电断面的地区。如北欧电力市场就是采用分区电价体系。

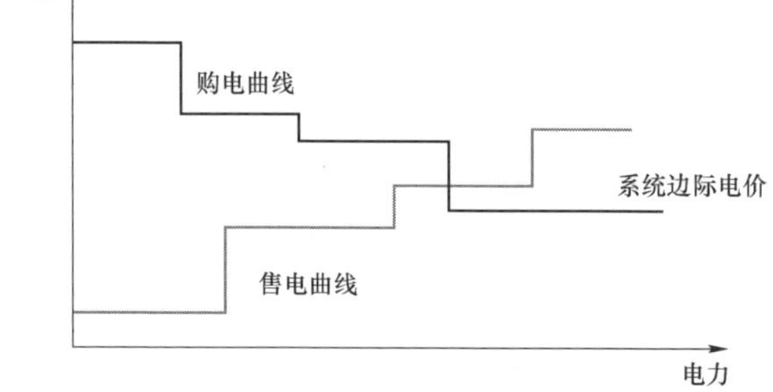

图 1－5　系统边际电价形成示意图

3）节点边际电价。节点边际电价模式适用于电网阻塞程度较为严重、输电能力经常受限的地区。节点边际电价也称为节点电价，LMP 计算特定的节点上新增单位负荷（一般为 1MW）所产生的新增发电边际成本、输电阻塞成本和损耗。LMP 提供了一个开放、透明、非歧视的机制来处理在电网开放条件下的电网阻塞问题，可以将因阻塞导致的成本信息反映给市场成员，LMP 的计算是有安全约束的经济调度的优化结果。LMP 在美国电力市场中得到普遍采用，如 PJM 电力市场。

电力现货市场出清价格机制选择系统边际电价、分区边际电价或节点边际电价，主要考虑电网阻塞情况，在分区内部不存在阻塞的情况下，分区内各节点边际电价等于分区边际电价，在分区间不存在阻塞的情况下，分区边际电价等于系统边际电价。如果将整个电网简化为一个节点，这个节点的节点边际电价就是系统边际电价，如果将整个电网按分区简化为几个节点，每个节点的节点电价就是分区边际电价。

从国内外电力现货市场建设经验来看，系统边际电价、分区边际电价和节点边际电价机制均有成功的应用，不同市场价格机制的优缺点和典型市场应用如表 1－1 所示。

表 1－1　不同市场出清价格机制优缺点

价格机制	优点	缺点	典型市场
系统边际电价	价格波动较小，有利于市场平稳起步	会对阻塞区的机组不公平，低价强卖，高峰低谷价差不大，不能引导低谷用电	北欧市场（平衡机制）
分区边际电价	价格波动性适中，市场主体相对容易接受，也能够防止个别节点高价	分区的规则和算法难以保证公平性，少数节点的阻塞可能会影响很多节点的市场成员价格，影响范围很大	北欧市场（日前）、澳大利亚
节点边际电价	价格能够体现资源稀缺性，最符合经济学原理，国外可借鉴的经验也较多	峰谷价差可能很大，市场成员接受难度大，特别是居民用电短时间没法传到价格信号，出现平衡账户资金问题	美国 PJM、MISO

（2）影响电力现货市场的出清价格的因素。

影响电力现货市场电能量出清价格的因素可从发电侧、输配电和用户侧三个方面考虑，具体因素有：

1）发电厂商电量成本。发电厂商的成本可分为容量成本和电量成本。其中容量成本包括发电厂的投资、运行和人工等固定成本，与发电量无关；电量成本则包括燃料、机组维护等成本，取决于发电量的大小。发电厂商每增加单位发电量所增加的成本为发电的边际成本。从经济学角度讲，为了保证收益，发电厂商报价应高于其边际成本，才能保证每千瓦时电的利润为正。因此，在不考虑发电成本补贴等机制时，边际成本越高，申报价格越高，在系统负荷相同的情况下，为满足系统负荷需求，调用的边际机组的价格也高，相应地，市场出清价格（系统边际电价、分区边际电价或节点边际电价）也较高。

2）发电厂商市场力。在现货市场环境下，若发电厂商具有影响甚至操纵市场价格的能力，则称该发电厂商具有市场力。市场力会引导发电厂商通过进行策略性投标而不是降低自身成本来增加利润。该在现货市场初级阶段，一些发电厂商会利用市场规则的不完善性，通过对自身及其他企业的市场力、市场信息进行分析，进而提出偏离其边际成本的报价，这将会给出清电价带来严重的不确定性波动。

3）输电阻塞。在理想的电力市场中，系统中任意节点的发电厂商均可自由地向任意节点的负荷供电，保证市场的最大自由度。然而，输电系统由于自身网络容量限制所造成的输电阻塞极大地限制了这种自由度。在实际的电力市场运营中，由于发、用市场规模的不断扩大，阻塞的可能性不断增加。线路检修、线路扩容、断面传输容量约束均会改变线路的阻塞情况。通常而言，发电厂商意识到自己所处位置的网络情况后，会通过报价来操纵节点电价，一般负荷口袋区的发电厂商报价较高，而在负荷外送区的企业报价较低；但由于网络阻塞的原因，外送区报低价的发电厂商无法将电力送进区域内部，只能调用负荷口袋区的高价机组，导致该时段负荷口袋区的节点电价上升。由于线路阻塞情况的不同，在其他因素不变时，调用的高价机组电量不同，导致节点电价的差异。

4）市场供需比。电价通常由电力商品的供给曲线和需求曲线共同决定。随着工业的快速发展和人民生活水平的提高，社会对电力的需求也不断增长；同时，电力消耗的随机性和不连续性，造成电力需求具有很强的波动性。不同季节、不同时段的电力需求差异较大。通常发电厂商的供给曲线与发电成本紧密相关，短期内发电成本不会有太大的变动，其正常供给曲线也不会有太大的变化，但发电厂商可以通过物理持留来操纵价格，在高峰时段负荷较大时，发电厂商通过不报满容量改变供需比，同时配合高价申报即可造成人为阻塞和节点电价攀升。因此，需要从系统负荷不变时改变机组申报容量和机组申报容量不变时改变系统负荷两个方面来分析市场供需比对市场出清电价的影响。

5）其他因素。现货市场环境下，机组约束信息（包括爬坡约束、出力上下限约束、指定状态约束等）会影响各时段出清价格，同时系统备用容量（包括正、负备用容量需求）也会对节点电价产生影响。

因为现货市场的系统边际电价、分区边际电价和节点边际电价形成机制和影响因素类似，节点边际电价的形成机制最为复杂，理解节点边际电价形成和影响因素也可类似理解分区边际电价和系统边际电价的形成和影响因素。

下面以一个简单的三节点输电网络例子来说明节点电价的形成及影响价格的因素。具体参数如图 1－6 所示。节点 3 为负荷节点，上午 08:00 负荷需求为 7500MW，12:00 负荷需求为 10 000MW。为便于计算，假设连接 3 个节点的 3 条输电线路容量限值均为 8000MW，且各支路的阻抗相等。

上午 08:00 负荷为 7500MW，SCUC 出清按报价由低到高出清原则，发电机组 2 出力 1500MW，发电机组 1 出力 6000MW，发电机组 3 无需开机，并且 3 个节点间不存在阻塞，因此系统电能价格由发电机组 1 的报价决定，即 160 元/MWh，此时各节点电价均为 160 元/MWh。中午 12:00 负荷上升至 10 000MW，此时发电机组 1 出力 8000MW，发电机组 2 出力 1500MW，发电机组 3 出力 500MW，系统电能价格由发电机组 3 决定，上升至 400 元/MWh，3 个节点的节点电价均为 400 元/MWh；可见，负荷的变化可影响市场电能量价格。

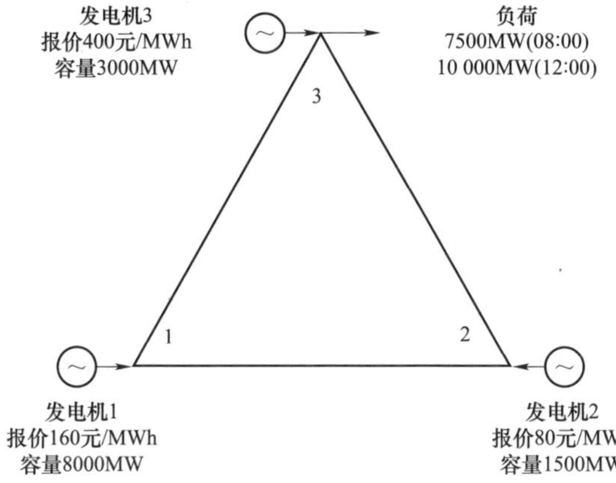

图 1－6　三节点输电网络

如果发电机组 3 的发电厂商将报价提高至 800 元/MWh，中午 12:00 的系统电能价格将上升至 800 元/MWh，可见发电厂商报价行为对市场价格也有一定的影响，特别是具有较大市场力的发电厂商或发电厂商串谋可以明显地影响市场价格，因此现货市场需要建立市场力监测及缓解机制，对发电厂商超过合理成本和利润报价并影响市场出清价格的行为进行监测和处置，保障市场平稳、安全和稳定运行。

如果节点之间存在传输容量约束，假设连接 3 个节点的 3 条输电线路容量限制均为 3500MW。考虑线路传输容量约束后的出清结果如图 1－7 所示。

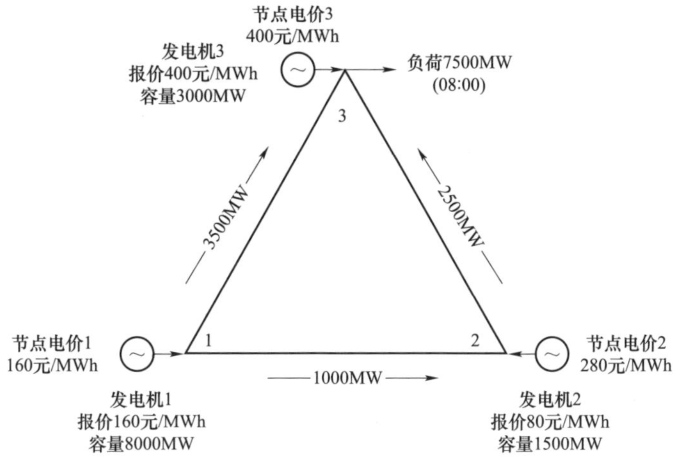

图 1－7　线路传输容量约束网络

上午 08:00 发电机组 1 发电出力只能 4500MW，发电机组 2 出力为 1500MW，发电机组 3 为 1500MW，满足负荷需求，此时，系统电能价格由发电机组 3 决定，为 400 元/MWh。此时，节点 1 因增加负荷而引起的成本增加为 160 元/MWh（可由发电机组 1 增加出力），节点 1 的节点电价为 160 元/MWh；节点 2 因增加负荷而引起的成本增加为 280 元/MWh

（可由发电机组 1 和 3 增加出力），节点 2 的节点电价为 280 元/MWh；而节点 3 的负荷增加时，引起的成本增加为 400 元/MWh，因此节点 3 的节点电价为 400 元/MWh。因此，发送传输阻塞的节点，节点电价不再一致，这也充分反映了节点边际电价本身的物理意义。可见线路传输容量对市场出清价格有影响。

从以上分析可以看出，选择哪一种电力现货市场出清价格形成机制，需要从电力市场供给、需求、网络、电源结构等多方面进行分析，根据市场实际情况综合考虑设计市场出清价格机制。但世界上原本就没有完美的市场，电力市场建设唯有不忘初心，围绕价格形成机制这一核心建设，解决供需与价格矛盾这一基本问题，才能最终实现资源的优化配置与行业健康发展的根本使命。

18. 电力现货市场有哪些结算价格形成机制？电力现货市场结算价格主要包括哪些部分？

（1）结算价格形成机制。

目前通行的电力现货交易结算价格形成机制有两种：① 按各市场主体的报价结算（pay as bid，PAB），其电价通常被称为差别电价；② 按照边际出清价格结算，这是一种统一的价格机制，即各市场主体按照统一的市场边际出清电价结算（market clearing price，MCP），所以也被称为统一价格结算（uniform-pricing，UP）。其中边际出清电价结算应用更加广泛，根据电力现货市场出清价格机制，又可具体分为按系统边际电价、分区边际电价和节点边际电价三种具体结算价格机制。

无论是按报价结算还是按边际出清电价结算，现货市场交易都是按照机组或发电商的报价，在满足各类运行约束前提下，由低到高分配发电负荷，直至满足系统供需平衡。不同之处在于，对实际中标的机组，报价结算价格机制是按照机组各自的实际报价进行结算，而边际出清价格机制则是以最后一台满足系统负荷平衡的机组报价为基准，将其作为边际价格与所有中标机组进行结算。在按边际出清价格结算的电力市场中，无论机组报价高低，一旦被选中，一律按照边际出清价格为进行结算。

当前国外电力市场中，大多采用按边际出清价格结算的结算价格机制，但按报价结算和按边际出清价格两种结算价格机制均有成功应用。以英国电力市场为例，20 世纪末，英国日前和实时市场均采用按系统边际电价结算的竞价机制；2001 年新的电力交易规约（new electricity trading arrangement，NETA）启动后，日前市场出清计算不考虑实际的网络情况，也不考虑机组的物理参数，出清价格为系统边际电价；而实时平衡市场用于维持电力实时平衡和实施阻塞管理，平衡机制中的调整量按照申报的增减出力报价付费。

电力现货市场结算价格机制对电力市场的运行会产生极大的影响，如 2001 年前后的加州电力危机。当时加州实时市场采用的是基于 PAB 的混合结算机制。该结算机制下，系统运营商事先制定出预设的系统边际电价，即软价格限（soft cap，SC）。如果发电厂商报价在 SC 之下，则按照统一出清边际电价结算；否则按机组报价结算。该方式下发电厂商的实际报价大大超过 SC，导致电价飙升。有数据表明，加州在 1998 年和 1999 年的平均电价是 30 美元/MWh，2000 年 12 月的电价为 385.6 美元/MWh，而 2001 年 4 月的电价达到 370.0 美元/MWh，导致加州电力市场彻底崩溃。虽然加州的电力危机与一些客观条件以及价格没有联动机制等诸多因素有关，但价格机制的不完善被认为是导致电价飙升的重要原因之一。

国内外学者从经济性角度分析得出，按报价结算和按边际出清价格结算在不同市场下各有优缺点，以 MCP 和 PAB 机制在完全竞争市场和垄断市场为例：

1）报价策略不同。在 MCP 机制下，由于是按市场出清边际电价进行结算，与各机组自身的报价没有直接关系，因此发电厂商主要考虑的问题是如何能够上网发电；而在 PAB 机制中，上网机组是按自身报价进行结算，发电厂商必须在追求较大利润（报高价）和中标量之间寻求一种平衡。

2）对市场主体参与报价的技术门槛不同。比较 MCP 和 PAB 两种竞价方式可以看出，对一个企业来说，PAB 的技术效率是比较低的，发电厂商为追求自身利益最大化，申报价格考虑的不仅仅是边际成本，而且要瞄准可能成交的最高报价，因此，不能再在同一月或者相似负荷情况下应用一成不变的竞价曲线，而必须投入相应的人力、物力，拥有较为完备的发电厂报价信息系统，增大市场主体的交易成本，特别是对中小发电厂商而言更为困难。而 MCP 只要按其微增成本或边际成本申报即可。因此，采用边际出清价格结算机制，降低技术门槛，在一定程度上有利于小发电厂商参与公平竞争，并使高效率发电厂商获得和积累生产者剩余，激励技术和管理进步。当然，边际出清价格结算机制基于微观经济学理论，以充分竞争为假设前提，一旦前提条件不满足，容易产生严重违背经济规律的现象。

从市场资源配置效率角度，在完全竞争市场中，MCP 机制在不同的市场需求下，都比 PAB 机制下的市场交易量高，使得需求和供给都比较发达，配置效率高。而垄断市场中，市场需求较弱时，PAB 方式下市场交易量较低，市场需求旺盛时，交易量又比 MCP 方式下高。因此，PAB 方式可较为有效地在不同市场需求状况下分配交易量，从这个角度来说，PAB 方式提高了垄断市场的配置效率。

3）社会效益贡献有差异。PAB 设立的初衷是避免向发电厂商过度支付，研究表明，对完全竞争市场，PAB 结算机制中，由于发电厂商需要在上网发电和追求目标利润之间寻求平衡，在具有需求弹性的市场中，市场的市场交易量较 MCP 结算机制下低，但整体而言，PAB 的平均电价低于 MCP 的平均价格，因此，在完全市场中，PAB 方式提高了消费者剩余。在垄断市场中，PAB 竞价机制同样可以提高消费者剩余。

4）适用于不同的市场结构。在完全竞争市场的理想状况下，由于所有发电厂商都掌握相同完备的信息，新电厂又可以自由进出市场，因此 PAB 竞价机制降低了部分发电厂商的市场支配力，当然这是以减少市场交易量为前提的。而在不完全竞争市场中，中小发电厂商由于实力较弱，其掌握的信息量远远低于具有市场支配力的发电厂商，在 MCP 竞价机制中，中小发电厂商只要上网发电，就可以获得按照市场边际电价结算的收益；而在 PAB 竞价机制中，中小发电厂商掌握的信息具有较大的不完全性，使其始终处于希望获得较高的利润和担心竞价失败的矛盾中，容易被挤出市场，从而增强了大发电厂商的市场支配力。另外，PAB 竞价机制也不利于新电厂等运行成本较高的电厂进入市场，无形中也增强了市场支配力。

从我国电力现货市场建设现状来看，当前正处于从计划体制向市场机制过渡阶段，应采取相应的政策鼓励大多数发电厂商和用户参与电力现货市场，促使电力市场进入良性发展轨道。因此，采用按市场边际出清价格结算的竞价机制是有必要的，但竞争性电力市场外部环境的不完备和配套机制的不完善，又容易产生严重违背经济规律的现象，需要根据市场实际情况综合考虑设计市场结算价格机制。

（2）电力现货市场结算价格的构成。

电力现货结算价格可以分为发电侧现货结算价格、用户侧现货结算价格。在国内电力现货市场中，发电侧现货市场结算价格由电能量市场电能量结算价格和向发电企业支付或分摊的各类市场运行费用构成。用户侧现货结算价格由电能量结算价格和由用户侧承担的各项市场运行费用构成；用户侧现货结算价格加上输配电价、政府性基金及附加、辅助服务费用后，形成市场化用户终端电价。

1）电能量结算价格。电能量价格是现货市场通过集中交易竞价、优化出清并按现货市场结算价格机制形成的每个交易时段的市场结算电价，并根据市场结算价格形成机制（如多个时段加权平均等）形成具体的分时电能量结算价格。

根据现货市场结算价格形成机制不同，发电侧分时电能量结算价格可对应机组申报价格、系统边际电价、机组上网节点所在价区的分区边际电价或者机组上网的所在节点的节点电价；或者采用多个时段电能量出清价格的加权平均价作为分时电能量结算价格。

根据现货市场结算价格机制的不同，用户、售电公司的分时电能结算价格可采用系统边际电价、用户所在价区的分区电价、用户所在节点的节点电价；也有用户侧分时电能结算价格采用加权平均价格的情况，即用户侧分时电能价格采用发电侧节点或分区加权平均电价、用户侧节点或分区加权平均电价。同样，也可采用用户侧多个时段电能量出清价格的加权平均价作为用户侧分时电能量结算价格。

2）输配电价。我国输配电价由政府价格主管部门按“准许成本加合理收益”的原则，分电压等级、用户类别核定，工商业输配电价包含了向居民农业用户的电价交叉补贴，向所有参与现货市场交易的电力用户收取。

3）辅助服务价格。辅助服务价格包括调频、备用等辅助服务价格。按照“谁受益、谁承担”的原则，建立辅助服务费用分摊机制，发电侧和用户侧共同承担辅助服务费用。

4）市场运行各类费用。主要包括成本补偿费用、容量补偿费用、各类不平衡资金的分摊和返还费用。

a. 成本补偿费用。现货市场中，发电侧存在机组启动成本、空载成本、必开机组结算电价低于成本等额外的运行成本，需要建立成本补偿机制，形成成本补偿价格向发电侧补偿，并向所有参与现货市场交易的电力用户收取。

b. 容量补偿费用。为解决市场化发电机组在参与电力现货市场中，容量市场尚未建立时固定成本回收问题。同时激励电源投资、保障电力供需状况合理，现货市场可同步建立容量补偿机制，根据发电机组固定成本确定发电机组容量补偿价格，同时向所有参与现货市场交易的电力用户分摊容量补偿费用。

c. 各类不平衡资金的分摊和返还费用。目前，在某些试点省份，市场运行各类费用按照“谁受益、谁承担”的原则，合理分摊和返还。

在问题 17 的示例中，假设发用电侧结算均不含其他费用，均按所在节点价格进行结算，负荷所在节点电价为 400 元/MWh，在上午 08:00 的 1h 内，负荷侧结算电费 = 7500MWh × 400 元/MWh = 300 万元；发电侧结算电费 = 7000MWh × 160 元/MWh（发电机组 1、2）+500MWh × 400 元/MWh（G2）= 132 万元。负荷侧结算电费 – 发电侧结算电费 = 300 万元 – 132 万元 = 168 万元，此即为阻塞盈余，当节点间输电容量发送变化时，阻塞盈余也将随之改变；在此情况（负荷按所在节点价格结算）下，阻塞盈余需要补偿给用户侧。如果负荷侧按发电侧节点加权平均电价结算（当前部分试点省份），则负荷侧和发电侧结算电费之间不存在阻塞盈余。

19. 输配电价的主要定价方法是什么？输配电价对现货市场有什么影响？我国输配电价的形成机制和执行方式是什么？

（1）输配电价的主要定价方法。

输配电价体系设计、定价方法的选择很大程度与电网的技术和经济特性相关，并应考虑电力改革的实际需求。由于各国国情不同，电力工业改革进程千差万别，各国输配电价制定方法各有不同。输配电网具有自然垄断特性，垄断将造成市场机制失灵，必须通过政府管制制定输配电价，这是世界各国理论和实践中达成的共识。

国际上，输配电费用的计算可分为会计成本法和边际成本法两类，前者根据电网过去发生的投资成本和运行成本计算输配电费用，后者根据提供输配电引起输配电网未来投资成本的微增变化计算输配电费用。

1）会计成本法。分为以下几类：

a. 邮票法。按整个电网输送的电量或功率平均分摊整个电网的输配电成本，与输送电能距离、流入流出节点位置无关的方法。该方法首先考虑各部分特定输电设备的成本和电网运行维护费用，形成输电总成本后，再按输电功率计算输电费。这种方法算法简单、直接透明，有利于维持电力交易的同一性和流畅性，同时也降低了独立发电厂投资的风险性。但是由于没有考虑发电资源和输电成本差异，该方法使得市场化前不同价区的发电价格趋同，使市场平均购电价格上扬，不能起到引导电源投资的经济信号作用。

b. 兆瓦千米法。计算输配电网所有线路和设备的每千瓦每千米的成本，通过潮流计算确定某项输配电服务的实际距离，按输送电能的实际距离和功率计算费用的方法。该方法适用于链条型输电网，对于公共输电网络难于进行合理的成本分摊和定价，也没有很好的考虑交易导致的阻塞成本以及额外的输电损失成本，实际上并不能反映每个交易对输电设备的实际使用度，从而降低了该方法的公正性。

c. 边界潮流法。先计算电网的简化潮流图，再根据潮流分布按各电压等级功率或电量的来源比例分摊输配电成本的方法。该方法体现了发电资源和输电成本的差异，不会由此造成市场平均购电价格上扬，对相关节点参与现货市场采取何种报价策略有一定影响，进而具有有效引导电源投资的经济信号作用。

由于输配电价最终分摊至各项输配电服务，形成服务价格，因此输配电价格机制与电力现货市场交易价格形成机制密切相关。不同输配电价定价方法（如邮票法、兆瓦千米法和边界潮流法）对现货市场有不同的影响。

2）边际成本法，以电网企业提供输电服务时的边际成本作为价格来计算输电费用。该方法以发挥最大经济效益为目标，根据某项输电交易实施前后输配电网各种成本的增减量来确定各个电网用户应承担的费用，能够真实地反映电力消费增加而引起的费用，有效地引导电网的经济运行，为电网用户提供正确的经济激励信号。

边际成本法又分为长期边际成本法和短期边际成本法两种。长期边际成本法根据输配电网在执行输配电服务时引起的总成本的边际变化来进行成本费分摊。其输配电费用由两部分组成，长期边际容量成本即扩展电网所需成本和长期边际运行成本即电网运行、维护成本的边际变化。短期边际成本是指输配电交易的变化对电网运行成本产生的边际影响运行成本，包括网损及功率约束成本等。基于经济学原理的短期边际成本方法以实现社会经济效益最大化为目标，能够优化利用电网资源，但它仅反映了电网运行成本的变化，不考虑固定成本的回收，不能保证电网的收支平衡。

（2）输配电价机制对电力现货市场的影响。

输配电价机制是电力市场机制的重要部分，同样也是影响电力现货市场的重要因素。

一般来说，电力现货市场的设计目标是理顺电力价格的形成机制，提高能源利用效率，降低电力成本，促进节能环保。电力现货市场设计应能够通过发现完整的电力价格信号，引导市场主体开展电力交易，为资源优化配置、规划投资提供可量化的参考依据，实现电力市场交易与电力系统实际运行的高效匹配。其核心是发现完整的电力价格信号。

输配电价机制会影响电力现货市场设计，影响参与现货市场的市场主体的收益，进而会影响电力现货市场运行，主要表现在以下方面。

1）输配电价机制影响电力现货市场设计。电价形成是电力市场的核心，涉及发电厂商、电网企业以及电力用户的利益。输配电价是电力产业价格链的中间环节，合理的输配电价机制是电力现货市场的基础和关键，它需要反映电力生产的真实成本和市场供需关系，从而为各市场成员提供明确的价格信号，正确引导市场消费和电力投资，优化社会资源的配置。

2）输配电价机制影响参与现货市场的市场主体的收益。电价体系分为上网电价、输配电价和销售电价，在市场化的电力体制中，上网电价和销售电价由竞争产生，而输配电价往往由监管机构进行独立核定。但输配电价形成和分摊会影响市场主体参与现货市场的竞争方式，进而影响现货市场的市场主体的收益。

3）输配电价机制会影响电力现货市场运行。合理的输配电价是电力市场有效运作的必要条件，输配电价空间会受到上网电价和销售电价的制约，如果电网合理成本的回收、合理收益的获取得不到根本保证，会严重地影响电网建设资本金的筹集。合理的输配电费用定价和分摊有利于向电力交易主体提供有效的经济信号，促进电力资源优化配置，并促进电网企业更有效地管理、规划输配电资源。

（3）我国输配电价形成机制和执行方式。

我国输配电价政策内涵包括电价形成机制和电价执行方式两部分内容。

在我国，为贯彻落实中发 9 号文和《中共中央国务院关于推进价格机制改革的若干意见》（中发〔2015〕28 号），发布了《关于推进输配电价改革的实施意见》，目标是建立规则明晰、水平合理、监管有力、科学透明的独立输配电价体系，形成保障电网安全运行、满足电力市场需要的输配电价形成机制。还原电力商品属性，按照“准许成本加合理收益”的原则，核定电网企业准许总收入和分电压等级输配电价，明确政府性基金和交叉补贴，并向社会公布，接受社会监督。健全对电网企业的约束和激励机制，促进电网企业改进管理，降低成本，提高效率。

我国省级电网输配电价按照会计成本方法制定。政府价格主管部门按照“准许成本加合理收益”方法核定电网企业的输配电准许收入和平均输配电价。输配电准许收入由输配电准许成本、输配电合理收益和税金构成。其中，输配电准许成本包括折旧、材料费、修理费、职工薪酬和其他费用等。

输配电合理收益按照 WACC 方式计算，即有效资产乘以准许收益率；准许收益率 = 权益资本收益率 ×（1 – 资产负债率）+债务资本收益率 × 资产负债率。其中，权益资本收益率原则上不超过同期国资委对电网企业经营业绩考核确定的资本回报率，并参考上一监管周期省级电网企业实际平均净资产收益率核定。债务资本收益率参考电网企业实际融资结构和借款利率，以及不高于同期人民币贷款市场报价利率核定。税金指除增值税外的其他税金，包括所得税、城市维护建设税、教育费附加等。

输配电价执行方式指电网企业的输配电准许收入向用户回收的价格机制。我国跨区专项输电工程按单一电量电价收取输电费；区域电网按照两部制方式收取输电费；省内用户分电压等级、分类别执行输配电价，其中 315kVA 以上的工商业用户执行两部制电价，工商业用户还需要执行峰谷分时电价政策。国际上，用户接入电网需要缴纳接入电网费用。

20. 什么是不平衡费用？电力现货市场下不平衡费用如何处理？国外有哪些方式可以借鉴？我国在这方面有什么政策规定？

（1）不平衡费用的定义及构成。

不平衡费用是结算过程中没有明确承担主体，需要向全部市场主体或部分市场主体分摊或返还的费用。现货市场下，市场上会产生阻塞盈余、机会成本补偿、运行成本补偿等费用，还有需求响应等没有具体消费者的费用，另外对于市场中的贡献者与破坏者，也需要利用结算杠杆来体现与调节，所有这些因素都会产生不平衡费用。需要说明的是，关于不平衡费用产生的原因和科目，国内外电力市场名称不尽相同，但是电力现货市场不平衡费用的产生有两个显著的特点：① 市场运行难以避免的；② 无法找到具体承担主体。

当前不平衡费用一般可包括双轨制不平衡资金、阻塞盈余费用、成本补偿费用和其他费用四大类。双轨制不平衡资金是在市场和计划双轨制下，由于非市场化用户用电量与政府定价上网电量出现偏差，导致电网企业购售价差出现的偏差费用。阻塞盈余费用是因输电阻塞需要调整电能交易计划而引起的系统总购电费用的增加部分。它一般由两部分组成：① 对电能输出分区被削减的发电交易计划的补偿费用；② 对电能输入分区对新增发电交易计划的追加费用。成本补偿费用主要包括运行成本补偿费用和机会成本补偿费用，其中运行成本补偿费用包括机组启动费用、空载费用和必开机组成本补偿费用。机会成本补偿费用是当机组参与调频、备用等辅助服务市场或因可靠性原因被调度指令干预，偏离最佳经济调度点运行而带来的电能市场上的损失成本。其他费用包括偏差考核、计量偏差等，可根据市场运行实际需要设立。

（2）不平衡费用的处理方法。

对于不平衡费用结算，不同的电力市场结构下，其处理机制也各不相同，不平衡费用的处理方法一般有：

1）平衡池分组处理。按照电能类、考核类等或其他分组原则将不平衡费用中的多项费用进行分组处理，对每组资金池采用统一的分摊方式进行处理。将多项不平衡费用按组分摊计算，好处是处理简单，缺点是组内的各类费用处理方式不够细化，公平性、严谨性欠佳。

2）每项费用分别处理。对每项不平衡费用，分别采用不同的分摊方法，独立进行分摊计算。每项不平衡费用项目可依据实际业务要求，设定不同的分摊方法与分摊对象。该方式的好处是处理合理，精确分摊，缺点是处理复杂，需要对每项费用分别进行分摊计算。

上面两种处理办法最终要分摊或返还到全部市场主体或部分市场主体，具体措施是：

1）费用分摊周期。

a. 平衡账户，累计清算。按季度、年度等较长周期以清算方式进行分摊。这样在相对较长的时期内，需要设立平衡账户用于存管发生的不平衡费用。该种方式的优点是多个周期集中处理，无需在每个结算周期都进行计算，处理简单；缺点是带来平衡账户的设立、审计及监管等一系列额外工作。

b. 平衡结算，当期分摊。在每个结算周期直接进行不平衡结算，因此无需设立平衡账户进行资金存管。该种方式的优点是无需设立平衡账户；缺点是每个结算周期都需要进行不平衡费用计算，处理上较为繁琐。

2）费用分摊方向。

a. 收取类费用。需求响应补偿、机会成本补偿、运行成本补偿等，需要向设定的市场成员进行费用收取。其中，对于非市场化电量波动性费用，当该费用为亏空时，需向设定的成员进行收取。

b. 返还类费用。阻塞盈余费、收取的考核费用等，需要向设定的市场成员进行返还。其中，对于非市场化电量波动性费用，当该费用为结余时，需向设定的成员进行返还。

3）费用分摊对象。

依据各类不平衡费用的特征，将每项或每组不平衡费用由一类主体分摊或由几个主体共同分摊。对于多类市场主体组合分摊时，各类主体分摊的比例之和为100%，各对象分摊的总费用与该不平衡费用相等。参与分摊的对象包括如下几类主体：

a. 市场化用户。参与市场交易的所有市场化用户参与分摊，分摊的费用可正可负，表示收取或返还。

b. 市场化机组。参与市场交易的所有机组参与分摊。

c. 非市场化用户。由未参加市场交易的非市场化用户参与分摊，由于对非市场化用户采用目录电价销售这一特殊性，需要将这部分费用定期滚动到目录电价中，通过目录电价的定期调整来体现对该费用的分摊。鉴于目录电价调整周期较长，一般尽量减少采用让非市场化用户分摊的方法。

d. 偏差机组。实时市场出清电量与实际发电量偏差超过一定阈值的机组，这里剔除由于调度指令原因而导致的偏差。实时市场的成本补偿费用可以考虑由偏差机组参与分摊，并且按偏差量的占比进行分摊。因为偏差机组是造成实时市场产生成本补偿费（实时市场通过新增机组开停机、空载，或按调度指令偏离经济调度点来响应实时市场偏差）的因素之一。

e. 偏差用户。日前市场出清电量与实际用电量偏差超过一定阈值的市场用户。同理，实时市场的成本补偿费用可以由偏差用户参与分摊，因为偏差用户也是造成实时市场发生成本补偿费的因素之一。

f. 外部市场主体。参与网间交易的点对网机组、外部电力用户以及网间交易主体（电网企业）参与分摊。

（3）国外不平衡费用的处理方法。

对于不平衡费用处理，在国外不同的电力市场结构下，其处理机制也各不相同，比较有代表性的有美国 PJM 电力市场、英国电力市场。

1）美国 PJM 市场中不平衡费用包括了阻塞盈余费用、补偿费用等，其中阻塞盈余费用采用了基于金融输电权的分摊方法，以基于竞拍等方式获得的金融输电权进行费用分配；补偿费用主要包括辅助服务补偿、运行成本补偿和机会成本补偿，辅助服务补偿为调频、备用等辅助服务提供主体发生的补偿费用，由未提供辅助服务的用电侧成员，按照其电量比例来承担辅助服务义务。运行成本补偿采用成本覆盖的方式，主要为将机组实际获得的收益与机组实际运行成本进行比较，对无法覆盖运行成本的部分进行补偿，以保证参与市场的机组至少能够保证成本运行，这里包括启停、空载等成本。对于补偿，其日前市场主要是运行成本补偿，由用户按日前负荷比例进行分摊；实时市场包括运行成本补偿和机会成本补偿，根据用户和机组的偏差电量比例分摊，用户偏差电量是指日前出清电量和实际用电量的偏差，机组偏差电量是指实时出清电量和实际发电量的偏差（由调度指令引起的偏差除外）。

对于非市场化用户引起的波动性成本费用，美国不同地区的处理各有差异，对于没有建立电力市场地区采用垂直一体化的传统体系，用户电价采用相对固定的价格；对于仅放开电力批发市场的地区，发电侧由市场形成批发电价，供电服务由区域的公用事业公司垄断经营，销售电价由市场形成的批发电价加上输电价、配电价和政府性基金组成。随着发电侧购电价格的变化，销售电价会定期进行调整；对于美国 PJM 等批发、零售市场全面放开的地区，电力用户自主选择售电商，售电商的购电成本由电力市场批发电价、输电价格、配电价格和政府性基金组成，加上一定利润后销售给终端电力用户，其波动性成本或收益由售电公司承担，最终会定期传导到终端销售电价上。

2）英国电力市场中不平衡费用主要包括阻塞补偿和启动、空载补偿两类。阻塞补偿是指由于电网约束导致交易被裁减时的补偿费用；启动、空载补偿通过“能量块”打包的报价策略实现。

英国电力市场发生输电阻塞的时候，采用受限出力补偿的方式。在英国电力市场中，发电侧和用户侧都需要缴纳输电费用，输电费用按照长期边际成本方法进行计算并分区定价。市场主体缴纳了输电费用后，就有了在英国范围内使用电网送电的权利，如果由于电网阻塞的原因导致电厂的电送不出去，电网需要对因阻塞受限的出力进行补偿。这种方法的基本思路是输电费中已经考虑了为市场成员提供足够的输电通道，已经缴纳了输电费，就有在该市场范围内电力传输的权利，因此如果没有被传输，交易被裁减，就需要对其进行补偿，相当于在输配电价中已经包含了并且平摊了阻塞风险带来的影响。

英国电力市场中的启停、空载等成本在报价中一并考虑，不再另外补偿。英国电力交易所在进行交易出清时，提供了灵活多样的报价形式供市场成员自由选择，不同的报价形式能够满足各类市场成员差异化的发用电特性。以 APX 中的拍卖市场为例，市场成员最简单的报价形式是每个小时分别报价，各时段之间独立成交。但对发电企业而言，这样报价的成交结果可能无法满足机组自身的启停约束或爬坡约束。此时，发电企业可以将任意几个连续的时段组成一个“能量块”进行报价，比如将早上 08:00 至中午 12:00 组成一个包含 4h 的能量块；像核电这样的基荷机组，则可以将全天 24h 组成一个能量块，一个能量块中所包含的时段要么同时成交，要么同时不成交，从而满足机组连续运行的需要。此外，为了保证机组的启停、空载等成本回收，通常采用关联报价的方式，市场成员可以指定只有当某个能量块的报价成交时，另一个能量块的报价才能成交。例如，一个处于停机状态的机组准备启机运行，可以在需要启机运行的时段申报一个价格较高的能量块以便能够回收启机成本，然后在启机之后的时段申报一个仅考虑燃料成本的较低价格的能量块，并将两个能量块设置为关联报价，这样就能够保证只有当启机时段的能量块中标后，后续时段的能量块才能中标。由于在报价中考虑了开停机成本，因此无需再作单独的成本补偿。

（4）我国不平衡费用的相关政策要求。

国家发展改革委体改司、国家能源局法改司 2020 年 10 月 16 日发布了《电力市场建设工作指引》，其中的《电力市场结算关系工作指引》对不平衡费用处理给出了基本原则、结算科目分类与费用分摊（返还）处理方法。

1）基本原则。

a. 平等开放、公正。电力现货市场是体制改革的关键一环，市场结算涉及每个主体的切身利益，涉及电力系统的安全稳定运行。因此电力现货市场结算工作应充分吸纳各方意见，事先明确公平公正、各方认可的结算方式。

b. 详尽清晰、独立记账。电力现货市场中的结算科目设置应详尽、清晰，不同来源或作用的结算科目须独立记账。应逐步取消不平衡资金的概念，不得设置平衡资金池或账户。

c. 责权明晰、逐项分摊。各项结算科目应事前逐项商定计算原则与疏导方式，明确权利和义务。如机组补偿费用、容量机组补偿费用、容量补偿费用等结算科目原则上应作为常规补偿费用单独列出，费用由用户侧承担。市场主体电费结算单据中应包含各项科目明细，并以正负号标记资金流向。

2）结算科目分类与费用分摊（返还）。

a. 计划与市场并行产生的结算科目。现货市场运行后，一方面，会存在市场化发、用总电量不平衡问题；另一方面，还存在发、用时段性电量不平衡问题。在总量不平衡方面，由于新能源消纳、外来电等因素使得参与现货的市场化机组的上网电量与市场化用户的用电量存在不平衡。在时段不平衡方面，由于参与现货市场的发电企业偏少，特别是在新能源大发的时段，火电机组常常处于最低技术出力运行（现货市场出清电价很低，而非市场化电源结算电价很高）与市场化用户的用电负荷无法匹配。市场初期，由计划与市场并行产生的结算费用，暂由发电企业根据优先发电或政府授权合约电费比例分摊。

b. 用户未参与现货结算产生的结算科目。部分试点地区用户并未参与现货市场结算，仍采用中长期交易电价结算，与发电侧现货市场的出清电价存在较大差异，因而产生一定规模的发用两侧不平衡费用。随着现货市场建设不断推进，各地应加快推动市场化用户全部参与现货市场结算。当前条件下，因用户未参与现货市场结算而产生的不平衡费用，可按照优先发电或政府授权合约电费比例，在发电侧主体之间进行分摊和返还。

c. 退补联动电费及力调电费产生的结算科目。退补联动电费是指在当月结算过程中由于用户侧抄表错误等人为原因造成市场化发用电费用不匹配，进而影响了发电侧各成分电量（基数中长期合约等）的结算，需滚动至下月进行平衡。力调电费是指供电公司根据用户一段时间内（如一个月或年）所使用的有功功率、无功电量来计算其平均功率因数，并据此收取的相关电费，应根据功率因数奖罚规定返还给用户。

d. 市场运营产生的结算科目。在结算过程中，因四舍五入计算导致的结算费用、市场紧急中止情况下所造成的成本、用户侧表计与发电侧表计的误差造成的结算费用，均暂由所有市场主体分摊。

e. 规则缺陷或特殊处理机制产生的结算科目：① 用户侧报量不参与出清引起的偏差费用。在日前市场中，由于发电侧按日前市场出清电量（调度日前负荷预测）结算，售电公司或大用户按日前申报电量结算，发用两侧结算电量存在不平衡导致的偏差产生的费用，暂由市场化用户承担。② 高价机组补贴。对燃气、煤层气等发电价格补贴形成的结算费用，暂由用户承担。

上述国内外两种不平衡费用处理方式，由于电力系统特点、电力市场结构和具体国情不同，其处理机制也不相同，但核心内容是哪些费用进入不平衡费用，以及要分摊给谁，分摊多少。对于我国的不平衡费用处理，要适应我国的特有国情与历史阶段，考虑各地电力系统特点和电力市场模式，利用不平衡费用处理机制，因地制宜做好不平衡费用处理措施。

21. 什么是网损？电力现货市场下网损成本处理机制是什么？

（1）网损的定义、影响因素、分摊方法。

网损（也叫线损）指的是电能从发电厂传输到客户过程中，在输电、变电、配电和营销各环节中所产生的电能损耗和损失。一般用线损率来考核电力系统运行的经济性指标，即电力网络中损耗的电能（线路损失负荷）占向电力网络供应电能（供电负荷）的百分数。电能在输送过程中，由于电能输送设备存在电阻和电导，就一定会存在以热能形式散发的电能损耗，电能损耗一般通过功率损耗来计算。功率损耗可分为线路功率损耗和变压器功率损耗，输电功率损耗和配电功率损耗，有功功率功率损耗和无功功率损耗等。第一种分类方法是依据功率损耗的主要电力设备；第二种分类方法是依据电能输送的环节；对于第三种分类方法，有功功率功率损耗必然伴随着电能损耗，使能源消费量增加。无功功率损耗不直接引起电能损耗，而是通过增大的电流而增加有功功率功率损耗，从而加大了电能损耗。

电力系统网络结构、运行工况会对网损有影响。输电网络所引起的损耗与传输的功率量、传输距离有关系，对于一定电压等级、固定传输距离，传输固定功率量产生的网损是确定的。电网在运行时，网损与电网系统所处的运行状态也密切相关。由于潮流形态和交易结果的不确定性，导致现货市场出清过程中无法确切确定网损的影响。此种情况下，网损可采用固定系数法参与现货市场出清过程，避免因网损的不确定性产生多次迭代。

输电网络所引起的损耗不仅与传输的功率量、传输距离有关系，而且与电网系统所处的运行状态也密切相关，因此，电力用户在使用相同的电量时，无法确切地知道使用该电量所带来的电量损耗，这就给电量损耗的分摊带来了不便。一般来说，进行大量的电量传输时，网损约占总发电量的 5%～10%，但是使用不同的网损计算和分摊方法会造成用户所占分摊比例的巨大差异，并且对电网企业正常工作带来重大影响。因此，公平合理的对网损进行分摊既有助于改善电网企业与用户之间的友好关系，又有助于提高电网企业设备的使用寿命。

国外一些大的电网企业采用较多的网损分摊方法是平均网损分摊法、边际网损系数法、潮流增量法。

1）平均网损分摊法。按照输电用户功率的比例分摊输电网损，计算简单、透明，但忽略了实际运行情况和输电用户的电气位置，在全网范围内按相同的网损系数进行分配。平均网损分摊法是一种取决于用户所用用电量的分摊方法，不考虑电网性能、结构，传输距离长短、用户所处地理环境，仅仅考虑总的发电量和用电量，在全网范围内计算总的网损系数进行，从而进行网损分摊。平均网损分摊法是最早被电力库市场模式所采用的一种分摊方法，具有简单明了、方便计算的特点，如今仍然被西班牙、英格兰等国家使用。虽然很多专家对平均网损分摊法进行了改进，将电能质量和传输的地理环境考虑进去，但是平均法依然不能有效地反映不同情况下的电网长期运营的效益情况，无法提供有效的竞争机制，因此只有极少数的国家和地区使用这种方法。

2）边际网损系数法。从实质上说，边际网损系数法是一种灵敏度分析法，根据节点注入的功率单位变化引起全网网损变化量的大小来对各节点进行网损分摊，这种分摊方法的优点是将有功功率、无功功率对网络损耗的影响区分考虑，侧重于计算各网点微变化对全网网损带来的影响，从而准确地反映经济信号，通过市场手段来提高经济效益，指导电网企业对不同地区的设备投资。但该方法最大的缺陷在于实际网损与通过计算得出的分摊网损不相等，不能完全收回电网企业的成本。目前美国加州及其他地区在使用这种分摊方法。

3）潮流增量法。根据每个输电转运服务用户的功率对整体系统所带来的影响来承担网损，分为交易估价法和合计分摊法两种。这种方法最大限度地保证分摊的公平合理，但是一种理想情况下的分摊方法，由于在实际生活中很难保证电网总是满足用户需求，而在转运供电方开始供电的情况下，转供网损耗将全部由用户承担，这是非常不合理的。因为转供网损耗实际上是由转供网运转消耗的功率、转供网从供应方注入的供内部消耗的功率、转运网转运的功率三部分组成的。应由用户分摊的费用只限于转运网转运的功率带来的功率损耗，其他两部分也由用户全部承担是不合理的，应由双方共同承担。

（2）现货市场环境下的网损成本处理机制。

我国电力现货市场下，网损成本包含在输配电价成本中，网损成本回收包含在输配电价成本回收中。国家发展和改革委在 2016 年和 2017 年分别发布了《省级电网输电价格定价办法》（发改价格〔2016〕2711 号）《区域电网输电价格定价办法》（发改价格规〔2017〕2269 号），明确指出电网企业应对各电压等级的资产、费用、收入、输配售电量、负荷、用户报装容量、线损率、投资计划完成进度等与输配电价相关的基础数据，按相关规定进行统计归集，并于每年 5 月底之前将上一年有关数据及材料报送国务院价格主管部门和省级政府价格主管部门，其中电网综合线损率参考成本监审核定的上一监管周期实际综合线损率平均值核定，最高不得超过上一监管周期核定线损率。

网损成本费用回收机制的合理选择与电力批发市场模式密切相关。在集中式电力市场中，全部上网电量都由现货市场竞价出清，输电网损率可以采用事前计算或实时计算的方式；而在分散式电力市场中，只有一部分上网电量由现货市场竞价出清，输电网损率采用事后分时计算方式更合适。输电网损成本费用在发电和用户两侧分摊，以利于降低电力送出地区的用电价格，同时提高负荷中心地区发电机组的竞争力。在国内，由于网损已含在输配电价中回收，因此不需要进行额外的分摊。

22. 什么是输电阻塞和阻塞电价？输电阻塞管理方法有哪些？

（1）输电阻塞。

输电阻塞是指输电系统由于本身网络的容量限制不能满足所希望的输电计划的状态。输电网作为发电企业和配电企业之间的桥梁，在电力市场体系中起着重要的作用，线路输电能力的有限性使得其成为电力系统中的一种稀缺资源。电力市场与其他商品市场不同，电力市场属于网络经济，一切电力商品的实物交易都在电网上完成，同时商品交换受到电网天然属性的制约，这种制约就是传输功率的极限，线路输电能力的有限性天然地制约着电力需求的无限增长，与买卖双方都能自由地进出市场是一对天然的矛盾体。输电阻塞通常指输电系统在正常运行或进行故障处理时出现了以下两种情况：① 输电线路或变压器有功功率潮流超过允许极限；② 节点电压越限。在电力市场化以前，输电阻塞管理只需按规定由调度人员向各个电厂发出调度指令，根据需要调节机组出力或改变用电负荷直至电力系统运行在输电安全约束之内即可。而在电力市场环境下，消除输电阻塞需制定一系列规则，通过调整机组出力和用电负荷，实现输电阻塞快速有效消除。

（2）阻塞电价。

阻塞电价是节点价格的重要组成部分，其数值等于输电线路限额放宽一个单位带来的社会效益。在电网所有线路限额无穷大的假设下，电力现货市场出清将依据市场竞价高低依次出清，电网架构、用电需求大小、电源和负荷分布情况等信息决定了输电线路的输送功率。若某条输电线路限额不是无穷大，且低于其输送功率需求，为保证电网安全，将调整与该线路相关的机组中标出力，进而导致机组中标出力违背报价高低次序出清的最优策略，使得报高价机组代替报低价机组发电，该发电成本偏差即为输电线路的阻塞价格，这使得有线路潮流约束下的最高值总是比无线路潮流约束下的最高值大，在多条线路存在约束时，这两者之间相差更大。阻塞价格的产生，使得阻塞线路两端的价格产生明显差异，高价区由于用电价格的提升削减用电需求，低价区由于用电价格的降低激励用电需求，从而消除输电线路阻塞；另外，电网可针对长期出现输电阻塞的线路进行扩容，电厂也可基于长期高价区进行选址，故阻塞价格为电网架构规划、电厂建设等提供了决策参考。

（3）输电阻塞管理方法。

阻塞管理是网络阻塞出现情况下所采取的处理措施和方法。阻塞管理的目标是制定一系列规则，有效地控制发电机和负荷，使系统的短期运行满足一定的安全和可靠性裕度，以便最大程度地利用系统资源和实现社会经济效益，同时为系统的长期投资规划提供有效信息。传统运行模式下，调度运行人员往往采用行政指令的方式调整运行方式消除阻塞。而市场环境下更多地需要考虑价格引导调整机组出力，若采用的输电阻塞管理机制不合理，短期内会影响市场效率、滋生市场力，长期会影响电力市场中的公平竞争，扰乱电力市场的正常运行，因此，市场环境下阻塞管理方法的选取需综合考虑电源结构、电网架构、负荷分布、市场模式等因素。目前对于输电阻塞管理机制的研究较多，但主要用于实践中的包括再调度法、市场分裂法、节点电价法和交易削减法，其中市场分裂法在存在区内阻塞时可能还需要结合再调度法综合应用。

1）再调度法。

再调度法（re-dispatch）是一种实时消除阻塞的方法。在不考虑线路约束、以系统边际电价出清的日前市场关闸后，实时平衡市场开放，发电企业自愿参与实时平衡市场。选择参与实时平衡市场的发电企业要为阻塞情况下增加出力和减少出力进行报价，即机组的上调报价和下调报价，调度机构以调整费用最小为目标调用机组增加或减少出力，从而消除线路阻塞。具体来说，在系统发生阻塞时，在阻塞线路受端，需要对未调用发电机组可调容量按报价由低到高的顺序安排机组发电，这部分机组称为限上（constrained-on）机组；在阻塞线路送端，对已经安排调度计划的发电机组按报价由高到低的顺序安排机组停发或少发电，这部分机组称为限下（constrained-off）机组。调度机构根据机组的上调报价和下调报价，考虑输电线路容量约束，以再调度费用最低为目标安排调整发电调度计划。

再调度法适合消除偶发性、不可预测的阻塞。再调度所产生的成本要分摊给所有的电力用户，可用在阻塞不经常发生且造成的阻塞盈余费用很少的电力市场中。由于这种方法存在阻塞区域之间的交叉补贴问题，不能提供有效激励电源投资分布优化和引导合理用电的经济信号。短期内，在阻塞线路送端地区，发电企业为了确保自己在日前市场的中标量，可能会提交低于其边际成本的报价，从而在日前市场中获得更多的收益，在实时平衡市场中也能以更大的价差或更多的再调度量获得补偿费用。这种报价行为会加重系统中的阻塞，因阻塞而造成的再调度费用也会明显增加。因此，再调度的阻塞管理机制难以抑制输电阻塞导致的局部地区市场力。而从长期来看，再调度的阻塞管理机制在整个区域内维持了统一的价格信号，对于需要建设额外发电容量的阻塞线路受端区域，这种机制不能给出有效的价格信号引导，相反还可能引起该部分区域机组的过度投资。在这些区域内，新的发电容量很少会被调用，并且由于经常受限停运，因而可以获得再调度费用，这可能会发出相反的激励信号，引导投资建设效率低下的电厂。

2）市场分裂法（分区电价）。

市场分裂法（market splitting）是将一个大市场分裂成多个小市场进行输电阻塞管理的方法。在大型区域电力市场中，整个市场按照一定的规则被分为多个价格区，发电竞价以发电企业为单位进行，在分区方案确定后，在不同区域内拥有电厂的发电企业按其电厂所属的不同区域分别报价。调度机构在不考虑输电网络容量约束的情况下制订发电计划，得到 SMP，并对该情景下得到的输电线路潮流进行安全校核，如果没有发生输电阻塞，则整个市场以 SMP 统一出清。如果发生了输电阻塞，将市场按照预先确定的分区方案划分为多个价格区，在各个区域内部对买卖双方的报价进行新的均衡，计算每个价格区的边际电价，作为该区域的市场出清价，从而消除各价格区之间的输电阻塞，制订发电调度计划。两个阻塞区域间电价的差值导致了阻塞盈余的出现，需要注意的是，这部分费用对于调度机构来说是阻塞盈余，但对于用户来说是其因阻塞而造成的额外花费，即为阻塞盈余费用。调度机构通常依照规则将其在各价格区之间进行分配，也可将其用于输电网络的投资建设或降低用户的输配电费。采用市场分裂法消除区域之间的阻塞后，若各价格区内部仍存在阻塞线路，可在区内采用再调度法、市场分裂法或节点电价法消除内部阻塞。

市场分裂法适合呈现链条状或放射状结构的输电网络，且阻塞频繁、明显地发生在固定的输电断面上，能够为日前电能量市场提供分区边际电价，对长期电力投资具有经济指导意义，可以吸引发电企业在高电价区域投资兴办电厂。但在选择使用市场分裂法进行输电阻塞管理时，需要对区域的划分进行研究。理想情况下可以阻塞断面为边界划分价格区域，但对于环形主网架且阻塞线路多的电网来说很有可能遇到分区方案不唯一的问题，此时不同的分区方案所造成的各市场主体利益必然不同，无法选择出唯一且合理的分区方案。因此，在这种情况下不宜采用市场分裂法作为其输电阻塞管理机制。除此之外，环网中采用市场分裂法进行输电阻塞管理时，还有可能会遇到区域间环流问题，若该环流长期存在，会影响整个系统的社会福利。因此，对于一个特定的电力系统，应否采用市场分裂法消除阻塞需要结合实际情况进行具体分析，不具有普遍适用性。

3）节点电价法。

节点电价可以定义为在一定的系统运行状况下，电网中某个节点新增加单位有功功率功率需求时，在保证电网安全运行的前提下系统所需增加的最小购电成本，反映了不同节点的短期边际成本。它是经济安全调度的结果，采用最优潮流模型，以系统总购电成本最低为目标，是同时满足系统功率平衡约束、输电线路容量约束和机组发电特性等约束的优化问题。市场结算中，发电企业以发电母线处的LMP结算，用户以其负荷母线处的LMP支付，实质上是由用户支付阻塞盈余费用，阻塞盈余费用等于负荷需求方与发电供给方两地的LMP差值。采用节点电价法消除阻塞，阻塞盈余费用并不明显地显现出来，而是隐藏在LMP中，相当于将阻塞盈余费用按各负荷对线路阻塞的影响大小隐性地分摊给了负荷需求方。

节点电价法比较适合于环形主网架、阻塞线路较多的电网。其优点在于可以有效地解决复杂电网中的阻塞问题，并且针对这种情况增强电力市场的稳定性和竞争性。北美和南美电力市场普遍采用节点电价法进行输电阻塞管理，如美国的PJM电力市场、新英格兰电力市场。在阻塞情况下，节点边际电价可以完整地体现网络约束对节点边际成本的影响，且交易组织和调度管理流程相对简便，仅通过一步的全局优化即可得到市场出清结果。虽然实际应用中其对系统的运行条件和网络特性相当敏感，特别是阻塞情况下会对其造成明显的影响，导致发电企业和用户承担的阻塞盈余费用及电价波动较大，但市场主体可以运用金融输电权（FTR）有效地避免因节点边际电价波动过大所带来的风险。除此之外，节点电价法通过在不同的位置设定不同的市场价格，反映了在不同地点的电能边际价值，这为处于电网不同位置的发电投资提供了更为精准的价格位置信号。

4）交易削减法。

交易削减法是一种针对跨区双边交易的输电阻塞管理机制，通过联络线的可用输电容量（ATC）来确定双边交易是否通过安全校核，并对无法通过安全校核的交易量按照一定规则进行削减。采用这种机制消除阻塞，市场中要随时公布并及时更新联络线的可用输电容量信息，市场主体在提交跨区双边交易前都需要获得与其交易相关的输电容量信息，以判断其交易是否能通过安全校核。当市场中提交的跨区双边交易超过区域间联络线的极限传输容量时，调度机构就要依据某种规则来对交易进行削减，如不同目标函数的优化削减法、时间优先法、按比例削减法、按交易对阻塞线路的贡献削减法等。

交易削减法主要用于双边交易模式或双边交易与电力库混合模式的电力市场中，或由双边交易造成输电阻塞的电力市场中，它是一种针对双边交易的、更适合于大区联络线的输电阻塞管理机制，对于可用输电容量信息的准确性和实时更新要求较高。其削减原则一般不基于市场整体优化，经济效率相对较差，并且不能为线路投资规划提供有效的经济信号。

目前，国内各试点单位输电阻塞管理机制的选择方法和优劣分析大都停留在定性分析层面，极少对输电阻塞管理机制的优劣进行了定量分析，各试点单位尚需结合自身电力体制和市场模式，综合考虑输电阻塞管理机制对社会效益、市场力、阻塞盈余费用、新能源消纳等方面的影响，探索高效合理的输电阻塞管理方法。

23. 电力辅助服务市场如何定价？辅助服务费用如何分摊？国外辅助服务费用分摊有哪些值得借鉴？

电力市场辅助服务定价是指对保证电能安全、优质输送而提供的额外服务的定价，不论采用何种方法获取辅助服务，均存在费用分摊的问题。从原理上讲，应按每个用户使用的各种服务的份额来确定，但这在理论上是一个非常困难的问题，由于各国电力市场模式的差异性，各电力市场辅助服务费用的分摊机制不同。欧洲、美国等地区的电力辅助服务市场建设起步相对较早，已经形成了较为成熟的经验，对我国电力辅助服务市场费用分摊具有一定的启示意义。

（1）辅助服务产品的定价方式。

当前国内外辅助服务产品的定价方式有不付费、基于成本的补偿制、价值核算制、双边合约、市场化竞标和实时竞价 6 种。

1）不付费。系统强制性要求供给方提供辅助服务并且没有额外的付费。这种机制广泛地用于垂直一体化的电力工业中或实行全电价的系统中。从表面上看，这种机制可以降低终端用户承担的辅助服务费用，但它实际上包含在终端电价中。

2）基于成本的补偿制。这种机制随着电力工业的放松管制得到了广泛的应用。在实施过程中遇到的主要问题是如何合理地确定计算辅助服务成本的方法。另外，也需要必要的惩罚和奖励措施，以保证系统能够得到可靠的辅助服务资源。

3）价值核算制。这种机制首先估算购买方由于获得了辅助服务而创造的价值，然后以此为基础定价。目前还没有真正的应用实例。在大多数情况下估价可能明显超过成本，因此能够使系统得到稳定的和充足的服务，但会增加终端用户的费用。

4）双边合约。由双方协商形成辅助服务的价格。这种机制的不足之处是由于双边合约具有内在封闭性，合同细节通常是保密的，合同之外的第三方不能够得到辅助服务的价格和其他信息，因此无法据此提供更优质、廉价的服务。

5）市场化竞标。在这种机制下，供给方按一定的技术要求进行投标，购买方按照服务水平和投标价格在供给方之间进行选择，供需双方通常签订 2～5 年的中长期合同，在合同有效期内价格是固定的，因此这种机制特别适用于可能出现短期区域性垄断的服务，如无功调节和黑启动服务。

6）实时竞价。价格通常是由市场竞争或交易协议短期提前确定的。实时竞价机制已经广泛应用于电能量交易市场中。这种机制最大的缺点是操作复杂、运作的交易成本很大。综上所述，没有一种单一的定价机制能够适用于所有的辅助服务品种，每一种辅助服务都需要有适合自身的定价机制。一般情况下，以市场为导向的方法可以更好地达到前面提出的定价机制的目标，但这时要有足够的资源参与竞争才能够形成正常的市场环境，同时也要有完善的规则来保证市场的正常运作。

（2）辅助服务费用的分摊方式。

由于电力市场模式的差异性，各电力市场对于辅助服务费用的分摊机制也不同，总体来说可分为发电企业承担、终端用户承担、共同承担和引发负责 4 种方式。

1）发电企业承担。在发电企业之间进行分摊，并不将辅助服务费用直接分摊到用户侧。从表面上来看，这种机制没有将辅助服务费用传递到终端用户，实际上，发电企业在进行电能报价时已经考虑了其提供辅助服务的成本，辅助服务费用是隐性地传递到了用户侧，阿根廷电力市场采用这种方式。

2）终端用户承担。目前国外大多数国家都采用这种分摊机制，主要的分摊方式包括输电费用和系统调度专项费用。美国 PJM 市场将调频、备用辅助服务义务按照比例分配给负荷服务商（LSE）。LSE 可以通过自行提供或通过与第三方签订合同来履行自己的调频、备用义务。若仍然无法完全履行其义务，可以从 PJM 辅助服务市场上购买调频、备用服务。

3）共同承担。目前，在澳大利亚电力市场中，调频费用由发电企业和电力用户按照一定比例来分摊。

4）引发负责。电力系统频率变化是发电机组输出的有功功率与负荷消耗的有功功率之间不平衡所致。发电机组输出的有功功率与用电负荷消耗的有功功率偏离越大，频率波动幅度会越大。当频率波动产生的互联电网区域控制偏差（ACE）超过一定阈值时，即需调用调频服务。为体现调频辅助服务成本分摊的公平性和合理性，可按偏差责任分摊调频成本，进而能够约束市场主体的行为，提高系统运行的稳定性与经济性。

（3）国外辅助服务费用分摊示例。

国外辅助服务费用的分摊方式也各不相同：

1）英国电力市场。辅助服务费用由英国国家电网公司下辖的调度机构通过系统平衡服务费（BSUoS）、基于发用电双方在电网接入点的上网或下网电量按固定比率来分摊。

2）美国 PJM 电力市场。辅助服务费用由市场中的负荷服务商（LSE）或大用户基于他们的相对负荷量来分摊。

3）北欧电力市场。各国一般均遵循“谁收益，谁承担”的原则，将辅助服务费用纳入过网费或平衡服务费中，最终由用户侧进行承担。

4）澳大利亚电力市场。辅助服务费用由能源市场运营机构（AEMO）基于发用电量比例向发电方或用电方分摊。

24. 什么是搁浅成本？搁浅成本和沉没成本有哪些区别？对电力现货市场有什么影响？其处理方法有哪些？

（1）搁浅成本的定义及成因。

搁浅成本（stranded costs）的概念最早出现在美国电力市场改革所引发的一系列管制

者与公共事业之间的法律诉讼中，电力企业宣称，政府推动的电力产业重组导致它们的资产被竞争侵蚀，并将这种损失称为搁浅成本。这种提法很快得到了一些经济学家的肯定与进一步阐释，搁浅成本可以被定义为那些由于公用事业单位履行其竞争对手无须承担的义务而产生，并在原有管制体系下允许收回的，但由于体制的改变而无法回收的成本。

我国电力搁浅成本存在于电力市场化改革的进程中，主要针对发电企业，尤其是煤气电企业。在传统的政府管制的环境下，电能价格的形成机制以服务成本为基础，电价设定在使总收益等于总成本的水平上，因此，发电企业的生产成本就能够得到完全回收。这种电价形成机制消除了使发电企业形成搁浅成本的内在因素。在竞争性电力市场的环境下，发电企业通过竞标方式将其在未来某个时段的电力及其服务的价格提前申报出去，参与市场统一出清、定价和结算，若发电企业的市场收益无法覆盖其生产成本，则无法通过市场回收的成本即为搁浅成本。通过传统政府管制和竞争性电力市场的发电企业收益对比情况可以看出，搁浅成本实质上是市场化改革前政府承诺的发电企业收益与市场化改革后参与市场竞争获得的收益差。

电力搁浅成本按照形成原因大致可以分为以下三类。

1）与电厂建设相关而无法回收的发电成本。在政府管制下，政府保证发电企业的基础设施投资能够通过管制的电价收回成本，而市场化后，电价不确定，可能造成部分成本无法收回。

2）部分长期购买合同。在政府管制的电价下，发电企业的成本低于其售电收入，可以盈利；但是电力市场化改革后，销售电价降低，一些长期购买合同在短期内无法调整价格，从而造成成本高于收入的局面，给电力企业造成损失。

3）受管制资产。在国外，受管制的电力企业往往有自己独特的一套会计准则，允许发电企业将某些符合条件的费用资本化，列为管制资产。但在市场经济下，发电企业不再属于受管制企业，会计核算上的变化导致部分成本无法回收。

根据市场模式、市场电价和发电企业的收益来源，从美国和英国电力市场的形成以及引入和提高市场竞争的过程来看，可以总结出影响搁浅成本形成与水平的因素主要有以下 7 个方面。

1）发电类型。核电、火电和水电等的建设成本不同，核电的建设成本最高。电力的建设成本是搁浅成本的主要决定因素。

2）发电设备的先进性。采用新的发电技术，如汽涡轮发电技术，可以大大降低发电成本。发电技术的先进性将影响发电成本，从而影响搁浅成本。

3）燃料的价格。在煤炭资源比较丰富的地区，煤炭价格相对便宜。在澳大利亚，由于煤炭资源比较丰富，发电成本相对较低，因此根本不存在搁浅成本的问题。而在美国、英国和阿根廷，由于煤炭价格很贵，发电成本很高，搁浅成本的问题显得非常突出。

4）管理水平。固定成本中包含有运行和维修成本，管理水平差的发电企业，其搁浅成本相应较高。

5）市场竞价。采用不同的竞价方式，如分时电价或采取其他激励措施来改变负荷需求模型，可以在一定程度上改变用户的出清电价，从而改变搁浅成本。

6）用户对电价的响应。当用户对电价的弹性不同时，市场竞价与平均成本之间的差值就会增加或减小，其结果将导致搁浅成本增加或减少。同时，用户在对平均成本和边际成本的响应上存在的差异也可能对搁浅成本产生影响。

7）税率。税金是发电成本的一部分，因此税率的高低必然会在一定程度上对搁浅成本产生影响。

（2）搁浅成本和沉没成本的区别。

搁浅成本和沉没成本（sunk cost）字面意思都是指无法得到补偿的那部分成本，但二者经济意义上有质的区别，为深入认识搁浅成本，有必要加以区别。

1）研究内容不同。沉没成本指一项投资无法通过转移或销售得到完全补偿的那部分成本。产生沉没成本一般来说是由于生产活动通常需要某些专用性的资产，而这些特殊的或专用性很强的资产又很难在其他生产活动中使用。换言之，沉没成本指即使退回最初的生产活动也无法收回的那部分成本。泰勒尔认为沉没成本和固定成本只是程度上的差别，并无本质的差别，固定成本在较短的时间内具有沉没性质，而沉没成本在较长的时间内无法实现替代性用途。因此，沉没成本衡量的是资产的通用性。而搁浅成本是由于电力行业放松管制而导致的电力企业的股东或其他方所遭受的货币损失，在竞争环境下，电力企业取得的收入无法弥补固定资产投资的那部分损失。因此，搁浅成本衡量的是竞争造成资产的贬值程度。

2）计量方法不同。这是由研究内容不同引申而来的。具体来说，沉没成本数值上等于资产的初始价值（扣除折旧）与其打捞价值（转移或再销售价格）之间的差额。搁浅成本在数值上等于市场价值与账面价值之差，但不包括在传统管制下的与正常商业风险相关的损失，例如与负荷改变、新技术引进等有关的资产损失。

为了清晰理解搁浅成本、沉没成本、固定成本和容量费用的概念，在此进行举例说明。假设某企业研发一套产品，研发过程中购入100万元设备（固定成本），研发人员工资20万元，购买各类材料50万元，如果研发失败或者产品过时，该企业关停该产品线，之前全部成本均称为沉没成本，即固定成本100万元，可变成本70万元，共170万元的沉没成本。若该企业受政府管制，产品研发成功且其价格制定机制可收回前期投入的170万元，然而由于引入市场竞争后采用市场统一价格结算，只能回收150万元，则未回收的20万元即为搁浅成本。假设很多企业均存在无法收回该产品的投入成本而关闭该产品线，可能造成该产品的供不应求，带来的用户损失成为容量需求和容量价格的制定依据，故可建立容量市场，搁浅成本20万元可通过容量市场收回，保证该产品供给能力满足社会需求。

搁浅成本核算方法包括现值法和收益损失法：① 现值法。该方法直接核算发电资产的账面价值与市场价值的现值之差，其中，发电资产的市场价值可通过两种方法得到。一种方法是发电资产剥离，是指通过出售或拍卖发电资产获得收益，并以此衡量发电资产的市场价值。发电资产剥离收益受市场供需关系影响较大，且对于发电资产属于公有资产的地区，该方法将受到一定程度的限制。另一种方法是直接核算，通过政府部门对发电企业发电收益的核算获得。该方法涉及对全市场发电资产的核算，核算工作量较大，需协调的主体和核算涉及数据信息量较大。② 收益损失法。该方法是利用电力市场价格与标杆电价计算搁浅成本，即用原有标杆电价下获得的利润与根据预测或者现有电力市场的价格获得的利润作差。

（3）搁浅成本对现货市场的影响。

搁浅成本影响发电主体的公平竞争，妨碍电力现货市场良性竞争环境的建立。搁浅成本的存在导致原市场发电主体和新进市场发电主体拥有不同的成本结构，从而影响了双方的博弈结果。由于原市场发电主体参与市场竞争后存在较大的搁浅成本，即使其经济效益更高，但因其搁浅成本的存在削弱了市场竞争优势，从而使市场需求方被引导至低效率的发电主体，使得低效率发电主体中标，降低经济效益并抬高真实成本。这种不公平的市场出清将成为建立良性竞争环境的障碍，增加市场需求方的用电成本。因此，亟须提出有效的搁浅成本处理方法，提高资源利用效率，促进市场公平竞争，提升社会总体的福利水平。

（4）搁浅成本的处理方法。

在电力行业体制改革实施阶段，搁浅成本处理方法通常有资产搭配重组和差价合约模式。

1）资产搭配重组。将不同时期建设电厂、不同类型电厂、不同大小的电厂重组到一家发电集团公司，由这些发电企业在内部消化所存在的搁浅成本。比如将存在高额搁浅成本的水电厂与已经收回或者接近收回固定成本的大型火电厂组合成为一个发电企业，通过电厂间的交叉补贴来支持高成本能源的开发利用。

2）差价合约模式。在此模式下，各发电厂之间的竞争是可变成本的竞争，与固定成本无关。如果企业的可变成本比较高，不能上网发电（即发电量为零）也能获得收入以回收其搁浅成本；如果企业的可变成本比较低，企业不但能回收其搁浅成本还能获得利润。

在电力市场初期，搁浅成本回收方式通常包括电价费回收机制、附加费回收机制、证券化机制和容量市场回收机制，但值得注意的是，附加费用仅在回收期内实施，故属于过渡性的费用。

1）电价过渡费回收。电价过渡费指的是在电量电费计入附带收取的电力用户电费，为了避免附加电费过高影响电力需求，各国在采用该回收方式时，附加部分通常是当前电费的 8%～12%。针对不同的用户类型也会设置不同的收费标准，大型工业用户每千瓦时的附加费要高于小型用户和居民用户。

2）附加费回收。附加费回收包括两种方式：① 一次性附加费回收。与电价过渡费不同。一次性附加费与用电量无关，在收费有效期间，这种费用将作为固定金额（或一次性付款）添加到客户的电费单中，同样，这笔固定费用可能因客户或客户类别不同有所区别。② 仅对变更发电企业的用户征收一次性附加费。与对所有用户征收一次性附加费的补贴机制不同，在该机制下，仅对改革前后变更供电商的用户征收一次性附加费。该机制可有效地鼓励用户继续由原来的供应商来提供电能。从竞争角度来看，发电企业会通过降低电价（降价部分高于附加费）来提高竞争力。

3）搁浅成本证券化。电力搁浅成本证券化指的是政府赋予电力企业过渡竞争费

（competitive transition charge，CTC）的征收权，然后电力企业将证券化的搁浅成本资产真实出售给特殊目的机构（special purpose vehicle，SPV），SPV 用电力企业的征收权作为支持，发行搁浅成本支持债券（rate-reduction bonds，RRBs），将发行债券收入转让给电力企业，并利用未来的 CTC 收入定期向投资者还本付息。

4）容量市场回收机制。容量市场一般需要构建具有需求弹性的容量需求价格曲线——选择政府主推、受市场欢迎的机组类型为参考机组类型，核定参考类型新增机组的总成本，即在能量市场、辅助服务市场和容量市场中获得的收益（cost of new entry，CONE），及其在能量市场和辅助服务市场能够获得的净收益（net energy & ancillary service revenue，NE&AS），计算其在容量市场中需获得收益（net cost of new entry，NCONE）的取值，作为容量市场价格需求曲线制订的依据。在此情况下，老旧机组即使在容量市场中标获得容量市场收益，在能量市场、辅助服务市场和容量市场的收益很可能仍然无法覆盖所有成本，不能保障其存活。因此，一般考虑这些高成本的老旧燃煤机组作为价格接受者参与容量市场，与其他燃煤机组包括新增和存量机组同台竞价，按统一出清边际容量价格结算。同时，对于高成本的老旧燃煤机组，核定其为保障生存需在能量市场、辅助服务市场和容量市场获得的收益及近几年在能量市场和辅助服务市场的收益，两者相减后得到其在容量市场应获得的收益。计算老旧机组应在容量市场获得的收益与燃煤机组容量市场的 NCONE 的比值 α，以燃煤容量市场统一边际出清价乘以 α 后的值来结算老旧燃煤机组的容量市场收益，从而在容量市场中体现对老旧燃煤机组的搁置成本补偿发电企业。

25. 什么是电力现货市场的价格帽？为何设置价格帽？设置价格帽应考虑哪些因素？价格帽给市场竞争带来哪些影响？

（1）电力现货市场的价格帽。

电力市场中的电价是供求关系的直接反映，但在市场化改革初期，需求的近似刚性使得市场供需变化、燃料成本上涨和个别发电厂商的市场力行为等因素都会带来市场风险。为了保证过渡时期的市场秩序和把市场风险控制在合理范围内，采取价格管制措施是很必要的。常用的价格管制方式包括两种：① 服务成本管制，如收益率管制；② 激励性管制，如价格帽、标尺竞争和特许投标等。在市场环境下，采用激励性管制方式将促使被管制企业提高投资效率和运营效率，因此，在市场中设置价格帽成为一种有效的管制方式。

具体而言，价格帽又称价格上限规制（price cap regulation，PCR），于 1983 年由英国经济学家 Stephen Littlechild 提出，是一种具有深刻意义的管制创新，被认为是替代投资收益率管制的有效方法。在经济学定义中，价格帽规制指预先限定一个在一定时期内相对固定的、各个企业不能超过的平均价格水平，在此范围内，企业可以自由地调整价格。在电力现货市场中，价格帽定义为现货批发市场可接受的最高价格。价格帽规制的内在目的在于既要防止企业利用垄断力量制定高价，又要让企业能够取得合理的利润，同时还能激励企业不断提高生产效率。因此，价格帽规制在对价格进行限制时，要区分企业利润的来源，包括因物价上涨而导致的成本上升、因技术进步而带来的效率提高等因素。

（2）设置价格帽的原因。

价格帽规制下，一定时期内价格的上涨或下调的幅度被确定，企业通过提高效率和降低成本所带来的收益能被企业保留，能很好地起到激励作用。同时价格管制限制了企业的利润率，促使企业对生产要素组合进行优化，不至于出现投资回报率管制情况下的投资过度现象。价格上限管制相对传统的服务成本管制，一方面，使被管制企业的价格及其收入不再与其成本密切关联，实行价格上限促使企业提高效率和减少成本；另一方面，减少管制者对企业详细运营知识的信息依赖，通过对价格和收入的控制使企业有激励能够运用自有知识提高配置效率来获得更多收益。

（3）价格帽设置应考虑的因素。

目前，价格帽规制已被广泛用于国外电力市场，对防止可能的价格操纵等市场力行为起到了积极作用。参考美国加州 ISO 的管理经验，价格帽水平与以下几个因素有关：① 市场是否有效竞争；② 市场中是否存在有效的需求侧管理机制；③ 峰荷时段是否有足够的外部电力供应，因为相同的高峰时段会使得 ISO 同相邻区域争夺有限的电力供给，而较高价格上限将有助于吸引更多外部电力供给；④ 较高价格上限将会吸引更多的负荷参与负荷侧响应程序；⑤ 价格上限应当反映市场运营商长期政策目标的市场信号。

合理最高限价的制定应当符合以下原则：最高限价既要发挥稳定市场、控制风险的作用，也要给发电厂商留出足够的竞价空间，体现市场活力并反映市场供求。只有价格上限制定合理，才能够同时达到减少市场风险和提供合理价格信号的目的。价格上限过高，在存在市场力的情况下，发电厂商会哄抬电价，造成平衡账户巨额亏空，此时如果销售侧用户电价承受能力有限，亏空资金难以消化，则电力市场将面临巨大经营风险；价格上限过低，起不到对发电投资的有效激励引导作用，掩盖了价格与供求的波动关系。

现货市场价格上下限主要采用两种定价方法：

1）会计成本定价法。这种方法基本思路是现货市场价格也应该符合管制定价原则，补偿成本并获得合理报酬。实际操作中又可以分为平均成本法和边际成本法。例如，按平均成本法确定价格上限，首先要明确价格上限的适用情景，如负荷高峰的时候和机组运行状态等；其次，计算相应情景下电力生产经营总成本和平均成本；然后，以平均成本作为价格上限。边际成本定价在斯威普（F，C.Schweppe）现货定价理论中有明确的计算公式。与短期市场边际成本计算只可变成本不同，现货定价理论中的边际成本定价先按可变成本计算出边际电价后，又按总收入等于总成本的原则对边际电价进行了相应调整，这样的边际成本定价与平均成本电价差异不大。会计成本定价是一种管制定价方法，对中长期交易可能更适用，对现货市场这种特别强调市场机制作用的市场，可能并不适用，甚至还会限制现货市场作用的发挥。

2）机会成本法。机会成本法指在无市场价格的情况下，资源使用的成本可以用所牺牲的替代用途的收入来估算。机会成本定价就是把稀缺资源的使用成本作为定价的依据，而前者又用替代用途的收益来估算。国外电力现货市场价格上限普遍用电力失负荷价值（value of lost load，VOLL）计算，即把由于缺电而对国民经济等造成的损失作为现货市场价格上限。

现货市场的价格帽应综合考虑燃料价格、地区经济发展水平、历史电价水平、发电新增装机预测、负荷增长预测、社会稳定性保障、其他政治经济因素等，经科学测算后，合理确定。现货市场的价格帽应体现发电侧投资激励、市场的电能价值和市场运行风险防范。市场的价格帽应根据外部环境和条件变化进行动态调整。

（4）价格帽的作用。

价格帽的功能就像是给市场编织一张安全网，用来降低以下两种可能出现的市场失灵风险。

1）通过设置价格帽可以减轻市场力的滥用。市场力指的是发电厂商改变市场价格、使之偏离市场充分竞争情况下所产生的价格水平的能力，典型的市场力行为包括持留发电容量、策略性报价等。在某些情况下，一家发电厂商或数个发电厂商可以单独或联合起来操纵价格，迫使用户花高价购买电力。而价格帽的其中一个主要目的就是削弱发电厂商行使市场力抬高价格的能力和动力。

2）缓解市场动荡形势下的信息不对称。除了市场力滥用外，市场失灵也可能源于信息不对称。电力市场可能因为燃料供应的突然中断、设备故障或者极端天气等情况发生动荡，信息不对称会加剧这些突发事件对价格的影响程度。价格帽可以用来帮助市场主体减轻突如其来的价格上涨和大规模的利益转移压力。

价格帽的以上两种“功用”在各国电力市场中被广泛接受，但应用价格帽需要极为小心。价格上涨不一定是市场主体行使市场力的结果。在供给不足时，价格会自然上涨，因为此刻需要更多高成本机组发电，短暂的价格上涨会让机组获得意外收益，而这样的高价会给资源配置提供信号，以促进关键稀缺资源的投入。允许短期内出现高价对尖峰容量和灵活机组的投资激励也极为重要，这能降低未来发生尖峰时刻供应短缺的概率。因此，为了设置价格帽，需要在削弱市场力和信息不对称，以及为资源配置提供真实的价格信号间寻找平衡。

价格帽规制会削弱对长期投资的激励作用。较高的电价会促使发电厂商增加装机容量，而使用了价格控制，即使是暂时的，也会使发电厂商倾向于将同样数额的资金投到其他没有价格上限管制的领域，以最大化投资回报。而且，有些电厂仅在负荷高峰期运行，必须在有限的运行时间内回收全年的成本（包括固定成本和可变成本）。价格上限的存在削弱了价格信号的作用，因为它抑制了价格在供需平衡中所应当扮演的角色。同时，价格上限管制可能会扩散市场风险，例如美国的调峰机组一般为天然气机组，2000 年夏季美国加州出现了 106 年以来罕见的高温天气，使得电力需求飞涨，而同时美国天然气价格上涨了 3 倍，加州更是由于天然气管道故障使得天然气价格上涨了 10 倍以上，燃气机组利用市场力抬高了市场价格，其他类型机组（如火电、水电机组）也从中获得了巨额利润。

（5）国内外电力现货市场价格帽的设置情况。

我国试点地区电力现货市场不仅制定价格上限，同时还制定了价格下限。我国部分现货市场价格上下限如表 1－2 所示，可以看出：① 我国电力现货市场价格上下限在制定方法上偏向于采用会计成本定价法。广东 1000 元/MWh、浙江 1200 元/MWh、山东 1300 元/MWh 的投标价格上限略高于电网内最大发电成本，甘肃和四川的投标价格上限则与电网内最大发电成本基本相当。② 制定了价格上下限。价格上限限制市场主体获得明显超过成本的收益，价格下限避免市场主体在现货市场上恶性竞争。出清价格上下限不同地区差异较大，主要与各地省间电力交易数量及价格水平有关。

表 1－2　国内试点地区现货市场价格上下限　（元/MWh）

试点省份	报价上下限	出清上下限
广东	0～1000	70～1500
山东	80～1300	80～1500
浙江	（联合循环分轴燃机的汽机不报价， 燃机报价上限 1200）	－200～1200
甘肃	4～10 月：40～550 其余：40～600	0～1000
四川	水电周期：75～253.72 火电周期：341.02～441.32	—
蒙西	火电企业：0～800 新能源：0～740	—
山西	0～1500	0～1500

国外部分现货市场的报价上限和相关因素如表 1－3 所示，可以看出国外现货市场价格限制有这样几个明显的特点：① 没有价格下限限制，这意味着市场主体可以投出任意低价。监管机构认为低价有利于增加消费者福利，不需要监管。② 国外现货市场价格上限在制定方法上普遍采用了机会成本定价法，即将用户的失负荷价值或停止用电所产生的损失确定为价格上限。③ 价格上限水平很高。比如美国 5 个市场都采用了 1000 美元/MWh 的价格上限，而且没有区分成交价格上限和投标价格上限。这个价格是正常平均批发电价 30～40 美元/MWh 的 25～33 倍，给现货市场价格变化提供了充足的空间。

表 1－3　国外部门国家或地区现货市场价格上下限　（美元/MWh）

国家或地区	报价上限	其他相关因素
美国 PJM 电力市场	1000	装机容量市场投标上限 177.3 美元/MWh，频率调节辅助服务市场投标上限是 100 美元/MWh
美国纽约州电力市场（NYISO）	1000	对于纽约城内的一些发电厂 10min 冷备用的投标也规定了 2.52 美元/MWh 投标上限
美国新英格兰电力市场（ISO—NE）	1000	—
美国得克萨斯州电力市场（ERCOT）	1000	对辅助服务市场规定了 1000 美元/MWh 的投标上限

续表

国家或地区	报价上限	其他相关因素
美国中西部电力市场（MISO）	1000	—
美国加州电力市场（CAISO）	108（损失控制投标上限）	电力市场改革后，从 125 美元/MWh 到 250 美元/MWh 再到 750 美元/MWh，2001 年电力危机后降低到 500 美元/MWh 再降低到 250 美元/MWh，FERC 规定“软上限”
英国新英格兰和威尔士（E&W）电力市场	99 英镑/MWh	—
澳大利亚国家电力市场	10 000 澳元/MWh	早期采用 5000 澳元/MWh
加拿大安大略电力市场（IMO）	2000 加元/MWh	—

如果说国内外电力现货市场模式与主要交易规则基本相同的话，那么在现货市场价格上下限这个规则上，国内外有着根本的区别：① 定价方法不同，我国以会计成本法为依据，国外则以机会成本法（具体而言以失负荷价值）为依据。我国定价方法强调成本回收和合理收益，国外则强调市场功能和价格机制作用。国内外定价目标和方法完全不同。② 定价水平差异很大。我国价格上下限与发电成本基本相当。价格上限略高于电网内最大发电成本，大约是现货市场平均成交价格的 3 倍；价格下限与电网内最小发电成本相当。国外价格上限是正常平均成交价格的 30 倍，大约是我国的 10 倍。

26. 什么是市场出清？电力现货市场下有哪些出清模式？国外有哪些出清模式可以借鉴？

（1）市场出清的概念。

市场出清指商品市场与要素市场同时实现供求平衡的市场状态，有时也指某一商品市场或某一要素市场实现供求平衡的市场状态。市场上价格有充分的弹性，价格机制的自我调节能够让市场自发实现供求均衡，即市场出清的状态。

不同于一般商品，电能具有实时平衡和基于物理定律的网络化传输的特点，电能生产和消费必须符合社会发展需求，使得电力市场出清必须在统一的机制框架下，借助科学的技术手段来达成。电力市场出清指根据市场规则和交易报价确定交易计划（包括交易成交量及其成交价格）的过程。确定成交主体且完成成交排序的规则和方法一般采用高低匹配，从低到高对发电厂商进行排序，形成卖方序列，再从高到低对用户或售电公司进行排序，形成买方序列，从最低卖方价格和最高买方价格依次形成匹配对，并规定买卖双方价格相减大于零时匹配有效，直到买卖双方出现最后一个有效匹配对为止。考虑到电力商品交割的瞬时供需平衡特征，电力现货市场往往将现货市场范围扩大到实时交割之前的数个小时乃至一日。电力现货市场建设一般包括日前市场、日内市场和实时市场 3 个部分中的部分或全部，3 个市场各有其不同的功能定位，三者相互协作、有序协调，以构成一个完整的现货市场体系。日前市场一般在实时运行前一天组织，市场成员在此时能够比较准确地预测自身的发电能力或用电需求，从而形成较为可行的交易计划。日内市场的主要作用在于为市场成员提供一个在日前市场关闭后对其发用电计划进行微调的交易平台，以应对日内的各种预测偏差及非计划状况，其交易规模往往较小。实时市场则往往在小时前由调度机构组织实施，非常接近系统的实时运行，因而其主要作用并不在于电量交易，而在于为电力系统的阻塞管理和辅助服务提供调节手段与经济信号，真实反映系统超短期的资源稀缺程度与阻塞程度；并形成与系统实际运行切合度高的发用电计划，保证电网的安全运行。

（2）电力现货市场的出清模式。

1）集中出清模式。电力现货市场一般均采用统一出清、集中竞价的方式，由市场成员自愿参与申报，市场组织者对全网发电资源与用电需求进行统一的优化匹配，并对所形成的交易计划进行实物交割和结算。而按照其根据集中竞价最终成交价格的确定方式不同，其出清模式可以进一步被划分。部分市场按照唯一价格（统一出清价格）作为成交价进行出清的方式。唯一价格一般按照最后成交的匹配对买卖双方的平均申报成交价格作为成交价格，同时也存在按成交买方或卖方平均申报价格作为统一出清价格的方式。

2）分散出清模式。在该模式下，电力现货出清为分散的部分电量竞争，如英国的日前市场，由于拥有两个平行的电力交易所，且独立于调度机构，日前市场出清只对申报到交易所的电量进行增量出清计算。

（3）国外典型电力现货市场的出清模式。

1）英国现货市场由日前、日内电力交易和实时的平衡机制构成，而辅助服务则多在月前至日前这一时间段内展开。英国日前现货市场的电力交易由电力交易所负责组织，由于英国系统供应资源较为充裕、网络阻塞较轻，日前出清不考虑实际的网络情况，也不考虑机组的物理参数，出清方式为一般意义的集中竞价拍卖。日前小时拍卖市场的订单簿提前 14 个工作日开放并于运行日前一天的 11:00 之前关闭。市场成员在此期间提交买卖报价，报价类型包括单一小时报价和块报价，其中块报价最大功率上限为 500MW，小时拍卖市场出清结果最早于运行日前一天 12:50 发布；日前半小时拍卖市场于运行日前一天 15:30 开始，市场成员在该市场中交易半小时合约以优化其发电组合，半小时拍卖结果最早于运行日前一天 15:45 发布。

日内市场包括日内半小时拍卖市场和日内连续竞价市场。日内半小时拍卖市场仅接受单一合同报价，分别于运行日前一天的 17:30 和运行日当天的 08:00 截止报价。日内连续竞价市场采用高低匹配的组织方式，市场成员从运行日前一天 00:00 开始可提交半小时报价，于实际运行时段前 15min 停止。

实时的平衡机制则需要考虑真实网络约束，要求发电厂商申报其实际的运行参数，实施平衡调度与阻塞管理。市场成员于日前市场结束后（11:00）在平衡机制中申报基于自身发用电曲线的上下调能量报价组合，报价包括上调报价、下调报价、报价对应的运行时段和调节量等信息。

英国电力市场以中长期双边交易为主，形成实物交割的发用电计划曲线，并提交给平衡机制，实际参与现货市场的用电比例为 30%左右。在该电力市场模式下，市场规则相对简单，市场价格波动风险较小，但中长期物理交易难以反映短期价格型号，竞争机制发挥的作用相对有限。

2）北欧电力市场主要包括中长期双边交易、日前市场、日内市场、实时平衡市场等，北欧电力市场为区域电力市场，市场范围覆盖丹麦、挪威、芬兰和丹麦（北欧四国），同时还包括波罗的海国家——爱沙尼亚、拉脱维亚和立陶宛。

北欧电力现货市场由日前现货市场和日内现货市场组成和平衡市场三个部分构成。而辅助服务由各国输电系统运营机构 TSO 负责购买，可通过签订双边合约或集中招标的方式实施。

北欧日前现货市场由北欧电力交易所组织，采用“集中竞价，边际出清”的原则，实现了跨国电力交易的统一出清。市场成员在交易日前一天的中午 12:00 之前通过网络交易平台提交次日各交易时段的申报电量和报价，报价类型主要包括小时报价、块报价和灵活报价。电力交易所根据买卖双方报价形成发用电曲线进行出清计算，发用电曲线交点即为系统电价。电力交易所会进一步考虑了不同价区（事先根据历史的阻塞情况划定）之间联络线的传输能力约束，从而形成分区电价，但不考虑各个价区内部的网络拓扑关系（物理约束）。

日内现货市场作为日前现货市场的补充交易市场，同样由北欧电力交易所进行组织，通过“高低匹配，先到先得”的原则，持续滚动出清至交付前 1h，允许跨区交易，以利用价区之间联络线的剩余传输能力。日内现货市场主要应对的是机组实时出力变化或负荷预测偏差等系统平衡问题，随着新能源的不断接入，日内市场的重要性也逐步凸显。

平衡调节市场是系统实时运行前的最后一道关口，用于保障系统的实时平衡与稳定运行。其由各国输电系统运营机构 TSO 负责，考虑各个控制区实际的网络约束与其他物理运行参数，并考虑与其相连接的联络线的运行条件，从而实现交易计划的再调整。平衡调节市场开展前，各平衡责任提供者需要提供报价，报价一直可修改、调整直到实时运行前 45min，TSO 作为单一购买方按照总费用最小原则调用平衡资源，最终形成上调/下调边际价格，按边际价格支付。此外，为保证平衡市场中平衡资源的充裕性，北欧各国 TSO 会定期开展备用容量市场，在备用容量市场中标的发电厂商必须在平衡调节市场中报价。

北欧各国能源互补完备的跨国电力交换网络使得挪威高比例、大容量的蓄能水电站和芬兰的火电机组可作为灵活性电源参与跨国互联系统的实时供需调节，以匹配丹麦高比例风力发电的波动性和间歇性，提高系统消纳可再生能源的能力。

3）美国电力市场包括 PJM、加州、得克萨斯州、纽约、新英格兰、中西部 6 个市场区域，而 PJM 为美国首个区域输电组织，负责美国大西洋沿岸 13 个州及哥伦比亚特区电力系统运行及管理。电力现货市场包括日前市场与实时市场，进行出清计算时均精细化地考虑了实际的物理网络模型。日前市场的交易出清本质上是一个电能、备用联合出清的安全约束机组组合问题，是一个市场成员自愿参与的基于报价的市场，市场成员于交易日前一天 12:00 前提交交易日的每小时报价情况，交易机构根据发用电侧报价、虚拟电厂/负荷报价和双边交易时间表，使用基于安全约束机组组合问题进行出清，每小时成交电量按照节点边际电价进行结算，交易日前一天 16:00 之前，交易机构发布日前市场出清结果和日前节点边际电价。PJM 的日前市场与实时市场均采用节点边际电价机制，辅助服务则采取全网边际出清价格的定价机制，不区分节点差异。通过优化求解可获得节点边际电价，反映了电能在不同时空的价格信号。LMP 是边际电能价格、网损价格和阻塞价格的总和。

实时市场实际上是实时平衡市场，其交易出清本质上则是一个考虑了电能、调频、备用资源相互耦合关系的安全约束经济调度问题，每 5min 计算一次市场出清价格。PJM 的日前市场和实时市场采用双结算机制。日前市场出清结果用于日前计划的结算，实时计划与日前计划存在的差异按照实时节点边际电价进行增量结算。日前市场的出清结果只用于结算，实时市场的出清结果用于结算和实时调度。

PJM 电力现货市场双结算机制下，日前节点边际价格仅用于日前计划的出清，实时市场作为平衡市场，允许市场成员根据实际运行情况重新报价，用实时出清电量补偿日内可再生能源的预测误差，按照实时节点边际电价对日前和实时发电计划的偏差电量进行增量结算，以事后结算取代对可再生能源预测偏差的罚款。

27. 电能量与辅助服务联合出清与独立出清各自的含义及差异是什么？

电力辅助服务是保证电能质量的重要保障，根据电能量市场与电力辅助服务市场是否同时出清、是否考虑机会成本等出清方式的差异，分为电能量与辅助服务联合出清和独立出清两种出清方式。

（1）电能量与辅助服务联合出清和独自出清的含义。

1）电能量与辅助服务联合出清。

电能量与辅助服务联合出清指在市场出清计算时，根据电能量与辅助服务的报价，考虑电能量与辅助服务之间的约束耦合关系，以电能量与辅助服务总成本最小为优化目标，通过一次出清计算生成电能量与辅助服务的中标出力及价格。

a. 电能量与备用联合出清。

在确保系统功率平衡的前提下，为了防止系统负荷预测偏差以及各种实际运行事故带来的系统功率不平衡波动风险，整个系统一般需要留有一定的备用容量。备用的相关交易品种按照各地规则有所不同，以浙江现货市场方案为例，备用包括 10min 备用、30min 备用。其中 10min 备用是指可在 10min 内全部调出的备用，由在线机组提供；30min 备用是指可在 30min 间全部调用的备用，可由在线和离线机组提供。

在日前市场，调度机构发布辅助服务需求信息，市场主体申报电能量量价对、备用价格。调度机构基于日前现货市场出清边界条件以及申报信息，以发电成本和备用成本之和最低（或者社会福利扣减备用成本最高）为优化目标，考虑系统功率平衡约束、备用需求约束、机组运行类约束（其中包含备用爬坡约束以及电能与备用电力总加不超过出力上限约束）、电网安全类约束等，进行日前电能量与备用辅助服务联合优化出清，得到日前机组中标出力、中标备用、节点边际电价、备用价格。其中，备用价格是备用的边际成本，定义为机组所在区域相应备用类型增加单位需求时所增加的费用，在数值上等于边际备用设备的备用申报价格与其在电能市场的机会成本之和。

在实时市场，调度机构根据超短期负荷预测等边界条件，基于机组的启停状态、出力曲线和备用计划进行滚动优化决策，并将其作为实时市场的边界条件；调度机构根据最新的系统运行信息，在日前和日内计划确定的开机组合的基础上运行滚动安全约束经济调度程序，联合优化机组出力和备用，以满足系统的最新需求，并在实时运行之前，采用价格计算模型，计算实时电能量市场出清形成的节点电价和备用价格。实时市场采用事前定价方式，即结算价格为实时市场事前出清价格，结算量为实际发电量、实际用电量、系统备用量。

b. 电能量与调频联合出清。

在电能量与调频联合出清中，参与调频服务的资源进行报价，报价具体包括容量报价、里程报价和愿意提供的调频容量三个部分。真正意义上的电能量与调频联合出清是指电能量与调频服务中标量通过同一个市场出清程序同步计算确定。该程序以电能量与调频辅助服务成本之和最低（或者社会福利扣减调频成本最高）为优化目标，约束中除了电能量市场、调频需求相关约束之外，还需要考虑电能量与调频的耦合约束，即电能量中标出力与调频中标出力之和不超过机组最大技术出力、电能量中标出力减调频中标出力之后大于机组最小技术出力。调频排序依据为调整后调频容量申报价格、调频里程申报价格、因提供调频辅助服务而未能在电能量市场出清的机会成本三者之和。

但是目前国内外电能量与调频联合出清多是类联合出清模式，如 PJM、浙江现货市场。之所以称为类联合出清，是因为电能量与调频中标量价并非同时确定，但是调频出清时又考虑了调频在电能量市场中的机会成本。下文以 PJM 为例进行说明。

在日前市场，调度机构根据预测的实时市场节点边际电价和调频资源的运行成本曲线，统一计算出每个机组的机会成本。为体现调频性能和调频资源类型的区别，对参与报价的调频资源的容量报价和里程报价进行调整，将调整后的容量报价、里程报价、机会成本之和作为排序价格。按照调频资源的排序价格由低到高排序并出清，直到中标的容量（实际可提供容量）满足总的调频容量需求。市场出清完成，各调频资源中标的调频容量确定。

进入实时调度以后，每个调度小时分为若干个调度时段，比如 12 个调度时段，每个调度时段为 5min。市场每 5min 都会进行一次电能量出清，并确定该调度时段的 LMP，根据每 5min 的 LMP 重新计算已中标调频资源的机会成本，在容量报价和里程报价不变的基础上，机会成本改为实时出清的机会成本，里程调用率由历史值改为实际值，从而得到新的排序价格。在每个调度时段内，市场根据新的排序价格实时出清：排序价格的边际价格为调频市场出清价格，被调资源的边际里程报价即为里程价格，调频市场出清价格减去里程价格即得到容量价格。PJM 每隔 5min 都进行同样的市场出清，从而得到 12 个调度时段的容量价格和里程价格，然后求 12 个时段价格的算术平均值，得到该小时的容量价格和里程价格用于市场结算。

2）电能量与辅助服务独立出清。

在电能量与辅助服务独立出清中，电能量与辅助服务市场分别独立出清，可以先辅助服务后电能量或先电能量后辅助服务，先出清完成的市场结果作为后续市场出清的边界约束条件，每个市场在独立出清时保证其所购买的电力资源成本最小。

a. 备用独立出清。

电能量与备用独立出清一般是先进行电能量市场的申报和出清，再进行备用市场的申报和出清。在电能量市场申报结束后，进行备用市场的申报，中标的机组可将电能量申报后的余量用来参与备用市场申报。若备用市场先出清，会遇到两个问题：①电能量市场还未出清，机组启停还未确定；②即使基于初始开机方式来出清备用、在电能量市场中基于该备用出清，这相当于备用中标机组为固定开机机组，容易引导市场成员通过申报低价的备用价格来确保在电能量市场中标。因此，电能量和备用独立出清的主流方法是先进行电能量市场的申报和出清，再进行备用市场的申报和出清。

备用市场独立出清以备用成本最低为优化目标，即按照备用申报价格由低到高排序，直到各级备用中标量达到相应备用需求量，同时考虑10min备用爬坡约束、在线机组30min爬坡约束、离线机组30min备用爬坡约束、在线10min、30min备用上限约束、离线30min备用上限约束。其中在线离线机组状态、在线机组的备用范围均基于备用市场之前的电能量市场的出清结果。

b. 调频独立出清。

调频市场独立出清可分为调频市场先于和后于电能量市场两类。调频市场先于电能量市场出清，可以保证系统调频需求容量充分满足，调频市场先于电能量市场的交易模式适合于调频资源较为紧缺的地区。电能量市场先于调频市场模式适合于调频资源较为丰裕的地区。两种情况仅在市场交易时序先后有所区别，具体经济性模型中的目标函数和约束条件基本一致，出清调频市场与电能量市场分别以各自的经济性目标出清，调频市场中需要考虑调频需求容量和机组爬坡速率等约束，而电能量市场中主要设置功率平衡、线路潮流、机组出力以及系统旋转备用等约束条件。

（2）电能量与辅助服务联合出清和独自出清的差异。

1）出清定价原理的差异。联合出清模式同步考虑电能量、辅助服务的经济性目标、物理性约束；独立出清则先后分别考虑各自的目标和约束。联合出清模式中辅助服务的出清价格排序依据是满足各种约束下，辅助服务申报价格以及在电能量市场未中标的机会成本之和；独立出清的辅助服务出清价格排序依据是满足各种约束下，辅助服务的申报价格。

2）对市场资源配置效率影响的差异。电能量与辅助服务独立出清模式下，由于调频市场与电能量市场的出清目标分离优化，系统整体的机会成本会部分淹没，社会效益将低于联合优化情况。而且独立出清模式下可能会发生价格倒置的问题，即低质量的备用价格可能高于其他高质量的辅助服务品种的价格；分离交易辅助服务的结果，虽然可以使购买每种单独辅助服务品种的成本最低，但不一定能将购买所有辅助服务品种的总成本降至最低，若调用高效率低价格的机组提供辅助服务，则需调用一些低效率高价格的机组来提供电能量，这可能会增加电能量的价格。电能量与辅助服务联合出清模式下，对电能量、调频、备用的调用整体遵循实现系统整体社会福利最大的原则，这可以实现最经济的电能量与辅助服务安排、最大化市场资源配置效率。

3）技术实现难度、市场运营复杂度、监管难度的差异。一般在市场建设初期考虑采用独立出清模式，因为其出清逻辑相对简单，实施和运行相对容易，市场成员更容易理解市场规则并作出正确决策，市场管理者易于追溯运行结果，市场监管机构容易监督市场。联合优化需要考虑的因素与约束条件较多，对市场运营机构的出清组织、安全校核工作、结果合理性分析，以及市场成员成熟度等提出了更高要求。

28. 现货市场中负节点电价产生的原因是什么？

当输电网络出现阻塞时，各个节点供应一个电力负荷增量的最小成本不同，也就是在各个节点的电能价值不同。由于输电网络阻塞，在一个给定节点的电力负荷增量无法完全由发电成本最低节点的可用发电容量来供应，而是需要调节各个节点的发电注入，由此导致的系统总供给成本增加量也就是节点电价出现无法直观理解的现象，某些情况下甚至会出现节点价格为负数的情况。

要理解节点电价可能出现的各种情况，需要对节点电价的计算方法进行阐述。以问题 17 中的三节点输电网络为例，具体参数如图 1－8 所示。

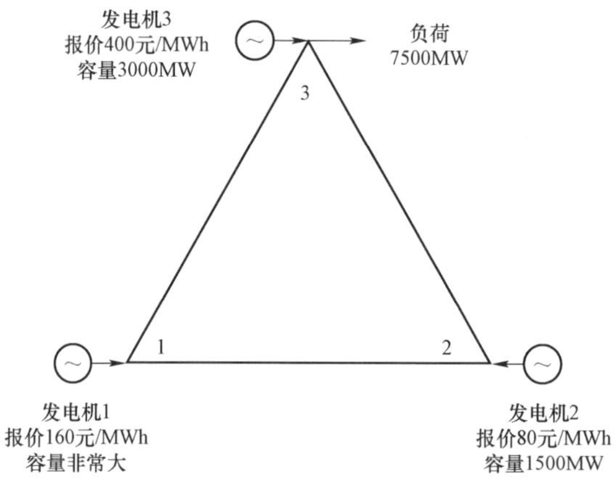

图 1－8　三节点输电网络

场景一：无网络阻塞。在这种情况下，在现货电能交易中为满足节点 3 的 7500MW 负荷需求，首先由价格最低的发电机 2 承担 1500MW，剩余 6000MW 由价格次低的发电机 1 承担。为确定 3 个节点的节点电价，在 3 个节点上分别新增 1MW 负荷。由于无网络阻塞，易知当节点 1、2、3 分别新增 1MW 负荷时，均可由发电机 1 功率增加 1MW 来满足。因此 3 个节点的节点电价均为发电机 1 的报价，即 160 元/MWh。此时的输电网络电力潮流如图 1－9 所示。

场景二：考虑到输电线路 1－3 的网络安全约束。假设线路 1－3 输电极限为 4000MW，那么在现货电能交易中，价格最低的发电机 2 出力 1500MW，价格次低的发电机 1 的出力受到网络断面的限制，出力为 5250MW，节点 3 的未满足负荷 750MW 由本地发电机 3 承担。此时的输电网络电力潮流如图 1－10 所示。

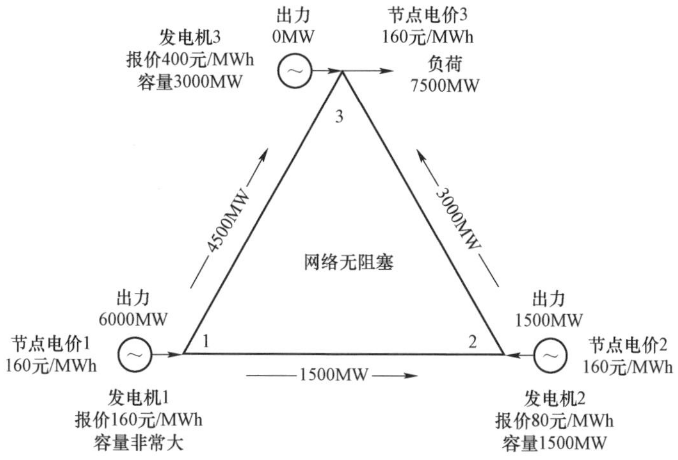

图 1-9 无网络阻塞下三节点输电网络电力潮流

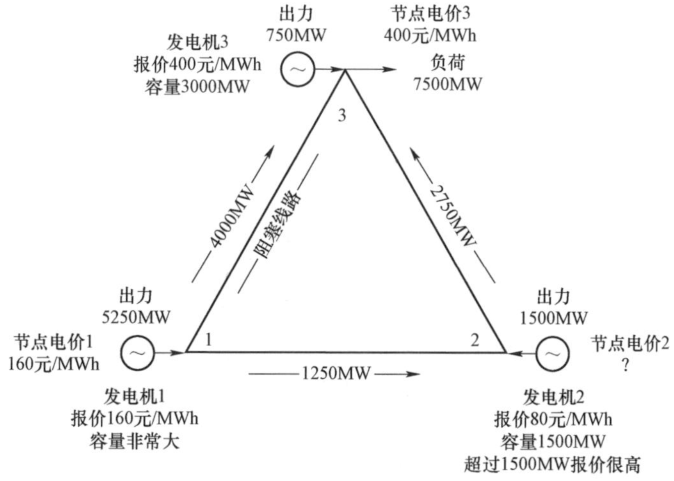

图 1-10 线路 1-3 阻塞下三节点输电网络电力潮流

节点 1 新增 1MW 负荷，由于节点 2 发电机 2 已没有剩余发电能力，只能由发电机 1 承担，因此节点电价为 160 元/MWh；节点 3 新增 1MW 负荷，由于节点 1 发电机 1 受网络约束限制，无法满足节点 3 的新增负荷，只能由发电机 3 承担，因此节点电价为 400 元/MWh。

节点 1 和节点 3 的新增发电成本均由所在节点的机组边际成本来决定，但受电力潮流的物理特性限制，这对节点 2 并不适用。节点 2 新增 1MW 负荷，不能直观得到由哪台机组承担，需要通过计算得到。

不失普遍性，设发电机 1 新增出力 Δp_1，发电机 3 新增出力 Δp_3，同时不能使得线路 1-3 潮流越限，因此有：

$$\Delta p_1 + \Delta p_3 = 1$$

$$\Delta f_{13} = \frac{1}{3}\Delta p_1 - \frac{1}{3}\Delta p_3 = 0$$

解得：

$$\Delta p_1 = 0.5$$

$$\Delta p_3 = 0.5$$

因此节点 2 的节点电价为：

160 × 0.5+400 × 0.5 = 280（元/MWh）

这个价格是由节点 1 和节点 3 的边际发电机组的净注入变化量的成本共同决定的，这个出力组合变化量的总和为 1MW，同时在阻塞输电线路 1－3 上产生的净电力潮流为 0。

场景三：考虑到输电线路 1－2 的网络安全约束。假设线路 1－2 输电极限为 1000MW，那么在现货电能交易中，价格最低的发电机 2 出力 1500MW，价格次低的发电机 1 的出力受到网络断面的限制，出力为 4500MW，节点 3 的未满足负荷 1500MW 由本地发电机 3 承担。此时的输电网络电力潮流如图 1－11 所示。

与场景一类似，节点 1 和节点 3 的节点电价分别为 160 元/MWh 和 400 元/MWh。对于节点 2，假设其新增的 1MW 负荷分别由发电机 1 和发电机 3 承担，同时不能使得线路 1－2 潮流越限，因此有：

$$\Delta p_1 + \Delta p_3 = 1$$

$$\Delta f_{12} = \frac{2}{3}\Delta p_1 + \frac{1}{3}\Delta p_3 = 0$$

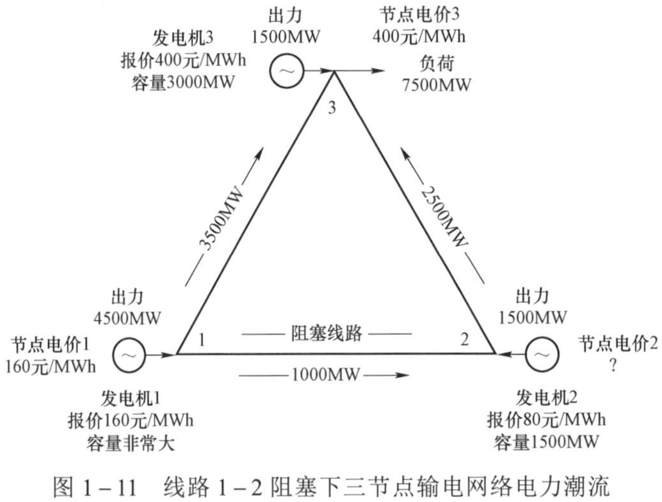

图 1－11　线路 1－2 阻塞下三节点输电网络电力潮流

解得：

$$\Delta p_1 = -1$$

$$\Delta p_3 = 2$$

因此节点 2 的节点电价为：

160 ×（－1）+400 × 2 = 640（元/MWh）

节点 2 的电价高于节点 1 和节点 3 的机组边际成本，这是因为节点 2 的负荷增加会加重输电线路阻塞。为满足电网网络安全约束，必须在另外 2 个节点上通过增减发电出力的方式来满足节点 2 上的新增电力负荷，使其对阻塞线路的潮流影响互相抵消。

场景四：考虑到输电线路 2－3 的网络安全约束。假设线路 2－3 输电极限为 2000MW，那么在现货电能交易中，调用价格最低的发电机 2 不再是最优方案，这是因为当由发电机 1 和发电机 2 来供应节点 2 的电力负荷时，输电线路 2－3 很快就会出现阻塞，使得节点 3 的大部分电力负荷只能由成本最高的发电机 3 来供应，使得系统总供电成本较高。最经济的方案是发电机 1 出力 6000MW，发电机 3 出力 1500MW。此时的输电网络电力潮流如图 1－12 所示。

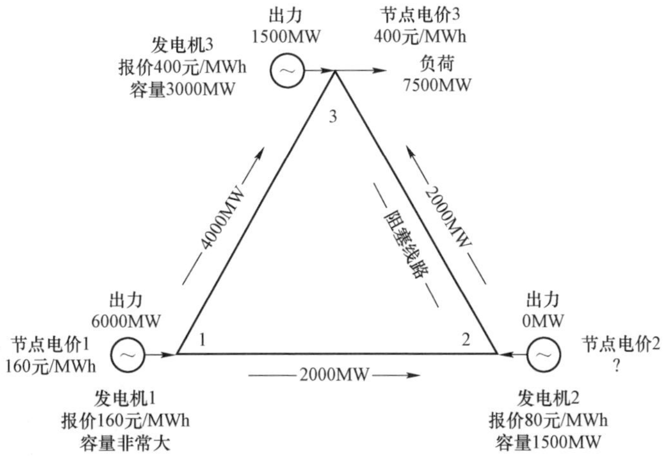

图 1－12　线路 2－3 阻塞下三节点输电网络电力潮流

与场景一类似，节点 1 和节点 3 的节点电价分别为 160 元/MWh 和 400 元/MWh。对于节点 2，假设其新增的 1MW 负荷分别由发电机 1 和发电机 3 承担，同时不能使得线路 2－3 潮流越限，因此有：

$$\Delta p_1 + \Delta p_3 = 1$$

$$\Delta f_{12} = \frac{1}{3}\Delta p_1 + \frac{2}{3}\Delta p_3 = 0$$

解得：

$$\Delta p_1 = 2$$

$$\Delta p_3 = -1$$

因此节点 2 的节点电价为：

$$160 \times 2 + 400 \times (-1) = -80\text{（元/MWh）}$$

节点 2 新增电力负荷需要其他 2 个节点协调增减发电出力来满足，其中发电机 1 增加出力导致的成本增加量，小于发电机 3 减少出力导致的成本降低量，使得系统总供电成本降低，因此节点 2 的价格为负值。

由以上算例可知，在某一节点新增单位负荷，导致的系统总供电成本变化量可正可负。当系统总供电成本降低时，该节点的节点电价便为负值。

以上从节点电价的数学原理角度阐述了负节点电价产生的原因。在电力现货市场实际运营中，出现负节点电价表明市场中供大于求或电网局部存在严重阻塞，意味着发电机组为保持运转不得不向用户支付费用以鼓励用电。

从供需形势看，受可再生能源渗透率不断提升、整体用电需求增速放缓等因素影响，电力总体供大于求、市场竞争激烈，价格下行趋势明显。

从竞价策略看，出于发挥低边际成本优势、获取补贴或规避高额启停成本等考虑，部分机组在市场中采取报零价或负价竞争策略。对于新能源机组，边际发电成本接近于零，特别是并网较早、有补贴收入的项目，在市场中可能会采取报负价的方式提高上网电量。对于常规火电机组，受到技术和成本约束，无法频繁启停且有最小出力限制，在供大于求且竞争激烈时，不得已采用“倒贴钱”的方式获得继续发电的权利。

从系统运行看，受到新能源出力预测偏差大、局部输电系统存在阻塞、系统灵活性不足等因素影响，负节点电价发生的概率有所增加。一方面，部分时段新能源出力远超预期，但系统灵活性不足无法及时响应供需变化，一些传统机组仍需运行在最低出力水平，从而导致供大于求和负节点电价发生；另一方面，新能源机组往往远离负荷中心，由于电网建设相对滞后，电网阻塞增加了局部发生负电价的概率。实际中负节点电价往往与高比例新能源接入系统有关，且在周末、假日、半夜、中午等时段发生概率较高。

从价格机制上看，允许出现负节点电价完善了电力商品价格发现机制，将改变经济社会对电力价格的固有观念。同时，负节点电价可视为一种需求侧资源引导手段，未来可着力健全完善需求响应资源应用的政策机制体系，因地制宜推动将需求响应纳入辅助服务市场，增强对需求响应资源的经济激励，激发需求响应积极性。

29. 发电侧有哪几种报价方式？在不同市场模式下发电厂商之间的竞价形式有哪些？

（1）发电侧的报价方式。

发电侧报价方式主要有报量不报价、报量报价形式。报量不报价形式是指市场成员申报出力曲线、不申报价格，多用于自计划机组的申报。报量报价形式是指市场成员申报量—价对，是常规机组的申报形式，根据市场规则要求，可以是单调递增的多段量价对，可以是阶梯形式或者斜率形式，可以是全天一组量价对报价或者分时段多组量价对报价。图1－13给出了发电商分时段阶梯报价和连续报价的报价方式。报量的“量”根据市场规则不同可以是发电电力或者是调增调减电力。因此，在不同市场模式下，发电厂商的竞价形式也有所不同。以下从全电量竞价模式、部分电量竞价模式和实时平衡机制三种市场模式描述发电厂商如何参与竞价。

（2）不同市场模式下发电厂商之间的竞价形式。

全电量竞价模式的特点在于发电侧市场主体各机组所发电量全部参与现货市场竞价，中长期交易电量、优先发电（包括可再生能源、省外购电、“保安全”、供热机组“以热定电”等）和基数电量以差价合约的方式结算。在全电量竞价模式下，发电厂商的日发

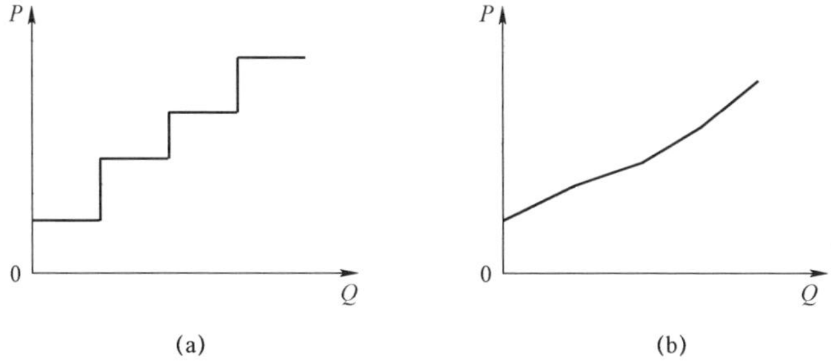

图 1－13 发电商报价方式

（a）分时期阶段报价；（b）分时期连续报价

电量将至少由三部分构成：① 公益性调节性发电计划+优先发电权电量；② 已签订的中长期交易电量分解到日的发电曲线；③ 现货市场竞价中标电量。全电量竞价模式的具体运作流程为：① 发、用电双方自行商定的、分解到日的发电曲线作为竞价优化模型的外部输入条件，在计算中保持不变；② 依据传统调度模式，按照“三公原则”分解各发电厂商日合同电量（包括已签订中长期交易合同电量、公益性调节性发电计划、优先购电权电量），得到各时段合同电量曲线；③ 各发电厂商参与全电量竞价，交易平台按照购电费用最小的优化模型完成市场出清，形成各时段现货出清电量、电价；④ 电网企业结算发电厂商在某时段中标电量。全电量竞价模式可以有效地还原并体现电力的商品属性，优化资源配置，而且该模式下产生的价格信号促进双边以及多边市场的进一步发育、负荷侧积极响应。需要说明的是，全电量竞价并非不尊重市场成员已经签订的中长期合同，而是中长期合同与现货的差量部分按照现货价格结算。另外，全电量竞价模式为完全市场化的模式，能够实现最高的市场效率，但与过往制度的相容性不好。若在电力市场改革初期就一步到位地采用，必然会产生较多的利益受损者，无法实现“帕累托改进”，不符合利益调整渐进性的原则，严重时甚至可能会阻碍电力市场改革的推进。

部分电量竞价模式的特点在于发电侧市场主体部分电量在现货市场中申报，其余电量（优先发电量、基数电量、中长期交易电量）不参与现货市场申报，作为现货市场的边界条件物理执行结算，部分在现货市场中优先出清并物理执行。换言之，通常的部分电量竞价模式中，一部分电量通过传统的计划方式确定，计划电量不能转让；另一部分电量则采用市场的方式，通过竞争确定。部分电量竞价又可以划分为两种方式：① 所有市场成员都拿出一定比例的电量参与竞争；② 选取部分市场成员参与竞争。该竞价模式的主要优点在于简单易行，易于向多买方、双边交易为主的市场平稳过渡。但是也存在竞争不充分，价格信号不够准确，系统不能完全根据竞价结果来优化调度的问题。单纯的部分电量竞价模式虽然通过计划方式保障了部分市场成员的利益，有可能实现“帕累托改进”，但由于市场的竞争力度不足，导致市场效率较低，这也是通常所认为的部分电量竞价模式的最大缺陷。

实时平衡机制的主要功能是维持系统安全，其特点是在中长期交易物理执行基础上，市场成员申报增减出力报价信息，调度部门根据增减出力报价、系统不平衡功率和阻塞情况，以购电费用最小为目标，调整市场成员发用电计划。当发电有剩余时，系统需要将剩余的电量卖给平衡市场成员，参与平衡市场的成员减少发电量，这时的平衡市场被称为下调市场；当发电不足时，系统需要从平衡市场成员那里采购更多的电能，参与平衡市场的成员则需增加发电量，这时的平衡市场被称为上调市场。

在国外电力市场建设经验中，全电量竞价模式的典型案例为美国 PJM 现货市场。在 PJM 日前市场上，发电厂商需要申报所有的发电资源与交易意愿，市场将其与全网的负荷需求进行匹配，通过出清计算形成发电厂商的日前交易计划，并按照日前的节点边际电价进行全额结算。因此，可以认为日前市场的交易量即为全网交易量的 100%。发电厂商对于此前在中长期阶段所签订的双边交易与自供应（self-supply）合约，可以在投标时进行标识，即此部分电量将在出清时保证交易；双边交易与自供应合约的结算由购售双方自行完成。发电机组报价的经济构成有启动报价、最小负荷的电力及其报价、递增的电力报价曲线、辅助服务的报价（调整容量、旋转备用和补充备用容量）；机组的技术性参数包括发电机的启动时间、发电机的最小运行时间、发电机的有功功率功率极限、发电机的最小停机时间、发电机每天最多的启停次数、发电机的无功功率极限、发电机的负荷变化率。发电机组可以基于成本报价，也可以基于市场报价，基于市场报价一般有最高报价限额。

2000 年底，英国开始实行新的电力市场交易模式，新市场模式关键的一部分就是引入了实时平衡市场。在该平衡市场下，系统调度员可以按照收到的平衡服务报价按照平衡调度费用最低为目标采购平衡服务。平衡服务提供者可能是有调节裕度的发电公司或配电公司。平衡服务报价包括增加发电报价和减少发电报价两部分，这两部分报价要同时申报。平衡市场由一系列不同交易时段的平衡交易组成，每个时段的平衡交易从交易执行前 4 h 开始至该交易结束。机组发电功率的增加或用户负荷的减少被称为 offer；反之，机组发电功率的减少或用户负荷的增加则被称为 bid。短期市场交易结束后，系统调度员可以获得下个平衡市场交易时段里的发电和负荷变化曲线，实时平衡市场就开始启动。实时平衡市场的交易过程可以分成 4 步描述：① 平衡市场成员向系统调度员提交报价；② 系统调度员根据需要选择平衡服务；③ 平衡服务交易结果下达给相关的市场成员；④ 不平衡结算。为了防止平衡市场成员具有过强的市场力而形成过高的平衡电价，英国平衡市场中采用了按机组报价结算而不是用日前现货市场的系统统一的边际电价结算。系统向提供 offer 服务的成员付费，向提供 bid 服务的成员收费。平衡调度费用按每个平衡市场的成员在每个交易周期内每个接受的 bid/offer 计算。

无论是中长期交易，还是现货交易，其顶层设计的重点都在于价格形成机制，价格机制直接影响到市场主体的报价行为、运行效率和市场力作用。电力现货交易价格机制有两种：① 按各市场主体的报价结算；② 按照边际出清价格结算。在两种价格机制下，市场交易都是按照机组或发电厂商的报价，由低到高分配发电负荷，直至满足系统供需平衡。不同之处在于，报价结算是按照实际报价进行交易，而边际出清价格则是以最后一台满足系统负荷平衡的机组报价为基准，将其作为边际价格进行结算。在按边际出清价格结算的电力市场中，无论发电企业报价高低，一旦被选中，一律按照边际出清价格进行结算，通常取被选中调度的发电厂商中最高报价为边际出清价格。

在 PAB 机制中，发电厂商的结算电价由自己的报价决定，故利润也由其自身决定，所以在报价时除了要考虑能否成交外，还需要考虑自己的目标利润，总体上各发电厂商的报价必然要高于边际价格体系中的报价。尽管竞价个体的报价较高，但由于 MCP 机制中各个体结算电价取决于最高报价，导致在 MCP 结算方式下平均电价将上升。有文献在理论上证明了在相同的市场策略的前提下，按照机组实际报价结算方式下的总购电费用较小。因此，PAB 的价格信号不如 MCP 机制清晰，但相对而言市场价格的波动幅度较小。

30. 电力现货市场及其配套市场的结算是如何构成的？国外是如何结算的？

（1）电力现货市场及其配套市场的结算内容。

电力现货市场及其配套市场结算模式、结算原则、结算流程等与市场模式、市场品种、各周期市场的金融或物理属性等具有很大关系，由各个地区、各个市场的规则相应明确。从结算科目来看，《关于印发电力市场运营系统现货交易和现货结算功能指南（试行）的通知》（发改能源〔2018〕1518 号）将现货市场结算分为电能结算、辅助服务结算、需求侧响应结算、偏差结算、成本补偿结算、盈余与平衡结算、输配电费结算、容量市场结算、管理费及附加费结算等。从市场周期来看，电力现货市场结算可包括日前市场结算、日内市场结算、实时市场结算，以及与现货市场配套的中长期市场结算。

（2）国外结算方式。

1）美国 PJM 市场结算。

PJM 市场的结算科目构成及费用平衡分摊方式如图 1－14 所示。

a. 电能市场结算。PJM 电能市场结算包括日前市场结算、实时市场结算，也可代理市场主体的双边合约结算。日前市场进行全量结算、实时市场进行偏差电量结算、双边合约以差价合约方式结算，以联动中长期市场与现货市场，帮助市场成员规避现货市场风险。电能市场的结算形式为：合约电量×（合约电价－差价合约参考节点价格）+日前市场电价×日前市场净交换电量+（净交换计量电量－日前市场净交换电量）×实时市场电价。

发电侧市场主体通常按照节点电价进行结算。负荷侧通常采用负荷聚类方式，将负荷分配给具体的负荷服务实体 LSE，并进一步根据聚合的定义分配至具体的负荷总线，以确定 LSEs 在每个节点的负荷量，负荷结算价格由可定价负荷的加权平均节点电价计算。

b. 阻塞盈余结算。当所有的发电和用户均按照所在节点的电价结算时，市场阻塞价格分量总结算结果为阻塞盈余。PJM 等典型市场采用金融输电权工具进行阻塞盈余分摊。金融输电权从经济补偿原理出发，与输电网络物理使用权分离，当网络阻塞时其所有者获得经济补偿，从而获得价格的相对稳定性。按照输电容量定义的不同，金融输电权分为点对点金融输电权和关口金融输电权，关口金融输电权又称基于潮流的输电权。针对金融输电权有效时段的不同，金融输电权分为高峰时段金融输电权、低谷时段金融输电权和 24h 金融输电权。

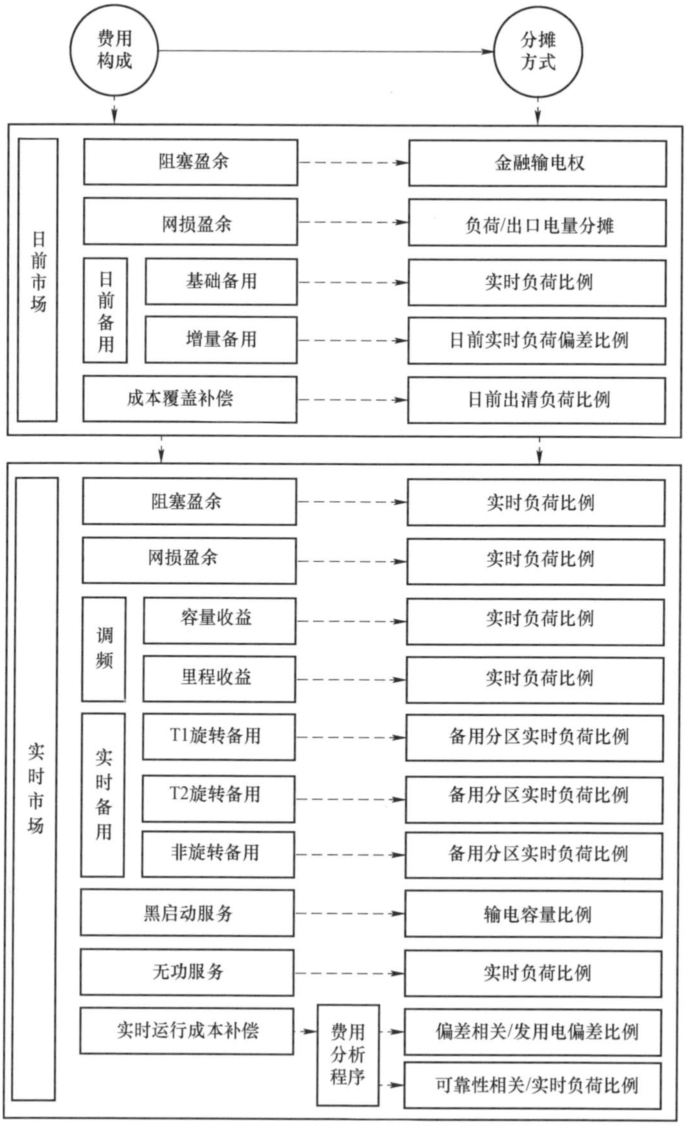

图 1－14　PJM 结算科目及费用平衡分摊方式

c. 网损盈余结算。网损盈余同样来源于节点电价理论。美国 PJM 电力市场将网损费用计入节点边际电价中，通过边际网损系数来计算节点网损电价，明确网损对节点电价和竞价交易的影响。由此，PJM 将网损费用分摊至所有的网络服务使用者，避免了用户之间的交叉补贴，能够提供合理的经济信号。通过边际网损系数回收的网损费用，即网损盈余，该费用一般大于实际网损费用，PJM 等典型电力市场将网损盈余按照实时负荷和出口交易电量的比例分摊至负荷服务实体。

d. 成本补偿结算。成本补偿费用包括运行成本补偿和机会成本补偿。

运行成本补偿用以保证机组参与市场的整体收益非负，通常用于补偿机组启停成本，以确保机组跟随调度指令运行，包括了日前市场运行成本补偿以及实时市场运行成本补偿。运行成本补偿费用通过机组报价成本扣减机组现货市场收益得到，报价成本包括启动报价成本、空载报价成本和电能报价成本。

机会成本补偿旨在补偿机组的机会成本损失。如果调度要求机组在实时市场减少发电出力，而根据发电单元的实时市场报价，该机组的发电出力本应更高，这可能带来机会成本损失。若机组在实时市场响应调度指令压缩出力，则机组在电能市场损失的收益扣减机组节省的发电成本剩余部分即为机组机会成本补偿费用。

e. 辅助服务结算。辅助服务市场结算主要包括调频、日前计划备用、实时同步备用（运行在经济状态的同步备用资源称为 T1 资源，运行在非经济状态的同步备用资源称为 T2 资源）、非同步备用几部分内容。

辅助服务依据辅助服务出清结果和实际执行结果结算，例如调频结算分为容量费用和里程费用，容量费用依据出清容量、出清容量价格、调频性能归一化指标结算，里程费用依据实际调用里程、出清里程价格、调频性能归一化指标结算。

调频义务由各负荷服务商（LSE）承担，其每小时的调频义务依据该 LSE 的实时负荷比例进行分配。

f. 税费结算。PJM 对于输配电费，计划安排、系统控制和调度服务，黑启动等运营服务、输电服务按照关税的方式结算。例如 PJM 提供控制区管理服务、金融输电权管理服务、市场支持服务、频率响应管理服务、容量资源和义务管理服务、先进二次控制中心 6 项，以及向美国联邦能源管理委员会（FERC）、北美电力可靠性公司（NERC）、PJM 州组织公司（OPSI）、市场监督部门（MMU）支付的费用等以税率的方式进行叠加计算。

2）英国电力市场结算。

英国电力市场中，阻塞网损等费用以输配电价方式回收，补偿费用通过报价回收，如图 1－15 所示。

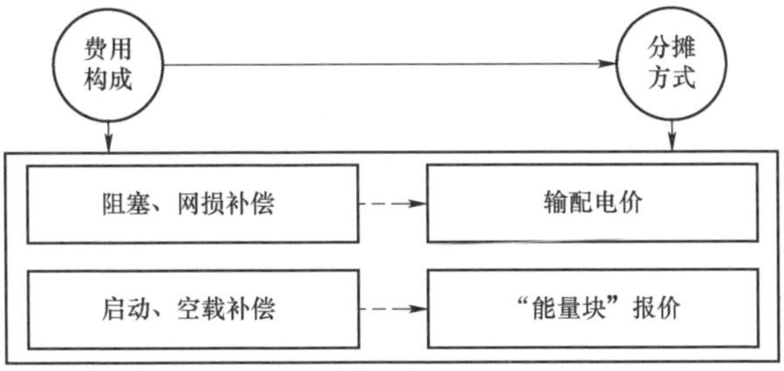

图 1－15　英国电力市场费用平衡分摊方式

a. 期货交易结算。在英国电力市场中，英国电力交易机构［英国电力交易机构（APX）］与纳斯达克交易所提供标准化的期货合同交易，除了发电商、售电商等直接参与者外，不生产或消费电能的非直接交易商（如银行等）也可参与期货交易，通过套利、投机的方式赚取利润。期货交易由具体的交易组织机构进行金融结算。

b. 中短期交易结算。中短期交易主要是为应对发电商、售电商用电量预测的偏差而进行的短期补充交易，交易双方通过双边协商或集中交易达成。英国电力交易机构（APX）以月内短期交易为主，对于在英国电力交易机构（APX）中开展的中短期交易，由英国电力交易机构（APX）按照交易合约规定的交割点，经系统运营机构确认交易完成，英国电力交易机构（APX）直接完成结算。

c. 日前现货市场交易。英国电力市场的电力供给则较为充足、调节能力较强，且电网阻塞程度相对较轻，市场交易的经济性与电网运行的安全性可相对解耦。因此，英国电力市场更重视电能商品在中长期市场上的流动性，现货市场的定位更多为提供一个集中的电能购买平台，并允许市场成员对已签订的交易计划进行偏差修正，交易量较小。日前交易由两个电力交易所分别组织，即英国电力交易机构（APX）和北欧与纳斯达克联营现货电力交易所（N2EX），市场成员自愿选择参与。英国电力交易机构（APX）组织的电子交易于日前 10:50 关闭，11:50 完成出清计算并公布交易结果；纳斯达克联营现货电力交易所（N2EX）则在日前 09:30 闭市，并于 10:00 前向市场公布出清结果。交易所组织的日前交易，均采用了边际出清的价格机制，适用于交易所中所有出清的交易电量。电力交易所是所有交易的中心对手方；所有的合同都以匿名的方式进行交易，然后以会员的名义进行清算和结算。所有成员都必须以现金或信用证的形式在任何时候以超过未偿付风险的方式提供担保。集中撮合交易结束后，交易所将交易信息提交给平衡电量结算公司 Elexon 和调度机构，为未来平衡电量的计算提供依据。

d. 不平衡结算。平衡市场的结算可以分为信息不平衡结算和能量不平衡结算。信息不平衡结算用来应对市场成员申报的最终合同曲线、调度所接受的调节量与实际出力之间不符的情况，其结算资金是在实时平衡调度过程中，平衡市场成员未能完全按其被接受的买方投标（bids）和卖方投标（offers）进行出力（或负荷）调整，对其差异部分（这里称为“未发送电量”）的罚款。如果一个平衡市场成员同时有多个 offers（或 bids）被接受，对“未发送电量”的惩罚规则将按 offer 价格由高到低的顺序（或 bid 价格由低到高的顺序）进行惩罚计算。该市场机制从建立到目前尚未真正启动运行，信息不平衡费用为零。能量不平衡结算是在平衡市场结束之后，市场结算机构根据实测电量、合同电量、调度采纳的平衡服务电量进行发用电偏差计算，对平衡资源提供方支付平衡服务补偿，同时对平衡责任方进行不平衡结算。

31. 电力现货市场中发电厂商有哪些权利和义务？发电厂商如何参与电力现货市场？什么是发电厂商参与市场竞争的策略性行为？

（1）现货市场中发电厂商的权利和义务。

电力现货市场中，我国发电厂商作为不可或缺的重要市场主体，具有一系列基本权利与义务，均在运行规则中予以明确，一般包括：① 发电厂商需按规则参与电力市场交易，执行优先发电等合同，签订和履行市场化交易形成的购售电合同，按时完成资金结算，执行现货市场出清形成的发电计划；② 签订并履行并网调度协议，服从电网调度机构的统一调度，按规定提供辅助服务；③ 获得公平输电服务和电网接入服务；④ 按规定披露和提供信息，获得市场交易和输配电服务等相关信息，并承担保密义务；⑤ 具备满足参与市场化交易要求的技术支持手段、维持其可靠运行，并满足信息安全防护要求；⑥ 所参与市场规则及法律法规规定的其他权利和义务。

（2）发电厂商参与电力市场的方式。

目前，电力市场在不断发展演进的过程中，逐渐形成了各种不同的运营模式，其中主要存在两种典型的电力市场模式——集中式市场和分散式市场。在不同市场模式下，发电厂商参与市场的方式也具有不同规则。

在集中式市场模式下，市场主要以中长期差价合约保障市场主体规避价格波动风险，配合现货交易在日前、实时采用全电量集中竞价与优化，保障电力电量平衡。发电厂商以集中竞价形式参与电能现货市场，具体有：① 以报量报价形式参与现货市场，由调度交易机构集中出清决定发电厂商的发电计划，以市场出清量价来结算，该类机组有成为边际机组的可能性，有可能为市场定价。② 以报量不报价形式参与现货市场，该类机组为自计划机组，作为价格接收者，接受市场出清价格。为了规避现货市场风险，发电厂商可与用户签订中长期差价合约。在集中式市场模式中，电能与辅助服务市场通常联合出清。具有提供备用、调频辅助服务能力的发电厂商，可以注册为可提供相应辅助服务的机组，以集中竞价形式参与辅助服务市场。

在分散式市场模式下，电力交易以签订实物合同为基础，发用双方在日前阶段自行确定日发用电负荷曲线，偏差电量通过日前、实时平衡交易进行调节。分散式市场中，发电厂商利用中长期实物合约、日前及日内市场投标、实时平衡市场调增调减平衡机制投标来实现对自己发电计划曲线的决策和修正。在日前阶段，发电厂商依据已签订的双边合约，分解发用电曲线、实施自我平衡，并向调度机构提交次日的发用电曲线。在实时平衡阶段，发电厂商需要申报发用电曲线上调/下调报价，调度机构尽量保证发用电曲线的物理执行，在发生负荷偏差或网络阻塞时，基于发电厂商的上调/下调报价，以最小化调整成本为目标实施优化调度，以保障电力电量平衡与电网安全。其中，中长期、日前及日内市场的投标形式包括双边协商、集中竞价、挂牌竞价等，实时平衡机制的投标形式为集中竞价。具有提供备用、调频辅助服务能力的发电厂商，可以以双边合约、集中竞价形式提供辅助服务。

（3）发电厂商竞价策略行为。

参与电力市场竞争是发电厂商的自主决策过程，竞争中会不可避免地发生策略性行为，所谓发电侧策略性行为是发电厂商在电力市场进行电力交易时，根据市场规则进行报价决策所采取的一整套报价策略以及展开博弈的行为。一个完整的电力市场一般包括日前市场、实时市场、中长期市场和辅助服务市场等。对于发电厂商而言，以上市场都是其参与竞争的舞台，所以发电厂商在电力市场中一整套报价策略也相应地包括现货市场的报价策略、中长期市场的报价策略和辅助服务市场的报价策略等。另外，基于对市场供需的分析和竞争对手的行为判断，合理分配发电厂商在各交易市场中参与竞价的发电容量或出力也非常重要，若分配得当则可以分散风险、提高发电厂商的总利润。

博弈论是两个及两个以上利益有冲突的个体，在有相互作用的情况下，如何进行各自优化决策的理论。博弈论中参与者在利益上有冲突，参与者要各自做优化决策，并企图使个人的利益最大化，每个人的决策和他人有相互作用，即他人的决策会影响某一个人，而某个人的决策也会影响他人，在博弈论中一般假定参与决策的个体均为“理智的”。

市场主体作为“理性”参与者，会在市场中运用博弈论使自己在和他人竞争中取得的利益最大化。一般地，按参与者获利之和的特性将市场博弈划分为“零和”和“非零和”博弈。“零和”博弈中，一个参与者的获利直接等于另一参与者的损失，而在“非零和”博弈中，参与者的获利和损失则不必相等，即其代数和不必为0。按参与者互相联合与否，可将博弈行为分为“非协作博弈行为”和“协作博弈行为”。非协作博弈是指参与者互相独立，各自争取自身最大利益的博弈，协作博弈一般是指若干参与者结成联合体共同协作争取联合体的最大利益，再进行利益内部分配的博弈。按照博弈行为是否符合市场规则，可将博弈行为划分为“合规博弈行为”以及“违规博弈行为”。对于违反市场规则的违规决策性行为，如容量持留、合谋申报（协作博弈）、利用输电阻塞哄抬价格等市场力利用行为等，会在市场运营和监管的过程中被识别和处罚。按照市场成员对信息的掌握程度，博弈行为分为“完全信息博弈”“不完全信息博弈”。电力现货市场是不完全信息下、仅允许合规博弈行为的非合作博弈市场，有些市场在发展初期，采取了发电侧“零和”博弈的方案，比如浙江在现货市场建设初期，负荷侧暂未进入现货市场阶段，采取了发电侧“零和”博弈的市场运行方案。

从电力市场理论基础出发，边际成本在竞价定价中具有重要地位。完全竞争的电力市场下，选择按边际成本报价是市场各参与者的最佳竞价策略。此时，发电企业报价高于边际成本会导致竞价失败，报价低于边际成本会使得发电企业竞价成功，但如果市场出清价格低于边际成本也会给发电企业带来利润损失。这一设计的合理和精妙之处在于：① 与传统经济调度成本最小原则吻合；② 对诚实投标者予以激励，防止市场博弈。但事实上，实际的电力市场难以达到上述完全竞争的市场状态。由于电力工业的特殊性，电力市场更接近于寡头竞争市场，不按边际成本报价才是更为普遍的现象。首先，在理论方面，从长期的角度看，只有生产达到一定量以上时边际成本才大于平均成本，这时按照边际成本价出清，发电厂商才不会亏损；其次，实际的电力市场中，参与竞争的发电企业可以凭借其网络位置和容量优势形成市场力，进而具有通过市场力进行策略性报价操纵电价的动机。在该市场下，每一个发电商都希望通过策略性报价获取更大的额外收益。

发电侧运用博弈论分析竞争对手的竞价策略，从而优化提升自身的竞价策略是发电企业获取更高经济收益的主要策略性手段。一般情况下，发电企业在进行策略性报价决策时，常见的几种博弈决策方法有：① 通过对供需关系的分析，按自身边际成本或者自身边际成本上浮或者下浮一定量作为报价；② 预估市场边际电价或者局部供区市场边际价格，如果能够较准确地估计出市场边际电价且该价格高于成本价，发电企业可选择在此基础上申报一个略为便宜的价格；③ 预计其他发电企业的竞标行为；④ 经验分析或市场仿真。在实际决策中，可能会综合以上或其他方法进行决策。

不管是中长期市场还是现货市场，供需决定价格是颠覆不破的真理，对量和价的平衡与取舍犹如市场的灵魂。市场中博弈无处不在，如果成本决定价格，那么市场中就不再有亏损。电力现货市场的特殊性及竞价机制，就是让市场主体在价格接受者和策略成员之间二选一，策略成员将根据供需等市场情况进行博弈。

32. 什么是可再生能源保障利用小时数？什么是可再生能源合理利用小时数？我国在促进可再生能源消纳方面有什么政策规定？

在我国“碳达峰、碳中和”的目标以及构建以新能源为主体的新型电力系统的要求下，我国可再生能源装机及发电量占比将逐步大幅提高，在电力现货市场的改革以及建设的过程中，需要综合考虑新能源的占比情况及市场发展程度，动态调整可再生能源保障利用小时数、可再生能源合理利用小时数，考虑相适应的促进新能源消纳的机制建设。

（1）保障利用小时数的提出。

根据我国《可再生能源法》规定，国家实行可再生能源发电全额保障性收购制度。以省为单位核定保障收购年利用小时数，在保障利用小时数以内的，全额保障收购。现货市场改革中，可采用保障利用小时内的可再生能源发电执行政府定价，超出保障利用小时数的可再生能源发电开展市场化交易的机制。

（2）合理利用小时数的提出。

2020 年 1 月 20 日，国家财政部、国家发展改革委、国家能源局联合下发《关于促进非水可再生能源发电健康发展的若干意见》（财建〔2020〕4 号，简称 4 号文）中明确提出：已按规定核准（备案）、全部机组完成并网，同时经审核纳入补贴目录的可再生能源发电项目，按合理利用小时数核定中央财政补贴额度。因此，现货市场建设中，应遵循全生命周期补贴电量内所发电量按照上网电价给予补贴，未超过项目全生命周期合理利用小时数的按当年实际发电量给予补贴，超出全生命周期合理利用小时数的不再享受补贴。

“合理利用小时数”首次出现上述 4 号文和《可再生能源电价附加补助资金管理办法》（财建〔2020〕5 号）中，是相关部门综合考虑多种情况，计算出来的地区合理的满发小时数。《关于促进非水可再生能源发电健康发展的若干意见》（财建〔2020〕426 号）有关事项的补充通知，确定各类可再生能源发电项目的全生命周期合理利用小时。合理利用小时数与国家发展改革委、国家能源局《国家发展改革委国家能源局关于做好风电、光伏发电全额保障性收购管理工作的通知》（发改能源〔2016〕1150 号）中的“保障收购小时数”并不是一个概念。“合理利用小时数”主要与补贴发放相关，保障利用小时数主要与可再生能源发电是否参与市场相关。

（3）促消纳方面的政策规定。

以前，我国对可再生能源项目的电价补贴由三部委发布目录确权，上述两份文件对可再生能源补贴制度产生了重大影响。针对新增项目，明确了以收定支、新老划断、新增不新欠的产生方式；针对存量项目，为 2016 年以后并网项目打开了补贴确权路径；针对所有含补贴项目，明确了仅有合理利用小时部分存在补贴，超额电量部分没有补贴的原则。将“合理利用小时数”作为确认补贴发放的测算标准，是为推动现货试点地区可再生能源全量参与市场，按照“价补分离”思路制定合理利用小时数，即合理利用小时数以内，发放固定补贴；合理利用小时数以外不予补贴。本质上，合理利用小时数，意味着“电价打折”，以前发一度电就有一度电的补贴，现在只有一部分电量有补贴。在电力市场化改革和补贴退坡大背景下，合理利用小时数出台是必然的。未来可再生能源的超额收益更多来自参与市场竞争，这对可再生能源发电预测准确率提出了更高的要求。

2017 年之前，国家颁布了《中华人民共和国可再生能源法》《关于加快培育和发展战略性新兴产业的决定》（国发〔2010〕32 号）、《可再生能源发电全额保障性收购管理办法》（发改能源〔2016〕625 号）等政策，在特许权招标项目、保障性全额收购、固定上网电价、价格补贴等方面给予了良好的政策环境。2017 年之后，国家在可再生能源电力消纳保障机制、绿证交易、平价上网等方面，出台了一系列相关政策，为可再生能源与常规能源同等参与现货市场、市场与政府激励解耦等铺垫了一定的政策基础。2017 年 1 月《关于实施可再生能源绿色电力证书核发及自愿认购交易机制的通知》（发改能源〔2017〕132 号），建立可再生能源绿色电力证书认购体系，引导全社会绿色消费，促进清洁能源有效利用。2017 年 11 月发布的《国家发展改革委关于全面深化价格机制改革的意见》（发改价格〔2017〕1941 号）提出，2020 年实现风电与燃煤发电上网电价相当发展目标。2018 年，国家发展改革委、国家能源局依次发布三版《关于实行可再生能源电力配额制的通知（征求意见稿）》，提出实行可再生能源配额制。为深入贯彻习近平总书记“四个革命、一个合作”能源安全新战略，加快构建清洁低碳、安全高效的能源体系，促进可再生能源开发和消纳利用，2019 年 5 月，国家发展改革委、国家能源局联合印发《关于建立健全可再生能源电力消纳保障机制的通知》（发改能源〔2019〕807 号），提出建立健全可再生能源电力消纳保障机制，对各省级行政区域设定可再生能源电力消纳责任权重，自 2020 年起全面进行监测评价和正式考核。2020 年 4 月 15 日，国家能源局发布《关于做好可再生能源发展“十四五”规划编制工作有关事项的通知》（国能综通新能〔2020〕29 号）。《通知》表示，在“十四五”规划编制中，将突出市场化低成本优先发展可再生能源战略。

2017 年，国家发展改革委和国家能源局印发《关于开展电力现货市场建设试点工作的通知》（发改办能源〔2017〕1453 号），明确在南方（以广东起步）、蒙西、浙江、山西、山东、福建、四川、甘肃等 8 个地区开展电力现货试点。2019 年，国家发展改革委和国家能源局联合发布《关于深化电力现货市场建设试点工作的意见》（发改办能源规〔2019〕828 号），在国家层面对现货市场建设的共性问题提出指导性意见，提出要合理设计电力现货市场建设方案，建立促进可再生能源消纳的现货交易机制。电力现货市场充分发挥市场在电力资源配置中的决定性作用，实现电力市场的充分竞争和电力资源的高效优化配置，同时还原电力的商品属性，为市场成员提供修正中长期发电计划的市场平台，反映电力商品在短期供需关系和时空条件下的真实价值，契合可再生能源发电具有不确定性的物理特性，是促进可再生能源消纳的重要机制。

目前，我国可再生能源参与省内电力现货市场，并且富余可再生能源可参与跨区域电力现货市场。可再生能源参与省内电力现货市场，根据市场放开程度不同，可以以固定出力形式参与现货市场，接受市场价格；或者与常规能源同等以报量报价形式参与现货市场，并且在市场外，通过政府调控激励新能源发展，具体激励政策主要分为两类——基于电量的激励政策和基于价格的激励政策，前者主要包括净电量结算、可再生能源电力消纳责任权重及绿色证书等，后者主要包括固定上网电价、溢价机制、招标电价、差价合约。目前我国已开展送端省份可再生能源发电的富余部分可参与跨区现货市场交易，可再生能源发电的富裕部分即考虑各类中长期外送计划和交易后，若送电省发电侧、负荷侧调节资源已经全部用尽，而可再生能源仍有富余发电能力时，组织开展跨区域现货市场交易。

现货市场并不能完全解决可再生能源消纳问题，现货市场本质是发现合理价格，充分反映市场供求关系，但是现货市场中设计合理机制可以引导和促进可再生能源消纳。在我国这些机制并非单一现货市场能够完全解决的，需要多层级市场协调配合，如省间、区域、省内市场，如辅助服务市场、容量市场、金融衍生品市场等。未来30年能源低碳化转型发展，可再生能源发电占全球用电量比例会超过 70%新能源机组的高比例接入导致系统惯量降低，频率越限风险增加。现货市场正常运行引入调频辅助服务市场支撑，激励调频资源参与市场，保证系统的频率稳定性。为应对可再生能源的波动性，现货市场可以衔接调峰辅助服务市场和容量市场来协调可再生能源与传统火电，为提供可靠供电的火电提供正确价格信号。可再生能源出力的不确定性会导致系统价格剧烈波动，与金融市场有效衔接可以规避现货市场的价格风险。金融市场也可用于锁定中长期价格信号，为现货市场价格提供指导。我国当前处于电力市场建设初期，在“市场+计划”的双轨制挑战下，双向付费差价合约制度对在中长期交易市场与现货市场的衔接中规避价格风险具有重要意义，可以通过把握差价合约的基准价格、合约价格、合约数量等关键设计要素，合理设计政府授权差价合约，探索不同生效方式、不同发电资源差价合约的市场化形式。

33. 国内外可再生能源如何参与电力现货市场?

21 世纪初开始，国外光伏和风能发电开始参与电力现货市场，促进了可再生能源消纳（减少弃风弃光），增加了系统运行效率，同时完善价格信号降低成本，并为更好的可再生能源选址和输电资源利用提供激励。从电力现货市场建设的经验来看，大多数国家和地区都选择了可再生能源发电无差别进入电力市场，并且按照“价补分离”的原则，将可再生能源的电价补贴与其在电力市场的电源行为区别开来。与传统能源相比，可再生能源参与电能量现货市场，需要基于可再生能源和负荷的预测，调度机构需要针对预测偏差进行处理。

美国 PJM 市场范围内的光伏、风电参与电力批发市场存在直接参与竞价和作为价格接受者两种模式，并可以通过日前和实时市场的价格信号，有效地引导可再生能源适当控制发电功率，从而实现系统的优化运行。为促进可再生能源的消纳，PJM 通过辅助服务市场，以及偏差惩罚等机制激励各类发电资源积极调整系统不平衡量，同时激励发电机组提高控制水平，减轻系统平衡压力。这些措施都促进了各类灵活性电源的调动，以应对由风电等可再生能源波动带来的系统不平衡。此外，美国可再生能源发电商可采用套期保值的方法规避现货市场价格风险。在卖出电力的同时，可再生能源发电商可以在期货市场中买回相同数量的期货合约。当市场中电价发生变动，使得发电商在现货市场中出现亏损，可由相应期货合约交易来弥补甚至抵消这些亏损。电力交易商参与买电套利报价和卖电套利报价的目的就是为了赚取实时市场和日前市场之间的价格差，这种市场行为的结果会使两个市场间的价差缩小，使得 PJM 的日前市场和实时市场的价格趋同，从而减少价格波动，促进市场价格的稳定。

欧洲基于政治意愿、补贴扶持、市场机制、社会对高电价的承受力完成高比例可再生消纳，其中在电力现货机制中，可再生能源通过集合竞价商参与电力市场，给电力市场带来了变化，导致日内市场愈发活跃，交易品种也更加精细。集合竞价商可以和多个不同类型的发电商签订集合的代理合同，确定售电收入曲线，以及每兆瓦时电量的代理费用。在德国，集合竞价商参与现货市场导致交易量激增，大大促进了风电场参与市场交易，可再生能源通过集合竞价商在现货市场利用不同周期持续调整预测误差同时结合其他类型发电商调节作用，可以大大减轻系统的不平衡调节负担，减少消纳成本和费用。集合竞价商方式参与日前日内市场时，可以提高效率降低风险。良好的电源结构和充足的备用容量是可再生能源消纳的基础，可再生能源开发客观上需要一定规模的灵活调节电源与之相匹配。我国通过采用可再生能源与火电打捆组织交易的方式，适应我国能源逆向分布且煤炭产区与风能富集区域多有重叠的能源开发特点。利用风火打捆开发风电，与集合竞价商代理多种类型发电促进可再生能源消纳有异曲同工的效果。边际成本几乎为零的可再生能源拉低了电力现货市场价格，但补贴在消费端体现，零售电价被推高。为更好地适应波动性较大的可再生能源发电量的逐渐增加，除日前市场外，日内交易市场近年来逐渐活跃，交易产品种类也从拍卖和小时合约扩展到更细分的 15min 和 30min 交易，使得市场主体能够在实时电力平衡前最大限度地调整风电和光伏出力的预测误差。北欧日内市场交易量近年来不断上升反映了可再生能源参与电力市场的程度越来越高。

在分布式可再生能源中，分布式太阳能发电和中小型风电快速增长，国外分布式可再生能源参与电力现货市场，政府首先确保用户拥有安装和使用分布式能源设备的权利，公共电网必须为其提供备用电力保障，并以公平价格收购多余电量。此外，国外实施净电表政策，主要应用于分布式光伏发电，该政策要求电网企业为居民或商业用户安装双向计量电表，既计量通过电网供应用户的电量，也计量用户返送电网的发电量。用电费用结算时，发电量从用户用电量中扣除，即以当地消费电价水平支付发电。政府对分布式能源的经济激励政策还包括税收减免和直接补贴等。

国外一般先有电力现货市场，后考虑促进可再生能源消纳，我国先消纳可再生能源，后考虑电力现货市场建设。目前，我国可再生能源参与省内电力现货市场，并且富余可再生能源可参与跨区域电力现货市场。可再生能源参与省内电力现货市场，根据市场放开程度不同，可以以固定出力形式参与现货市场，接受市场价格；或者与常规能源同等以报量报价形式参与现货市场，并且在市场外，通过政府调控激励新能源发展，具体激励政策主要分为两类：基于电量的激励政策和基于价格的激励政策，前者主要包括净电量结算、可再生能源电力消纳责任权重及绿色证书等，后者主要包括固定上网电价、溢价机制、招标电价、差价合约。目前我国已开展送端省份可再生能源发电的富余部分可参与跨区现货市场交易，可再生能源发电的富裕部分即考虑各类中长期外送计划和交易后，若送电省发电侧、负荷侧调节资源已经全部用尽，而可再生能源仍有富余发电能力时，组织开展跨区域现货市场交易。

现货市场并不能完全解决可再生能源消纳问题，现货市场本质是发现合理价格，充分反映市场供求关系，但是现货市场中设计合理机制可以引导和促进可再生能源消纳。在我国这些机制并非单一现货市场能够完全解决的，需要多层级市场协调配合，如省间、区域、省内市场，如辅助服务市场、容量市场、金融衍生品市场等。未来30年能源低碳化转型发展，可再生能源发电占全球用电量比例会超过70%，新能源机组的高比例接入导致系统惯量降低，频率越限风险增加。现货市场正常运行引入调频辅助服务市场支撑，激励调频资源参与市场，保证系统的频率稳定性。为应对可再生能源的波动性，现货市场可以衔接调峰辅助服务市场和容量市场来协调可再生能源与传统火电，为提供可靠供电的火电提供正确价格信号。可再生能源出力的不确定性会导致系统价格剧烈波动，与金融市场有效衔接可以规避现货市场的价格风险。通过金融市场锁定中长期价格信号，为现货市场价格提供指导。我国当前处于电力市场建设初期，在“市场+计划”的双轨制挑战下，双向付费差价合约制度对中长期交易市场与现货市场的衔接中规避价格风险具有重要意义，可以通过把握差价合约的基准价格、合约价格、合约数量等关键设计要素，合理设计政府授权差价合约，探索不同生效方式、不同发电资源差价合约的市场化形式。

34. 电力现货市场中具备哪些条件后用户侧主体可以参与市场？他们有哪些权利和义务？用户侧如何参与现货市场与辅助服务市场？国外用户侧如何参与现货市场？

随着国家电力市场改革的推进，电力现货市场建设节奏逐步加快，发电侧单边竞价的现货市场已经积累了一定的实践经验。随着电力现货市场的进一步推进，各地试点陆续选择了更符合市场资源配置价值发现的发电负荷双侧竞价的现货市场路线作为下阶段的现货市场建设目标。相比于单边市场，发电侧、负荷侧双侧报价更符合一般商品市场的特征，供需双方都能够对市场信号做出响应，体现市场资源配置的价值规律。

（1）用户侧主体参与市场应具备的条件。

用户侧包括非竞争性用户、竞争性用户。竞争性用户是指符合现货市场准入条件的终端电力用户，包括售电公司、直接参与批发市场用户、零售用户。售电公司是指从电力批发市场购买电能并销售给竞争性用户的主体；直接参与市场用户是指符合现货市场准入条件且直接参与电力现货批发市场的竞争性用户（直接参与市场用户简称为批发用户）；零售用户是指从售电公司购电的竞争性用户。随着新型用能技术的发展，电力用户侧除了满足一定电压等级要求的常规负荷用户外，还允许需求响应资源、分布式能源、微电网、虚拟电厂（VPP）、电动汽车、储能、交互式用能等多元化新型电力用户资源主体广泛接入，逐步扩大参与市场交易的数量和规模。

市场用户只有完成注册才可以参与电力批发市场；市场用户根据其注册的市场主体类型，享有相应的权利，承担相应的义务。市场用户在注册时应签署入市协议，应遵守入市协议相关要求，遵守市场规则；市场用户也具有自愿注销和终止的权利。

（2）用户侧的权利和义务。

1）用户按规则参与电力市场交易，签订和履行购售电合同、输配电服务合同，提供交易电力电量需求、典型负荷曲线及其他生产信息；售电公司按照规则向电力交易机构、电力调度机构提供签约零售用户的交易电力电量需求、典型负荷曲线以及其他生产信息，获得市场化交易、输配电服务和签约市场主体的基础信息等相关信息，承担用户信息保密义务。

2）获得公平的输配电服务和电网接入服务，按时支付购电费、输配电费、政府性基金及附加等。

3）依法依规披露和提供信息，获取市场化交易和输配电等相关信息。售电公司在政府指定网站上公示公司资产、经营状况等情况和信用承诺，依法对公司重大事项进行公告，并定期公布公司年报。

4）服从电力调度机构的统一调度，在系统特殊运行状况下（如事故、严重供不应求等）按调度机构要求安排用电。

5）遵守政府电力管理部门有关电力需求侧管理规定，执行有序用电管理，配合开展错避峰。

6）具备满足参与市场化交易要求的技术支持手段。

7）法律法规要求的其他权利和义务。

8）赔偿责任：市场成员违反市场规则或入市协议应承担对其他市场成员造成的直接损失和可预见事故造成的损失。

9）涉密信息：每位市场成员应对其拥有、控制、知悉的涉密信息保密；除市场规则允许外，不得向任何人披露涉密信息；每位市场成员须采用保密手段。

（3）用户侧参与现货市场与辅助服务市场的形式。

用户侧参与电力现货市场的形式可从以下几方面阐述：① 从参与的市场类型来讲，用户侧可以参与省内电力现货批发市场和零售市场，零售用户由售电公司代理申报，或者参与零售市场、从售电公司购电。符合相关市场规则要求的用户侧市场成员还可以通过省级电力公司代理，参与跨省区电力现货市场交易。② 从是否直接参与市场来讲，用户侧参与电力现货批发主要包括直接参与、由售电公司代理参与、其他各地根据实际情况研究明确的市场化方式等。③ 从所参与市场产品类型来讲，用户侧可以参与电能市场和辅助服务市场，现货市场中辅助服务的类型多样，具有提供备用、调频等辅助服务能力的市场用户则可申请参与辅助服务，须按照规定的提交申请并明确提供市场辅助服务的类别，若提供其申请的辅助服务内容满足调度指令和考核要求（如调频性能测试），则批准后该市场用户可提供相应类别的市场辅助服务。提供市场辅助服务的市场主体须遵守市场规则中适用于该类市场辅助服务的相关条款即可。从申报形式和是否有定价权来讲，用户侧参与电能批发市场主要由两种形式：① 报量不报价的形式参与，该形式下用户侧没有定价的权力，是价格的接收方；② 报量报价的形式参与，该形式下与发电侧一样，用户侧也可能为市场定价。另外，根据不同负荷侧市场主体的物理经济属性的不同，其参与电力现货市场的形式和出清逻辑也有区别，比如基于激励的需求响应包含直接负荷控制、可中断负荷、需求侧竞价、紧急需求响应及辅助服务计划等以“负瓦”机组的形式参与电力现货市场。储能装置与可中断负荷可以参与旋转备用辅助服务市场。虚拟电厂可以通过先进的通信技术等手段整合可再生能源以及可中断负荷参与主能量市场与备用市场的竞价，谋求聚合体收益最大化。

（4）国外用户侧参与现货市场的示例。

在有代表性的美国市场中，PJM 电力市场对用户侧资源的利用方式较为灵活多样，包括通过电能量市场使得需求侧参与到经济需求响应中、通过辅助服务市场利用需求侧资源。美国得克萨斯州电力市场则主要通过辅助服务市场利用用户侧资源。用户侧资源参与的辅助服务主要有两类：① 负荷资源（一个 10min 选择备用计划）；② 紧急可中断的负荷服务（一个 10min 的非旋转备用计划）。美国加州独立系统运营商（CAISO）则提出一种名为灵活爬坡产品（flexible ramping product）的辅助服务，已经发布的草案中描述了 CAISO 对于上调和下调灵活爬坡产品的设计，即 CAISO 提出利用上调和下调灵活爬坡产品的投标以满足每 5min 的净负荷变化，满足系统维持功率平衡需要的爬坡容量。草案中提出，灵活爬坡产品包括天然气发电厂、储能、需求响应，以及其他灵活的资源。与美国略有不同，英国的工商业大用户可以与电力供应方签署分时电价（TOU）协议或者可中断负荷（IL）协议；电力供应方也可以控制这些大用户的负荷，以保证电力平衡和系统可靠运行。对于小型用户，据估计约有 450 万英国用户按照分时电价费率缴费，参与该项目的用户可以在凌晨 01:00～08:00 享受低电价，用户可以在这段时间给其蓄热式电加热系统充电，以较低的电价满足给房间加热的需求。目前，英国的一些大型电力供应商正在努力宣传和鼓励这种分时电价方式，吸引更多的用户参与，为更多的新能源计划和更多的核电建设计划做好准备。

35. 什么是需求响应资源？需求响应资源如何参与电力现货市场和辅助服务市场？

激励用户侧资源参与供需协调和电网调峰、提高用户侧用能效率，推动用能革命也是电力现货市场的建设目标之一。需求响应作为灵活性调节资源，对于增强电力系统运行的安全性和灵活性具有促进作用。我国电力现货市场建设的快速推进，为需求响应资源的充分利用提供了有利平台。

（1）需求响应资源。

需求响应（demand response，DR）指当电力批发市场价格升高或系统可靠性受威胁时，电力用户接收到供电方发出的诱导性减少负荷的直接补偿通知或者电力价格上升信号后，改变其固有的习惯用电模式，达到减少或者推移某时段的用电负荷而响应电力供应，从而保障电网稳定，并抑制电价上升的短期行为。需求响应资源包括需求侧弹性负荷、分布式电源、电动汽车、储能等资源，可根据自身调节特性自主调节或接受调度指令，通过对价格信号的响应实现削峰填谷、追踪可再生能源出力、为系统提供调频辅助服务等功能，与供应侧深度调峰、配置储能等系统调节方式相比成本更低、效果更好。当前许多国家已从能源战略高度将需求响应资源置于与发电侧资源同等甚至优先的地位。

需求响应资源可被视为“负瓦”机组，等同于发电商，与其他发用侧市场成员一起参与电力现货市场，申报数据一般包括削减电力—价格对、关停费用、被调用的最大最小出力范围、执行的最小连续时间长度等。具有提供备用、调频等辅助服务能力的需求响应资源，经过相关测试后，可以参与辅助服务电力现货市场，备用申报一般包括备用价格、备用容量上限、关停费用、通知时间等；调频申报一般包括申报价格、调频可用状态、调频能力、调频范围等。

国外需求响应参与电力市场交易已经开展了 10 余年之久，市场化改革和需求响应技术发展的相关经验和做法可对我国需求响应市场化实施带来一定的启示。美国电力市场已经发展成熟，市场机制相对完备，其中 PJM 电力市场的需求响应技术理论最为完善，项目相对齐全。欧洲各国的需求响应项目的发展更偏向于价格型需求响应。但基于价格型的需求响应行为并不能做到稳定的负荷削减，这导致欧洲各国需求响应市场化交易程度较低，需求响应技术发展相对缓慢。澳大利亚需求响应市场化实施面临一定的困境，主要在于容量电费或可靠性费用的缺失使需求响应资源难以在电力批发市场进行交易，且各大电厂间的供电刺激措施互相矛盾。

国外需求响应的参与主体包括自备电厂、电力大用户和负荷聚合商等，中小电力用户可通过负荷聚合商代理参与市场交易等。不同国家的终端用户参与方式各异，但大体来看，终端用户必须通过聚合参与到需求响应的过程中，例如美国的终端用户必须通过专业的代理机构削减服务提供商参与市场，澳大利亚的合格负荷可以以电力批发需求响应单元的形式被需求响应服务提供商调度。

国外需求响应项目可以分为基于电价和基于激励两类。基于电价的需求响应项目就是让消费者直接面对时变的电价并自主做出用电时间、用电方式的安排和调整，包括分时电价（TOU）、尖峰电价（CPP）、实时电价（RTP）等。基于激励的需求响应项目是直接采用激励的方式来激励和引导用户参与各种系统所需要的负荷削减，包括直接负荷控制、可中断负荷、需求侧竞价、紧急需求响应计划、旋转备用和非旋转备用计划、调频服务等。

国外需求响应的市场类型包括能量和容量市场、辅助服务市场。其中美国的优化机制为多市场联合优化出清，而澳大利亚则采用的是单独优化出清。对于需求响应费用的承担机构规定也存在差异，例如美国和澳大利亚的费用承担机构为市场主体，而欧洲的费用承担机构为政府和电网运营者。

（2）需求响应资源参与市场方式。

在我国，需求侧资源参与电力市场的方式有以下两种。

1）参与电力现货市场。

需求侧资源可以以负荷聚合商的方式聚合代理参与电能量市场。负荷聚合商对其内部资源进行出力范围和运营成本的聚合，获取其内部灵活性资源输出规律曲线和聚合成本特性。负荷聚合商可以通过充分考虑不同种类市场产品之间的耦合关系，制定竞标方案（包括各类市场产品的竞标价格和竞标出力范围），从而实现在现货市场中谋利。

在日前市场中，负荷聚合商可以根据其日前分布式能源预测结果上报日前投标计划，制定内部灵活性资源的调度计划或价格激励方法；配电系统运营商需要收集包含负荷聚合商在内的所有市场主体信息，结合其与输电侧批发市场之间协定的产品交易价格和交易限制额度，进行日前市场优化出清，达到参与日前市场的目的。

在实时市场中，负荷聚合商可以依靠先进的预测技术，根据实时用户用电的预测结果，更新实时运行计划；配电系统运营商需更新所有市场主体实时信息，进行实时优化出清，确定其与上级电力市场之间的实时市场电力交互计划，并向所有市场主体发布实时市场出清结果。

2）参与辅助服务市场。

a. 参与调频辅助服务市场。

随着电力市场建设的逐步完善，辅助服务市场的建立和完善受到了更多的关注。我们需求侧资源参与调频辅助服务市场，借鉴国外成熟的市场模式，比如美国、英国、澳大利亚、西班牙、意大利等国建立了较为成熟的调频辅助服务市场，普遍采用日前市场与实时市场相结合、集中交易与双边合约共存的混合市场模式。在借鉴经验的基础上，我国还细致考虑用户补偿、成本分摊、市场定价等问题。通常，我国大部分地区按照统一标准对所有参与调频的机组进行补偿，但是由于不同机组的调频性能不同，参与系统调频时所做的贡献也不尽相同，按照此种方法进行补偿时，对调频性能较好的机组并不公平，也不利于需求侧等快速响应调频资源参与调频市场。因此，要引导需求侧资源参与调频辅助服务市场，有必要基于实际调频效果来对不同的调频资源进行补偿。

b. 参与备用辅助服务市场。

随着风电、光伏等新能源的不断接入，其短期出力难以预测的特性与负荷侧的不确定性使电力系统面临源—荷双重不确定性的挑战，从而更有可能造成短期功率失衡，因此对系统的充裕性提出了更高的要求。而电动汽车、温控负荷等灵活性需求侧资源可在短期内主动调节用电，经聚合商统一调配，可成为潜力巨大的辅助服务提供来源，参与到备用辅助服务市场之中。

一般而言，备用辅助服务市场会要求参与方在日前上报其不同时段的可调容量及价格，由系统统一出清，出清结果作为参与方在该时段备用响应功率调整的上限。关于需求侧资源参与备用辅助服务市场的调节效果评估，需进行相关考核机制的配套设计，从而帮助规范需求侧资源在调频市场中的调节行为，鼓励调节性能优越、备用容量大的需求侧资源获得更多的收益。

36. 用户侧参与的批发市场和零售市场的规则如何设计?

现货市场规则设计应做到批发市场和零售市场相对独立。电力现货市场规则设计主要针对参与批发市场的电力用户，在规则中要明确批发市场与零售市场界面及与之相关的涉及批发市场运作的内容，包括零售用户的电量计量和计量数据、售电公司与零售用户绑定关系及变更、电网企业提供保底供电服务、零售用户的账单开具及费用收取等内容。批发市场和零售市场的结算规则独立设计，批发市场由交易机构负责出具结算依据，零售市场探索由具备能力和有意愿的售电商出具结算依据。

基于循序渐进的市场设计原则，用户侧参与批发现货市场设计，一般可以分为三个阶段。

(1)电力现货市场初级运行模式主要是基于需求的预测信息和价格传导信息的发电竞争。其中用电侧需求主要通过预测实现，发电申报主要是发电厂商参与的市场报价，基本形式是以机组为单位，报价包括机组的能量价格以及对应的能量供给曲线，并对机组的运行参数进行申报。交易出清则主要是以整个电网的总体发电成本最小作为一个优化目标，构建电力现货市场交易出清模型。交易结算主要是曲线分解电力市场中发电厂商的中长期电量合同，根据合同约定价格来进行交易结算，并对现货市场中标量与中长期合同电量的差异开展偏差结算。这个阶段主要是发电厂商参与，用电侧企业不需要完全深度地参与到市场交易当中。该运行模式下的市场交易结构简单，能够与发电厂商的中长期电量完全兼容，且能够实现电力现货市场的核心目标，有效提高了用电企业的现货意识。

(2) 电力现货市场第二阶段运行模式主要是基于需求申报和价格响应信息的发电竞争。其中用电需求是在现货市场已经开市之后申报，用电曲线主要来源于售电公司和大用户的用电需求申报，且可采用分时电价的方式进行分段申报，以价格和需求为申报主导信息。交易出清的基本方式和流程也和初级阶段的运行模式一致，但不同的是用电需求不再是现货市场开市之前的预测信息，而是采用开市之后的用户需求申报信息。第二阶段的运行模式允许售电公司和大用户进行用电需求量的申报，现货市场同时包含了发电厂商和用电企业，使得电力现货市场的竞争度有所增加，也使得用户侧的现货意识有所提高。

(3)电力现货市场第三阶段运行模式主要是基于发电侧申报量价信息和用电侧申报量价信息的发电和用电竞价。其中用电需求也是在现货市场开市之后，售电商和用户参与的多组报价，除了包含能量价格以及能量段，还包含了失负荷成本等用户运行参数。发电申报流程仍同初级阶段运行模式保持一致。交易出清则主要是以市场的社会总体福利最大作为优化目标。电力现货市场运行第三阶段的市场主体具有较高的申报自由度，能够有效充分的将市场下的供给和需求平衡反映出来，最终结果是一个福利最大化的电力现货市场出清结果。

电力现货市场下的售电公司，在批发市场中通过中长期市场和现货市场获取电能，在零售市场中将电能出售给电力用户，零售市场与中长期市场的电量偏差以现货价格进行结算。中长期市场和零售市场都以双边合约的形式确定，其风险较小，因此售电公司的主要风险来自现货市场，更具体来说，来自现货电价的波动。目前最需要的市场设计是尽快纳入电力用户（售电公司）参与试结算。电力用户（售电公司）参与电力现货市场，和用户（售电公司）参与电力现货交易报价是两回事，电力用户（售电公司）参与电力现货市场的“门槛”是偏差电量采用对应时刻电力现货价格结算。同时，电力用户还是现代电力市场新增调节能力的重要来源，需要发挥需求侧响应的重要作用。根据世界其他电力市场的经验，批发市场结算流程应独立于零售用户的结算和支付流程。特别是零售商在批发市场的付款义务不应关联或以任何形式依赖于其零售用户的付款。一方面，电力批发市场采用“日清月结”的结算模式，电费计算周期为日，以小时为基本计算时段，出具日清算临时结算结果，以月度为周期发布正式结算依据，开展电费结算；而零售市场中售电公司为用户设计的套餐品种众多，电费计算方式多样，与批发市场电费计算周期不能完全同步，即使按月出具电力零售市场结算依据并据此决算，每月市场波动依然会导致与批发市场电费无法直接耦合。另一方面，批发零售市场独立结算简化了市场结算依赖关系，明确了市场主体的责任和义务，促进售电侧市场由“关系型市场”向“技术型市场”转变，推动售电公司提高技术水平，最终服务于电力用户。

与电力现货价格关联最密切的零售市场机制设计主要体现在零售商业套餐的设计上，在电力现货市场规则以及零售市场发展趋势的基础上，以基于用户分群分析为基础，和现货市场衔接的零售套餐设计需要一方面体现对电力现货市场批发价格的传导，另一方面体现对现有零售套餐模式的延伸和过渡；需要针对不同的用户类型和需求，合理设计差异化的标准零售套餐，为电力现货市场中市场主体决策提供参考，鼓励更多零售市场主体参与电力交易，充分发挥市场在资源配置中的决定性作用，助力新一轮电改降本增效目标的实现。合理的零售套餐在维系当前电力系统的可靠性和运营效率方面发挥着基本作用，也能确保未来电力系统投资的充足性和成本效益。在新的零售市场竞争环境下，零售套餐的设计原则也在发生着转变，主要包括以用户为导向，零售套餐结构和费率设计应能反映售电公司提供售电服务和用户用电的成本因果关系，使用户电费账单保持相对稳定，体现对现行定价模式的过渡，易于用户理解的新套餐设计，结合售电公司增值服务并鼓励经济用电行为等。

37. 什么是虚拟电厂和微电网？虚拟电厂和微电网如何参与电力现货市场和辅助服务市场？

（1）虚拟电厂和微电网。

1）虚拟电厂。

随着可再生能源成为未来全球能源发展的主要方向，虚拟电厂正受到越来越多的关注。虚拟电厂在我国的研究目的主要是为大规模新能源电力的接入提供框架和技术支撑，通过虚拟发电厂的运行机制实现传统能源与新能源之间的互补协同调度与电网的优化运行，以最大程度地平抑新能源电力的强随机波动性，提高新能源的利用率。

虚拟电厂是将分布式发电机组、可控负荷和分布式储能设施有机结合，通过配套的调控技术、通信技术实现各类分布式能源整合调控的载体，以作为一个特殊电厂参与电力市场和电网运行。从某种意义上讲，虚拟电厂可以看作是一种先进的区域性电能集中管理模式。它既可作为“正电厂”向系统供电调峰，又可作为“负电厂”加大负荷消纳配合系统填谷；既可快速响应指令配合保障系统稳定并获得经济补偿，也可等同于电厂参与容量、电量、辅助服务等各类电力市场获得经济收益。

虚拟电厂自 21 世纪初在德国、英国、西班牙、法国、丹麦等欧洲国家开始兴起，同期北美推进相同内涵的“电力需求响应”。我国同时采用这两个概念，一般认为虚拟电厂的概念包含需求响应。目前虚拟电厂理论和实践在发达国家已成熟，各国各有侧重，其中美国以可控负荷为主，规模已超 3000 万 kW，占尖峰负荷的 4%以上；以德国为代表的欧洲国家则以分布式电源为主；日本以用户侧储能和分布式电源为主，计划到 2030 年超过 2500 万 kW；澳大利亚以用户侧储能为主，特斯拉公司在南澳建成了号称世界上最大的以电池组为支撑的虚拟电厂。“十三五”期间，我国江苏、上海、河北、广东等地也相继开展了电力需求响应和虚拟电厂的试点。2016 年江苏省开展了全球单次规模最大的需求响应。国网冀北电力有限公司参与了多个虚拟电厂国际标准制定，并于 2019 展开了虚拟电厂交易示范工程。

虚拟电厂的发展一般来说包括邀约型虚拟电厂、市场型虚拟电厂、跨空间自主调度型虚拟电厂三个阶段。

a. 邀约型虚拟电厂。在电力市场包括电能量现货市场、辅助服务市场和容量市场到位之前，即可通过政府部门或调度机构发出邀约信号，由虚拟电厂（聚合商）组织资源（以可调负荷为主）进行响应。当前我国各省试点的虚拟电厂以邀约型为主，其中以江苏、上海、广东等省市开展得较好。

b. 市场型虚拟电厂。当前在我国，采用市场型虚拟电厂模式的只有国网冀北电力交易机构开展的虚拟电厂试点，在该模式下虚拟电厂可以自主参与到电力市场中。

c. 跨空间自主调度型虚拟电厂。虚拟电厂发展的高级阶段将能实现跨空间自主调度。德国 Next Kraftwerke 公司早在 2009 年就启动了虚拟电厂商业模式，至 2017 年实现对 4200 多个分布式电源设备的管理，包括热电联产、生物质能发电、小水电以及风电、光伏，也包括一部分可控负荷，总规模达到 280 万 kW。该公司一方面对风电、光伏等可控性差的发电资源安装远程控制装置，通过虚拟电厂平台聚合参与电力市场交易，获取利润分成；另一方面，对水电、生物质发电等调节性好的电源，通过平台聚合参与调频市场获取附加收益，目前该公司占德国二次调频市场 10%的份额。据最近的信息，该公司至 2019 年底已经实现对跨 5 个国家 7000 多个分布式能源和可调负荷的管理。

2）微电网。

微电网指由分布式电源、储能装置、能量变换装置、相关负荷和监控、保护装置汇聚而成的小型发配电系统，是能够实现自我控制、保护和管理的自治系统。其中，分布式电源是指利用各种分散存在的能源进行发电的系统。

微电网的特征包括：① 微电网电压等级一般在 10kV 以下，系统规模一般在兆瓦级及以下，与终端用户相连，电能就地利用；② 其内部分分布式电源以清洁能源为主，或采取以能源综合利用为目标的发电形式，天然气多联供系统综合利用率一般在 70%以上；

③ 微电网内部电力电量能基本实现自平衡，与外部电网的电量交换一般不超过总电量的20%。综合以上特征，其优点可概括为可减少大规模分布式电源接入对电网造成的冲击，可以为用户提供优质可靠的电力，能实现并网/离网模式的平滑切换。

微电网在非孤岛运行方式下，根据电压等级及市场规则要求可直接以发电企业或电力用户的身份参与电力现货市场。作为一个市场实体，微电网代表新能源发电、微电网经营者、用户侧负荷等各方综合利益参与电力现货市场。在电量盈余时向市场售电获得收益，在电量不足时向市场买电满足负荷需求。

微电网的应用定位包括三点：① 满足高渗透率分布式可再生能源的接入和消纳。目前国家大力号召精准扶贫，安徽、江西、山西、湖北一带大量扶贫光伏项目并网以后，会给当地的电网造成很大的冲击，因此大规模上电以后需要采取措施来保证局部电网频率的稳定。② 满足与大电网联系薄弱的偏远地区的电力供应，包括海岛等地区。③ 满足对电能质量和供电可靠性有特殊要求的用电需要，基于微电网的思想和大容量电源装备接入可以解决注入电压不稳等的问题，这是高可靠性的功能系统，也是微电网未来的发展趋势。

虚拟电厂和微电网是目前实现分布式电源并网最具创造力和吸引力的两种形式。

微电网能够很好地协调大电网与分布式电源的技术矛盾，并具备一定的能量管理功能，但微电网以分布式电源与用户就地应用为主要控制目标，且受到地理区域的限制，对多区域、大规模分布式电源的有效利用及在电力市场中的规模化效益具有一定的局限性。

虚拟电厂并未改变每个分布式电源并网的方式，而是通过先进的控制、计量、通信等技术聚合分布式电源、储能系统、可控负荷、电动汽车等不同类型的分布式能源并通过更高层面的软件构架实现多个分布式能源的协调优化运行。它能够聚合微电网所辖范围之外的分布式电源，更有利于资源的合理优化配置及利用。

（2）虚拟电厂和微电网参与市场。

虚拟电厂和微电网参与电力市场方式类似，以下以虚拟电厂为主体做介绍。

1）参与现货市场。

虚拟电厂作为一个特殊电厂参与电力市场和电网运行，可以根据分布式可再生能源预测信息，对其内部资源进行出力范围和运营成本的聚合，获取其内部灵活性资源输出规律曲线和聚合成本特性。虚拟电厂可以通过充分考虑不同种类市场产品之间的耦合关系，制定竞标方案（包括各类市场产品的竞标价格和竞标出力范围），从而实现在现货市场中谋利。

a. 在日前市场中，虚拟电厂代理商可以根据其日前分布式能源和负荷预测结果，综合考虑内部灵活性资源的调度能力和价格激励方法，决定不同时段自身参与现货市场的发电能力和用电能力，并上报日前投标方案；现货市场运营机构需要收集包含虚拟电厂在内的所有市场主体信息，进行日前市场优化出清，实现不同类型资源的优化配置，达到日前市场的目的。

b. 在实时市场中，虚拟电厂代理商可以依靠先进的预测技术，根据实时分布式能源和负荷的预测结果，更新实时运行计划；现货市场运营机构需更新所有市场主体的实时信息，充分挖掘全系统的调节潜力，进行实时优化出清。

2）参与辅助服务市场。

a. 备用。

近年来，风电、光伏等可再生能源大规模并网，压缩了火电机组的发电空间，再加上其间歇性和波动性的特点，增大了电网的平衡压力。当前为满足可再生能源优先消纳要求，电网对系统的充裕度有巨大需求。而电动汽车、温控负荷等灵活性需求侧资源可在短期内主动调节用电，经虚拟电厂统一调配，可成为潜力巨大的辅助服务提供来源，参与到备用辅助服务市场之中。

虚拟电厂可以整合、调度需求侧的可调节资源，以类似于传统电厂的形式参与备用辅助服务市场。虚拟电厂运营商既可以作为电能量提供商，也可以作为辅助服务提供来源参与现货市场。可利用虚拟电厂内部的储能充放电、负荷调整、电动汽车充电等方式提供备用能力。备用能力的大小主要取决于储能的充电功率、电动汽车充电功率、可调节的负荷功率，同时受到储能容量以及电动汽车电池容量的限制。

b. 调频。

一直以来，调频辅助服务对于时间和精度的要求较高，许多国家都强制机组提供基础的调频服务。美国、英国、澳大利亚、西班牙、意大利等国建立了较为成熟的调频辅助服务市场，其普遍采用日前市场与实时市场相结合、集中交易与双边合约共存的混合市场模式。我国需求侧资源参与调频辅助服务市场，除了借鉴国外成熟市场模式之外，还需要细致考虑用户补偿、成本分摊、市场定价等问题。通常，我国大部分地区按照统一标准对所有参与调频的机组进行补偿，但是由于不同机组的调频性能不同，参与系统调频时所做的贡献也不尽相同，按照此种方法进行补偿时，对调频性能较好的机组并不公平，也不利于需求侧等快速响应调频资源参与调频市场。因此，虚拟电厂和微电网参与调频辅助服务市场时，有必要基于实际调频效果来对不同的调频资源进行补偿。

c. 无功辅助服务。

无功功率是一项直接关系到电网安全运行的重要辅助服务，为了保证系统的安全性和可靠性，电力系统应该具备足够的无功功率储备，并且应该向提供这一服务的单位支付一定的费用。然而，无功功率相对于有功功率来说具有无法远距离输送的特性，无功功率电压辅助服务无法通过外部市场进行自由交易。因此在当前环境下无功功率辅助服务多作为发电商的义务，发电机须在一定范围内按照系统调度指令提供无功功率。

由于缺乏良好的无功功率服务交易机制与交易环境，电网中的调压资源无法得到充分利用，大量分布式电源的无功功率服务能力也无法得到激发。因此通过虚拟电厂的聚合作用，以及对分布式电源的计算、预测，可以完成分布式电源无功功率辅助服务的信息聚合并制定综合报价以参与无功功率市场交易。需要说明的是，虚拟电厂与需求响应的调节方式相比，虚拟电厂由于接入了更多元的用户，如融合了分布式电源、自备电厂、可调负荷、储能等，在用户参与调节时，不仅负荷侧用户可以调节自身用电增减，还可以召集储能侧、电源侧用户调节电能输出，有更丰富的调节方式和手段；需求响应资源则多以负荷聚合商、售电公司代理的形式进入市场，侧重于负荷侧用户调节自身用电增减。虚拟电厂和需求响应，在作为“负瓦”机组参与现货及辅助服务市场参与上有一定的相似性，在市场规则设计中，虚拟电厂、微电网、负荷聚合商、售电公司均可作为新兴独立市场主体参与市场竞争，各省市可根据地区特征做区分与选择，对于相似参与方式的市场主体，制定兼容性的现货及辅助服务市场规则，并对这些主体的规模、技术标准等准入条件做出明确的统一规定。

38. 什么是分布式电源？国外分布式电源如何参与市场？我国分布式电源在参与电力市场方面有哪些探索？

（1）分布式电源。

分布式电源指在用户所在场地或附近建设安装、运行方式以用户侧自发自用为主、多余电量上网，且在配电网系统平衡调节为特征的发电设施或有电力输出的能量综合梯级利用多联供设施。分布式电源包括太阳能、天然气、生物质能、风能、地热能、海洋能、资源综合利用发电（含煤矿瓦斯发电）等。其中，风力发电单元和光伏发电单元受到自然环境的影响较大，其功率输出的波动性很大。

分布式电源主要包含五类，第一类是10kV及以下电压等级接入，且单个并网点总装机容量不超过6MW的分布式电源；第二类是35kV电压等级接入，年自发自用电量大于50%的分布式电源；或10kV电压等级接入且单个并网点总装机容量超过6MW，年自发自用电量大于50%的分布式电源；第三类是在地面或利用农业大棚等无电力消费设施建设、以35kV及以下电压等级接入电网（东北地区66kV及以下）、单个项目容量不超过2万kW且所发电量主要在并网点变电台区消纳的光伏电站项目。第四类是装机容量5万kW及以下的小水电站；第五类是35kV电压等级接入的分散式风电等其他分布式电源。

随着分布式电源占比的逐步发展，其随机性和波动性对于系统运行的安全性产生了较大的影响，因此参与现货市场时，需充分结合其分布和出力特征，进行市场机制的设计与引导。分布式电源可通过集中式交易和分布式交易的方式参与现货市场。

（2）国外分布式电源参与市场的方式。

国外对于分布式电源如何参与电力市场也还处于探索期，尚没有成熟经验。美国加州是探索分布式电源参与市场较早的州。2016年6月，美国联邦能源管理委员会（FERC）批准加州的分布式电源以聚合体形式参与加州电力批发市场，但受经济、技术、监管等因素影响，并未有实质性进展。2016年11月，FERC发布分布式能源参与电力批发市场的提议，要求美国各大系统运营商修改电力市场规则，允许分布式电源公平参与电力批发市场，但该提议引发较大争议，目前美国尚未出台分布式电源参与电力市场的正式法案。2018年11月，澳大利亚能源市场运营商（AEMO）启动国家电力市场虚拟电厂示范项目研究，截至2020年，还未进入项目建设阶段。

目前来看，分布式电源参与电力市场主要考虑三类模式：

1）采用净电量计量不进入电力市场。该模式下分布式电源的余电上网电量抵扣用户电网购电电量。美国很多州都采用这种机制支持分布式光伏的发展，但要求分布式电源规模不超过 500kW。

2）直接进入电力批发市场。该模式下分布式电源组成聚合体参与电力批发市场，提供类似于常规电源的电量与辅助服务，并与传统的发电机组统一出清。电力市场运营机构对分布式电源聚合体参与市场的最小规模、控制能力、数据传输与计量等提出准入要求。

3）主要进入售电市场。售电市场方面，配电网运营商提供交易平台，分布式电源根据配电网运行需求，提供需求侧响应、电压控制、缓解线路阻塞等服务。

（3）我国分布式电源参与市场方式探索。

一般而言，分布式电源单机容量小，且电力可预测性差，其独立参与现货市场的风险较大，若将单一形式的多台新能源发电机组规模化地接入大电网，将产生较严重的系统稳定性问题，这将是制约新能源电力大规模开发利用的瓶颈。结合分布式电源技术经济特性以及国内外进入电力市场的探索，我国可以开展两类分布式电源进入电力市场模式的探索。

1）模式一：直接进入电力批发市场。通过聚合直接进入批发市场。根据市场准入要求，通过交易实现多个分布式电源等聚合，形成虚拟电厂等运营主体，统一进入电力批发市场。

2）模式二：进入电力市场，开展两级交易。在配电网侧新建运营平台开展交易。聚合体与配电网其他主体开展就近交易，由地市公司开展交易，可探索采用区块链等技术。

关于区块链等技术的应用，相关智能算法能够支撑分布式电源开展这种交易体量小、交易参与者多、参与者自主性强的分布式交易，实现一定区域范围内分布式电源之间、分布式电源与电力用户之间以及分布式电源与电网之间的日前乃至实时交易的展开，更好地解决了分布式电源出力波动性强，随机性大的问题。

一种基于区块链的分布式电源交易模式可以为分布式电源业主与用户直接进行点对点交易，交易过程全自动化。交易具体步骤如下：① 分布式电源业主通过客户端在 P2P 网络上发布售电信息，所有节点都会收到这一信息；② 当用户有意购买分布式电源业主所售的分布式电源，可向分布式电源业主发送购买信息；③ 分布式电源业主和用户签订购电合同，这份购电合同是以代码形式编写的，包括交易电量、价格、时间等交易相关信息；④ 根据购电合同约定时间，在某一时段，分布式电源业主生成一个交易单，包含该笔交易相关信息和分布式电源业主的数字签名，之后分布式电源业主将该交易单广播到网络中；⑤ 所有交易节点都会收到该交易单信息，所有节点通过求解一道数学题获得创造交易区块权利，当某一节点求解成功后，就会创造交易区块并打上时间戳，然后将其广播到网络中；⑥ 网络中每个节点都会验证该交易区块正确性，当所有节点验证都通过后，该交易区块就加入到各个节点本地区块链中，形成合法区块链；⑦ 至此，分布式电源业主和用户完成了交易，用户通过数字化货币付款给分布式电源业主，电量也将由分布式电源业主售卖给用户。

模式一适用于规模较大、上网电量较大的项目类型，需要满足进入市场的准入要求；

模式二适用于规模较小、数量较多、类型多元的多种分布式电源聚合体，采用两级交易的模式。

39. 什么是产业集中度？什么是市场力？市场力的评价指标有哪些？电力现货市场下有哪些市场力的约束机制？

（1）产业集中度。

产业集中度指市场中市场份额的集中程度。产业集中度是衡量电力市场的一个基本特征，是产生市场力的重要来源，不恰当的产业集中度将给电力现货市场带来多方面的不良影响，需要通过市场规则建立相关的约束机制。就电力现货市场而言，在我国“放开两头，管住中间”总体布局以及“准许成本加合理收益”的输配电价定价政策环境下，产业集中度主要关注的是发电侧产业集中度和用户侧产业集中度（含售电公司），特别是发电侧的产业集中度。产业集中度是决定市场结构最基本、最重要的因素，集中体现了市场的竞争和垄断程度，经常使用的集中度计量指标有：产业集中度指数（concentration ration，CRn）、赫芬达尔—赫希曼指数（herfindahl-hirschman index，HHI）等。

产业集中度指数是指该行业的相关市场内前 N 家最大的企业所占市场份额的总和，定义如下式。

$$CRn = \sum_{i=1}^{n} S_i$$

其中，S_i 为市场中第 i 个发电厂商所占的市场份额。

例如，CR4 是指 4 个最大的企业占有该相关市场份额，CR8 是指最大的 8 个企业占有的市场份额。一般认为，如果产业集中度指数 CR4＜30 或 CR8＜40，则该行业为竞争型；而如果 30≤CR4 或 40≤CR8，则该行业为寡占型，寡占型又可以细分为极高寡占型（CR8≥70%）和低集中寡占型（40%≤CR8＜70%），竞争型又可以细分为低集中竞争型（20%≤CR8＜40%）和分散竞争型（CR8＜20%）。

赫芬达尔—赫希曼指数（HHI 指数）是指基于某市场中企业的总数和规模分布，将相关市场上的所有企业的市场份额的平方后再相加的总和，定义如下式。

$$I_{HHI} = \sum_{i=1}^{N} S_i^2 \times 10\,000$$

式中，S_i 为市场中第 i 个发电厂商所占的市场份额；N 为市场中的发电厂商数量。HHI 越大，集中度越高，反之越低，市场评估者可依据实际情况通过 HHI 判断市场集中度情况。例如，美国司法部制定的通过 HHI 反映市场集中度的判断标准为：① 高寡占市场，$HHI \geq 1800$；② 低寡占市场，$1800 > HHI \geq 1000$；③ 竞争型市场，$HHI < 1000$。必须指出的是，实际判断市场集中度的时候，并不能完全依据以上 HHI 计算的结果范围，还需要结合具体情况综合判断。

过高的产业集中度会影响市场竞争效率，产生多方面的影响。

1）抑制市场竞争。过高的产业集中度，意味着参与竞争的市场主体数目过少，从而影响市场竞争；同时必然导致部分市场主体拥有市场力，拥有市场力的市场主体即使不滥用市场力，也很可能对原本应该充分竞争的市场产生抑制作用。

2）影响电力市场成交量和成交价格。占有较大市场份额的一个或多个市场主体，不论其是否采用策略性竞标，都将对电力市场的成交价格和成交量产生巨大影响，增加了其偏离原本充分竞争应该形成的出清结果的可能性。

3）影响市场公平。错误的出清电价和电量信息，可能导致原有的发电资源优先利用顺序被打乱，即低成本的发电厂会产出不足，而更高成本的电厂被调度来弥补空缺，可能进一步导致了需求侧响应资源的非效率利用。此时，拥有市场力的市场主体，通过挤占竞争对手的市场份额而获得额外收益，使其他市场主体蒙受损失。

4）降低了所有市场主体的总体社会福利。市场力影响下产生的市场出清结果，一旦执行，意味着发电侧资源的调用没有实现发电成本最小化，而用户侧需要支付更多的费用，从而降低了总体社会福利。

5）对社会经济生产产生不良影响。原本技术先进、应该得到市场份额的市场主体，由于市场力影响而面临损失甚至逐步被淘汰；落后低效电厂的淘汰可能得到延缓；虚高的价格可能导致负荷有动机和能力来减少耗电量，对社会生产和经济生活造成更大的损失。

6）对长远建设规划产生不良影响。虚假的电力市场价格信号，可能导致未来电厂的投资建设规划出现失误，甚至可能对社会各行业的投资决策产生影响。

（2）市场力的概念。

过高的产业集中度，产生的一个直接后果就是导致存在市场力风险，但是市场力风险未必就一定是产业集中度过高导致的，它可能有多个起因。

市场力又称市场操纵力，市场操纵力一般定义为厂商能高于竞争性市场价格定价并将此价格维持较长一段时间的能力。市场力常见为结构性市场力、局部市场力等。结构性市场力是指一些市场成员在市场中所占的市场份额相对较大，因此产生的可能采用某些方式操纵市场价格的能力。局部市场力是指因为电网阻塞、电压支撑等电网安全原因必须调用某几台机组，因此而产生的这些机组可能采用某些方式操纵市场价格的能力。

市场力的滥用会导致社会福利的无谓损失，不能有效进行资源配置。导致电价上涨，影响整个经济建设大局。阻碍电力市场的稳定发展，违背电力市场改革初衷，打击新投资者进入电力市场行业的信心，严重情况下可能影响电网安全运营。

（3）市场力的评价指标。

除了市场集中度指标之外，监测市场力的指标还包括：

1）结构性市场力识别指标。

结构性市场力的识别指标是通过计算市场集中度，供应商的市场份额，或判断是否为关键供应商，从而对市场竞争水平与供应商行使市场力的能力进行评估，是最为直接的衡量市场力的指标。

a. 关键供应商——关键供应指数（pivotal supplier index，PSI）。

$$PSI=\begin{cases}1, \sum Q_i - Q_j < D \\ 0, \text{其他情况}\end{cases}$$

式中，$\sum Q_i$ 为所有发电商的发电能力；Q_j 为发电商 j 的发电能力；D 为总需求。该指数首次应用是美国联邦监管委员会在 2001 年用于测定发电商的市场力（FERC 2001）。目前该指数被加州 ISO，PJM 和得克萨斯州 ERCOT 用于市场力识别。

b. 关键供应商——剩余供给指数（residual supply index，RSI）。

$$RSI=\frac{\sum Q_i - Q_j}{D}$$

式中，$\sum Q_i$ 为所有发电商的发电能力；Q_j 为发电商 j 的发电能力；D 为总需求。剩余供给指数反应的是在扣除某个发电厂商的容量后，其他发电厂商提供的发电容量与市场总需求的百分比。当剩余供给指数低于 100%时，意味着市场需要该发电厂商。很明显，RSI 和 PSI 非常类似，但更细化。目前该指标已经被加州 ISO 和欧洲电力市场监管机构应用多年。

2）局部市场力识别指标。

局部市场力识别是研究参与市场的发电厂商局部市场力行为，根据电力市场的运行情况，判断供应商缓解阻塞的能力，通过局部市场力识别可以判定供应商的机组是否为必需运行机组。

a. 三寡头测试指标（three pivotal supplier，TPS）。

$$T_{test}=\frac{TES-ES_A-ES_B-ES_i}{DR}$$

式中，TES 为所有机组有效缓解阻塞线路潮流总量；ES_A 为机组 A 有效缓解潮流；ES_B 为机组 B 有效缓解潮流；ES_i 为机组 i 有效缓解潮流；DR 为缓解阻塞所需的总数。

针对由于网络输电容量限制造成的局部地区发电厂商潜在市场力程度较高、控制节点电价的能力较强的情况，TPS 可以作为事前监管的必运行机组确定准则，抑制由于输电阻塞引起的发电商策略报高价的动机。该方法可以判断发电商缓解某条输电线路阻塞的影响因子，从而评估该机组/厂商是否定为必运行机组而进行价格管制。判断机组是否为必运行机组的原则如下：① 若三寡头垄断测试结果为该机组控制线路阻塞能力大于 1，表明该测试机组对缓解线路阻塞作用并不显著，无需进行管制；② 若三寡头垄断测试结果为该机组控制线路阻塞能力小于 1，表明该测试机组必运行机组，需要进行管制。PJM 电力市场采用了 TPS 监管发电机组，抑制发电商行使此种市场力。

b. 考虑电网约束的关键供应指数（TCPSI）与考虑网络约束的剩余供给指数（TCRSI）。PSI 和 RSI 指数都忽略了电网约束的影响，特别是当电网阻塞时，发电厂商可以利用输电网络的阻塞来操纵市场力。因此，在 PSI 与 RSI 的基础上考虑网络约束，即考虑到电网阻塞导致某些机组无法提供全部容量时，系统中某些其他机组有可能成为关键供应商，从而建立 TCPSI 与 TCRSI 指数。虽然 TCRSI 与 TCPSI 指标考虑了电网约束，但仍然只停留在机组容量上的静态市场力分析。目前仍缺少从机组的爬坡能力、启停机约束等机组发电灵活性角度的市场力识别方法。

c. 勒纳指数（lerner index，LI）。

勒纳指数又被称为垄断力指数，采用市场实际电价与理想竞争电价（发电边际成本）的偏差程度来衡量市场垄断程度。其定义如下式。

$$I_{LI} = \frac{P_{clear} - P_{marginal}}{P_{clear}}$$

式中，P_{clear} 为市场实际出清电价；$P_{marginal}$ 为基于发电边际成本计算得到的理想竞争电价。在完全竞争的电力市场中，发电厂商应根据自身的边际成本报价，此时勒纳指数等于 0；当勒纳指数远大于 0 时，说明市场运行中存在市场力作用。

d. 生产缺口（output gap）系数。

生产缺口系数是用来测量物理持留或经济持留的标准参数。生产缺口的定义是某一发电厂商投入市场并盈利的容量与其实际容量的差值。生产缺口系数过大，可以提示发电厂商存在物理持留或经济持留情形，并以此拉高电力价格，是其滥用市场力的表现之一。

3）操纵市场的行为。

市场成员拥有市场力并不能判定其就一定在操纵市场，判断是否操纵市场需要看市场成员是否发生实际行为来行使其市场力并企图左右市场价格。发电商行使市场力的行为主要有：

a. 经济持留，通过提高发电报价并对市场价格产生一定的操控力；比如电网阻塞引起的抬高报价行为，电网阻塞的存在使得统一大市场转变为若干个彼此联系有限的局部小市场，导致阻塞区域内参与竞争的发电商数目减少，集中程度增加。在必须调用机组缓解断面阻塞的区域，发电商利用局部市场力抬高电价，获得高收益。比如发电厂商利用自己的机组在调峰或者调频方面的优势，明确地知道系统必须使用自己的机组参与调节实时供需平衡，就可从辅助市场和实时市场中获得高额电价。

b. 容量持留，造成发电量短缺并由此推高市场价格；当系统供应紧张时，具有市场力的发电厂商可以通过持留容量，使高成本的发电机组进入发电序列，从而抬高市场出清价格。当高电价带来的利润大于因持留容量而减少发电的损失时，发电厂商就会获得超额利润。加州电力危机在很大程度上就是由于发电厂商持留容量引起的。

c. 联合串谋，通过串谋行为达到推高市场价格的目的。单个发电商控制市场价追求高额垄断利润的能力是有限的，发电商串谋会增加市场力行使行为的成功概率。串谋一旦达成将直接改变整个发电市场的结构，作为一个整体的串谋联盟在发电侧市场中的市场份额的增加，进而造成了市场结构向着垄断方向发展。在取得市场支配地位后，串谋联盟可以自身利润最大化为目标操纵市场价格，抬高溢价水平。

（4）现货市场下的市场力约束机制。

电力现货市场对于电力市场发电侧产业集中度过高和市场力抑制的问题，主要有以下约束机制：

1）健全的电力法律保障体系和完善的市场规则。以法律为基本依据，对市场主体间的资产并购加强管理，完善对市场产业集中度的细化管理规定，通过法律形成对市场力行使的约束和威慑，通过市场规则规范市场运行秩序，必要的情况下，实施对市场主体的行政调查、诉讼等。

2）健全的电力市场监管机构和市场合规管理机制。在电力交易机构和电网调度机构独立的基础上，进一步建立相关上级电力市场监管机构和社会第三方独立监督机构，形成对电力市场运营的监管体系，提升电力法律保障体系和市场规则的执行水平。

3）信息披露机制。通过信息的充分披露，鼓励发用电双方进行充分信息下的市场竞争博弈，规范电力市场运营机构和电力市场主体的信息披露的内容、时间和渠道。

4）完善电力市场交易体系。具体包括：为各类市场主体提供丰富的交易品种，提高其选择自由度；鼓励以中长期合约形式锁定大部分量价；引入电力金融市场等对冲市场风险工具；引入容量市场完善发电侧各类市场主体的成本回收机制；通过扩大市场规模稀释、实现联合出清稀释市场产业集中度；通过市场出清规则的设计，引导发电侧市场主体按成本报价等。通过各类市场交易品种和交易机制的协调配合，从多方面减少市场产业集中度的影响程度。

5）市场力抑制机制。具体可分为事前管控、事中抑制、事后管控。其中，事前管控具体指的是设定一系列的规则，以遏制或防止市场力滥用的情况出现，包括了价格上限，投标管控及强制性价格等具体措施。事后管控则是对既成事实的市场力滥用案例进行处理，包括信息披露、诉讼、行政调查和处罚等。通常来说，电力市场运营者会结合事前与事后两种管控措施并加以运用。事中抑制主要是识别发生市场力行使行为且该行为能够产生影响的市场成员，采取利用其注册成本、默认报价等参考价格替换其报价等抑制措施。事前管控措施具有较高的透明度，且可在市场成员动用市场力造成损失之前发挥作用；而事后管控措施可有效弥补事前管控措施的不足，在市场力滥用发生后查清漏洞、实施处罚并修正市场规则。

40. 什么是申报充足率？现货市场和辅助服务市场中影响市场主体中标结果的因素有哪些？

（1）申报充足率。

申报充足率是市场成员申报的最大供给量之和与需求量之和的比值，反映了市场供给的富余程度，从一个侧面反映了市场的竞争力度。比如，某个时段预测市场化负荷为30 000MW，各发电厂申报的出力－报价曲线最大发电功率之和为 39 000MW，则申报充足率为 $39\ 000/30\ 000\times100\%=130\%$。在美国加州电力市场中，部分市场成员和分析者把申报充足率 125%作为一重要阈值，若高于此值，则认为市场竞争比较激烈，若低于此值，则认为市场竞争不足。当高于 150%时，则认为市场竞争非常激烈，不需要任何限价措施。类似的市场评价指标还包括供需比、市场空间等。

申报充足率是影响市场主体在现货市场中标的重要因素之一，并且由于市场成员在现货市场和辅助服务市场在中标电量等方面是有耦合关系的，因此也会影响市场主体在辅助服务市场的中标情况。除了申报充足率之外，还有很多因素会影响市场主体的中标，总结归纳如下。

（2）现货市场中标因素分析。

日前电能市场出清可以理解为按照基于机组申报价格的发电成本，从低到高排序来决定机组启停和出力，直至总出力满足系统负荷需求。在如上基本排序原则的基础上，还需要考虑机组运行约束、断面限值约束、系统正负备用约束等，机组运行约束包括：机组最大/最小出力约束、机组发电能力约束、机组最小运行时间约束、机组最小停机时间约束、机组检修停机约束、气量约束、燃机汽机配比约束。实时电能市场出清基于日前调度计划、日内滚动修正的机组启停结果，进行实时机组出力安排，目标函数中的发电成本不再含启动成本，考虑约束不再包括机组最小开停机时间等与机组启停相关的约束，其他约束与日前市场出清约束原理基本一致。优化出清中诸多复杂约束可能导致申报价格较低的机组无法中标或者无法满出力中标，进而调用到申报价格更高的机组。多种约束共同影响，导致市场成员中标与否不是简单按报价排序，使得中标原因更为复杂。影响电能市场启停中标结果、出力中标结果、出清电价的因素如下：

1）市场供需情况。市场供需情况由负荷侧市场成员的申报量、母线负荷预测、跨省区电力、固定出力机组的出力计划、机组检修容量、机组发电能力、机组厂用电等因素决定。一般情况下，就某个发电侧市场成员而言，市场供需紧张，机组中标概率更大；市场供需宽松，机组中标概率更小。在电价方面，考虑供需对市场平衡点、电网阻塞以及市场成员报价心理等的影响，相比市场宽松情况，市场供需紧张情况下的系统电能价格一般要高一些。

2）发用侧申报信息的匹配情况。在双侧申报的电能市场模式下，发电侧、用电侧申报量价匹配情况，即发电侧、用电侧申报量价曲线的交点位置，也会影响市场成员的中标情况。若发电侧申报高于负荷侧申报的报价情况较多，交点位置会左移，全系统中标量会减少，系统电能价格降低，反之同理。

3）市场成员报价策略。就某个市场成员而言，其微增报价、空载报价、启动报价的高低，会影响自身及其他市场成员的中标情况。市场成员申报价格的高低是决定市场成员中标排序的重要因素，在没有其他约束影响的情况下（比如不受断面阻塞影响、不受滑坡约束限制），市场成员报价越低，其中标的概率越大。

4）电网阻塞等电网安全因素。电网阻塞、局部电压支撑、最小开机方式、$N-1$安全校核等影响电网安全的因素会影响市场成员的中标情况。比如，某市场成员申报价格低于电能边际机组的申报价格，但是因为其出力会引起某断面潮流增加较多，且该断面相关的其他机组申报价格低于该机组，则该机组不中标的概率较大。

5）发电侧市场成员的机组参数。机组的最小开停机时间、爬坡滑坡率、厂用电率、最小技术出力、最大技术出力、发电能力，联合循环机组的燃气配比的等机组参数会影响市场成员的中标情况。比如，燃气机组 A 的最小开机时间比燃气机组 B 小，两者申报价格及其他机组参数一致，系统因个别高峰时段需要 A 或 B 机组开机顶出力，若 B 开机则调用高价机组的时段较多，系统发电成本增加，因而，A 机组中标。

6）发电侧市场成员的机组初始运行情况。机组的初始开停机状态、初始出力、初始已开机/停机时间会影响机组的中标情况。比如某机组在日前市场零点钟的状态为停机，已停机时间为 3h，其最小停机时间参数是 8h，则其必须继续停机 5h 才有可能被组合为开机。

7）辅助服务需求情况。系统备用需求、分区备用的大小会影响市场成员电能中标情况。在电能与调频市场联合出清的模式以及调频市场先于电能市场的出清模式下，调频需求和调频中标情况也会影响市场成员在电能市场中标电力的多少。

8）时段间耦合因素。在全时段耦合出清的模式下，机组中标情况不仅受单个时间点的供需、申报等以上因素影响，还要受到时段间的耦合关系的影响，比如，高峰负荷需求高，若某机组在高峰时刻开机，受最小开机时间约束影响，其在低谷时刻仍要保持开机状态。

9）其他因素。全网气量上下限约束、电能辅助服务联合出清还是单独出清、需求响应资源的相关参数等因素。

（3）辅助服务市场中标因素分析。

1）备用市场中标因素分析。

a. 备用独立出清模式。

备用市场独立出清一般在电能出清之后进行，以备用成本最低为优化目标，可以理解为按照备用申报价格由低到高排序，直到备用中标量达到备用需求量，并且同时考虑各机组的爬坡速率约束（比如对于 10min 备用商品来讲，考虑机组在 10min 之内能够爬坡提供的备用数量限制；对于 30min 备用商品来讲，考虑 30min 减去离线机组的启动时间、通知时间之后能够爬坡提供的备用数量限制）、考虑各机组在电能市场中标的电力（在最大出力减去电能中标电力的剩余部分提供备用）。总结归纳影响备用中标的主要影响因素如下：

a）备用供需情况。备用供需情况由备用需求量、备用提供能力等因素决定。备用需求由调度机构根据电网安全因素考量制定并提前发布。备用提供能力与电能供需情况有紧密联系。一般情况下，备用供需紧张，备用中标概率更高、备用出清价格更高，反之同理。

b）电能市场的中标情况。各市场成员的备用申报量与其在电能市场的中标结果相关。在电能市场中标的机组，其剩余出力的多少决定其在备用市场能够申报的容量大小。在电能市场未中标的机组，可以申报非旋转备用。

c）市场成员的备用申报价格。市场成员的备用申报价格是备用出清排序的重要影响因素，排除爬坡等因素影响，备用申报价格越低，备用中标概率越大。

d）市场成员的机组参数。备用提供机组的爬坡能力、最大发电能力、启动时间、通知时间等参数会影响备用提供能力，因而影响中标情况。

b. 电能与备用联合出清模式。

备用与电能联合出清模式下，目标函数是备用购买和电能购买的总成本最低，约束中增加考虑电能与备用的耦合约束，即电能中标电力与备用中标电力的总和不超过机组的最大技术出力。该模式下，备用与电能的中标紧密耦合，影响备用中标的因素非常复杂，基本涵盖了上述所有影响电能和备用中标的因素，直接影响因素归纳为备用供需情况、市场成员的机组参数等。具体同上所述。

市场成员的备用申报价格与机会成本之和。联合出清模式下，备用中标排序依据是备用申报价格以及因提供备用未在电能市场出清的机会成本之和。这两部分之和数值越小，该市场成员备用中标概率越大。

2）调频市场中标因素分析。

a. 调频市场独立出清模式。

目前，我国主流调频市场在实时电能市场之前组织，以调频辅助服务成本最低为优化目标，调频辅助服务成本基于历史综合调频性能等修正的调频报价来计算，以此为依据进行排序，直到满足系统调频需求。影响调频市场中标的主要因素为：

a）调频供需情况。调频供需情况由调频需求量、调频提供能力等因素决定。调频需求由调度机构根据电网安全因素考量制定并提前发布。调频提供能力与市场成员的调频申报容量情况有紧密联系。

b）市场成员的历史调频服务质量。相同报价情况下，市场成员的历史调频服务质量指标越高，其中标的优先级越高。基于机组的历史综合调频性能指标、延时性指标、贴合性指标、系统平均里程率等参数对市场成员的调频报价进行调整计算。

c）市场成员的调频申报情况。调频市场成员申报的调频容量价格、调频里程价格的高低，结合市场成员历史调频服务质量对报价的调整，决定调频市场中标的排序。

b. 电能与调频市场联合出清模式。

目前，电能与调频市场的联合出清模式下，调频与电能的中标紧密耦合，影响调频中标的因素非常复杂，基本涵盖了上述所有影响电能和调频中标的因素，直接影响因素归纳为调频供需情况、历史调频服务质量。具体同上所述。

市场成员的调频申报与机会成本之和。联合出清模式下，调频排序依据为调整后调频容量申报价格、调频里程申报价格，以及因提供调频辅助服务在未能在电能市场出清的机会成本三者之和，该数值越小，该市场成员调频中标概率越大。

以上分析主要针对集中式市场模式。分散式市场模式的主要交易方式为双边协商、挂牌交易，以及平衡市场的调增调减交易。优化目标是调度成本最低和辅助服务费用最小，主要考虑经济性排序，物理约束考虑相对较少。电能和辅助服务在市场获得上是相对独立的，耦合关系较弱，交易方式中标逻辑相对简单清晰，此处不再赘述。

41. 什么是边际机组形成率？会对市场竞争产生什么影响？

（1）边际机组形成率。

边际机组形成率是指某个电厂形成边际机组的时段占整个竞价时段的比例。其中，边际机组是指在边际出清模式下（含基于考虑安全约束的机组组合和经济调度的出清），提供下一单位负荷电力（一般指 1MW）需求的某一台或几台机组。为了清楚表述边际机组概念，下文首先对边际机组的形成原理，以及边际机组与出清价格的关系规律进行阐述。

与出清价格、出清出力一样，边际机组是优化出清的输出结果，并非事前或人为指定。简单的理解边际机组的概念为，非特殊情况下，边际机组的中标结果在其某一段报价段内是没有满发的。集中式现货市场出清模式下，在没有任何约束受限的情况下，市场按机组报价段由低到高排序形成供给申报曲线，供给申报曲线与负荷需求（或者按负荷报价段从高到低排序形成需求申报曲线）两者相交的交点机组即为边际机组。在系统发生网络阻塞的情况下，电网必须调整机组的出力来消除阻塞，由此新增边际发电机组。以机组出力送出受阻为例，原本应该满出力段中标的机组因为出力受阻而不能满发，成为边际机组。在实际情况下，边际机组是哪台或哪几台机组，受到市场成员的申报情况、系统供需、机组参数、检修、网络拓扑、断面限值、固定出力机组出力、外来电、多时段耦合等所有影响市场中标的因素共同影响。

边际机组与出清价格的关系主要有以下规律：

1）系统中至少存在一台边际机组。

2）一般情况下，当系统没有发生网络阻塞等约束受限时，系统有一台边际机组，该边际机组为系统电能定价，即系统电能价格为该边际机组的申报价格，全网节点边际电价均相等，且等于边际机组的申报价格。当系统发生网络阻塞等约束受限时，每多一个约束受限，则多增加一台边际机组，在这种情况下，多台边际机组共同为系统电能定价。

3）在多台边际机组的情景中，大多数情况下，边际机组是定价机组，少数情况下，部分边际机组对系统电能价格的贡献系数为 0 从而不是定价机组；定价机组均是边际机组。

4）一般情况下，边际机组的出清节点边际电价与其申报价格相等。

从边际机组和系统电能价格的规律可以看出，边际机组是具有一定的定价权力，其申报价格会影响整个系统的系统电能价格。

（2）边际机组形成率对市场竞争的影响。

边际机组形成率是通过市场行为来判断市场力的其中一个重要的判断指标。当某个电厂边际机组形成率远远高于其年发电量占所有竞价电厂年发电量的比例时，可以初步判断这个电厂在市场中具有市场力，可能会存在该电厂操纵市场价格的风险。在这种情况下，该电厂意识到自已容易成为边际机组的特点后，可能会产生行使市场力的行为，比如抬高报价，经过长期试探后，探索形成偏离其发电成本较大但同时仍能保持其较高边际机组形成率的申报价格，进而导致所有机组的出清价格抬高，生产者剩余增加，市场效率损失。

在众多机组中确定边际机组，受到多种复杂因素共同影响，这也造成了边际电价曲线具有与电力负荷曲线趋势不同的特点。在这种复杂因素下，依然发生某台机组的边际机组形成率较高的原因可能有如下几种：

1）该机组所在位置处于局部受入受阻的易发区域。现货市场出清以运行成本最低（或社会福利最大）为目标进行最优化出清计算，在没有发生线路或者常规断面受阻的情况下，系统中各个母线的下一兆瓦的负荷需求是由申报价格最低的机组来提供的，这种情况下，系统电能价格等于边际机组的申报价格，且所有节点的电价一致；当发生线路或者常规断面受阻的情况下，某些母线上增加的负荷需求因为电力传输的制约而无法有最便宜的机组提供，从而产生了因为线路或常规断面阻塞而调用申报价格更高的边际成本，并且增加了因阻塞导致的边际机组。电网阻塞分为送出受阻、受入受阻，一般送出受阻的断面，对应的边际机组再多发一单位电力（一般指 1MW），就会引起断面越限；受入受阻的断面，对应的边际机组再少发一单位电力（一般指 1MW），就会引起断面越限。对于受入受阻断面的相关机组，如果缓解断面阻塞的地位无法替代，或者不容易替代，则会随着断面阻塞的经常性发生而经常性成为边际机组。

2）该机组装机容量较大，或者该机组对应市场成员的市场份额较大。在发电侧申报曲线相对稳定的情况下，机组的装机容量越大，或者机组对应市场成员的市场份额较大，其与负荷侧申报曲线相交的概率越大，这会导致其经常性成为边际机组，具有一定的市场垄断地位，进而具有操纵市场价格的能力。

以上两种原因也是机组容易行使市场力的原因。可以说边际机组形成率是市场成员市场力的一种量化表征，可通过边际机组形成率，来初步判断市场成员的市场力。

42. 有哪些机制可以保障电力现货市场的竞争性?

电力现货市场的竞争性，是指电力现货市场中的一种特征，即所有的市场成员都是出清结果（包括价格和成交量）的接受者，而不是设定者。为了充分保障电力现货市场的竞争性，需要制度、组织、管理和技术等多方面的协调配合。

（1）制度规则保障。

发展电力现货市场需要严格依照相关法律法规、政策和市场规则开展运营，这也是充分尊重市场规律、贯彻“市场精神”的一个基本要求。

电力法律体系是保障电力市场竞争性的根本依据。电力市场的改革要求相关电力法律制度不断完善，以适应电力市场，特别是电力现货市场的建设和发展。当前阶段，已颁布的相关重要法律法规包括：《中华人民共和国电力法》《供电监管办法》《合同法》《电力供应与使用条例》《电力设施保护条例》《电网调度管理条例》和《电力监管条例》等。这些法律法规的颁布，对整个电力行业各个领域的发展都存在极为深远的影响。

国家发展改革委和能源局等政府机构，根据电力市场改革的发展需求，及时出台的相关政策文件，也是保障电力现货市场竞争性的重要指导和规范文件，例如输配电定价政策对于电力现货市场的设计以及保障其竞争性具有非常重要的影响。

完善的市场规则对电力现货市场的发展具有全面和直接的影响，其报价机制、市场出清机制、定价机制、结算和考核机制等的设计，都直接影响市场竞争性环境，同时电力现货市场机制，与调度体制机制的协调配合，与中长期交易、容量市场、金融市场的协调配合，以及省间电力市场与省内电力市场的协调配合，也会对电力现货市场的竞争性环境产生重要影响。由于各地基础条件差异、历史政策发展差异等各种原因，也由于兼顾保障电网安全、兼顾发展清洁能源的国家战略实施等需要会带来多重影响，建立完善的电力现货市场，需要充分考虑当地能源构成、外来电组成、负荷情况、电网输电能力情况、总体电力电量平衡情况、历史政策延续性等各种影响，并与电网调度机制、区域乃至全国统一电力市场建设相衔接。

（2）组织机构保障。

有了可靠的法律、政策保障和完善的电力现货市场规则，还需要建立适当的组织机构保障法律、政策和市场规则的实施。当前电力现货市场的主要组织保障包括市场监管机构和市场运营机构。

电力市场监管机构的职能包括：① 设立政府监管机构，监测市场行为是否符合规则、标准和流程；② 分析市场规则是否存在漏洞；③ 分析市场是否存在可能影响市场活跃程度的结构性问题；④ 检测市场成员是否存在行使市场力的可能性；⑤ 监测调度机构、交易机构的行为及其对市场交易结果的影响等。常见的电力市场监管机构包括国家能源局派出机构、地方政府电力管理部门、电力市场管理委员会等。

电力市场运营机构是负责电力市场运作（包括交易组织与交易计划制订、计量与结算、市场信息发布与管理等）的机构。常见的电力市场运营机构包括各级电力交易机构、各级电网调度机构等。

（3）市场管理保障。

为了充分保障电力现货市场的竞争性，需要相关组织在市场运营过程中充分发挥管理职能，包括维持适当的市场主体范围、开展合规管理和市场力监控、保持充分的信息披露等。

适当的市场主体范围是保障电力现货市场的竞争性的重要基础。市场主体情况影响电力现货市场竞争性的典型情况包括：① 发电侧或者用电侧参与交易的市场主体过少，直接影响竞争。② 发电侧或者用电侧市场产业集中度过高，使得部分市场主体拥有市场力，不论其是否行使了市场力，客观上对电力现货市场的竞争性都会形成影响。③ 发售电市场主体结成联盟。发电厂商与售电商成为一体，会对市场结构造成巨大影响。④ 发用电供需不平衡。电力电量供过于求，形成发电侧竞争性过高，而用电侧缺乏竞争，电力现货市场最终形成的价格将给出错误信号，对中长期市场等相关市场有不良影响，同时也不利于社会资源最大化利用。反之，电力电量供小于求的情况，也会形成错误的价格信号。在当前采用优先发用电制度、全面放开发用电计划、放开售电侧的政策环境下，需要科学地设置市场准入制度，灵活执行优先发用电计划，确保参与电力现货交易的市场主体范围适宜。

市场合规管理，是指通过管理措施，确保市场运营活动与相关法律、市场规则和准则相一致。合规管理对于相关法律和市场规则的可靠实施具有重要意义。当前电力现货市场合规管理的主要内容包括：① 业务监视。通过监视电力现货市场交易各项业务运行情况、外部市场环境状况和秩序风险情况，实现市场风险识别、预警和管控，保障电力市场合规平稳运行。② 市场秩序风险监控。对电力市场整体运行秩序及风险进行监视和管控。③ 市场主体信用管理。根据市场主体的社会信用、履约能力等情况，控制市场主体在电力现货市场的交易行为。④ 市场分析评估。分析市场供需形势、市场力、价格波动情况，构建分析评估体系，对发生的风险或存在的潜在风险提供风险提示或风险管控依据。

市场力监控是市场合规管理中的一项重要内容，对于保障电力现货市场的竞争性有特别重要的作用。电力市场运营机构应建立适应市场结构和电网特点的市场力监测、抑制和处理措施，在现货市场的事前、事中、事后多个环节来监察、抑制、处理市场力行使行为，保障现货市场的竞争性。

信息披露是电力现货市场的核心业务之一，按照政府部门、市场监管机构以及相关信息披露管理办法的要求，通过多种信息披露渠道，规范地向市场成员、政府部门、社会公众发布电力现货市场相关信息，并确保信息的时效性、正确性、完整性和安全性。信息披露周期一般分为年报信息披露、季报信息披露、月报信息披露以及其他动态实时信息披露等。信息披露内容包括但不限于市场主体信息、市场运营信息、市场监管信息、市场成员信用信息、电网运行信息等所有可能对市场交易产生较大影响的信息。信息披露的原则一般要求遵循公开、公正、公平原则。信息披露义务人应当根据法律、行政法规、政策性文件的要求，对信息披露的真实性、准确性、完整性负责，不得有虚假记载、误导性陈述或者重大遗漏。依据信息披露的主体，可分为市场成员信息披露、电网调度机构信息披露、电力市场运营机构信息披露以及相关监管机构和征信机构信息披露。

（4）技术支持保障。

技术手段是保障电力现货市场竞争性的重要支撑，包括自动化系统和电力市场技术两方面的含义。

运转优良的自动化系统是电力现货市场能够顺利实施的基础，也是保障其竞争性的基础。其主要包括以下几个方面：

1）功能要求。复杂的、个性化的现货市场机制设计，持续、大量的电力现货市场交易行为，复杂的市场出清优化计算等，都需要自动化系统能够提供充分支撑，充分贯彻市场规则设计所采用的现货市场机制。

2）性能要求。大量的市场主体交易行为，多样化的联网方式，日前和实时市场连续运行时大量的信息处理和优化计算，都需要自动化系统能够及时响应、满足必要的性能指标。

3）安全要求。电力现货市场中大量的使用者、复杂的网络环境、所涉及巨大的经济利益等，都对自动化系统提出了较高的安全性要求。

电力市场机制设计中涉及大量关键技术，选择合适的技术并协调配合，是保障电力现货市场竞争性的重要基础。例如市场出清方式，包括集中竞价、撮合出清、挂牌交易等多种方式；市场定价技术，包括系统边际定价、分区边际定价和节点边际定价等；结算机制中包括不同的清算、结算和清分设计以及详细的计算方法；现货市场出清涉及复杂的优化机制，需要设定合适的优化边界条件、优化目标和约束条件；省间现货交易和省内现货交易需要设计合适的时序配合关系等。

43. 电力现货市场建设对电网安全可靠性有哪些影响？国外电力市场建设过程中有哪些提高电网安全可靠性的经验可借鉴？

与传统计划、调度模式相比，电力现货市场的建立给电网安全可靠性带来了新的影响。电力体制改革初期，电网的安全稳定水平会有所下降，随后将逐步回升。初期电网的安全稳定水平会有所下降的判断，已为许多事例所证实；后期将逐步回升的评估表达了一种良好的预期，如果措施得当，可通过市场机制来促进电网安全稳定水平的提高。

（1）电力现货市场建设对电网安全可靠性的影响。

非现货市场环境下的安全可靠性问题依然是电力现货市场下的电力系统安全可靠运行关注的问题，一般地，电力现货市场下的电网安全可靠性可从短期可靠性和长期可靠性两个方面进行研究。短期可靠性即电力系统运行可靠性，包括电力系统在故障状态下的安全性和避免连锁反应而不会引起失控和大面积停电的能力、电力系统有足够的发电容量和足够的输电容量，在任何时候都能满足用户的峰荷要求等；长期可靠性指电力系统电源和输电资源的充裕性。

1）现货市场中市场成员的逐利性和最优性将会把电网运行推向安全边界，电网运行安全边界将被压缩。传统调度模式下，全系统的机组出力安排相对平均，电网潮流在全网分布较为均衡。现货市场引入之后，调度计划安排将在满足电网运行要求的前提下，以全网发电成本最低（或社会福利最大）为目标进行确定，这将导致为了输送低价的电力，某些输电线路在重载甚至满载状态下长距离输送，输电系统的潮流分布的均衡性降低，增加了系统安全运行风险。

2）由于市场成员申报行为的不确定性，基于报价的经济调度使得潮流模式频繁发生大幅度的变化，经常出现意料之外的调度模式，以没有预想到的、没有仔细分析过的潮流方式运行的机会增加了，当零售侧的竞争也放开后，问题将会更加突出。

3）对于电力系统容量的充裕性，电力现货市场的引入也将改变现阶段的安排方式，主要包括短期容量的充裕性和长期容量的充裕性两个方面。短期容量的充裕性：现阶段电力系统的备用设置除深度调峰以外，绝大多数是无偿的。以上原因造成在传统的形式下，电力系统倾向于设置多余的运行备用供调度人员进行调度使用，以保证电网安全。但是，电力现货市场引入之后，考虑运行过程中的经济性，运行备用根据按需购买的原则进行获取。这样的获取方式相比过去，运行备用减少，因此需要合理的辅助服务市场设计以及风险防控机制，来保证极端情况下或者系统发生较大事故时候的系统安全运行。长期容量的充裕性：厂网分开之后，发电投资变为投资者以自身利益最大化为目标的投资行为，投资风险完全由投资者自己承担，政府不再保证发电投资成本的回收和相应的投资收益。在传统的调度模式下，发电企业的收入是可预期的，且上网电价包含了机组的固定成本，新增发电投资风险较小。现货市场引入之后，电价的波动性增加了发电企业的收益风险。对于发电投资，发电企业一般会进行独立的利润评估，此时电力总供应量倾向于小于社会发展的最优需求，需要配合其他鼓励长期发电投资的市场机制保证发电的长期充裕性。

（2）国外电力市场建设过程中的经验。

考虑到电力现货市场给电网运行安全带来了新的影响，需要采用合理有效的市场机制保证电网安全。保障电力系统短期可靠性的机制主要包括：① 把电网安全运行约束耦合到现货市场出清过程中，市场的出清结果能够保证系统在预想故障下稳定运行；② 保证日前实时发电安排能够满足电网安全要求的现货市场出清安全校核机制；③ 激励市场成员提供充足的备用、调频、无功等辅助服务机制；④ 消除输电阻塞问题的金融输电权、节点边际电价信号传递等阻塞管理手段；⑤ 电力现货市场的电网安全风险防控机制等。保障系统长期可靠性的机制主要有容量市场、容量补偿等容量支持机制以及稀缺电价机制等，建立容量市场来鼓励发电投资，或以直接、合理的方式恢复固定的容量成本，引导建立新的发电容量。

从国外典型辅助服务市场的运作模式来看，辅助服务市场主要有电力辅助服务独立交易方式和联合优化方式。独立交易方式指电力辅助服务市场独立于电能量市场运行，常见于以欧洲为代表的分散式电力市场。欧洲电力交易机构与系统调度运行机构分立，电力交易机构负责运营日前、日内现货电能市场，系统调度运行机构（TSO）负责运行辅助服务市场，与电能量市场独立运行。联合优化方式指电力辅助服务市场与现货电能量市场联合交易出清，常见于美国、澳大利亚等集中式电力市场。以美国PJM电力市场为例，参加辅助服务市场交易的机组在运行日前一天连同电能量报价一起向PJM提交报价信息，辅助服务市场在实时运行前一小时关闭。在此之前，机组可以修改报价信息。实时运行过程中每5min将辅助服务市场与电能量市场联合出清一次，联合出清的目标为电能和辅助服务采购总成本最小化。

随着电力市场化改革的推进和可再生能源占比的提高，评估并保障系统发电容量充裕性成为确保电力长期可靠供应的重要组成。国外普遍采用容量支持机制来确保系统的长期充裕度来保证系统的安全可靠性，例如英国、PJM、纽约州独立系统交易运行机构（NYISO）等采用容量市场，得克萨斯州电力可靠性委员会（ERCOT）、澳大利亚国家电力市场采用稀缺定价机制、智利采用容量补偿机制。除此之外，瑞典和比利时采用的战略备用机制也可以解决供电可靠性问题。

44. 成熟的电力现货市场标志有哪些？国外的现货市场评价有何借鉴经验？我国电力现货市场一般从哪些方面进行评价？

（1）成熟电力现货市场的标志。

电力现货市场的目标是在一定的政治、经济、技术条件下实现电网运行和市场运营的效率、公平、环保、安全等目标。

1）效率——社会福利最大化。可以认为所有经济制度的最根本的目标都是效率。同样，电力市场改革的最根本的目标就是提高电力系统资源的配置效率，更加具体地讲，就是在有限的资源条件和技术、经济等约束情况下，还原电力商品属性、发现电力价格信号，最大程度上满足电力用户的需求。

2）公平——社会福利的分配。在满足一定公平性原则下的效率最大化。公平的本质是平衡，主要体现在社会总福利在不同市场主体之间的分配上，包括不同进入时间（新进入和已有）、不同区域、不同环节（发、输、配、售）、不同类型（如火电与水电）的市场主体之间的分配，赋予市场主体自主选择权。

3）环保——可持续发展。环保单独作为一个目标，主要是缺乏有效的市场对其合理定价并让排放污染的市场主体承担相关成本。也就是说，排放具有负外部性，而市场无法考虑或无法完全考虑。如果电力生产带来的环境影响被合理定价（如碳税、绿证），那么发电厂商会将环境影响的外部性反映在市场交易的报价成本中，使得环保的约束反映在效率目标中。

4）安全——市场的基础。供电安全向来是电力系统运行的首要约束条件。具体反映在对电压、频率、可靠性等方面的要求上。

根据上述目标，一个成熟的电力现货市场可以描述为：能够通过市场发现合理的电力商品价格；能够得到促进社会效益最大化的电力生产安排、实现资源优化配置；市场需要的各类电力商品能够得到成本回报；出清结果能够符合电网安全和可靠性需要；能够通过市场激励和市场信号来引导市场成员行为满足电网安全运行需要；市场以及场外机制配合能够促进清洁能源消纳；市场体系能够为市场成员提供灵活的仓位调整手段和风险规避手段；能够具备一定的市场应急能力；长期运行的市场能够促进电力技术革新、资产投资引导、电网布局合理，促进电力工业整体健康发展。

（2）国外现货市场评价示例。

市场环境若不同，相应的评价标准也不一致。国外电力现货市场评价体系是随着其市场的发展而不断丰富和完善的。对国外典型电力市场评价模型进行分析，可为我国的电力现货市场评价提供参考。

1）美国 PJM 电力市场评价模型。

美国 PJM 市场重点从市场结构、市场行为、市场绩效、市场主体经营状况、运行和规划机组等方面进行评估，评估由独立的市场监督部门（MMU）负责。PJM 公开发布电力市场年度评价报告，通过对特定市场状况的研究，制定电力市场规则改进方案和措施。

市场结构评价指标包括市场供需、市场集中度、边际机组集中度、需求侧响应；市场行为评价指标包括报价涨幅、价格上限、区域市场力、频繁减载机组；市场绩效评价指标包括市场出清价格、系统负荷需求、日前市场和实时市场发电量、日前市场价格与边际成本对比；市场主体经营状况评价指标包括市场主体税收、新进入市场成员税收；运行和规划机组评价指标包括各种燃料发电机组发电容量比例、规划发电机组情况。

美国 PJM 电力市场评价模型有如下特点：① 基于产业经济学的“结构—行为—绩效”分析范式（SCP 范式）构建评价体系，对市场运行状态进行评价；② 重点对市场行为和市场操纵力进行评估，防止形成市场垄断。

2）美国加州独立系统调度机构（CAISO）电力市场评价模型。

CAISO 运营报告用来报告和审计关于系统事件和其他业务的问题，其包括频率响应、应急储备图表、负荷减载、其他事件以及运营统计分析。其中年度报告主要内容有：

a. 系统负荷和电源。包括负荷情况、供给侧情况。

b. 市场行为。包括总批发市场花费、市场竞争力分析、能量市场价格、剩余机组组合、竞价、实时不平衡补偿。

c. 实时市场行为。包括实时电价、能源不平衡市场电量、不平衡市场温室排放、可用平衡容量。

d. 实时市场的波动性和灵活性。包括实时价格波动、电力平衡约束、爬坡充裕度测试、实时竞价灵活性。

e. 集中竞价。包括集中竞价趋势、集中竞价支付、虚拟竞价回收费用。

f. 辅助服务。包括辅助服务花费、购买辅助服务、辅助服务定价、辅助服务花费。

g. 市场竞争和市场力缓解。包括竞争力结构化措施、输电约束竞争力、局部市场力缓解、启动和最小负荷竞价。

h. 输电阻塞。包括联络线阻塞、内部约束阻塞影响、阻塞收益权。

j. 市场调整。包括特殊调整、不平衡市场人为调度、负荷调整、阻塞调度、剩余机组组合调整。

k. 电源充裕性。包括容量购买机制和可靠性必开机组、灵活电源充裕性需求、灵活电源购买、进口电量、夏天峰值小时等。

3）美国中西部独立系统运营者（MISO）电力市场绩效评价。

MISO 电力市场绩效评价指标包括：运营指标和战略指标两大类。运营类指标细分项及其在综合评价中所占权重分别为：可靠性、合规性与安全性（25%），机组组合效率（10%），市场效率（10%），系统可用性（5%），财务状况（10%），顾客服务（10%）；战略指标细分项及其在综合评价中所占权重分别为：市场系统增强（10%），可靠性增强（10%），MISO 远期发展（10%）。

4）澳大利亚电力市场评价模型。

澳大利亚国家电力法要求澳大利亚能源管理局（AER）至少每两年对国家电力批发市场（NEM）进行评估。评估标准如下：① NEM 是否存在“有效竞争”；② NEM 的市场特征是否不利于市场有效竞争；③ NEM 的市场特征是否对市场的有效运行和国家电力目标的实现产生不利影响。

基于上述标准，按照可证性、稳定性、易读性、实用性原则，AER 采用“结构—行为—绩效”分析模型对 NEM 进行全面评估，评价指标体系主要包括市场结构、市场行为、市场成效三个维度。

市场结构包括市场集中度、入市障碍、退市障碍、纵向整合。市场行为包括发电商持有容量程度、二次容量申报的市场力、违反合规性的市场行为。市场成效包括市场竞争力、市场效率。

（3）我国现货市场的评价。

结合我国电力现货市场建设初期的发展状况、面临的问题和改进方向，现阶段电力现货市场的基本评价指标可设定为：

1）可靠性、合规性与安全性类指标。输电网供电可靠性指标、系统备用容量合规率、发电容量充裕度指标。

2）市场结构类指标。整体/阻塞区域内市场力指标（市场集中度、边际机组集中度）；每月最大负荷时段系统可用性（包括统调发电机组有效容量占比、输电网阻塞断面输电容量占设计容量比例）。

3）市场化程度指标。参与现货市场交易发电机组有效容量占统调机组有效容量百分比、参与现货市场交易发电机组有效容量占参与（包括中长期和现货）市场化交易统调机组有效容量百分比、参与现货市场交易的同类机组装机容量占比、参与现货市场交易的总用电量占全社会用电量的百分比、电力现货市场化交易电量占市场化交易电量的百分比、中长期合同电量占全社会用电量的百分比等。

4）市场供需状况类指标。系统（每月最大负荷日的）最大、最小负荷时段的市场供需比，可中断负荷容量占（相应技术标准的）备用容量的百分比，需求侧响应电量占实时（平衡）市场交易量比例等。

5）市场行为评价指标。报价涨幅、价格上限、频繁减载机组。

6）市场绩效评价指标。市场出清价格、日前市场价格与边际成本对比、市场需求满足率（日前市场实际成交购电量与申报购电量之比）、日前市场和实时市场发电量、各类发电机组发电容量比例和实际发电量比例、机组组合效率（理想机组组合和经济调度的购电成本与实际现货市场购电成本之比）、市场结算不平衡资金占总交易结算电费的比例。

7）市场竞争适宜度指标。供给侧主体税收和利润率、需求侧主体税收和利润率。

8）市场成员满意度指标。市场规则满意度、市场信息披露满意度、市场交易系统可靠性和灵活性满意度等。

9）战略性指标。包括：① 践行国家发展战略指标：可再生能源消纳率、水电消纳率、核电消纳率；② 市场发展建设指标：市场交易系统功能增强，市场交易系统可靠性增强，市场化中远期发展规划制定。

第二章

国内电力现货市场建设关键问题

45. 我国电力现货市场建设探索历程和建设现状如何?

自 1998 年我国开始建设发电侧竞争性电力市场起，我国电力现货市场开展了一段曲折的探索，先后进行了 6 省（市）电力市场以及东北、华东和南方区域电力市场的试点，并结合电力工业实际，开展了跨区跨省交易、发电权交易、电力用户与发电企业直接交易等多种形式的电力交易，努力形成了电力市场主体多元化竞争格局，在电力市场建设方面积累了一定经验。

我国电力现货市场建设以省内电力现货市场起步，1998 年国务院办公厅印发了《国务院办公厅转发国家经贸委关于深化电力工业体制改革有关问题意见的通知》（国办发〔1998〕146 号），决定在上海、浙江、山东、辽宁、吉林和黑龙江 6 省（市）进行“厂网分开、竞价上网”试点工作。通过第一轮省市场试点，探索形成了四种竞价模式：① 以浙江为代表的“差价合约”模式；② 以山东为代表的“确保合约、计划开停、竞争负荷”模式；③ 以上海为代表的“存量与增量分开，竞价电量分年度、现货分时安排”模式；④ 以东北三省为代表的“计划竞争”模式。各试点省技术支持系统相继建成并投入使用。6 个试点省之外，部分省份也开展了竞价上网相关探索。由于受到诸多因素影响，2002 年后试点工作已名存实亡，2004 年 5 月，国家电监会和国家发展改革委联合发文终止六省（市）的省内电力市场试点工作。

2002 年我国开始着手建立区域竞价市场，开启了现货市场新尝试，2003 年国家电监会印发了一系列有关区域电力市场建设的指导性文件，推动了东北、华东和南方区域电力市场的建设和模拟运行。其中，东北电力市场 2004 年 1 月开始采用部分电量、单一制电价的月度竞价模式进行模拟运行，2004 年 6 月改为全电量竞争、两部制电价模式并进入年度、月度竞价模拟，2005 年完成了两轮年度竞价交易和八个月的月度竞价，2006 年由于年度竞价结果平衡账户资金亏损较多而暂停运营；华东电力市场建设方案于 2003 年正式获批，2004 年 5 月开始进入模拟运行阶段，2006 年进行了两次调电试运行之后，进入调整总结阶段，市场模式采用单一制电价、全电量报价、部分电量按竞价结果结算的方式；南方区域电力市场 2005 年 11 月进入模拟运行阶段，市场模式采用单一制电价、部分电量竞争的形式。客观上，区域电力市场的上述实践探索，检验了不同市场模式在我国的适用性，为电力现货市场的深化建设积累了经验。

在 6 省（市）电力市场以及东北、华东和南方区域电力市场的试点过程中，相关电网企业积极参与配合政府有关部门开展相关工作，强化电网基础设施建设、完善市场技术支持系统、加大市场化专业人才培养力度，为市场建设发挥了应有作用。

在厂网分开前后数年间，尽管电力现货市场建设进行了多种模式的探索，但由于市场体系尚不完备、交易机制缺失、价格关系尚未理顺等因素制约，市场配置资源的决定性难以有效发挥。具体表现在：① 市场体系不健全。电能市场主要开展中长期交易，缺乏灵活有效的现货市场机制来反映短期供求关系、平衡中长期交易与实际运行的偏差；市场化的辅助服务交易机制缺失，主要根据《并网发电厂辅助服务管理暂行办法》进行管理。② 售电侧有效竞争的机制尚未建立。与发电侧引入竞争相比，售电侧市场格局相对单一，多元化的售电主体有待培育，用户侧在市场中的参与程度较低，发电企业和电力用户之间市场交易有限。③ 价格关系未理顺。电价管理仍以政府定价为主，电价调整往往滞后于成本变化，难以合理反映市场供求状况、资源稀缺程度和环境保护支出，市场化定价机制尚未形成，独立的输配电价体系尚未建立、电价交叉补贴未解决，难以实现有效的价格信号传递和合理的成本回收。④ 省间壁垒仍然存在。我国长期形成以省为实体的财税管理体制和电力平衡机制，地方政府普遍对省间交易进行干预，制约市场功能的发挥，适应大范围优化配置需求的电力市场机制有待完善。⑤ 新能源发展和消纳机制不健全。新能源发展迅猛、占比不断提升，但市场化的消纳机制尚未建立，有关的价格补贴与激励政策等尚不健全，制约了能源清洁化转型的实施。

在此背景下，2015 年 3 月，中发 9 号文的正式发布标志着我国新一轮的电力体制改革正式拉开帷幕，以现货为重点的新一轮电力市场建设进一步提速。2015 年，中发 9 号文配套文件《关于推进电力市场建设的实施意见》（发改经体〔2015〕2752 号）提出“逐步建立以中长期交易规避风险，以现货市场发现价格，交易品种齐全、功能完善的电力市场”，对现货市场建设作出明确部署。2017 年，为充分利用省间输电通道促进新能源充分消纳、缓解“三弃”问题，我国省间现货市场的雏形——跨区域省间富余可再生能源电力现货交易市场正式开始试运行。2017 年 8 月，国家发展改革委、国家能源局联合下发了《关于开展电力现货市场建设试点工作的通知》（发改办能源〔2017〕1453 号），要求 2018 年底前启动电力现货市场试运行，积极推动与电力现货市场相适应的电力中长期交易。结合各地电力供需形势、网源结构和市场化程度等条件，选择南方（以广东起步）、蒙西、浙江、山西、山东、福建、四川、甘肃 8 个地区作为第一批试点，开启了新一轮电力市场的建设。

按照国家发展改革委和能源局的工作部署，国家电网经营区内浙江、山西、山东、福建、四川、甘肃 6 个现货试点单位在 2019 年 9 月全部进入结算试运行阶段。2020 年，6 家试点单位均完成整月以上长周期连续结算试运行，其中福建连续运行 7 个月，甘肃连续试运行 5 个月、山西连续试运行 2 个月。试运行期间电网运行安全，市场运营平稳，清洁能源充分消纳。

2017 年 8 月，跨区域省间富余可再生能源电力现货交易试点正式启动。此交易定位为在落实中长期外送计划、交易之外，开展的富余可再生能源发电外送交易，是在送端调节资源已经全部用尽，可再生能源仍有富余发电能力、可能造成弃水弃风弃光时，充分利用跨区通道可用输电能力，用市场化方式组织开展的日前、日内跨区域外送交易，尽最大可能消纳可再生能源。截至 2020 年底，跨区域省间富余可再生能源现货交易试点已平稳运行超过 3 年，共有超过 2300 家发电企业参与交易，市场交易范围覆盖国家电网公司全部经营区，成交电量超过 190 亿 kWh。目前，基于跨区域省间富余可再生能源电力现货交易，国家电网公司已编制完成省间现货市场建设方案和规则体系，报送国家发展改革委和能源局履行审批手续。

尽管现货市场建设已取得突破性进展，但也暴露出计划与市场统筹、省间与省内市场衔接、新能源市场机制等深层次问题，需要在下一步的市场建设中予以研究解决。

（1）电力市场相关政策机制有待进一步优化。发用电计划放开规模不匹配，计划手段配置资源的优发优购制度与市场交易机制缺乏有效衔接。电价政策尚不能完全适应市场化要求，适应全国统一电力市场的输电价格机制尚未建立。需求侧参与市场竞争的配套制度尚未建立。市场运行的多元政策目标需要加强统筹。电力市场监管能力有待加强。

（2）省（区、市）电力市场与省间市场建设需要协调推进。各地市场建设进程还不平衡、不协调，不同交易品种间协调统筹不足，省（区、市）电力市场建设有待深化。与区域协调发展战略相适应的区域电力市场建设需进一步加快。跨区跨省交易以电网企业统购统销为主，与省（区、市）市场间衔接机制还不完善，难以实现能源资源合理流动和高效配置。

（3）支撑高比例新能源发展的市场化机制有待完善。新能源市场化消纳机制与保障性消纳政策的衔接有待加强。辅助服务成本分摊机制和容量补偿机制有待健全，系统承载新能源的灵活性有待提升。绿色电力证书核发交易制度尚不完善，绿证交易与碳排放权交易有待衔接。适应新型电力系统的调度模式和交易机制还需进一步优化。

下一阶段，需要在政府有关部门总体部署和指导下，贯彻落实国家“双碳”战略目标落实、新型电力系统构建等新形势和新要求，认真总结前期试点的经验教训，不断完善市场规则，持续将现货市场建设向纵深推进，努力构建有中国特色的电力市场体系和现货市场交易模式，促进电力资源高效优化配置，服务我国经济社会发展大局和能源转型目标实现。

46. 我国电力现货市场建设遵循的基本原则是什么？

我国电力现货市场建设全面贯彻落实中发 9 号文要求，根据《关于深化电力现货市场建设试点工作的意见》，我国电力现货市场建设需要遵循市场主导、因地制宜、统筹有序和安全可靠的基本原则。

我国电力现货市场建设的总体思路是以习近平新时代中国特色社会主义思想为指导，

深入贯彻党的十九大精神，认真落实党中央关于电力体制改革的决策部署，进一步深化电力市场化改革，遵循市场规律和电力系统运行规律，建立中长期交易为主、现货交易为补充的电力市场，完善市场化电力电量平衡机制和价格形成机制，促进形成清洁低碳、安全高效的能源体系。

我国电力现货市场建设遵循的基本原则有以下四条：

（1）坚持市场主导。进一步发挥市场决定价格的作用，建立完善现货交易机制，以灵活的市场价格信号，引导电力生产和消费，加快放开发用电计划，激发市场主体活力，提升电力系统调节能力，促进能源清洁低碳发展。

（2）坚持因地制宜。综合考虑各地供需形势、网源结构、送受电情况、市场化基础和经济社会发展水平等因素，结合实际、因地制宜，研究制定电力现货市场建设方案，鼓励各地差异化探索。

（3）坚持统筹有序。统筹好计划与市场、当前与长远、省内与省间、有序推进。

（4）坚持安全可靠。做实做细市场模拟，提前发现问题，切实防控风险。推动市场交易和系统运行相互衔接，做好市场应急处理预案，保障电力安全可靠供应。

在电力现货市场试点实践中，各省结合各自的实际，确定了市场建设的具体目标。

浙江省提出的目标是：以“安全，经济，绿色”为目标，建立以电力现货市场发现价格、中长期合约市场控制风险的省内电力市场体系，涵盖现货+中长期交易+辅助服务等多周期、多品种。中长期交易中的政府授权合约、双边合约等为差价合约，以有效规避现货市场风险；现货市场初期以发电侧单边市场起步，由统调电厂先行参与市场竞争和规则验证，售电公司则通过中长期交易积累市场经验，待条件成熟后再逐步进入现货市场，确保浙江市场平稳起步。

山西省提出的目标是：在省内，建立“中长期合约仅作为结算依据管理市场风险、现货交易采用全电量集中竞价”的电力市场，充分发挥中长期交易稳定市场价格作用，利用现货交易对中长期合约进行优化，保障电网安全稳定运行，提升新能源消纳能力。在省间，以外送中长期交易结果为边界、保障联络线交易曲线的物理执行，在省内现货市场预出清的基础上，以省内平衡后的富余发电能力参与省间现货交易，扩大晋电外送规模。坚持安全可靠、市场主导、绿色发展、开放创新的原则，推动山西电力资源在更大范围内优化配置。

甘肃省提出的目标是：以积极稳妥、分阶段实施的建设原则，建立省间交易与省内交易相协调的市场架构。其中，省间中长期交易结果将被作为省内出清的边界条件，联络线交易曲线物理执行，并在省内现货市场预出清的基础上，积极参与省间现货及跨省调峰市场交易。在省内，建立“中长期交易保障利益、现货交易发现价格”的电力市场体系，不断扩大市场交易规模、丰富市场交易品种、完善市场交易机制、培育市场主体意识，逐步建成机制健全、功能齐全的电力市场体系。

山东省提出的目标是：遵循市场经济和电力运行客观规律，立足山东电力系统实际，逐步建立交易品种齐全、功能完善的山东电力市场体系。建立完善现货交易机制，进一步发挥市场在资源配置中的决定性作用，更好地反映电力商品的时间、空间价值。构建电力现货市场衔接机制，统筹好省内与省间、中长期交易与现货交易之间的关系，服务清洁能源优先消纳，确保电力供需平衡和电网安全稳定运行，稳妥有序推进山东电力现货市场试点建设。

福建省提出的目标是：通过引入现货市场机制，发现系统的边际调节成本。通过价格信号引导发电企业，特别是火电企业挖掘自身调节潜力，主动参与到系统平衡调节中，将收益模式由传统的基荷运行转变为主动参与系统调节。充分发挥市场机制在配置资源中的决定性作用，保障经济社会、电力工业和生态环境协同发展，同时进一步增强系统安全运行能力。

四川省提出的目标是：通过市场竞争发现价格引导投资消费，通过充分竞争生成完整的价格信号，反映电力商品价值和供求关系，引导电力投资与消费，促进产业升级，优化电网电源规划；保障市场环境下清洁能源的有效消纳，通过电力现货市场运营，实现发电权的灵活转移，有效破解清洁能源预测不准导致交易计划执行困难的问题，保障清洁能源的有效消纳；促进市场机制与电力生产的有机结合，构建中长期交易与现货交易相结合的电力市场体系，将电力生产和电力市场有机结合，充分发挥市场在资源配置中的决定性作用，促进四川省电力工业健康可持续发展。

上述各省电力现货市场建设目标不同，市场的模式也必然不同。

世界各国、各地已建成的电力现货市场都在不断完善过程中，甚至有推倒重建的，因此，电力现货市场需要在实践中不懈探索和丰富。

落实和实施我国电力现货市场建设原则需要考虑以下几个方面。

（1）合理设计电力现货市场建设方案。

1）科学论证电力市场模式。因地制宜、科学合理选择电力市场模式，确保市场模式有良好的开放性、兼容性和可扩展性。我国电网是由特高压交直流组成的大电网，电网阻塞较为严重，各地宜选择合适的电力市场模式起步。现货市场主要开展日前、日内、实时/实时平衡的电能量交易，通过竞争形成分时市场出清价格，并配套开展备用、调频等辅助服务交易。试点地区可结合所选择的电力市场模式，同步或分步建立日前市场、日内市场、实时市场/实时平衡市场。

2）合理确定现货市场主体范围。市场主体范围应涵盖各类发电企业和供电企业（含地方电网、趸售县、高新产业园区和经济技术开发区、增量配网试点项目等）、售电商、具备直接参加电力现货交易条件的电力用户等。

3）有利于省间市场建设。电力现货试点应符合国家区域协调发展要求，服务京津冀协同发展、长三角一体化发展、粤港澳大湾区建设等重大战略，按照建设统一开放、竞争有序的市场体系实现资源在更大范围的优化配置。

（2）统筹协调电力现货市场衔接机制。

1）充分考虑与现货交易机制配套的电力中长期交易机制、输配电价机制、优先发电和购电制度落实机制、可再生能源保障性收购机制、发电企业市场力防范机制、财务信用风险规避机制及市场应急预案等。

2）统筹协调省间交易与省（区、市）现货市场。各类跨省跨区中长期优先发电合同和中长期市场化交易合同双方，均需提前约定交易曲线作为结算依据。经过安全校核的日前跨区跨省输电通道送电曲线作为受（送）端省份电力现货市场电力的边界条件。以国家计划为基础的跨区跨省送电计划放开前，可由受端省份电网企业或政府授权的其他企业代表与发电方、输电方协商签订三方中长期合同，约定典型送电曲线及输电容量使用条件。

3）统筹协调电力中长期交易与现货市场。中长期交易可以实物合同、差价合约等一种或多种形式签订。中长期双边交易形成的电量合同，可由交易双方自行分解为分时曲线。中长期交易实物合同，其分解曲线应在满足电网安全约束的前提下予以执行。对于优先发电、优先购电，根据市场建设进展纳入中长期交易。推动形成中长期交易价格与现货市场价格科学合理的互动机制。

4）统筹协调电力辅助服务市场与现货市场。配合电力现货试点，积极推进补偿机制向电力辅助服务市场转化。建立电力用户参与承担辅助服务费用的机制，鼓励储能设施等第三方参与辅助服务市场。

（3）建立健全电力现货市场运营机制。

1）有序引导用电侧参与现货市场报价。根据市场发育程度、市场主体成熟度和计量设施情况，电力现货市场中，可采用发电侧单边申报量价的方式，采用负荷预测曲线作为需求，用电侧作为市场价格接受者；具备条件地区，用电侧可报量报价或报量不报价。发电侧单边申报和发用电侧双边申报形成的电力现货价格，均应作为用电侧电力现货结算价格基础，引导电力用户形成对系统友好的用电习惯。

2）建立促进清洁能源消纳的现货交易机制。非水可再生能源相应优先发电量应覆盖保障利用小时数。选择清洁能源以报量报价方式，或报量不报价方式参与电力现货市场，实现清洁能源优先消纳。市场建设初期，保障利用小时数以内的非水可再生能源可采用报量不报价方式参与电力现货市场。

3）合理选择现货市场价格形成机制。根据各电力现货试点地区的电网结构和阻塞情况，可选择采用节点边际电价、分区边际电价和系统边际电价等价格机制。对于电网阻塞线路多、阻塞成本高的地区，可选择节点边际电价机制；对于电网阻塞线路少、阻塞成本低的地区，可选择分区边际电价或系统边际电价机制。阻塞管理形成的成本或盈余，应及时在发用电侧市场主体间合理分摊或返还。电力现货试点地区可视实际需要探索开展输电权交易。电力现货市场价格形成机制设计应避免增加市场主体间的交叉补贴。

4）科学设定现货市场限价。电力现货市场申报和出清限动为基本原则，避免因上下限设置不合理而影响价格信号发挥作用。

（4）强化提升电力现货市场运营能力。

1）建立健全现货市场运营工作制度。建立电力市场运营工作规范，明确调度机构相关岗位职责。建立市场运营涉密信息管理制度，规范信息交换和使用程序，防范关键信息泄露。建立市场运营关键岗位和人员回避制度，保障市场运营公开公正。

2）提高调度机构的组织和制度保障水平。加强现货市场专业队伍建设，强化现货市场专职人员培训，确保技术支持系统开发建设、运行管理等工作顺利开展，保障满足现货市场建设和运营需要。完善调度运行控制制度体系建设，有效保障电力现货市场平稳运营。

3）加强电力系统运行管理。严格落实电网安全运行控制标准要求，规范调用电网备用、调频资源，严格按照电力系统安全稳定导则计算电网阻塞断面的传输限值。调度机构可按照事前制定的规则处理电网故障、供需失衡等异常情况，保障电力系统安全可靠运行。

4）健全市场信息披露机制。按照保障交易的原则，根据不同时间要求和公开范围，对外披露电力现货市场信息，包括交易规则、交易公告、输电通道可用容量、系统负荷预测、系统可再生能源功率预测汇总数据、市场成交信息等，保障市场公开、公平和公正。采用节点边际电价的地区应提供输电断面、网架拓扑结构、各节点电价、阻塞盈余费用分摊、设备停运信息、非市场机组运行等信息，引导市场主体主动有效参与市场。

（5）规范建设电力现货市场运营平台。

1）规范技术支持系统开发建设。参照《电力市场运营系统现货交易和现货结算功能指南（试行）》要求，建立与电力现货市场建设相适应的信息化平台。调度机构应向市场主体提供现货市场技术支持系统功能模块体系，明确出清目标函数及实现过程，形成必要说明文档；做好技术支持系统运行情况分析，解决系统存在的问题，做好定期记录、汇总、披露等工作。

2）规范技术支持系统运行管理。技术支持系统建设执行招投标程序，并接受监督。在系统运行各阶段，应建立公正、规范和透明的工作机制。对确需人为干预而进行的系统调整，应符合市场规则，严格做好人工调整记录，并向市场成员披露；系统关键市场参数的设定标准与取值，应经电力市场管理委员会审议通过，并报地方政府有关部门和国家能源局派出机构同意后执行；关键市场参数的调整应建立记录日志，及时向市场成员公布实际参数值。

（6）建立完善电力现货市场配套机制。

1）建立与现货市场衔接的用电侧电价调整机制。统筹考虑优先发电、优先购电结算情况，以及电力现货市场形成的价格信号，逐步建立完善用电侧价格调整机制。

2）完善与现货市场配套的输配电价机制。探索结合电源侧、负荷侧接入电网位置单独计算系统接入成本。结合电力现货市场建设，研究完善与电能量市场价格机制相适应的跨省区输电价格机制和省内输配电价机制。

3）提高电力系统长期供应保障能力。持续做好电力系统长期供应能力评估分析，统筹降成本和稳供应，设计合理市场机制有效引导电力投资。加快研究、适时建立容量补偿机制或容量市场，保证电力系统长期容量的充裕性。

4）加强电力市场监管。强化电力市场科学监管，完善市场监管组织体系。统筹发挥市场监管和行业自律的作用，综合运用信用监管和行政管理手段，对市场成员执行市场规则的行为进行监管，重点对操纵市场、违反市场规则等行为实施监管，维护公平竞争秩序。

5）开展现货市场运营绩效评估。政府相关部门负责组织制定电力现货市场评价指标体系。从市场运行保障、市场运行效率、社会福利增加、清洁能源消纳等方面，对电力现货市场运行、电力市场规则执行和技术支持系统运行等情况进行全方位后评估，及时总结、不断推动完善市场机制，并不断推动扩大现货试点范围。

47. 当前我国为什么选择以省为单位开展电力现货市场建设?

当前，我国电力工业仍处于快速发展时期，电网建设不断升级、装机容量逐步扩大、负荷需求稳步攀升。与此同时，我国大多数省、自治区面临偏紧的电力供需形势，电源结构中灵活性资源稀缺，难以支撑大规模新能源并网运行，电网中仍然存在着较多的输电断面约束，阻塞发生较为频繁。对于处于发展中的中国而言，电力市场建设在学习借鉴国外典型电力市场模式的同时，应充分结合自身的基本国情、经济制度、发展阶段、资源禀赋、能源安全需要和电力工业的发展现状，遵循电力发展和市场经济规律，走中国特色的电力体制改革道路，选择以省为单位试点开展电力现货市场建设。

国家能源局法制和体制改革司、国家发展改革委体制改革综合司负责人对《关于深化电力现货市场建设试点工作的意见》（下称《意见》）答记者问中明确指出：我国电力市场按照地理分布划分，市场结构分为区域和省（区、市）电力市场，市场之间不分级别。电力现货市场试点的 8 个地区，均以省作为市场范围起步（其中蒙西试点为蒙西电网）。

《意见》同时指出，实施区域协调发展战略是新时代国家重点战略之一，是贯彻新发展理念、建设现代化经济体系的重要组成部分。《意见》提出“有利于区域市场建设”，要求电力现货试点符合国家区域协调发展要求，服务京津冀协同发展、长三角一体化发展、粤港澳大湾区建设等重大战略，按照建设统一开放、竞争有序的市场体系要求，为未来市场间交易和市场融合创造条件，进一步促进清洁能源更大范围消纳。

（1）我国经济社会发展以省为主体，电力工业长期以来形成了以省为实体的电力供应格局，能源电力发展规划、经济运行和安全生产等均按省实施管理，输配电价和发售电价格以省级电网为单位核定。由于我国资源禀赋和经济发展不平衡，从全国来看，各省输配电价、销售电价差异较大，我国长期对居民、农业用电实施的政策性交叉补贴也以省为单位开展，不同省份电力用户的电价承受能力差异明显。以省级电网为基础的财税、价格、经济运行等管理体制决定了我国电力市场以省内电力市场为单位开展建设有较好的可行性。因此，全国统一电力市场顶层方案设计既要逐步推动各省电力市场之间的融合开放，又要尊重各省电价水平的差异性。随着国家区域一体化战略的推进，可在电价水平接近的地区探索区域一体化电力市场，纳入省间市场整体运作。市场建设初期，为避免推高西部、北部等经济不发达地区的电价水平，暂不宜大规模开展跨区点对点交易，随着市场推进以及交叉补贴、输配电价等机制的完善再逐步放开。

（2）我国能源资源与负荷分布不均衡的国情以及发展可再生能源的要求，客观上适合以省内市场起步，并逐步融合扩展。以《跨区域省间富余可再生能源电力现货交易试点规则（试行）》为基础，扩充和完善省间现货市场机制，逐步打破省间市场壁垒，实现能源资源在大范围的优化配置。

（3）根据当前实际情况，省区之间电力交易受行政区划的约束和省区经济发展能力的限制。从历史情况看，省区间电力交易在丰电情形下问题不大，在缺电情形下，各省区政府可能会以行政手段干预电力资源配置，其遵循的原则是优先保证本省区电力的供应。在跨省区电力交易中，不同省份电价水平不同，市场主体可以在同一跨省区现货市场公平竞价，但不同市场主体所属省份不同，可能影响本省的经济利益和供电保障。此外，考虑特高压交直流电网网架结构安全因素，跨省区通道的传输容量有相应的断面限制和安全约束。

（4）目前以省为主体推进改革试点，对于调动地方政府积极性、形成改革合力具有非常重要的积极意义。一直以来，国内政治、经济体制均以省为实体，地方政府是保证电力安全供应和电价稳定的责任主体。我国经历了多年“省为实体”的经营管理。电力现货市场改革试点需要中央、地方政府、发电企业、电网企业、售电侧用户等多方联合推进。以省为主体试点能有效调动地方政府改革积极性，推动电力现货市场试点改革。

（5）我国电力工业在短时间实现一级区域电力市场存在诸多困难，“省为实体”与现行的体制最相适应，也最适合实现市场的有序过渡和完善。我国电力现货市场建设既汲取美国、北欧电力市场先进经验，也充分考虑我国社会主义初级阶段的国情。建设一个提升电力系统调节能力，促进能源清洁低碳发展的成熟、稳定、安全且具有活力的电力现货市场是我们的长远目标。电力现货市场建设需要一个探索和逐渐改善的过程，无论我国现货电力市场机制参考何种模式，在建立一个完善的电力市场过程中，必须要先建立一个与现行体制相适应的，以省为实体单位开展的电力现货交易市场。

（6）现货市场建设有其普遍性规律，但我国各地区电源结构、电网特性、电力供需水平、经济发展水平、市场化意识等多方面都有或多或少的差异，因而在现货市场建设中，必须充分考虑本地区的实际情况，不能照抄他国或他省规则。国内 8 家省内现货试点单位以省为单位进行现货市场建设，不同省份各自制定了适应于本省市场情况的电力现货市场规则。试点单位现货市场建设中的模式选择、市场主体参与方式、价格机制选择、市场体系设计及衔接等均有各自省份的特点，如甘肃风电/光伏新能源发电波动性问题，四川的丰枯期水电接入市场的替代补偿问题。现货市场建设绝非一蹴而就的事情，尤其是现货市场的初步阶段，一般会存在计划与市场并存、新能源全额消纳等情况，方案编制时更需要结合行政区域特点统筹考虑市场竞争和政府调控政策、民生保障、均衡发展等特殊要求。

纵览北美、北欧等电力市场化先行地区改革历程，在经历了早期的分而治之、各自为战之后，如今这些地区市场融合趋势愈发明显，典型代表有北美的 PJM 市场、东南市场，以及北欧市场等。之所以大市场比小市场受欢迎，根源在于大市场资源配置优化范围更广、效率更高。对我国而言，由于供给资源与负荷需求空间分布的高度不均衡，近年来以“西电东送”为主的远距离输电得到了蓬勃发展，而随着碳排放控制目标的落实以及风光等可再生能源发电的快速发展，在更大范围内进行能源资源优化配置将成为必然趋势。但市场规模也并非越大越好，而应该综合资源分布、电网结构、经济性等因素合理优化。刻意将电网联系薄弱、电力交互很少的两个地区市场强行捏合，是不合理也无必要的。我国地方政府长期以来以省、自治区为行政单位，发电企业入网、电力用户用电皆以省为单位，电网输电以网省公司为生产单位。目前以省为单位，才能最大限度调动地方政府、发电企业、电网企业、电力用户的改革力量，最大程度消除改革中的不利因素，最大程度降低改革的各方阻力，促进整个电力现货市场稳步有序推进。

我国选择以省为单位起步，是现货市场现阶段建设的理性选择，能够积极稳妥地推进现货市场建设，能够有效促进现货市场的发展和市场规模逐步扩大，交易品种逐渐丰富、市场规则和交易机制不断完善。我国电力市场建设的未来发展方向是全国统一市场，以省为单位起步，为将来建设全国统一市场奠定了良好的基础。

48. 为什么现货市场建设必须规则先行？规则体系包含哪些内容？

（1）市场建设规则先行的原因。

电力市场规制是为保证电力市场有序运营而依据市场运营及电网运行规律等所制定的规范市场主体活动的各种规章制度，通过制定行为规范引导、监督、管理市场主体的经济行为，同时通过规范、约束市场监管机构的市场监管行为，保护市场主体利益，保障市场秩序。健全的市场规则体系，是保证市场正常运行的前提条件。电力现货市场建设需规则先行，主要包括以下几个原因：

1）电力现货市场规则是保证良好市场秩序、规范市场成员行为的关键。有了市场规则，市场主体的各种交易行为便有章可循，市场监管机构的监管行为便有章可依；如果没有市场规则，市场交易活动会陷入混乱。市场规则对于规范发用侧市场成员、调度交易机构的交易活动具有至关重要的作用。电力市场改革的目标之一是打破垄断，引入竞争，没有秩序的竞争比没有竞争危害更大。电力市场改革会引起市场成员利益格局的变化，电力行业原有秩序会被打破，需要合理有效的市场规则及时维护良好、稳定的市场秩序。

2）电力现货市场规则是保障市场公开透明、保障竞争公平的关键。没有行之有效的市场规则，会使得市场透明度不够，不同市场成员之间获取信息不对称，市场主体的利益会因为无法了解市场或无法获得有效信息而受到影响。市场监管规则设置不清晰也会导致市场监管行为缺乏统一标准等情况。合理有效的电力现货市场规则是保证市场公平竞争、保障电力行业持续健康发展的重要条件。

3）合理有效的电力现货市场规则是提高市场效率、发挥市场在资源配置中的基础性作用的关键。电力市场效率是电力市场建设的核心问题，而电力市场规则是市场设计思路的直接体现。为了促进电力市场的高效运行，一方面市场设计应满足电网运行和市场运营的内在高效性要求，比如基于社会福利最大化的出清设计等；另一方面，市场设计需要激励市场成员行为更符合市场预期设计，比如电价机制设计能否激励市场成员在提高能效、主动削峰填谷、促进电网安全中发挥重要作用等。

4）电力现货市场规则先行对降低市场建设试错成本、防范市场建设风险起到重要作用。由于电力的特殊性以及电力市场建设和运营的复杂性，市场化改革的试错成本巨大。编制市场规则、听取各方意见的过程也是对市场进行充分酝酿考证、积累经验的过程。电力现货市场规则先行，在市场正式运行之前，电力市场领域专家学者、政府监管机构、发电厂商、大用户、售电公司、电网企业等各方主体提前对电力市场规则合理性、可行性的论证，结合市场模拟试运行的效果，对规则进行修订迭代、完善市场设计，降低市场建设的试错成本。

综上所述，电力现货市场建设需首先对电力市场规则进行详细设计及论证，促进建立公平开放透明的电力市场，推动形成科学的电价体系，激励和保障各类发电企业、用电客户参与市场竞争，推动电力行业科学发展。同时，电力市场建设不是一蹴而就的，在市场运行的过程中也可以进一步进行电力市场规则的完善和修订。

（2）现货规则体系。

从现货市场规则制定的原则上讲，电力市场规则体系制定需要遵循：

1）安全可靠，保障民生。确保电力供需平衡、安全可靠，保障基本公共服务供给和电力行业的健康平稳发展。

2）经济高效，优质公平。优化省内电力资源配置，激发市场主体活力，构建多元、竞争、公平的市场体系。

3）绿色环保，可持续发展。推进国家能源战略，保障清洁能源优先收购，积极服务清洁能源示范省建设。

4）统筹考虑与其他层级市场之间的协调有序衔接。

5）统筹规划，科学监管。通过改革引导电力规划与建设，并切实加强监督和管理，促进行业科学有序发展。

从现货市场规则制定的内容上讲，电力市场规则体系主要包括市场准入退出规则、市场交易规则、市场结算规则、信息公开规则、市场监管及风险防范规则等。

1）市场主体管理规则一般会针对市场成员准入市场的基本条件、准入程序、市场注册、市场退出、市场注销等的条件和流程等进行规定。

2）市场交易规则一般针对现货市场以及辅助服务市场的市场成员申报、交易时间节点及市场流程、市场边界、市场出清机制、市场定价机制、结果安全校核、出清结果与电网运行等进行规定现货市场与中长期市场的衔接等进行规定。

3）市场结算规则一般针对各类市场成员各周期各交易品种的结算计算方法、偏差结算计算方法、补偿计算方法、计量采集等进行规定。

4）市场信息公开规则一般针对信息披露方式、信息披露时间及周期、各市场主体信息披露内容、信息保密责任等进行固定。

5）市场监管及风险防范规则一般针对信用管理对象及主要内容、信用管理方式措施、市场监督职责、市场力监测和缓解措施、市场干预、市场中止、市场应急、市场争议处理等进行规定。另外，由于市场模式、市场发展阶段、市场层级等的不同，各地规则体系较前述内容可能有增减。

49. 现货市场建设对电力生产各环节主体产生哪些影响?

电力现货市场的建设改变了电力发、输、配、用等各个生产环节，对参与电力生产的发电侧、输电侧和用户侧主体产生了深刻的影响。主要体现在电力生产组织、电力规划、电力建设、电力系统运维、电力交易社会成本、市场主体竞争等方面。

（1）现货市场建设改变了传统的电力生产组织模式。

1）发电侧。发电量和发电价格由市场竞价决定，发电成本低的机组在市场中更有竞争优势。

2）用户侧。用户的用电量和用电价格也通过市场竞价的方式获得（或者由售电公司代理），用户也需要承担市场价格波动的风险。同时用户可以根据价格的变化，调整自身的用电负荷，充分发挥了市场价格的引导作用。

3）调度机构。作为现货市场的运营主体，调度机构只负责组织市场出清，对市场出清结果的安全性和可执行性做校核，并根据一定原则进行调整，根据市场交易结果安排发电计划。

4）电网企业。作为输电设备的拥有者和运营者，电网企业在市场环境下的盈利方式为准许成本加合理收益的输配电价模式。

（2）现货市场建设改变了电力规划和电力建设的方式。

1）发电侧。发电企业的建设将按照市场化原则进行布局，通过市场价格的引导作用，对电厂进行优化配置，降低全社会的用电成本。例如，新能源电源的边际成本低，比传统电源在市场竞价中更具有优势，加之享受政府补贴等政策扶持，经济效益较高。但新能源发电严重依赖风、光等外部天气条件，功率的波动性较大，厂站的选址要求较高，可能影响其并网外送的能力和价格，需要投资者结合市场供需、电网运行等情况统筹考虑。

2）用户侧。用户的竞价影响着发电侧收益和输配电价收益。竞价高且使得发电侧利润高的用户所在区域将得到更大的投资与输电规划建设，而过多的规划建设同时反作用于电价和利润，即通过供需来影响电力规划和电价。

3）调度机构。需要对市场环境下规划的电网重新进行线路配置，同时需要考虑阻塞，保障电网安全。

4）电网企业。输电设备和线路的规划将充分考虑到市场价格的引导作用，但同时也需要承担贫困地区民生保障等社会责任，需要在市场作用和社会责任等多方面进行电力规划和建设。

（3）现货市场建设改变了传统电力系统运营维护模式和检修计划。

1）发电侧。发电设备运维及检修从和电网设备检修统一安排同步进行变为根据市场电价波动及市场行情安排，检修运维都更注重市场经济性，设备检修的自主决策可能会对市场公平及其他市场主体产生影响，同时发电企业的发电权益交易也受到运维检修计划的影响。

2）用户侧。电价会受到电力系统运维检修的影响。

3）电网企业和调度机构。需要发电企业设备和电网设备的检修不再统一进行，电网设备检修计划会影响发电设备检修，进而影响发电企业利益，需要综合考虑经济性及其他主体利益安排运维检修。

（4）现货市场建设改变了电力交易的社会成本。

传统计划模式下，以运营机构为枢纽进行所有电力市场交易，其余市场主体没有自主选择的权利，由调度机构统一安排调度。因而，由于电力分配不平衡带来的问题责任也与个别市场成员无关，即参与者不必承担这一部分的成本。对于整个市场而言，集中调度、统一安排的方式也极大地简化了市场的管理程序与制度，使得整个市场模式简单易行，所耗费的社会成本也相对较低。而在现货市场下，虽然发电企业与负荷方拥有一定的交易自主权，但权利的获得也伴随着相对应的义务与责任，由此会带来经济成本与损失。并且，现货市场的有序进行还依赖于复杂的市场架构与机制设计，包括对系统电量不平衡责任的划分与解决、对交易双方交易行为的管理与约束等。同时，自由交易使得交易类型、交易价格更加多样，也增加了调度机构的管理压力，导致社会成本上升。

（5）现货市场建设改变了市场主体的竞争战略。

发电企业和售电公司都面临更激烈的竞争。对于企业来说，竞争战略是战略管理的重要内容，其核心问题是通过确定客户的需求提供满意的产品以此来维系自身在行业与市场中的地位。在传统计划模式下，所有发电企业强制入场，发电计划由调度机构统一安排，仅在确认系统的统一购入价之时存在着竞争报价，竞争不充分。发电企业几乎不会受到外来进入者的竞争威胁。而在现货市场中以灵活的市场价格讯号来引导电力的生产及消费，市场主体具有较高的自主权利，激发了市场主体的活力。发电企业需要竞价上网，用电客户可以根据实时的价格信息、用电需求选择购买、售电商可能面临着批发与零售两个方面的竞争。并且当现货市场发展扩大时，当前的市场主体还要面临潜在进入者的巨大威胁。如果不存在独特的优势或差异化的产品服务，很有可能被新进入者替代。

（6）现货市场建设带来的市场反垄断与新垄断问题。

电力行业作为典型的自然垄断行业，反垄断问题一直不可小觑。我国政府一直在调整电力市场的垄断局面，试图将自然垄断的电力工业转化为开放竞争的市场，发挥价值规律以及竞争机制的调节作用。尽管在电力产业的某些环节基于社会稳定的考虑仍维持自然垄断，但在发售电环节已逐渐引入社会资本，放开政府管制，形成竞争机制。传统计划模式中，调度机构以不谋利的原则向售电公司批发一定程度上可以缓解由于自然垄断带来的企业高额牟利问题。但该模式下，作为拥有一定市场势力的调度机构有可能会将这种势力渗透到竞争之中，影响整个电力市场的稳定。而在现货市场中，以电网企业为系统或平台服务商作为架构发电企业与售电企业的桥梁，系统地考虑整个市场中多方参与者的利益平衡，但双边市场因其特殊的性质以及经营规律，也会导致出现新的反垄断问题并且增加了解决的复杂程度。关于市场力量的判定，传统的市场中以占有的市场份额来衡量垄断程度，并且其定价策略也与之相关，从而可用价格与边际成本的关系来判断企业的市场势力。而在现货市场中由于多方利益的考量、网络外部性的影响使得确立的价格与边际成本不存在必然联系，导致市场力量难以确定。最后，由于市场主体的偏好，可能有选择性的排除一些客户与供给者，一旦这种偏好稳固建立后，平台内已有参与者就可依靠先动优势对新进入者形成一种新的进入壁垒。

50. 有序放开发用电计划有哪些政策和要求?

发用电计划作为年度电力电量平衡方案，对保障电力供需平衡、电网安全稳定运行发挥了重要作用，随着市场化进程推进，实现竞价上网客观上要求发用电计划放开。我国发用电计划主要经历了全部为计划电量（2002 年以前）、放开大用户直购电、逐步放开发用电计划、放开煤炭钢铁有色和建材四大行业用电计划、全面放开经营性电力用户用电计划 5 个阶段。

2002 年 2 月，《国务院关于印发电力体制改革方案的通知》（国发〔2002〕5 号），提出开展发电企业向大用户直接供电的试点工作。政府制订发用电计划，对电能实行统一分配是计划经济时代的产物，在解决我国电力短缺和保障电网稳定方面发挥了积极作用。随着电力工业的发展，政府制定发用电计划已经不能适应电力市场化改革的需要。通过发电企业向大用户直接供电的试点工作，实现电力电量平衡从以计划手段为主平稳过渡到以市场手段为主。

2015 年 3 月，中共中央国务院印发中发 9 号文，提出推进发用电计划改革，更多发挥市场机制的作用。2015 年 11 月，国家发展改革委、国家能源局印发 9 号文配套文件《关于有序放开发用电计划的实施意见》，提出通过建立优先购电制度保障无议价能力的用户用电，通过建立优先发电制度保障清洁能源发电、调节性电源发电优先上网，通过直接交易、电力市场等市场化交易方式，逐步放开其他的发用电计划。2017 年 3 月，国家发展改革委、国家能源局印发《关于有序放开发用电计划的通知》（发改运行〔2017〕294 号），提出各地要加快推进电力体制改革，逐步扩大市场化交易电量规模。

2018 年国家发展改革委、国家能源局印发《关于积极推进电力市场化交易 进一步完善交易机制的通知》（发改运行〔2018〕1027 号），提出 2018 年放开煤炭、钢铁、有色、建材等 4 个行业电力用户发用电计划，全电量参与交易，进一步扩大交易规模，完善交易机制，形成新的改革突破口和着力点。通知明确建立完善市场化价格形成机制。电力用户参与市场化交易，不再执行目录电价，鼓励建立“基准电价+浮动机制”的市场化价格形成机制。

2019 年国家发展改革委印发《关于全面放开经营性电力用户发用电计划的通知》（发改运行〔2019〕1105 号），明确全面放开经营性电力用户发用电计划。通知提出除居民、农业、重要公用事业和公益性服务等行业电力用户以及电力生产供应所必需的厂用电和线损之外，其他电力用户发用电计划全面放开。首次提出推进燃煤自备电厂参加市场化交易的具体要求。

放开发用电计划是现货市场走向全面竞争的必由之路。有序放开发用电计划，就是考虑具体市场的一些实际情况，按照一定步骤、一定速度逐渐放开发用电计划。一方面，要尽快推动电力市场的建设，实现通过市场方式的资源配置；另一方面，要考虑历史问题，保证从计划体制到市场体制的平稳过渡。

总体原则是要统筹发用电侧放开节奏，做好供需总量平衡，进一步明确放开各类发电企业、电力用户和售电企业进入市场的时间，明确放开比例，制定具体工作方案，并进一步完善和规范参与市场化交易的发电企业、电力用户和售电企业等市场主体准入标准、准入程序和退出机制，向社会公布。电价放开，除了输配电价由国家核定之外，发电企业和用户之间可以直接自定电价进行交易。可以按照“以发定用”的原则合理确定参与市场用户规模。根据可放开的市场发电规模，确定总量相匹配的市场化用户参与现货市场结算，按照稳妥有序的原则推动各类发电主体全面参与电力现货市场，实现放开发用电计划总电量匹配，确保电力现货市场平稳有序运行。

跨省跨区送受电逐步过渡到优先发电计划和有序实现直接交易相结合，根据电源规划、电源类别和核准投运时间，分类推进送受电计划改革。现货市场起步阶段，跨省跨区优先发电通常不参与省内现货市场，作为省内市场的边界。随着现货市场建设的不断深入，根据国家跨省跨区电力现货市场推进情况，推动跨省跨区送电参与省内现货市场，通过市场机制确定跨省跨区送电电量、电价。

有序放开发用电计划需要考虑历史问题，保证当前发电企业的投资回收。在供大于求的情况下，市场的激烈竞争使得集中交易中电厂的报价趋近短期边际成本，市场出清价低，影响发电企业的收益。实际上，目前我国一些地区已经出现了这些问题。当前的电厂大多经过政府审批，投资是在市场前进行的，从政策连贯性、政府信用角度，也应该在一定程度上保证其回报。为此，政府、发电企业为了解决市场出清价过低的问题，给出了一些不同的应对策略，如在市场交易规则中对出清价进行限制、降低市场电量的供需比、发电企业之间建立联盟等。这些措施都在一定程度上损害了市场的效果。但归根到底，电力市场改革是我国能源革命，甚至整个经济体系改革的重要环节，不能因为这些问题的存在而影响改革的进程。

有序放开发用电计划是电力市场建设势在必为的一项重要内容，发用电计划的有序放开，需要考虑电力市场改革目标、相关历史政策、电力系统的可持续发展等综合因素，确定合适的方法、路径。

51. 如何确定参与现货市场的市场化用户规模?

我国电力市场发展是循序渐进的，市场放开程度不是一步到位的，并且优先发购电制度是我国制度优势的重要体现，保电网安全、服务民生保障的要求高，需要保留必要的优先发用电计划，作为市场建设的边界与基础。我国目前处于计划与市场并存的“双轨制”阶段，以市场为主导、双轨并行的情况在一定程度上和一定时期内将继续存在，一方面是优先发电、优先购电计划管理，另一方面是加快市场化改革，该过程中存在两者的衔接问题。

国家发展改革委、国家能源局公布《关于规范优先发电优先购电计划管理的通知》（发改运行〔2019〕144 号），要求落实优先发电、优先购电制度。优先发电是实现风电、太阳能发电等清洁能源保障性收购，确保核电、大型水电等清洁能源按基荷满发和安全运行，促进调峰调频等调节性电源稳定运行的有效方式。优先购电是为居民、农业、重要公用事业和公益性服务等用电提供保障性服务，确保民生用电安全可靠的必要措施。优先发电、优先购电旨在使市场在电力资源配置中起决定性作用的同时，更好地促进有效市场和有为政府相结合，保障电力系统清洁低碳、安全高效运行。因此，严格界定优先发电、优先购电的适用范围，科学编制优先发电、优先购电计划和确定参与现货市场的市场化用户规模是十分必要的。

关于市场化用户侧规模的确定，《关于推进电力市场建设的实施意见》明确，非现货试点地区按照《关于有序放开发用电计划的实施意见》（发改运行〔2017〕294 号）开展市场化交易，现货试点地区可根据本地实际情况，另行制定有序放开发用电计划的路径。《关于深化电力现货市场建设试点工作的意见》（发改办能源规〔2019〕828 号）指出，有序引导用电侧参与现货市场报价；根据市场发育程度、市场主体成熟度和计量设施情况，电力现货市场中，可采用发电侧单边申报量价的方式，采用负荷预测曲线作为需求，用电侧作为市场价格接受者；具备条件地区，用电侧可报量报价或报量不报价；统筹协调电力中长期交易与现货市场，对于优先发电、优先购电，根据市场建设进展纳入中长期交易。

关于浙江电力现货试点用户侧市场规模的确定，浙江电力市场建设以“安全，经济，绿色”为目标，遵循规模由小到大、交易品种逐渐增加、交易机制逐步完善、市场模式持续优化的规律，分为初期市场、中期市场和目标市场三个阶段建设。随着现货市场的建设发展，逐步放开市场主体，根据可放开的市场发电规模，确定总量相匹配的市场化用户规模。初期市场，市场主体包括省内各类统调煤电、水电、气电、核电机组；除居民、农业、重要公用事业和公益性服务用电等需优先保障外的 110kV 及以上电压等级的用户（适时放开至 35kV）。110kV 以下符合交易准入条件的大用户可参与直接交易。目前，现货市场采用发电侧单边报价，用户侧不进行交易申报，调度机构根据负荷预测及安全约束边界进行日前出清，实时市场采用日前封存申报信息，基于日前出清结果机组组合、电网实际运行状态和物理约束出清。初期市场报价方式从单边逐步过渡至双边。中期市场，提高市场参与度，市场准入逐步放开至除居民、农业、重要公用事业和公益性服务用电等需优先保障外的 10kV 及以上电压等级用户、20MW 及以上常规电源，适时取消目录电价中相应用户类别的政府定价。售电公司可代表 10kV 及以上电压等级用户参与市场。开展可中断负荷等需求侧响应，探索电力用户参与的辅助服务分担共享机制，建成完备的辅助服务市场体系。目标市场的市场范围尽可能扩大，市场主体广泛参与，赋予所有用户参与市场的选择权，发电侧放开至省内所有电源。实现售电侧市场主体多元、竞争充分，用户可自由更换售电公司，售电公司可跨行业为用户提供综合能源服务。

四川目前取消电力用户年度网购电量规模限制，全面放开经营性专用变压器用户，已核定输配电价的供电区域内符合国家产业政策、环保政策及节能减排政策的经营性专用变压器用户均可参与市场，并支持具备条件的 5G 基站、充电站参与市场。市场化用户的用电规模即根据用户主体签订的市场化电量确定。从发用两侧电量匹配关系而言，四川总体按照政府预测优先用电规模确定优先发电规模，并在事后对优先发电规模进行调整，以确保优发优购的匹配，减少不平衡资金规模。

在山西电力现货市场建设方案中，非市场化交易电量占比接近一半，为减小双轨制偏差资金规模，按照“以用定发”的原则确定参与市场化规模，分时段匹配优发优购电量。根据非市场化用电预测电力曲线，优先分配给新能源企业，剩余电量分配给火电企业，提高非市场化用电和发电的电力电量的匹配程度，减小双轨制偏差资金，避免事后进行较大幅度的利益调节。

福建试点积极引入用户侧参与，传导现货市场价格信号。目前已组织研究用户参与现货市场的方案，有序推进计量系统改造和技术支持系统建设工作，计划分规模、分批次引入符合条件的用户参与现货市场。拟于2021年下半年根据用户历史运行数据，采用模拟报价形式进行测试，适机引入符合条件的用户参与现货市场模拟试运行。

总体来看，各试点基本采取了逐步扩大市场化用户参与现货电能量市场的规模的建设路径。在保障现货电能量市场发用电力曲线总体匹配等基础上，合理确定市场规模。持续提升现货市场的市场化发用电曲线平衡能力，实现更大范围的市场化用户参与现货市场，不断扩大省内发电机组参与现货市场的范围。根据国家跨省跨区现货市场推进情况，推动区外优先发电参与现货市场市场化用户规模也与电力用户市场准入门槛有关，可按照用户的电压等级、用户类型以及年度用电量进行划分，并提出相关要求。按照稳妥有序的原则推动各类发电主体全面参与电力现货市场，实现放开发用电计划总电量匹配，确保电力现货市场平稳有序运行。

52. 电力现货市场运营组织有哪些关键环节?

从市场组织来看，调度机构负责组织现货市场出清及执行交易结果，交易机构负责信息发布、成员申报、出具结算依据等工作，发电企业、售电公司和电力用户负责签订和履行市场交易合同，电网企业财务部、营销部主要负责电费结算。各部门密切配合，共同实现电力现货市场的有序运营。

从市场组织时序来看，电力现货市场运营按照信息发布、交易申报、市场出清、安全校核、出清结果发布、交易结果执行、交易结算等业务环节开展。

（1）信息发布。调度机构确定运行日电网运行的边界条件并通过电力交易平台向市场主体发布。信息发布环节按照保障交易的原则，电力交易机构在汇总各市场成员信息基础上，根据不同时间要求和公开范围，对外发布电力现货市场信息，包括交易规则、交易公告、输电通道可用容量、系统负荷预测、系统可再生能源功率预测汇总数据、市场成交信息等，保障市场公开、公平和公正。采用节点边际电价的地区应提供输电断面、网架拓扑结构、各节点电价、阻塞盈余费用分摊、设备停运信息、非市场机组运行等信息，引导市场主体主动有效参与市场。

（2）交易申报。参与市场交易的市场主体通过交易平台申报量价曲线；交易申报环节需有序引导用电侧参与现货市场报价。根据市场培育程度、市场主体成熟度和计量设施情况，电力现货市场中，可采用发电侧单边申报量价的方式，采用负荷预测曲线作为需求，用电侧作为市场价格接受者；具备条件地区，用电侧可报量报价或报量不报价。发电侧单边申报和发用电侧双边申报形成的电力现货价格，均应作为用电侧电力现货结算价格基础，引导电力用户形成对系统友好的用电习惯。科学设定现货市场限价。电力现货市场申报和出清限动为基本原则，避免因上下限设置不合理而影响价格信号发挥作用。建立促进清洁能源消纳的现货交易机制。非水可再生能源相应优先发电量应覆盖保障利用小时数。各电力现货试点地区应设立明确时间表，选择清洁能源以报量报价方式，或报量不报价方式参与电力现货市场，实现清洁能源优先消纳。市场建设初期，保障利用小时数以内的非水可再生能源可采用报量不报价方式参与电力现货市场。

（3）市场出清和安全校核。调度机构组织市场出清，通过开展安全约束的机组组合（SCUC）、安全约束的经济调度（SCED），以全网发电成本最小化或社会福利最大化为目标，形成开机组合和发电计划。现货市场的出清机制是基于市场成员申报信息以及电网运行边界条件，采用安全约束机组组合、安全约束经济调度程序进行优化计算，出清得到日前市场交易结果。在保证电网安全的前提下，优先调用系统中报价最便宜的机组，直至满足负荷需求。市场出清需要合理选择现货市场价格形成机制。根据各电力现货试点地区的电网结构和阻塞情况，可选择采用节点边际电价、分区边际电价和系统边际电价等价格机制。对于电网阻塞线路多、阻塞成本高的地区，可选择节点边际电价机制；对于电网阻塞线路少、阻塞成本低的地区，可选择分区边际电价或系统边际电价机制。现货市场建设将传统的生产组织流程通过市场化手段实现，市场出清结果必须满足电网运行的安全要求，所以各级、各类市场出清后调度机构需对结果进行安全校核，通过校核后的交易为最终交易结果并向市场主体发布。目前，跨区域省间富余可再生能源现货市场主要开展增量交易，在省间中长期交易物理执行的基础之上，叠加现货交易结果，国调中心负责对直流通道的输电能力和关键断面的潮流进行校核。大部分省内现货市场为全电量交易，市场出清和安全校核迭代调整，保证市场出清结果满足 $N-1$ 安全约束。后续随着省内现货市场的全面建设，各省内市场出清后，为避免非完整模型下的独立出清结果在实际执行时出现越限，网调需基于全网完整模型进行安全校核，确保交流电网的安全稳定。

（4）出清结果发布。市场出清结果通过交易平台向市场主体发布；一般包括各市场主体分时段出清电力和出清价格等信息。最后一笔成交电力买卖双方报价、出清电力和出清价格等信息。运行日前一天发布日前市场交易出清结果，主要包括日前市场出清电力曲线、系统边际电价、机组日前优先曲线等，其中部分信息为私有信息。日内和实时市场发布交易出清结果，主要包括时段出清电力曲线、机组实时优先曲线、系统边际电价等，其中单个机组的出清电力曲线、机组实时优先曲线等为私有信息，系统边际电价为公开信息。

（5）交易结果执行。一般情况下，调度计划以市场出清结果为基础，将发电计划下发至各发电企业执行。

（6）交易结算。电网企业向交易机构提供现货市场出清结果和实际执行结果，交易机构向市场主体出具结算依据，市场主体与电网企业进行电费结算。电网企业应按照电力市场结算要求，定期将发电企业（机组）、电力用户、拥有配电网运营权的售电公司、网间关口电能计量点计量装置记录的电量数据传送给电力交易机构，作为结算基础数据。电网企业负责计量数据的统一管理。市场结算用的关口计量数据，原则上应由电能计量采集管理信息系统自动采集，并按相关市场规则要求的抄表周期报送至电力交易机构。交易机构负责出具结算依据，电网企业据此向市场主体开展结算，收取及支付电费。

53. 当前我国电力现货市场有哪些品种构成？各自承担哪些功能？

从交易范围看，我国电力现货市场由省间现货市场和省内现货市场构成。由于目前我国电力现货市场建设初期，省内现货市场还未在全国范围建设完成，省间现货市场正在建设，目前正在运行的跨区域省间富余可再生能源电力现货市场是省间电力现货市场的雏形，也是省间电力现货市场的过渡品种。

按照交易时间的维度，电能量批发市场按其交易周期长短，通常可分为电力现货市场和电能量中长期市场（专指实物交易属性的电力中长期市场）。电力现货市场是在临近电力执行阶段，市场主体根据自身实际发用电需求对发用电计划进行即时调整的市场，我国电力现货市场包括日前、日内、实时市场。我国省间现货市场包含日前、日内市场，省内现货市场包含日前、日内、实时市场，如图 2－1 所示。

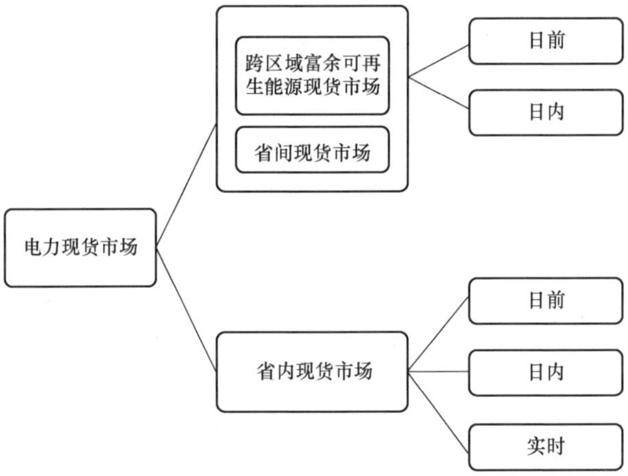

图 2－1　我国电力现货市场构成

（1）省间电力现货市场构成及功能。

2015 年国家发展改革委下发《关于完善跨省跨区电能交易价格形成机制有关问题的通知》（发改价格〔2015〕962 号），提出跨省跨区送电可以通过协商或市场化交易方式确定送受电量、价格，《可再生能源发电全额保障性收购管理办法》（发改能源〔2016〕625 号）中允许可再生能源企业参与市场竞价，为开展跨省区日前交易提供了政策依据。2016 年 11 月 7 日，国家发展改革委、国家能源局正式发布《电力发展“十三五”规划》（下文简称为《规划》）。《规划》明确提出深化电力体制改革，完善电力市场体系的任务。2017 年 8 月 28 日，国家发展改革委、国家能源局发布了《关于开展电力现货市场建设试点工作的通知》，希望进一步推动电力市场发展，同时通过现货市场缓解可再生能源消纳矛盾。

跨区域省间富余可再生能源现货市场是完善我国电力市场建设的核心内容之一，也是有效促进可再生能源消纳、减少弃风、弃光等现象发生，并确保电网安全运行的必要激励机制。

跨区域省间富余可再生能源电力现货市场由国调中心负责组织运营，主要开展富余可再生能源发电交易，利用通道富余能力，促进清洁能源的大范围消纳，实现资源优化配置。跨区域省间富余可再生能源电力现货市场包含日前市场和日内市场两部分。跨省区现货市场主要组织可再生能源跨省区外送电能交易。送端可再生能源发电企业按照政府主管部门明确的弃水弃风弃光电能界定标准，根据富余发电能力，按时段申报售电“电力－电价”曲线；受端电网企业按照政府主管部门明确的购电报价策略，按时段申报购电“电力－电价”曲线；大用户、售电公司可自行申报“电力－电价”曲线。买方申报电价和电力考虑输电电价和线损后折算到送端交易计量关口，与卖方报价集中出清，出清过程考虑输电通道安全约束，按照边际价格结算。

跨区域省间富余可再生能源电力现货市场作为省间电力现货市场的雏形，对省间电力现货市场有其探索意义和指导作用。积累了跨省区现货市场运行经验。清洁能源是未来跨区输电的主要电源，清洁能源发电具有较大的不确定性，日前和日内现货交易是其跨省区外送的一种重要交易形式。通过组织清洁能源跨省区日前交易，可以探索建立日前调度计划、日前交易和安全校核协调运作的工作模式，为未来在全网范围建立清洁能源跨省区现货交易机制积累经验。

省间电力现货市场在跨区域省间富余可再生能源电力现货市场的基础上扩大市场范围，由“跨区域省间”拓展为全部省间范围；增加市场主体，送端市场主体在可再生能源基础上新增火电企业、核电企业。

省间电力现货市场也包含日前市场和日内市场两部分，支持符合省间电力现货市场准入条件的所有市场主体开展跨省电力现货交易。省间电力现货交易的交易品种主要为电能量交易。

省间电力现货市场在落实各类中长期交易的基础上，建立对中长期交易的现货调节机制，考虑省间交易以直流输电系统为骨干的物理特性，结合省间、省内关键交流断面，构建由交易节点、交易路径（跨省区交直流联络线和省内交流输电断面）共同组成的省间现货交易网络模型。充分利用通道的富余能力，实现富余能源资源大范围优化配置，实现跨省区电力余缺互济，促进可再生能源消纳。

省间电力现货市场的建设有以下 4 个功能：

1）促进电力体制的改革进程。省间电力现货市场促进当前调度模式下电力现货交易的开展，充分发挥市场在资源配置中的决定性作用，从社会福利、促进发展、安全稳定、能源效率等方面提升现货交易的意义。健全省间电力现货市场，是我国电力市场总体体系中的重要组成部分，对建立完善、立体的电力市场体系具有重要作用，为将来建设完整统一的电力市场体系打下坚实基础。

2）促进省间、区域间电力资源优化配置，降低社会成本。充分利用跨区跨省联络线输电能力，促进资源大范围优化配置和可再生能源大范围消纳。统筹全国市场空间，在省间中长期交易基础上组织省间电力现货交易，充分发挥各类资源运行调节能力，促进可再生能源大范围消纳利用，推动能源结构转型优化。

3）提高可再生能源的消纳水平。在日前和日内的时间尺度，为可再生能源建立一个跨省的交易平台，破除可再生能源消纳的体制机制障碍，实现可再生能源供给与需求的全面匹配，尊重供需双方的意愿，挖掘可再生能源跨区省间交易的空间，在更大范围内为可再生能源寻找需求方，实现需求与供给的有效匹配，将有效缓解可再生能源发电大省的消纳压力，缓解我国当前面临的“三弃”难题，促进大范围能源资源优化配置，降低社会发电成本，提升固定资产投资的利用率。

4）提升电网运行的安全水平。风、光等可再生能源发电具有波动性、间歇性等不稳定特征，再加上用电负荷不平均，峰谷偏差超过安全阈值限制，具有一定的安全风险。在保障风、光等可再生能源消纳的同时，通过扩展用户类型，允许火电、核电发电企业参与省间现货市场，以市场手段协调不同电源，保障电网安全稳定运行。

（2）省内电力现货市场构成及功能。

我国省内电力现货市场根据时间维度划分为日前市场、日内市场和实时市场，以发电成本最小为目标，优化省内资源配置，确定省内机组组合和发电计划。目前我国省内市场试点建设都包括日前、实时市场，其中山东省还建设了日内市场。省内现货市场主要根据不同时间尺度来发现本省电力价格。

1）日前市场：通过集中市场竞争，决定次日的机组开机组合，以及每台机组的发电出力曲线，实现电力电量平衡、电网安全管理和资源优化配置，发现电力价格。

2）实时市场：实现电力实时平衡的市场化调节、电网安全约束的市场化调整，在满足安全约束的条件下对发电机组进行最优经济调度，实现全系统发电成本最优，同时发现实时电力价格。部分省份的调峰市场也通过现货市场中的实时市场或平衡机制实现。实时市场承担调峰功能。

省内电力现货市场的建设有以下 5 个功能：

1）发现价格、激励响应。可真实反映本省电力商品在时间和空间上的供需关系，引导发用电资源响应市场格波动，提升电网调峰能力、缓解阻塞。

2）促进竞争、优化配置。以集中出清的手段促进了电量交易的充分竞争，实现了电力资源的高效、优化配置。

3）落实交易、调节偏差。落实中长期合同交割与结算，以现货市场为核心的电力电量平衡机制调节发用电偏差，同时为中长期交易提供价格风向标。

4）保障运行、管理阻塞。形成与电力系统物理运行相适应、体现市场成员意愿的交易计划，为阻塞管理和辅助服务提供调节手段和经济信号。

5）引导规划、量化决策。分区、节点电价能够有效引导电源、电网的合理规划，为建设投资提供量化决策依据。

54. 调度机构在电力现货市场中有哪些权利和义务？调度机构如何认真履职？

调度机构是电网运行的指挥中心，根本职责是依法行使生产指挥权，对电网运行进行组织、指挥、指导和协调，负责电力电量平衡、发电生产组织、电力系统安全运行、电网运行操作和故障处理、现货交易、辅助服务交易组织管理等，依法依规落实电力市场交易结果，保障电网安全、稳定和优质、经济运行。电网调度工作要坚持“安全第一、预防为主”的方针和“公开、公平、公正”原则，统一调度、分级管理，依靠科技进步和提高人员素质，认真研究社会主义市场经济条件下电网运行管理的新情况，不断完善电网调度管理的措施，保证电网整体最佳效益的实现。

2020 年，国家发展改革委印发《关于推进电力交易机构独立规范运行的实施意见》（发改体改〔2020〕234 号），明确提出调度机构要做好电力市场交易组织实施、健全信息共享和安全保障机制等职责，规定“调度机构负责电力市场运行组织，及时发布市场信息，组织市场交易，根据交易结果制定交易计划。调度机构要充分考虑电力网架结构、安全供电标准、调度运行体系等实际情况，基于安全约束条件组织电力交易，切实保障电力安全稳定供应。调度机构要严格按照交易规则开展包括日前、日内、实时电量交易及辅助服务在内的现货交易出清和执行，并将出清和执行结果提供交易机构。市场交易如果可能引发安全风险，调度机构必须按照‘安全第一’原则进行调度。当发生重大突发事件或电力供应出现较大缺口等特殊情况时，政府有关部门可依法依规暂停市场交易，组织实施有序用电。健全交易机构和调度机构信息交换机制，调度机构按照交易规则要求，向交易机构准确及时提供市场交易需要的可公开数据。”

此外，在电力现货市场建设实践中，调度机构还承担电力现货市场技术支持系统建设、运行和维护；依规在特定情况下进行市场干预或市场中止等职责。

（1）省间电力现货市场中调度机构的权利和义务。

国调中心、网调及省调分别有不同的职责。具体如下：

1）国调中心及网调职责。

a. 负责落实省间中长期交易。

b. 负责组织省间电力现货交易，负责建设、运行、维护和管理省间电力现货交易技术支持系统。

c. 负责管辖范围内电网安全校核。

d. 负责向相关调度机构下发直调发输电预计划。

e. 按规定披露和提供设备停电、机组检修、联络线可用输电容量参考值等信息。

f. 负责省间电力现货交易出清，并向相关调度机构下发出清结果。

g. 根据省间电力现货交易出清结果，编制并下发直调发输电计划。

h. 负责向相关电力交易机构提供省间电力现货交易出清结果、执行情况等信息。

i. 其他法律法规所规定的职责。

2）省调职责。

a. 负责建设、运行、维护和管理本地省间电力现货交易技术支持系统终端。

b. 负责管辖范围内电网安全校核。

c. 负责省内市场预出清或预平衡。

d. 按规定披露和提供设备停电、机组检修、省内重要断面可用输电容量参考值等信息。

e. 负责组织省内发电企业、电力用户、售电公司参与省间电力现货交易。

f. 负责向市场主体发布省间电力现货交易出清结果。

g. 负责向相关电力交易机构提供省间电力现货交易出清结果、执行情况等信息。

h. 其他法律法规所规定的职责。

目前，跨区域省间富余可再生能源电力现货市场主要开展增量交易，在省间中长期交易物理执行的基础之上，叠加现货交易结果，国调中心负责对直流通道的输电能力和关键断面的潮流进行校核。大部分省内现货市场为全电量交易，市场出清和安全校核迭代调整，保证市场出清结果满足 $N-1$ 安全约束。后续随着省内现货市场的全面建设，各省内市场出清后，为避免非完整模型下的独立出清结果在实际执行时出现越限，网调需基于全网完整模型进行安全校核，确保交流电网的安全稳定。

国、网、省调根据三级调度协同机制，按各自管辖范围确定通道可用输电能力，省间现货市场出清过程闭环考虑通道安全约束。对于跨省区电力现货市场，省间电力现货交易出清后，国调中心及网调负责省间电力现货交易出清结果的安全校核和越限调整，确保跨省区电网安全运行。基于全网统一模型，结合省间电力现货交易出清结果和各类预出清（预平衡）结果，开展安全校核。国调中心负责直调系统范围内省间电力现货交易出清结果的安全校核。网调负责管辖范围内（含区域内省间联络线）省间电力现货交易出清结果的安全校核。省调负责管辖范围内省间电力现货交易出清结果的安全校核。安全校核不通过时，根据灵敏度和买卖双方价差，取消相应省间电力现货交易成交结果，出清边际电价不变。

（2）省内电力现货市场中调度机构的权利和义务。

对于省内电力现货市场，省调的权利与义务具体如下：

1）按调度规程实施电力调度，负责系统实时平衡，负责电网调度运行安全。

2）按照职责分工与电力交易机构共同拟定电力交易实施细则。

3）与电力交易机构共同组织现货市场交易以及辅助服务市场交易。

4）经监管机构委托暂停执行市场交易结果，经监管机构委托在特定情况下实施市场干预或市场中止。

5）与电力交易机构共同建设、运营和维护技术支持系统；为市场主体提供电力现货市场业务的宣贯培训。

6）按调度管理权限负责安全校核。

7）合理安排电网运行方式，按照市场规则和调度规程编制并执行发电调度计划，落实交易计划，保障电力市场正常运行。

8）按规定披露和发布信息，向电力交易机构提供安全约束边界和必开机组组合、必开机组发电需求等数据，提供支撑市场化交易及市场服务所需的相关数据，实现和电力交易机构的数据交互；承担保密义务，不泄露市场信息。

9）监测和分析市场运行情况。

10）建立落实市场风险防范机制。

11）对市场交易规则进行分析评估，提出修改建议。

12）配合开展电费结算，参与协调交易结算问题。

13）法律法规规定的其他权利和义务。

对于省内电力现货市场，省调负责管辖范围内省间电力现货交易出清结果的安全校核，国调、网调负责该省直调机组的安全校核。日前市场交易出清计算后，补充开展系统安全校核，包括基态潮流校核与静态安全分析。基态潮流校核采用交流潮流模型校核基态潮流下线路/断面传输功率不超过极限值。静态安全分析采用交流潮流模型进行开断分析，确保预想故障下设备负载不超过故障后限流值。对于安全约束无法满足要求的时段，省调可以采取调整运行边界、增加机组约束、组织有序用电等手段，并重新出清，直至安全约束能够满足。

（3）调度机构的履职。

在现货市场中，调度机构需要依法履职，严格遵守法律法规及调度纪律，按照“公平、公开、公正”的原则，依照国家能源、环境保护等产业政策及有关电力市场的运营规则、合同或者协议保护发电、供电、用电等各方的合法权益；调度机构需要坚持统一调度、多级协同管理，按最大范围优化配置资源的原则实现优化调度，充分发挥和利用电网的发、供电设备能力，以最大限度地满足社会和人民生活用电的需要；调度机构需要坚持“安全第一”的原则，按照电网的客观规律和有关规定使电网连续、稳定、正常运行，保证供电可靠性，使电网的供电质量（频率、电压和谐波分量等）指标符合国家规定的标准，同时需要规避市场风险，维护市场公平；调度机构需要按照电力市场调度规则负责电力市场的组织、出清和交易执行，建设完善现货交易系统，并考虑市场价格因素和市场主体经济性合理安排电网运维检修，接受市场监管，构建电力市场信用体系，和交易机构共同做好电力市场交易组织实施。

55. 调度机构在开展现货前应做好哪些准备？

作为现货市场的运营机构，调度机构肩负着保障电网稳定运行、保障电力安全供应、促进清洁能源消纳、维持市场有序运转等重要职责。相较于计划模式下的电力生产组织，现货市场交易可提高社会资源配置效率，但同时也对电网运行与控制提出更高的要求，调度机构应该从以下几个方面做好准备：

（1）思想认识需要转变。

1）调度机构应充分认识市场建设的复杂性。电力市场建设过程中，省间和省内交易、现货和中长期市场、市场和优发优购的衔接是市场建设的关键环节，协调难度大，牵连的问题多，同时考虑我国国情，我国电力市场建设具有一定的特殊性，需要破解的难题多，且没有国外成熟经验可以借鉴。

2）调度机构应认识到生产组织模式转变的紧迫性。随着“统一市场，两级运作”的市场模式逐步建立，调度机构应提前开展对市场环境下的生产组织模式研究，在市场化建设工作中要积极担当、主动作为，深入思考生产组织模式转变需求，与政府、市场主体、研究机构等深入交流、密切配合，推动市场建设平稳、有序发展。

3）调度机构需完善生产组织管理机制。随着市场建设的不断推进，计划模式下的生产组织管理模式已不再适用，指令性的送受（发用）电计划在市场环境中将导致双轨制矛盾，调频、备用等辅助服务的提供和调用也应遵循市场交易结果。市场建设对生产组织管理的灵活性提出更高要求。

4）调度机构作为市场运营主体，应高度重视信息披露、应急备案等工作的开展，保证市场运营的规范性和透明性，并加强与市场主体和政府主管部门的沟通，营造良好的运营环境。

（2）加强人才队伍建设。

1）市场环境下的生产组织较计划模式增加了信息披露、市场申报、市场出清等环节，市场工作相关岗位及编制数量不足，难以满足大幅增长的市场业务需求，调度计划、调度运行、水电与新能源等多个专业都存在扩充人员力量的需求。调度机构在市场建设过程中应增强履职尽责能力，落实相关岗位和人员编制，培育形成稳定的、具有持续成长能力和开拓创新水平的市场运营团队。

2）市场运营的专业性强，人员素质要求高，需进一步提高相关岗位人员对电力生产组织更高站位的深层次理解，深入了解调度运行和市场运营的耦合性，提升统筹协调能力和研究分析能力，加快培养组建高素质的人才队伍满足现货市场长周期运转的要求。

3）国内电力市场建设是一个逐步探索、逐步完善的过程，针对从业人员的体系性培养机制尚不完善，调度机构应尽快建立培训标准化、内容多样化、方式现代化的电力现货市场培训体系，完善从业人员的考核评价体系，加强人才队伍的标准化、流程化管理。

（3）提升技术支撑能力。

“统一市场，两级运作”的市场模式以及三级调度协同开展生产组织的客观现实，需要一套统一完善、技术先进、运行高效的技术支持系统是提高效率、保障工作目标完成的关键所在。市场环境下的生产组织较计划模式增加了大量的业务交互环节，流程衔接复杂，在数据交互、核心算法、计算能力等方面对技术支持系统提出了更高的要求。各级调度机构应结合自身业务分工，对技术支持系统的功能需求、业务逻辑和数据来源等问题进行系统性的研究，进一步完善体系架构设计，充分利用调控云大数据的平台优势，实现数据的全面统计和深度分析，提高工作精益化管理水平，提高全网一体化安全管控、电力电量平衡和清洁能源消纳水平。

（4）修订完善制度规范及相关技术标准。

全面梳理市场环境下的生产组织业务，明确自身定位，充分考虑调度保证电网安全、促进清洁能源消纳、维护市场稳定的职责，在市场应急机制、免责条款、终止规则和各类标准和规则中落实调度合理的管控手段。此外，随着电力市场建设，传统的生产组织流程发生了变化，相应的规章制度和技术规范也应及时修订完善。

1）在时序上，三级调度协同运作流程要与“统一市场，两级运作”相适应，调度机构内部应进一步完善纵向协同运作机制，各省内现货市场的预出清、申报等环节要与省间市场运行相适配，并在规范文件中明确各生产环节的时间节点。

2）在业务上，调度机构内部各处室之间的业务分工，以及公司内部各部门间的业务界面划分都需要进一步明确，各部门各岗位职责分工、信息交互规范、业务配合流程等应根据市场建设情况及时调整。

3）在标准上，调度机构应根据市场运行情况，修订完善并网调度协议、三公调度协议、两个细则等标准规范类文件，避免在计划与市场并行环境下对市场主体进行重复考核、重复计费。同时，调度机构应规范备用留取、安全校核、越限处理等工作的技术标准，进一步完善市场运营的合规性建设，依法依规开展工作，实现市场运营公开、透明。

56. 为什么市场环境下市场主体仍需严格遵守调度纪律?

纵观全球电力系统，电网能够实现能源资源优化配置的范围与电网覆盖的范围相一致，优化调度的程度与统一调度的深度相一致。根据我国《电力法》和《电网调度管理条例》，调度机构赋有电网生产指挥权，负责对电网运行进行组织、指挥、指导和协调，依法依规落实电力市场交易结果，保障电网安全、稳定和优质、经济运行。

调度机构肩负着保障电网安全运行和现货市场有序运营的双重职责。电力现货市场的建设对电网安全运行提出了更高要求，较传统模式相比，市场机制一定程度上削弱了调度风险管控的手段，使调度保障电网安全的难度增加。所以在现货市场设计过程中，应充分考虑调度保障电网安全和市场有序的权责，在市场应急机制、免责条款、终止规则和各类标准中落实调度必需的管控手段，确保工作合规开展。同时，市场主体应自觉严格遵守调度纪律，杜绝违反《调度管理条例》，危害电网安全稳定运行的行为发生。现货市场中的各方主体要协同合作，共同努力守住电网运行的安全底线。

调度系统和电力市场结构体系是紧密相关但又不完全等同的。电网调度系统实行统一调度、分级管理，而市场的运作是在特定区域内实行统一开放，由于该区域内可能存在若干级调度机构，因此并不是每一级调度机构都承担相同的实时电力交易或整个电力交易的运作任务，这是电网调度与电力市场及其交易机构层面上的关系问题，调度与交易职能是电力市场运行必不可少的重要部分，其中实时交易与调度密不可分，调度可以包容市场交易，但交易代替不了统一调度，这不仅在理论上而且在各国实践上也已经得到了充分的证明。

电力市场交易结果执行环节是由调度机构负责落实。电力市场是通过市场机制形成发电计划和电价的一种形式，它不可能取代整个电网的运行调度。在电力市场条件下，各发电企业通过报价竞争发电，主要与发电量、时段以及相应的价格甚至辅助服务相关，在保证电网安全稳定的前提下，按低价优先等市场规则对竞争电量实行顺序上网，这是在市场环境下编制开、停机方式等发电调度计划的主要依据之一。显然，按市场交易结果形成的发电调度计划最终还需要调度机构通过统一调度来付诸实施。

市场环境下各市场主体仍然要坚持统一调度，遵守调度纪律。电力市场的引入没有改变统一调度的原则和要求。计划模式下，调度根据资源配置需求进行发电计划编制，各级调度按权限下发，各市场主体执行计划。在市场环境下，调度计划编制环节引入市场手段。市场经过竞价出清等环节生成交易结果，市场交易结果列入调度计划，成为发、用电调度计划的部分或全部，最终仍以调度计划的方式下发至各级调度机构，由各市场主体执行包含交易结果的调度计划。

在市场环境下，遵守调度纪律涵盖发电、输电、用电各个环节。如果市场主体不能严格遵守调度纪律，电力市场交易的执行结果在任一环节都可能和交易结果发生偏差，将会影响或损害发电、供电、输电、用电等各方的合法权益。电力市场的交易结果是发电企业、市场运营机构、电力用户依规达成的“合同”，“合同”的内容需要依靠调度计划指令来执行，而这份“合同”的有效履行需要所有市场主体严格遵守调度纪律来完成。

电网安全裕度可能会随市场情况发生变化，全面释放更多资源参与市场，这对电网平稳运行带来新的挑战。市场环境下，输电通道上的交易成分增加，新能源大范围跨区资源配置要求提升，电网运行工况的不可预测性加大，系统运行更复杂化，致使电网事故影响日益严重，客观上使统一调度的重要性更进一步体现。电力现货市场建设发现电价并激励发电和用能效率的提高，同时也寄望通过市场机制有效促进了清洁低碳、安全高效的能源体系建设。在实现“双碳”目标的重要历史时期，可预计新能源还将继续保持高速增长，在电源结构中的比重将进一步提升。与常规能源相比，以风电、光伏为代表的新能源功率波动大、耐受能力差、调节能力弱，增加电网出现支路、断面有功功率重载或越限的风险，给电力系统安全运行带来极大挑战。在灵活调节资源稀缺的客观现实面前，需要整合电力系统的能力，支持全网的安全可靠运行，其根本就在于各市场主体自觉遵守调度纪律，严格服从统一调度。

保障电力系统安全稳定运行是全体市场成员共同利益之所在。调度机构在电力市场运营中，需要尽量避免系统事故的发生，一旦发生事故时应迅速限制事故范围，尽快恢复系统的正常运行。因此从保证电网安全运行的角度考虑，调度计划包含电力市场交易结果，但最终下发的计划一定是依据当前电网运行条件。电网一旦遇到气象灾害或严重事故，已经不满足执行交易结果的条件，各市场主体应严格遵守调度纪律，以维护主体共同利益，以保障整个电网的安全稳定运行，防止发生系统事故。

为了推进电力市场建设，保障大电网安全稳定运行，保障电力现货市场交易有序开展，防止电网事故的发生，必须重视电力市场规则，严格遵守调度纪律，才能有效对电网运行风险进行预警调控，及时阻止电网事故的发生。现货市场运营应在充分考虑电力系统运行安全约束，确保系统安全稳定运行的基础上开展，充分保障调度机构调度和控制电网运行的手段和资源。系统发生紧急事故时，调度机构应按“安全第一”的原则处理事故，必要时可实施市场干预乃至市场中止，以保障电力系统安全运行。

服从调度机构的统一调度，是各个市场主体应尽的义务，依照法律规定，任何单位和个人，均不得违反和擅自更改调度指令。各市场主体应认真执行市场规则，严格遵守调度纪律，保障电网的稳定运行及市场有序运营。

57. 什么是顺价模式和价差模式?

顺价模式指用户侧电价是在交易价格的基础之上累加输配电价、基金和附加。价差模式指发电厂商在国家核定价格基础之上让利多少，对应用户的电价就在目录销售电价上降低多少。

理论上，顺价模式和价差模式两种定价模式在交易周期上，可用于中长期市场定价，也可用于现货市场定价；在市场类型上，可用于批发侧市场的定价，也可用于零售侧市场定价。实践中，目前我国电力现货试点的电价机制设计多采用顺价模式定价，省内中长期市场大多还未执行顺价模式。对于顺价模式下的零售市场而言，跟批发市场一样，交易价格也不含输配电价价差和政府性基金及附加，以浙江零售市场为例，电力用户价格=电厂交易价+输配电价+政府基金及附加+售电公司运营成本和利润。

中发9号文以及《国家发展改革委关于贯彻中发〔2015〕9号文件精神加快推进输配电价改革的通知》（发改价格〔2015〕742号）等文件明确提出有序推进电价改革，理顺电价形成机制，加快推进输配电价改革的要求。对电网企业监管由现行核定购电售电两头价格、电网企业获得差价收入的间接监管，改变为以电网资产为基础对输配电收入、成本和价格全方位直接监管。电网企业按照政府核定的输配电价收取过网费，不再以上网电价和销售电价价差作为主要收入来源。在输配电价核定过程中，既要满足电网正常合理的投资需要，保证电网企业稳定的收入来源和收益水平，又要加强成本约束，对输配电成本进行严格监审，促进企业加强管理，提高效率。结合电力体制改革，把输配电价与发售电价在形成机制上分开，积极稳妥推进发电侧和售电侧电价市场化，分步实现由市场形成公益性以外的发售电价格。鼓励电力用户或售电商与发电厂商通过自愿协商、市场竞价等方式自主确定市场交易价格，并按照其接入电网的电压等级支付输配电价。

顺价模式下，电网企业与高速公路收费方式相同，仅收取输配电费。顺价模式建立在完善的输配电价核定的基础之上，输配电价制度的落地也需要顺价模式的执行。顺价模式遵循“管住中间、放开两头”的顶层设计，符合中发9号文中参与电力市场交易的用户购电价格由市场交易价格、输配电价（含线损）、政府性基金三部分组成的相关要求。我国电价体系中存在复杂的交叉补贴，而理顺电价形成机制是中发9号文明确的电力体制改革重点任务之一。顺价模式有助于厘清、逐步减少或取消交叉补贴，还原电价的本来属性，使电价真实反映成本和供求关系，用户侧到户电价完全由市场交易形成，电网企业只收取核定的输配电价。但是，相比价差模式，顺价模式的现货市场如果设计不当容易产生不平衡费用，需要配套完善的平衡结算机制。

价差模式下，电网企业的收益跟原计划体制下完全相同。该模式下无需对输配电价进行核定，无需配套平衡结算机制，可实现简单起步。但是价差模式存在以下问题：

（1）在“价差模式”下，电网企业仍承担着统购统销的职责，电价交叉补贴问题无法疏解，中发9号文中的输配电价机制无法得到执行。

（2）价差模式离不开用户当前的目录电价体系，随着现货市场的开展，行政制定的峰谷电价很难反映真实供需，现行峰谷电价将无法满足系统需要。比如在某试点省份，由于白天光伏大发的时刻可能成为电力现货市场的全天电价最低时段，但是这个时刻却处于目录电价的峰段；如果继续坚持价差模式，现货价格信号作用将大大削弱，因为现货价格高时段的用电将得不到足够的价格引导，只要“目录电价+价差”所形成的电价明显低于现货价格，那么该类用户将增大而不是减少用电，从而扭曲资源的分配效率。

（3）基于价差的申报，导致出清结果无法真正反映高效率低能耗机组的低成本优势，可能导致低能耗机组无竞争优势，高能耗机组不合理大规模中标，不利于资源的优化配置激励。

（4）采用“价差传导”的方式确定中长期市场价格，在一定程度上影响中长期市场和现货市场的有效衔接和价格协调。比如在集中式电力市场模式下，中长期市场是金融性质的差价合约，在结算环节需要与现货价格进行价差计算，这就需要中长期市场价格与现货市场价格在含义上是一致的。如果中长期市场是价差电价，现货市场是顺价电价，需要另外采取一定的转化计算来保证两者含义一致。

58. 什么是可用传输容量？ATC 在国内外电力市场是如何应用的？

可用输电容量（available transmission capability，ATC）指电网在已有交易或合同基础上可进一步用于交易的剩余输电容量（可包括电力和电量）。一般来说，可用传输容量指两个区域之间的总传输容量在考虑传输裕度、扣减通道已安排的交易电量后还剩余的传输容量。其中，总传输容量指考虑系统物理约束（包括热稳定极限等各类约束）情况下的最大传输容量。

可用传输容量的作用在于为市场交易的参与者提前提供市场交易在传输容量方面的边界信息，市场主体可据此进行预判和决策从而开展交易。在国外典型电力市场中也有可用传输容量的概念，以美国和欧洲为例分别进行说明。

（1）美国。

1995 年，北美电力系统可靠性委员会（NERC）统一了一系列关于输电能力的定义，并同时给出详细的解释、计算指导和规范。其中可用输电能力是指互联电力系统在满足 3 个系统约束下，通过两个区域间的所有线路和路径，从送端到受端可用于商业使用的输送最大能力。ATC 的计算公式如下，图 2－2 展示了各分量之间的相互关系。

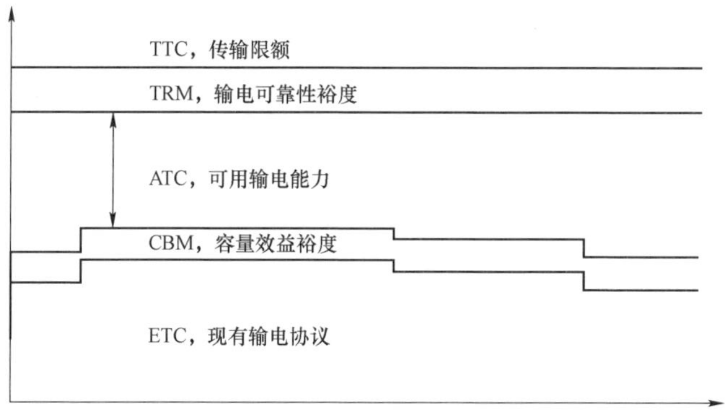

图 2－2　ATC 计算示意图

$$ATC = TTC - TRM - CBM - ETC$$

式中，TTC（total transfer capability）为最大输电能力，TTC 是电力系统总的输电能力，是系统在满足事先定义的各种安全稳定约束与故障条件下，可以从一个区域到另一区域或者从一点到另一点之间可以传输的最大功率；计算 TTC 通常考虑三种安全约束条件，分别是设备的热容量约束、系统安全稳定约束和节点电压约束，TTC 的值一般取这三种情况所对应的最大输电能力的最小值。

输电可靠性裕度（transmission reliability margin，TRM）反映了系统的各种不确定因素对电力系统输电能力的影响，是为系统不确定因素在合理范围内波动而预留的那部分输电能力。TRM 主要考虑了各种电力设备的常规检修情况、较为剧烈的负荷波动行为、变压器主抽头的调节情况以及天气的变化对电力系统运行的影响等。除此之外，TRM 还与计算 ATC 所选断面的时间跨度有关，若要研究一个较长时间跨度下系统的 ATC，就要考虑该时间段内可能发生的所有不确定性因素的各种合理组合的情况，所需要的 TRM 也越大。实际应用中，TRM 没有一种明确的计算方法，经常根据所选取的时间跨度的长短，取 TTC 的一个固定百分比作为系统的 TRM，计算方法比较简单，计算出的 TRM 值比较保守。

现有输电协议（existing transmission commitments，ETC）指输电网络中已经签订了的那部分输电合同所占用的电网的输电能力，根据现有输电合同的类型和稳定程度，可以将输电合同划分为计划输电合同和预约输电合同，以及可撤销的输电合同和不可撤销的输电合同。虽然这些合同中的电能传输约定有的正在进行，有的还未发生，但是其所约定的输电协议已经生效，在预测系统 ATC 时，需要在相应的时间段内，在 TTC 中将其扣除。而在系统的负荷高峰时期，电力网络中的输送功率过大，若此时系统的安全可靠性受到威胁，可以适量地削减部分可撤销输电合同，所以特殊情况下 ETC 可以转化为 ATC。

容量效益裕度（capacity benefit margin，CBM）这部分输电能力是为了保障那些不可撤销输电协议的顺利执行而预留的。与 TRM 一样，在计算 ATC 时也需要在输电网络的 TTC 中将 CBM 扣除。这部分备用的输电能力对电力系统的供电可靠性很重要，当电力系统中有发电机退出运行等使电力系统电源容量削减的故障情况发生时，CBM 所预留的这部分输电能力就用于与该系统相连的其他系统将电能输送到该区域的重要负荷中心，以满足那些不可撤销的输电协议。由定义可知，CBM 与 TRM 都是为了保障电力系统的安全可靠性而预留出的输电能力，TRM 针对的是较大范围系统的安全运行的考虑，而 CBM 专门针对较小范围内的系统电源的供电可靠性。确定 CBM 需要考虑三种因素：① 为保证区域的供电可靠性水平，外围电网需要提供的电力容量支持；② 为区外电网输送的功率能够进入区域支援该区域的用电所预留的输电能力；③ 根据该区域与外部电网功率往来的功率容量以及相应联络线、电力流通路径的地理分布情况，合理分配 CBM 的预留值。CBM 通常取区域内发电机组的最大容量的一个比例值，或者与 CBM 的计算类似，由 TTC 的一个固定百分比来确定。

（2）欧洲。

欧洲输电系统运营商协会（european transmission system operators，ETSO）对欧洲内部电力市场（internal market of electricity，IEM）中的跨国电力传输能力进行了定义。其主要的定义与 NERC 对可用输电容量的定义相似，计算方式与北美相比进行了一些调整，主要包括净传输容量（NTC）、系统可用传输能力（ATC）等概念。

1）净传输容量（NTC）。

计算方式是由用最大输电容量 TTC 减去输电可靠性裕度 TRM。NTC 的计算公式为：

$$NTC = TTC - TRM$$

式中，TTC 是指考虑到热稳定约束、电压约束等安全性约束后，不会影响系统安全性条件下系统两区域 A、B 之间最大可行功率交换。而 TRM 反映不确定性因素对互联系统区域间输电能力的影响，涵盖了市场主体的不完善信息和意外的实时事件导致的联络线潮流预测的不确定性。系统运营商可以根据过去的经验或使用统计方法对 TRM 进行评估。在最大安全输电容量中，刨去不确定因素对传输容量裕度的影响，剩余容量部分就是净传输容量 NTC。

2）系统可用传输能力 ATC。

计算方式是从净传输容量 NTC 中扣除通知传输流 NTF。ATC 的计算公式为：

$$ATC = NTC - NTF$$

其中，根据市场主体的发电计划，可以得到发电方案带来的传输线之间的相应潮流与所需容量，这些“已分配”容量统称为通知传输流 NTF。欧洲市场中定义的 NTF 类似于北美电力市场中的容量效益裕度 CBM 与无法更改的输电服务所需输电能力 ETC 之和，即：NTF = CBM + ETC。ETC 为现有输电协议（包括零售用户服务）占用的输电能力。CBM 定义是指为确保 ETC 输电服务顺利执行时输电网应当保留的输电能力。

NTF 与 ATC 是动态更新的，随着输电容量预订/分配过程的进行，TSO 可以根据新提供的市场主体发电计划信息更新其潮流计算，以完善其对安全问题的评估。由于市场主体和调度机构之间在实时交换数据，因此，随着实时操作的接近，输电容量事前计算的准确性会提高，最终，调度机构将评估系统之间的剩余可用传输容量（ATC）。

可用传输容量（ATC）主要应用于大范围的交易优化出清中。在交易组织中考虑相关输电通道剩余可用传输容量（ATC），可以确保交易出清结果不会导致通道阻塞，从而使交易出清结果在物理运行中能够可靠地执行，不会影响到系统的安全性。

（3）中国。

在我国，ATC 已开始应用于省间交易的组织，用于促进清洁能源的消纳和大范围资源优化配置。

1）在现货市场组织方面，我国已在跨区域省间富余可再生能源电力现货市场中，完成了基于 ATC 的跨区域的电力交易的组织开展，通过挖掘区域间通道可用输电能力，促进了西南及三北地区富余可再生能源消纳，缓解了弃水、弃风、弃光问题。

2）在中长期交易组织方面，我国已完成了计及 ATC 的省间中长期交易软件研发，并部署到了新一代电力交易平台上。计及 ATC 的省间中长期交易软件，能够在交易出清的同时考虑输电通道剩余可用传输容量，使出清结果满足电网安全约束，能够极大地提高省间中长期交易的可执行性，有利于提升通道利用率和交易的组织效率，为在中长期组织开展高频次交易创造了条件，有利于促进清洁能源的消纳，助力能源转型和“双碳”目标实现。

59. 市场环境下与计划模式下设备检修安排有什么不同？市场环境下如何科学安排设备检修？

设备检修是维持电力系统安全稳定运行的重要保障。当前调度检修计划的制订充分考虑了电网的安全性和经济性，原则上规避了对发电企业的利益影响，输电网络的检修符合社会公共设施检修原则。检修安排基于电网负荷模型、电网发电计划、中长期电力市场交易结果、电网输电能力、电网设备可靠性等源侧、网侧、荷侧多因素协同优化的经济调度检修计划，充分考虑电网运行的经济性。现有的检修计划为电力现货市场开展提供了经济优化和安全优质的边界，在此基础上开展电力现货交易是“优上加优”，充分发挥多市场主体竞价优势，有利于促进电力现货市场的竞争。

（1）市场与计划模式下设备检修的差异。

在计划模式下，发输变电设备的检修安排考虑发用电平衡裕度，统筹检修方式下各相关主要设备的停电时序，把控主网运行方式下的停电风险和对新能源消纳的影响。总体来看，停电时序的调整约束较少、相对灵活，输、变电设备检修仅受到运行安全和新能源消纳的制约，发电设备检修计划由发电企业发起，调度部门根据输、变电设备检修安排，经与发电企业协商后，统筹调整发电设备检修安排。在“三公模式下”，发电企业通过年度基数电量已经基本锁定了全年收益，故只要控制好年底基数电量完成进度偏差，发输变电设备的停电安排对发电企业的经济利益不产生影响。

在电力市场环境下，各个市场主体设备检修既影响自己的收益，也影响其他市场主体。这种经济性的影响包括不同类型的市场主体和同类型市场主体之间的影响。

不同市场主体，例如发电企业和电网企业，设备检修的安排将产生发电能力和相关输电断面电力输送能力的变化，体现在现货市场中即为节点电价的波动，节点电价又直接影响市场主体的结算费用和经济利益。发电企业已成为独立的市场成员，其收入主要来源于售出的电量，而在电力市场下电价是变化的，仅仅从电价的因素来考虑，在电价较高的月份停机检修，显然对发电企业经济收入不利。发电企业出于对自身经济性的考虑，发电企业设备和电网设备的检修可能不再统一进行。

同一类市场主体间，例如所有的发电企业在电价最小的月份停机的话，电力系统的安全性就得不到保证。利益驱动使各个发电企业都希望在市场容量充足的时期检修，而在市场容量不足时参与市场竞争，因而各个发电企业的检修时间不可避免地会发生冲突。因而，发电企业之间检修计划协调不好，就会对系统安全性构成重大威胁。

（2）市场环境下的设备检修安排。

市场环境下，设备检修应在保障电力系统安全稳定运行的前提下，统筹考虑检修安排的公平性、经济性、规范性。

电力系统中设备检修的前提是安全稳定，只有一个正常运行的电网才能保障电能的正常供给，才能保障一切经济活动、日常工作、生活的正常开展。电力市场中，发电设备检修直接影响机组的发电出力和运行方式，经济规律的作用会发电企业的生产计划安排发生很大变化，电力市场的商业行为增加了设备检修安排的复杂性，对电力系统运行的可靠性和经济性都有很大影响。因此，更要强化市场环境下设备检修安排的风险防范，对设备的检修实行动态管理，保证电网的安全运行以及供电的可靠性。

设备检修协同优化需要充分考虑电力市场主体的公平性。在电力市场条件下，发电企业机组检修计划的申报和电网调度机构的协调同等重要。首先，需要发电企业对所属机组的安全情况、检修记录、检修成本以及运行方针、竞价策略、生产计划、燃料供应等进行详细的评估，同时需要对市场电价进行较为准确的预测，从而以本公司的预期利益最大化为目标进行申报。其次，调度机构根据系统成本和约束条件来统一协调所有发电企业的发电机组检修计划，在保证系统可靠性的前提下，应公平地让各发电企业检修费用和生产费用相对最小，让整个电力市场的检修成本最小，从而减少社会成本。

设备检修协同优化需要充分考虑各市场主体的经济性，强化电网企业与发电企业检修的协调运作。电力企业要合理安排发输电设备检修计划，避开在用电高峰期检修，加强设备维护和运行考核，及时发现并处理各种异常情况，确保发输电设备正常运行，减少非计划停机，提高设备利用率。调度机构要加强优化调度，科学合理安排运行方式，挖掘现有发电机组和输电线路的潜力，提高资源利用效率。

设备检修安排需要进一步加强规范性管理，确保相关信息的及时公开透明，合法合规做好停电安排及必要的调整。需要设立设备检修安排进行协调优化机制。设备检修协同优化需要充分考虑电力系统的安全可靠性。电力现货市场虽然引入了竞争，但向用户安全可靠地供电仍是市场主体义不容辞的责任和义务。为用户连续供电服务称作可靠性供电服务，必须同时从发电侧和输电侧采取措施。要有必要的备用容量以防止发电机组、输电设备突然故障以及负荷突然增加。

设备检修协同优化需要各市场主体遵守调度纪律，服从调度检修安排。发电设备检修的随机性较大，各市场主体间存在竞争关系，发电企业需要提出年度、月度等多时间尺度设备检修需求，调度机构充分考虑各发电企业的检修安排，按检修规则要求通过优化模型对全网检修计划进行统筹安排。调度机构提高检修计划安排管理水平，并及时、公开、透明的向发电企业公布电网检修计划。市场运营过程中各市场主体需服从调度检修计划安排，不得扰乱市场秩序。

60. 什么是机组组合？现货市场为什么要考虑安全约束机组组合？

（1）机组组合。

机组组合（unit commitment，UC）指在一定的调度周期内，以系统成本最小（包括发电机组的启动成本、关停成本和运行成本等）为目标安排机组启停机和发电计划，实现与预测负荷的平衡并满足一定的约束条件和备用要求。

从考虑安全性的角度，机组组合的研究和应用可划分为 3 个阶段：① 不考虑网络安全约束的机组组合，称为传统机组组合（UC）；② 考虑网络安全约束的机组组合（security constrained unit commitment，SCUC）；③ 全面考虑暂态稳定性、电压稳定性等安全约束的机组组合。在国外有关 SCUC 的文献中，“安全”通常是指同时包含基态和预想故障下的网络约束；而在国内，“安全”通常只包含基态的网络约束。

根据电力系统调度模式的不同，SCUC 可分为不同的模式。在我国传统的“三公”调度模式下，月度合同电量完成率要求在月内优化机组启停；随着节能发电调度的不断推进，我国的装机将以燃煤火电大机组为主，由于机组启动过程步骤多、时间长，且具有下降型煤耗特性曲线，因此日内启停的操作性、经济性和节能性不佳，需要提前 1～3 天优化机组启停，通过有序调停，尽可能使在线机组运行在最佳工作点。机组组合研究可追溯到 20 世纪 40 年代。1962 年，Garver 首次完整地提出考虑开停机费用的混合整数规划 UC 模型。限于技术原因，早期的 UC 模型并未同时考虑网络约束。直到 20 世纪 80～90 年代，有学者提出在机组组合模型中考虑网络约束，开启了 SCUC 的研究。SCUC 在数学上是一个大规模混合整数规划（mixed integer programming，MIP）问题，科学、高效、精细的建模始终是 SCUC 研究和应用的关注焦点。

SCUC 的优化目标通常是系统成本最小，包括发电机组的启动成本、关停成本和运行成本等。在电力市场中，SCUC 的优化目标是社会福利最大（负荷需求弹性情况下）或购电成本最小（负荷需求刚性情况下）。近年来，资源、环境和气候变化为电力系统调度带来了新的挑战，在节能发电调度模式下，SCUC 的优化目标是系统能耗最低或污染物排放最少；在低碳电力调度模式下，SCUC 的优化目标是最大限度地减少 CO_2 排放。此外，SCUC 模型可同时考虑多个优化目标。

（2）现货市场中的机组组合。

电是一种特殊的商品，要求供需瞬时平衡并对输电网有强烈的依赖，这使得电能交易难以通过耗时的买卖双方私下协商达成，随着用电需求的周期性变化，承担发电任务的机组组合也在变化，必须通过有组织的现货市场决定机组启停和机组出力。此外，随着新能源的大量接入，由于其固有的随机性、波动性和反调峰特性，造成电力系统净负荷峰谷差拉大，必须在日前甚至更短周期内进行机组启停保证电网电力平衡。

长期以来，实现安全和经济运行是电力系统的主要目标。机组组合作为编制发电计划的核心环节，能够在电力系统短期运行中实现对发电资源的结构性优化，为调度预留充足的优化空间，以应对未来负荷的不确定性和新能源发电的波动性，满足系统的调峰和备用需求，为电力系统经济调度及安全校核提供基础；同时，能够提升高能效大机组的运行效率，尽可能使机组运行在最佳工作点，提升系统的经济性和节能性。

现货市场环境下的机组组合应考虑网络安全约束已成为一种共识。电力的传输必须以电力网络为依托，且遵循特定的物理规律，即总是沿着阻抗最小的路径。这也就是说，在现货市场上，难以确定具体的消费者和具体的供给者之间的关系。发电厂商所售的电流向了哪些电力负荷，消费者消耗的电力来自哪家发电厂商都是难以明确的，并不以经济合同为依据。网络的影响还会造成不同方向的电能交易相互制约的问题。因此，机组组合只有计及电力网络的约束，才能在保证电网的安全可靠运行的同时实现最优的电能交易。

61. 现货市场中必开机组的确定原则和参与市场方式是什么？如何进行补偿？

在现货市场中，因电网安全约束、民生供热保障或政府要求，部分发电机组在某些时段必须并网发电，这类机组称为必开机组（must-run unit）。必开机组由调度机构根据一定的原则进行设置，在市场出清前进行标记。在现货市场出清时，必开机组在必开时段内的机组状态为开机、必开最小出力优先出清。

（1）必开机组的确定原则。

出现以下情况时，调度机构可将相应机组设置必开机组：

1）因系统安全约束，必须开出的机组，以及必须维持运行状态的机组。

2）因电压支撑要求，需要增开或维持开机状态的机组。

3）因保供电、保供热、保民生或政府要求，需要提高安全裕度而增开或维持开机状态的机组。

4）根据电网安全运行要求，需要进行调试的机组，或调度机构批复同意进行试验的机组。

5）根据电网安全运行要求，需要在运行日某些时段固定出力的机组。

6）其他保障电力安全可靠供应需要开机运行的机组。

调度机构在事前信息发布中需包含必开机组的计划安排，明确相应的必开时段，必开机组应提前做好开机准备，确保在运行日能够正常开机运行。

例如，某现货试点省为增强电网抵御极端灾害的能力，保障电网安全运行，台风登陆前 3 天及登陆期间，调度机构可视系统运行需要设置台风影响区域的沿海燃煤机组为必开机组；台风登陆前 1 天及登陆期间，调度机构可视系统运行需要设置台风影响区域的沿海燃气机组为必开机组，由此造成其他区域的燃气机组存在燃料供应约束时，相应机组可设置为必停机组。台风登陆后，在系统安全风险可控的情况下，调度机构解除必开设置。雨雪冰冻灾害风险或山火风险生效期间，调度机构可根据系统运行需要，将对灾害影响区域有网络支撑或能配合发挥融冰作用的机组设置为必开机组。

（2）必开机组参与市场的方式。

必开机组在必开时段内的机组状态为开机，不参与优化；必开最小出力优先出清。若调度机构未指定必开机组的必开最小出力，则必开最小出力为该台机组的最小稳定技术出力。必开最小出力之上的发电能力根据发电机组的电能量报价参与优化出清。

某交易时段中，若必开机组仅中标必开最小出力，该时段内该台必开机组不参与市场定价；若必开机组的必开最小出力之上的发电能力中标，该时段内该台必开机组可参与市场定价。

（3）必开机组的补偿机制。

运行日内，若必开机组当天的总发电收益低于核定的总发电成本，按照核定的总发电成本对必开机组进行补偿。

机组发电成本包括启动成本、变动成本和固定成本。启动成本是指将发电机从停机状态开机到并网产生的成本。变动成本即燃料成本，包括空载燃料成本和边际燃料成本，空载燃料成本是指发电机维持同步转速、输出电功率为零所需要消耗的燃料成本，边际燃料成本是指发电机组在一定出力水平增加单位出力所需增加的燃料成本。固定成本是指在一定时期基本不变的成本。

政府有关部门组织开展机组发电成本核算工作，根据机组类型核算变动成本用于市场力检测和特殊机组补偿。

如果必开、供热机组等故意申报高价，经检测存在较大市场力，引起市场价格明显异常的，可调整限价范围、进行申报价格替代或选取近一段时期现货市场平均价格进行结算。

62. 什么是预调度计划？什么是预出清？预调度计划和预出清有什么区别？

（1）预调度计划及国际经验。

当前，预调度计划仅在国外电力市场有所运用，我国未采取预调度计划。从国际经验来看，在日前申报结束后，电力调度机构根据机组申报信息，综合考虑系统负荷预测变化、清洁能源消纳、电网安全约束等因素，采用 SCUC 和 SCED 出清算法进行优化计算并通过日前安全校核后，编制形成日前预调度计划，包括运行日机组组合和机组出力计划等。

从国外实践来看，预调度计划的目的主要包括：① 为电力市场的参与者提供足够的、及时的决策信息，包括负载情况、辅助服务情况、区域价格等；② 向电力市场运营者（ISO 或调度部门）提供足够的信息以帮助他们维持电力系统的可靠安全运行。预调度计划结果一般仅用于提供信息参考，不用于市场结算。各国实施预调度的方式不尽相同，下面以澳大利亚国家市场和加州电力市场为例对预调度计划的开展流程进行说明。

1）澳大利亚国家电力市场（national electricity market，NEM）中的预调度。

澳大利亚采用电力库的市场模式，其预调度是根据市场成员的报价信息、负荷预测、网络约束、辅助服务等各种信息，由市场运营机构 AEMO 负责制订预调度计划，并及时公布预调度计划，包括中标情况及中标电价等。预调度计划是以 30min 为周期，优化目标是以市场成交电量最大，约束条件包括预测的负荷和辅助服务需求、竞价机组各种技术参数等。澳大利亚国家电力市场的预调度计划具有五方面典型特征：

a. 基于线性规划的 SPD 算法的自调度计算。

程序会自动将每半小时更新的数据存储在中央数据库（market management system，MMS）中，包括机组报价数据、预测的负载情况，辅助服务响应和区域市场清算价格（现货价格）等。

MMS 数据库将每半个小时自动启动预调度过程，将最新的数据输入到优化算法程序（SPD）中。对于每个交易区间（每半小时），在考虑各个可调度机组运行限制等约束的情况下，根据已有信息，通过最大限度地降低能源负荷响应和辅助服务响应的总成本，优化预调度计划。

SPD 将最终的输出预调度计划发回至中央 MMS 数据库。中央 MMS 负责将新的预调度计划披露给市场运营机构（AEMO）与市场主体。

b. 允许可调度资源的报价与再报价。

根据规则，具有可调度能源的市场主体必须提供有效的报价或再报价信息文件给调度机构，这些数据将存储在中央 MMS 数据库中，以供预调度期间提取相应时间段的报价信息。若未收到有效的再报价信息，则按照该机组最新的投标价格作为默认价格调度。

预调度的报价信息于前一交易日的中午 12:30 截止报价。但是允许市场主体在实际交易间隔前重新报价，视为再报价，需要提交报价修改理由。

c. 考虑区域负荷预测及辅助服务需求预测。

AEMO 需要通过市场管理系统接口（market management system interface，MMSI）定时发布当前预调度期间内每个地区该半小时的能源需求预测值以及每种辅助服务类别的需求预测。

d. 考虑网络安全约束的安全校核。

AEMO 将对电网传输施加一定的限制，以保护电网元件避免由于过载引起的热损坏或者避免电源系统不稳定以及关键位置的故障引发的系统瘫痪。电网传输限制通过约束方程的形式输入到预调度的计算中，并且这些约束也将实时动态调整。

e. 向所有市场主体进行信息披露。

预调度结束后，与最新预调度结果的保密信息与公开市场信息都将可用。保密信息定义为市场主体的信息，仅供相关参与者于交易日当天使用。公开的市场信息则包括具有总体通用性的信息（例如区域现货价格、区域需求、互连器负载等）或已经进入数据库的历史信息集（包括以前保密的市场信息）。

市场信息将通过以下两种方式披露：① 直接通过文本信息、文件报告，发送给相关市场主体的交互界面；② 由市场主体去相应的数据库进行提取。

AEMO 还可以使用 MMSI 报告界面直接从中央 MMS 数据库访问其他区域级别的汇总市场信息，以帮助他们管理电力系统的安全性和可靠性。

结合澳大利亚和早期英国电力库模式下的经验来看，对于阻塞较小的电网结构，可采用基于预调度的电力库市场模式。如果电网没有阻塞，则预调度出清和实时出清的结果是一样的。如果发生阻塞，则通过实时市场或再调度机制进行阻塞管理。这种方法的优点是能量市场比较简单，整个市场只有一个价格，能量市场交易的流动性比较高。

2）加州电力市场的预调度。

加州的预调度计划制度是为规避可靠性必须运行机组（reliability must run，RMR）协议带来的不良影响而设置的。RMR 是加利福尼亚市场设计的一部分，RMR 可以提供多种服务，例如保障本地可靠性、减轻市场力作用、实时区域内阻塞管理和系统可靠性、提供辅助服务等。但是，允许 RMR 机组在实时市场中为一些不确定负荷提供服务也会带来一些隐患，例如增加实时市场价格的不确定性和波动性、降低供应调度计划的效率、若日前市场出清电量过多时将导致严重的市场扭曲等。

因此，为了避免 RMR 机组对实时市场造成的不利影响，加州电力市场运营商 ISO，为 RMR 机组设立了预调度制度。在日前调度计划上交给 ISO 后，ISO 将基于 RMR 的运行约束（例如 RMR 设备的启动时间，最低运行水平和最短运行时间等）、电网传输等约束计算下一个交易日为了维持系统运行稳定所需要的最小 RMR 运行计划，并将此运行计划与其最终日前调度计划进行比较。如果最低运行计划大于日前调度计划，则 ISO 会向 RMR 机组发出调度计划更改需求，以确保下一日的系统稳定运行。

（2）预出清及国内实践。

从国内实践来看，我国电力市场一般未采用预调度计划，而采用了预出清。

电力市场预出清是调度机构根据发电厂商报价或修改的报价，用电负荷预测以及电网运行状态，在日前/实时市场出清之前进行一系列的市场预测，并公布市场预出清结果。市场运营机构在技术支持系统执行市场预出清过程完毕后，分别发送给各个市场主体与其相关的私有信息（机组发电出力安排、辅助服务要求等），发布公开的市场信息（用电负荷预测、预出清电力价格等），市场交易所有的预出清结果信息及数据，供市场主体决策参考使用。

1）日前市场预出清。在日前市场准备阶段，各试点省电力调度机构根据省内发电厂商报价、系统负荷预测、母线负荷预测等信息开展省内电力现货市场预出清后，将省内电力现货市场预出清结果向相关市场主体公布并上报国调中心和网调。国调中心基于各试点省上报的省内预出清结果，开展省间日前现货市场集中出清，并将经过安全校核的省间日前现货市场出清结果下发至各省和直调机组。

2）实时市场预出清。在日内/实时市场准备阶段，各试点省根据最新的电网运行状态和超短期预测信息开展省内实时市场预出清，并基于省内实时市场预出清结果参与省间日内电力现货交易，省间日内电力现货市场出清结果下发后作为省内实时市场的边界条件再开展省内实时市场出清。

（3）预调度计划与预出清的区别。

总体来看，我国所采取的预出清和国外电力市场采取的预调度计划在时序、作用等方面存在一定差异。

从时序来看，我国所采取的预出清一般在日前和实时市场正式出清前开展；澳大利亚预调度计划则在每日 16:00 公布次日计划，并滚动更新至实际发电调度之前；加州预调度计划则仅在日前市场前开展。

从作用来看，我国所采取的预出清一般用于初步确定省内现货市场供需情况，以服务省间现货市场出清；澳大利亚预调度计划则旨在为市场主体提供交易信息，也为调度机构保障系统安全稳定运行提供决策依据；加州预调度计划主要为保障系统安全稳定运行。

63. 现货市场中一般会存在哪些风险？如何规避市场风险？

电力现货市场建设是一项复杂的系统性工程。电力现货市场风险主要包括但不限于电网运行安全风险、市场力风险、电力长期供应风险、价格波动风险、市场主体信用风险、双轨制不平衡资金风险等。其中双轨制不平衡资金风险属于我国电力资源配置方式由计划向市场转轨过程中存在的过渡性风险，其他几种属于各国电力市场运行中面临的普遍性风险。

（1）电网运行安全风险及防范手段。

随着发电计划的有序放开，市场化电量比例不断扩大，电力系统潮流和运行方式不确定性增加，调度在安全生产、事故处理、检修安排等方面协调难度加大，安全保障的复杂程度加大。特别是随着“碳达峰、碳中和”目标的实施，电力系统高比例新能源接入、高比例电力电子设备配置的“双高”特征愈加凸显，故障发生发展路径更加复杂，系统抵御故障能力大幅下降，进一步加大安全保障难度和风险。

在电网运行安全风险管控方面，防范措施主要有：

1）加强电网运行安全的监控分析。可通过对电力系统供需比、电网阻塞情况、关键断面负载率、系统备用情况等重点指标的监控分析，对电网安全风险进行评估和预警。

2）建立市场化的安全保障机制。完善市场功能结构，逐步建立健全市场化的偏差电量调节和安全保障机制。推动建立与电能市场协调运作的辅助服务市场机制，提升电力系统的灵活调节能力。

3）做好应急处置预案。出现重大突发事件时，政府部门依法依规宣布进入应急状态，建立应急处置机制，确保电网运行部门具有充足的手段保障电网安全。优化调度安全核心业务运作。

4）优化调度安全核心业务运作。按照市场化要求，细化强化安全稳定分析，优化规范安全校核，平衡协调检修计划和发电计划等。

（2）市场力风险及防范手段。

市场力指市场成员左右市场价格的能力（市场成员对市场价格产生影响的能力），是某些市场成员通过改变市场价格水平使之偏离竞争价格水平而获利的能力。对发电侧而言，利用市场势力获取超额利润的两种常见方法为限制供给和提高投标价格。对用电侧而言，利用市场势力获取超额利润的常见方法为降低投标价格。市场力的存在不仅会导致市场价格扭曲，还会对系统安全造成不利影响，不利于市场的自由竞争和市场效率的提高，甚至可能导致整个电力市场的失败，如美国加州电力市场的失败，其主要原因就是独立发电厂商趁燃料涨价、电力供应紧张之际，利用市场力特权不约而同地采用持有电量和改变竞标曲线各段的斜率来抬升电价。在新一轮电力市场建设过程中，市场力风险的成因主要体现在：① 发电厂商市场份额过于集中；② 部分区域间输电容量约束的限制；③ 市场机制设计尚不完善。随着电力市场建设的逐步完善，在远期电力市场的运营过程中，发电厂商的持留行为也是导致市场力风险的重要原因。

在市场力风险管控方面，防范措施主要有：

1）降低电力市场准入壁垒。市场的竞争性与市场中存在的竞争者数量呈正相关性。市场主体数量越多，越难以形成默契合谋，减少了市场中的结盟现象，提高了竞争性。可以在确保电力系统安全稳定运行的基础上，进一步降低市场壁垒，如适度降低售电公司资产要求，扩大参与直接交易市场主体范围和电量规模等。

2）限制市场主体市场份额。在省间和省内现货市场中，均应逐步限制市场主体的市场份额，避免出现结构性市场力。可通过对 HHI、Top-m 等指标对市场主体的市场份额进行监测分析。

3）控制发电厂商持留行为。电力市场中的持留主要有物理持留和经济持留两种。物理持留是指具有市场力的发电厂商故意少报可用容量，减少可用容量供应，导致高成本的发电机组进入发电调度序列，进而抬高电厂出清电价。当发电厂商的报价严重超过其发电的边际成本时，就称为经济持留。为了减少市场的总持留量，可以拆分占有较大市场份额的发电厂商，并且拆分较大的发电厂商时应尽量按等份额原则进行。此外，还应控制发电厂商异常报价，对发电厂商报价进行定量分析监控。发电厂商报价定量分析可以包括量价指数、差异度分析等多种方法。

4）控制输电阻塞风险。随着电力现货市场建设运行的逐步成熟，可试点探索建立金融输电权交易市场。建立金融输电权交易市场，使得发电厂商和用户可以通过交易金融输电权来规避由于输电阻塞带来的结构性市场力。

5）完善跨区跨省电力交易机制。依托省间电力现货市场建设，建立并完善跨区跨省电力交易机制，丰富电力市场的空间结构，可以增加市场的覆盖面，打通电力市场的地区壁垒，使得电能可以在更大范围内实现资源优化配置，从而限制省内市场的市场势力。

（3）电力长期供应安全风险及防范手段。

保障电力供应安全是电力市场建设的前提。所谓电力供应安全，是保证安全、可靠、充足的电力供给。长期电力供应安全以充足的发电和电网容量投资为前提。但是在现货市场中，理论上电力现货价格只反映发电机组的变动成本，发电厂商难以在现货市场回收全部固定成本。电力现货市场启动后，为可再生能源调峰调频的火电机组，以及抽水蓄能、核电、燃气、供热机组等高价机组，面临投资和运营成本难以回收的问题。这些高价机组对保障国家能源安全和电力系统稳定运行具有不可替代的作用，简单放开市场竞争，存在电力安全隐患。

在电力长期安全供应风险管控方面，主要手段是建立容量成本回收机制。容量成本回收机制大体可归纳为稀缺定价机制、容量市场和容量成本补偿机制三类。

1）稀缺定价机制。主要是在系统电能和备用稀缺的情况下提高电能价格。制定现货市场价格上限时，允许系统短时出现极高的价格尖峰，主要适用于社会对高电价风险承受力强的地区。稀缺电价仅反映短时的供需，会给系统长期容量充裕以及发电投资带来较大的风险。

2）容量市场机制。即以市场竞争的方式形成容量价格实现发电容量成本回收，容量市场是竞争性电力市场的有机组成，主要适用于电能量市场发展已经相对完善的地区。但是，容量市场的设计在理论与实践上均需进一步完善，且对系统预测、市场管控等要求较高。

3）容量成本补偿机制。即在政府相关主管部门的指导下，通过对单位容量补偿标准和各发电机组可补偿容量的核算，实现对发电容量成本的合理补偿，主要适用于电力市场发展初期，经济社会和金融市场仍欠发达的地区。该机制具备较好的理论基础和实践经验，能够有序引导发电容量投资，优化资源配置。各地区应结合实际选择适宜的容量成本回收机制，可通过建立容量成本补偿机制起步。

（4）价格波动风险及防范手段。

从国外电力市场运作的实践经验来看，随着电力市场机制的逐步建立，受到电力燃料成本波动、电力供需关系变化、电力输送的阻塞问题、市场控制力过大等因素影响，现货市场存在较大的价格风险。市场主体，特别是电力用户直接参与电力现货市场结算，将直接暴露在波动剧烈的电力现货市场价格下，造成用户购电成本的不确定性等风险。

在价格波动风险管控方面，防范措施主要有：

1）合理设置市场限价。在市场化改革过渡期，由于市场机制规则尚不完善，可以采取设定市场价格上下限的手段，避免价格大幅波动。市场限价应综合考虑燃料价格、地区经济发展水平、历史电价水平、发电新增装机预测、负荷增长预测、社会稳定性保障、其他政治经济因素等，经科学测算后合理确定。市场限价应体现发电侧投资激励、市场的电能价值和市场运行风险防范，并根据外部环境和条件变化动态调整。

2）加强市场价格的监控分析。可利用峰谷价差、平均价格、价格偏差等指标监控市场价格变化趋势，并通过地板价申报电力占比、价格上限申报电力占比、市场价格偏离边际成本程度等指标判断市场竞争过程中是否存在市场主体恶意操纵市场价格的行为。

3）引入电力金融衍生品交易等交易品种。随着改革的有序推进，可以通过建立电力金融衍生品市场等方式，完善市场机制设计，稳定市场价格。将电力现货交易与电力金融交易（包括金融输电权、电力期货、电力期权、虚拟投标等）相结合，是平抑电力价格波动的重要手段。

（5）市场主体信用风险及防范手段。

市场主体信用主要是指市场中交易主体自身在参与电力市场各种经济活动过程中，通过不同的市场行为主动表达的履行电力合约的能力与意愿。电力市场主体信用主要是通过市场主体的履约状况加以表现的，这符合电力市场普遍的信用评价标准。愿意并且能够按照已签署的电力合约严格执行的发电厂商、售电商或电力用户，会被普遍认为具有良好的交易信用。当前，由于我国电力市场尚处于起步阶段，市场主体经验不足，市场信用体系尚未建立，缺乏对市场成员信用情况进行评价和管控的方法工具，电力市场主体间不能保证合约的及时、准确履行，导致市场主体信用存在一定风险，严重影响电网安全稳定和市场平稳运行，并对其他市场主体造成重大损失。

在市场主体信用风险管控方面，可设计基于信用评价的电力现货市场信用风险管控机制，紧密围绕规避信用风险的目标，在市场准入、签约顺序、校核服务等环节中，加大市场主体的违约成本，并对守信主体进行适当的利益补偿，以引导市场主体在利益核算的时候权衡利弊，自觉履行电力合约，遵守交易秩序。具体如下：

1）建立履约担保制度。借鉴成熟市场经验，建立完善的履约保函制度，参与电力市场交易的市场主体，应结合交易的实际需要，按照相关规定要求向电力交易机构提交履约担保。履约担保主要采用履约保函形式，视情况需要也可提交现金担保。

2）基于信用评价的市场准入机制。可在保障电网公平开放的基础上，将信用考核结果纳入市场准入的考察指标中来，建立市场的准入和淘汰机制。

3）基于信用评价的优先交易机制。可以将市场主体的信用状况与其交易次序结合起来，通过给交易次序赋予的价值来激励或惩戒市场主体的交易信用行为。

4）基于信用评价的电网企业差异化服务机制。电网企业在电力交易中行使着重要的服务职能，主要包括对各种电力交易进行安全校核，在多笔交易发生输电阻塞时进行交易削减，确保用户使用安全优质的电能，在事故发生后能够快速恢复供电等。这些服务本质上都是稀缺性资源，可探索将其优先分配给诚实守信、自觉维护市场秩序的市场主体，必将形成有效的正面激励。

（6）双轨制不平衡资金风险及防范手段。

双轨制不平衡资金指非市场用户按政府定价支付购电费与电网企业代理其市场购电实际购电费的差额。主要由非市场化发电与用电不匹配导致，包括电量规模不匹配和电力曲线不匹配。

在双轨制不平衡资金风险管控方面，防范措施主要有：

1）尽量实现发用两侧放开总量和曲线匹配，减小不平衡资金规模。在总量上，对于优先发电多于优购电量规模的情况，按照高价机组、供热机组、可再生能源、跨省跨区送电等顺序逐步放开，鼓励发电厂商与用户通过双边协商交易满足保量需求；对于计划电量少于优购电量规模的情况，可由常规电源按等比例保障原则，安排“保量保价”优先发电计划。在曲线上，中长期交易带曲线签订，开展月内短期交易，提高交易频次，为市场主体提供更为丰富的灵活调整交易曲线的手段，在日前探索按“以用定发”原则推动实现优先发用电的曲线匹配。

2）公平合理疏导不平衡资金。在尽量实现发用两侧放开总量匹配的基础上，对于实时运行中，优先发用电时段性不匹配等因素造成的“双轨制”不平衡资金，按照公平、公开原则进行分摊疏导。

64. 我国跨区域省间富余可再生能源电力现货市场是如何建设的？有何特点？取得了哪些成果和经验？

（1）我国跨区域省间富余可再生能源电力现货市场建设历程。

我国风电、光伏等可再生能源快速发展，装机规模持续扩大，要想实现大量清洁能源长期有效的大范围消纳，迫切需要打破省间壁垒。由于可再生能源较强的波动性，很难在中长期实现精确的电量分解，对于短期可再生能源预测偏差或中长期交易外的可再生能源发电能力，需要设计相应的市场机制和相应的系统建设，支撑可再生能源跨区省间交易，适应可再生能源波动性强的特征。为了促进可再生能源消纳，我国大力发展特高压输电通道，建设并规划了多条特高压输电通道，为我国跨区域省间富余可再生能源电力现货市场建设提供了输送路径。跨区域省间富余可再生能源电力现货市场的建设、运营和发展，充分发挥了跨区跨省互联电网在我国能源资源优化配置中的主平台作用，为我国电力现货市场探索和建设提供了宝贵的经验。

2015 年国家发展改革委下发《关于完善跨省跨区电能交易价格形成机制有关问题的通知》（发改价格〔2015〕962 号），提出跨省跨区送电可以通过协商或市场化交易方式确定送受电量、价格，《可再生能源发电全额保障性收购管理办法》（发改能源〔2016〕625 号）中允许可再生能源企业参与市场竞价，国家发展改革委、国家能源局《可再生能源调峰机组优先发电试行办法》（发改运行〔2016〕1558 号）提出“根据可再生能源波动性特点，建立跨省区灵活日前和日内交易机制，实现调峰资源与可再生能源发电的动态匹配”，为开展跨省区日前交易提供了政策依据。

2016 年上半年，国家电网公司研究制定了富余可再生能源跨省区现货市场方案和交易规则。9 月份，国家电网公司向国家发展改革委上报关于开展富余可再生能源跨省区现货市场交易方案及规则。

2017 年 7 月 24 日，国家能源局正式函复国家电网公司（国能函监管〔2017〕46 号），同意国调中心会同北京交易机构印发《跨区域省间富余可再生能源电力现货交易试点规则（试行）》，并依据规则和有关要求组织开展跨区域省间富余可再生能源电力现货交易试点工作。

2017 年 8 月 15 日，国家电力调度控制中心、北京电力交易中心有限公司发布《跨区域省间富余可再生能源电力现货试点规则（试行）》，根据《国家能源局关于同意印发〈跨区域省间富余可再生能源电力现货试点规则（试行）〉的复函》（国能函监管〔2017〕46 号）的相关要求，国家电力调度控制中心会同北京电力交易中心有限公司对试点规则进行了修改完善，定于 2017 年 8 月 18 日启动弃风、弃光电能及四川弃水电能跨区域省间现货交易试点（17 日为竞价日，18 日为执行日）。

（2）跨区域省间富余可再生能源电力现货市场的特点。

跨区域省间富余可再生能源电力现货市场定位为在落实中长期外送计划、交易之外，开展的富余可再生能源发电外送交易，是在送端调节资源已经全部用尽，可能发生弃水弃风弃光时，充分利用跨区通道可用输电能力，用市场化方式组织开展的日前、日内跨区域外送交易。具有以下主要特点：

1）扩大了可再生能源市场化消纳范围。首次支持可再生能源参与外送电能交易，将市场范围定位于跨区域省间，扩展了市场组织范围，进一步打破省间壁垒，促进可再生能源跨省区大范围消纳。市场主体包括送端电网内水电、风电和光伏等可再生能源发电企业，受端电网企业、大用户、售电公司和火电企业。

2）提出了适应跨区现货市场的竞价出清模型和算法。基于适应可再生能源跨省区交易的输电电价机制和网损处理机制，考虑跨区通道输电费网损和容量约束，将购电方电价和电力按交易路径折算到售电侧集中出清，报价最低的售电方和报价最高的购电方优先成交，购售双方在售电侧最后一笔成交的报价平均值作为售电侧边际出清价格。购电侧出清价格由售电侧边际价格考虑输电费和网损折算后得到。该竞价出清机制考虑了跨区通道的输电能力、输电费用和网损，出清逻辑清晰，便于市场成员理解与积极参与，同时发挥了市场价格信号功能，反映了市场的供需关系。

3）建立了多时间维度的可再生能源消纳机制。跨区现货交易包含日前市场和日内市场两个环节。日前市场用于解决富余可再生能源在日前尺度的外送需求，日内市场则对应着新增的富余发电能力，更精细应对可再生能源发电的不确定性。该现货市场设计有助于打破省间壁垒，充分挖掘可再生能源的跨省区消纳空间，促进弃水、弃风、弃光电能的充分利用。

4）设计了国、分、省三级协同运作的跨省区现货市场组织流程，并与现有调度计划、实时运行有序衔接。国调中心及网调首先完成跨省区通道预计划编制；各省调组织市场成员报价，整合报价曲线上报；国调中心组织跨省区市场集中出清，形成出清结果并下发；送受端省调将分省出清结果进一步出清至电厂并下发执行。通过该流程设计，实现了跨省区现货市场的运行与现有调度计划业务的有机结合，保证了跨省区现货市场的有效运转。

（3）跨区域省间富余可再生能源电力现货市场成果和经验。

截至2020年底，跨区域省间富余可再生能源现货交易试点已平稳运行超过3年，共有超过2300家发电企业参与交易，市场交易范围覆盖国家电网公司全部经营区，成交电量超过190亿kWh。作为我国省间市场的探索试点，跨区域省间富余可再生能源电力现货市场的运行为省间现货市场的建设积累了宝贵经验，具体如下：

1）起到了示范带头作用。跨区域省间富余可再生能源电力现货市场落实了国家深化电力体制改革要求，为我国电力现货市场建设提供了可行的实现路径。跨区域省间富余可再生能源电力现货市场为新一轮电改中首个投运并不间断运行的现货市场，为后续开展省间电力现货市场提供了宝贵的设计运行经验，并对省内现货市场建设起到引导规范作用。

2）完善了电力市场交易体系。跨区域省间富余可再生能源电力现货市场的建设完善了全国统一电力市场交易体系，对各类市场的协调动作进行了尝试。跨区现货市场可以更好的匹配可再生能源的实际发电能力和消纳水平，成为中长期交易的一种重要补充，形成涵盖“中长期交易+现货市场”的较为完整的全国统一电力市场交易体系，同时可以积累现货市场建设和运行经验，对省内现货市场建设起到促进作用。

3）缓解了可再生能源消纳矛盾。目前，主要受可再生能源富集地区装机快速发展，当地消纳能力相对不足影响，“三弃”问题受到了各方面的关注。在当前省间壁垒突出的情况下，市场化手段成为调动其他地区消纳区外可再生能源积极性的有效方式。依托跨省区富余可再生能源现货市场支持系统，首次实现了跨区现货市场的运行，通过市场竞争充分挖掘可再生能源的跨省区消纳空间，有效促进弃水、弃风、弃光电能的充分利用，实现资源优化配置。

4）提高了跨区通道的利用率。跨区现货市场启动以来，共涉及25条跨区通道，跨区通道利用率总体得到有效提高，平均利用率提升约1.6个百分点。跨区现货市场的建设，发挥了市场配置资源的决定性作用，充分利用国家电网公司经营区域内跨区域省间通道输电能力，有效促进西南及三北地区可再生能源消纳。

5）促进了电力市场交易机制和技术的进步。在国家层面开展针对可再生能源的大范围现货交易尚无先例，需要解决机制创新、技术创新等系列问题。为满足本市场的技术需求，构建了融合电力流和交易流的交易网络，提出了考虑复杂级联通道输电费用、网损、动态可用输电容量的集中出清技术，开发了稳定高效的技术支持系统，推动了电力市场交易机制和技术的进步。系统的平稳有序运行也为建立更成熟的电力市场提供了宝贵的实践经验与技术借鉴。

6）培养了大批电力市场领域的专业技术人才。跨区省间可再生能源现货市场的建设，包括市场总体框架设计、出清模型及算法研究、技术支持系统的开发及应用等工作培养了一大批项目管理、技术研发、科研创新能力方面的专业技术人才，锻炼了人才队伍，积累了市场建设和运行经验，培养了市场主体的市场意识，为下一步全面深入开展电力现货市场建设奠定了坚实的基础。

65. 省间市场与省内市场是如何衔接的?

我国经济社会发展以省为主体，电力工业长期以来形成了以省为基础的电力供应格局，能源电力发展规划、经济运行和安全生产等均按省实施管理。同时，我国能源资源与负荷分布不均衡的国情以及发展可再生能源的要求，客观上决定了全国统一电力市场体系应以省间、省内市场“统一市场、两级运作”起步。因此，省间与省内现货市场需要在功能定位、交易时序、偏差处理、安全校核及阻塞管理等方面做好统筹衔接，省间与省内市场衔接关系如图2－3所示。

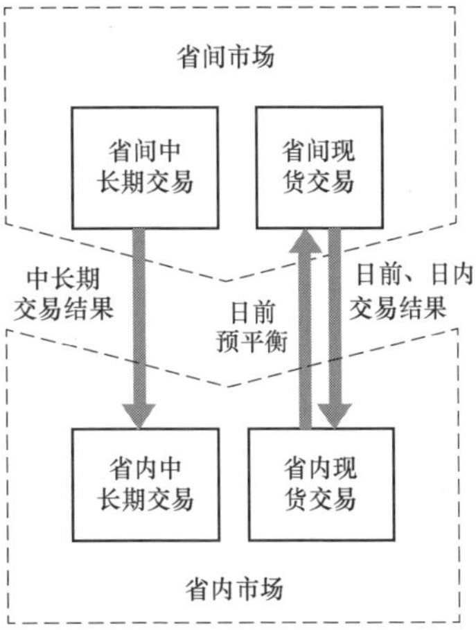

图2－3　省间市场与省内市场衔接示意图

省间、省内市场采取“分层申报、协调出清”模式。首先省内依据省间送受电预计划以及本网运行实际，形成省内开机方式和发电计划的预安排，在此基础上组织省间现货交易。省间交易形成的量、价等结果作为省内交易的边界，省内交易在此基础上开展。为保证市场在时序上的良好衔接，建议省间现货市场开展日前、日内交易，省内现货市场开展日前、实时交易。

（1）省间日前现货交易与省内日前现货交易时序衔接流程。

1）预计划下发。*D*–2日在市场规则规定的时限前，国调中心根据中长期交易结果制定并下发跨区联络线*D*日96时段预计划，编制并下发直调机组*D*日96时段发电预计划；网调根据中长期交易结果制定并下发省间联络线*D*日96时段预计划，编制并下发直调机组*D*日96时段发电预计划。

2）交易前信息公告。*D*–1日在市场规则规定的时限前，调度机构向市场主体发布次日系统负荷预测、可再生能源发电能力预测、主网设备停电计划、联络线可用输电容量等辅助交易决策信息。

3）省内预出清（预平衡）。*D*–1日在市场规则规定的时限前，市场成员参加省内市场的电力—价格曲线申报；对于已经开展省内现货市场的省份，由省调进行省内日前现货市场预出清，对于尚未开展省内现货市场的省份，由省调进行省内预平衡；各省根据预出清或预平衡结果将机组预计划、负荷预测等数据向国调中心、网调进行上报，并将省内预出清或预平衡结果、省内电力平衡裕度和可再生能源富余程度向相关市场主体进行发布。

4）交易申报。*D*–1日在市场规则规定的时限前，市场主体可在省间电力现货市场技术支持系统终端上进行电力—价格曲线申报；省调对省内市场主体申报数据进行安全性校验，并将省内各市场主体报价曲线上报至国调中心；国调中心、网调对直调发电企业的申报量进行预校核，直调发电企业通过技术支持系统将报价曲线上报至国调中心。

5）省间市场出清及跨区联络线计划编制。*D*–1日在市场规则规定的时限前，国调中心和网调组织省间日前现货市场集中出清，形成考虑安全约束的省间日前现货市场出清结果，将出清结果纳入联络线日前计划，并在经过安全校核后，将省间日前现货市场出清结果向相关省调及直调发电企业进行发布。

6）省间联络线计划编制。*D*–1日在市场规则规定的时限前，网调组织区域内辅助服务市场出清，形成考虑安全约束的出清结果，将出清结果向相关调度机构和直调机组进行发布，并将省间联络线计划向省调下发。

7）省内日前发电计划编制（或省内日前现货市场组织）及结果发布。*D*–1日在市场规则规定的时限前，各省调根据上级调度机构下发的联络线计划，编制省内日前发电计划或组织省内日前市场及辅助服务市场出清。市场出清结束后，省调向市场成员发布市场出清结果。

（2）省间日内现货交易与省内实时现货交易时序衔接流程。

1）交易前信息公告。*D*日针对某一交易时段，在市场规则规定的时限前，调度机构向市场主体发布超短期系统负荷预测、可再生能源发电能力预测、主网设备停电计划、联络线可用输电容量等辅助交易决策信息。

2）交易申报。D 日针对某一交易时段，在市场规则规定的时限前，市场主体在省间电力现货交易技术支持系统终端上申报日内交易段内新增交易意愿的电力—价格曲线；省调对省内市场主体申报数据进行合理性校验，并将各市场主体报价曲线上报至国调中心；国调中心、网调对直调发电企业的申报量进行预校核，直调发电企业通过技术支持系统将报价曲线上报至国调中心。

3）省间市场出清及跨区联络线计划编制。D 日针对某一交易时段，在市场规则规定的时限前，国调中心、网调组织省间日内现货市场集中出清，形成考虑安全约束的省间日内现货市场出清结果，将出清结果纳入联络线日内计划；并在经过安全校核后，将省间日内现货市场出清结果向相关省调及直调发电企业进行发布。

4）省间联络线计划编制。D 日针对某一交易时段，在市场规则规定的时限前，网调组织开展区域内辅助服务交易，将出清结果向相关调度机构和直调机组进行发布，并将省间联络线计划向省调下发。

5）省内实时发电计划编制（或实时市场组织）及结果发布。D 日针对某一交易时段，在市场规则规定的时限前，省调根据上级调度机构下发的联络线计划，编制省内实时发电计划或组织省内实时市场及辅助服务市场出清。市场出清结束后，省调向市场成员发布市场出清结果。

66. 现货市场环境下如何开展水电调度业务？

（1）水电参与市场的特殊性。

对于水电企业而言，参与电力现货市场机遇与挑战并存。水电具有绿色环保、成本低、易调节等优势，假如电力市场中发电侧的全部环节都开放，水电企业比火电企业更具有竞争优势。水电企业实行流域梯级综合开发和联合调度，将会使水电资源得到最优化配置，提供质优价廉的电能。随着电力体制的改革和市场化的推进，水电走向市场，按照“公平、公正、公开”的原则参与竞价上网，将是水电发展的必然趋势。然而水电由于其自身存在诸多特有的运行特点，这些特点使得水电参与市场竞争有着其特殊性，主要表现为：

1）经济效益与社会效益的冲突。水电站往往兼有发电、防洪、拦沙、环境和下游航运条件等多方面的巨大综合效益。发电产生直接经济效益，而防洪、拦沙、航运等产生社会效益。这两种效益往往是冲突的，尤其是电力市场环境下以自身利润最大化的调度目标的转变，凸现了两者的矛盾。

2）与水库的规模和调节能力有关。水库的调节能力不一样，有年、季、月和日调节之差别，水库调节性能的好坏很大程度上决定了水电企业在发电市场中的竞争力。径流式电厂几乎无竞争策略可言；库容大、调节能力强的水库在参与市场时竞争力较强。

3）能量受限。水电站的发电量不仅受其自身技术参数的影响，而且受其用水量的限制。可用水量限制了水电企业的总体发电能力，必然影响其决策。

4）时段耦合性强。一方面，由于一定时期内水库的入流量是有限的，从而导致调度期内各时段用水相互制约；另一方面，水电企业的水头特征、流量特性使得水电站任意时段的运行方式都将影响所有后续时段的运行。因此，各时段间的发电用水决策具有强烈的相关性。

5）上下游耦合关系复杂。水电资源受其天然特性影响，上下游关系复杂，同流域电厂之间影响关系密切，上游水库参与市场的发电情况直接影响同流域下游电站的可发电能力，上下游之间的报价策略可能相互影响，因此，如何良好处理上下游耦合关系，实现现货市场模式下水电市场个体间竞争性和梯级水电总体优化需求的协同也成为关键。

6）受入库径流预报精度的影响。入库径流是水电企业签订长期合约、参与现货市场竞价等一系列市场行为的重要依据，预报精度将直接影响到发电企业电量安排的理性和可行性，与电厂的经济效益密切相关。

7）水电机组启停快。在备用市场中仅有旋转备用，无热备用的前导时间，能有效地跟踪负荷的变化，以及水电机组不受机组启停次数的限制，也不受最小停运时间和最小持续运行时间的限制等特点，将提高水电企业在参与辅助服务市场、实时平衡市场的竞争力。

8）振动区限制。受水轮机固有振动频率的制约，在水电机组可运行出力范围存在一个或者若干个区域，若水电机组运行在该区域内，将使水电机组产生强烈振动，危及机组安全运行。在安排水电运行方式时，应避免水电运行出力点落入该区域。

水电系统的上述特点决定了其在电力市场环境下的优化调度管理模式将发生重大转变。在市场环境下，水电企业可参与多种交易途径以获得收益，其将以市场交易为中心，以电价为决策导向，以追求发电收益最大化为目标，使得水电系统的优化调度面临新的挑战。

（2）市场环境下的水电调度模式转换。

当前采用的“三公”调度模式，既不反映峰谷电价的时间价值差异，也无法为提供不同调节能力的电厂进行合理的经济补偿。“三公”调度模式下的发电厂商，其最大的生产目标就是根据来水多发电。只要机组能够多发电，就能解决发电厂商生存和发展最主要的问题；只要机组能够正常发电，就能确保发电厂商生产管理最重要的安全职责。

而电力现货市场的推行则给水电企业带来极大的挑战，主要表现在以下两方面：

1）对生产计划的执行刚性的冲击。在原有“三公”调度模式下，发电计划的安排，实际上是电网根据对系统负荷的高低进行提前预判进而安排发电厂商进行发电，发电厂商的度电收益和发电量总数基本可以预测，企业的营收情况也是可以预计的，企业可以根据财务收支状况安排费用支出。但在电力现货交易模式下，电网调度不再对各厂出力负责，各发电厂商发电量的多少取决于各企业的报价。企业发电量的不确定性，将给企业带来财务预算、结算数额、生产计划性和安全性等诸多问题，财务盈亏计划预算预测较困难，企业生存压力加大。

2）对发电厂生产组织模式和安全性的影响。

a. 在原来的“三公”调度模式下，发电厂机组启停次数相对较少。在现货模式下，企业将不得不更多考虑运行成本的降低，机组启停次数难免增加较多，发电厂商机组的安全性面临极大挑战。

b. 在原“三公”调度模式下，机组的负荷安排主要依据本厂资源以及电网下发给各企业的发电计划曲线的高低，运行负荷变化范围也相对较小，机组的节能管理和参数调整工作量相对小。但在现货模式下，市场价格信号将逼迫机组运行负荷范围增大，电价高时机组出力多，当价格较低的时候，机组出力相应较少。机组负荷大范围的调节，将导致机组参数优化调整难度加大。

c. 在原“三公”调度模式下，企业可自行安排机组消缺时间，且调度有一定的免除考核范围。但在现货模式下，设备消缺时段的选择和经济性要求冲突较严重，机组消缺产生的电量偏差，不仅在高电价时段给企业带来较大的经济损失，而且还将因为电量偏差面临双重考核。但若因考虑经济损失推迟消缺，又可能对发电设备的安全性造成较大影响。

d. 由于水电企业存在着天然来水的不确定性，加上上下游水电站可能隶属不同业主，由此带来的梯级不同调度、各水库调节性能的差异，以及新老电站之间的上网电价差异等问题，都将使水电企业参与电力现货市场面临的风险非常复杂。

（3）径流式水电站参与现货市场模式。

径流式水电站的电站库容很小，不能起到有效的调节作用，不能对天然径流水流过程做任何改变，发电量仅依来水决定，又称无调节能力水电站。通常按照河道多年平均流量及所可能获得的水头选择装机容量，需要由有调节能力的大型水电站或电力系统补偿调节。当来水流量大于电站水轮机过水能力时，水电站正常情况满出力运行，多余的水量不通过机组发电，直接经泄水道泄向下游，若水电站在发电能力下可用于发电但因各种原因未能用于发电的水量则称为弃水；当来水较少时，全部来水通过机组发电，但有部分装机容量因缺水而未被利用。径流式水电站中有高水头或低水头的引水式水电站，也有低水头的坝式水电站。

径流式水电站根据其所在地区资源禀赋的不同和自然环境的不同，参与现货市场的方式也有所区别。对于径流式水电站占比较少，或是天然来水情况差，严重依赖上游水库发电来水的情况，考虑到来水情况不受控，径流式水电站可以作为自计划机组参与市场，不参与日前市场结算，实发电量参与实时市场结算，如国内试点中浙江电力现货市场中水电即以此方式参与。而对于径流式水电站占比较多，尤其是在来水较为充沛的丰水期，流域间发电能力受水力联系制约较弱，径流式水电和库容式水电可以报量报价方式公平参与现货市场。

（4）梯级水库水电站参与现货市场模式。

国家能源局《水电发展十三五规划》中指出实现梯级联合优化调度。统筹考虑综合利用需求，优化水电站运行调度，提高水能资源利用效率。研究流域梯级联合调度体制机制，统筹发电、防洪、供水、航运、灌溉、生态、安全等要求，制定梯级水电站联合优化调度运行规程和技术标准，推动长江、金沙江、乌江、大渡河、雅砻江、黄河、南盘江红水河等流域全面实现梯级联合调度，充分发挥流域梯级水电开发的整体效益。

非市场模式下梯级水电站的电力优化调度就是根据梯级水库的库容和预测的径流流量，在考虑防洪、灌溉、航运等多方面因素，在市场的均衡电力价格下，以发电效益最大为目标进行梯级水电站优化调度，可以充分发挥水库的补偿调节作用，使整个梯级水电站获得更大的效益，有效地提高水资源的利用率。从水位、平均电价、电量以及各部分电量占比等角度均可论证其合理性和可靠性。尽管梯级联合优化调度可能会使得个别水电站的发电量、发电效益等指标较单站调度有所减少，但从整个梯级出发，各指标均得到不同程度改善。这是由于模型以梯级发电效益最大为目标函数，而不是以单一水电站发电效益最大为目标函数，所以在梯级水电站联合优化调度时可能牺牲个别水电站的发电效益来获得整个梯级水电站的最大效益，充分发挥梯级水电站联合调度的优势，充分利用水能资源。

新形势下，梯级水电参与现货市场的模式需充分考虑多方面因素，综合协调各方需求，做好梯级水电的有机协同、水电与火电的协调执行、市场环境下清洁能源消纳保障等相关工作。

1）水电耦合，实现梯级水电的有机协同。由于梯级水电资源上下游关系复杂，同流域电厂之间影响关系密切，对于水库来讲，其入库流量需综合考虑区间来水预测水量、上游电站发电用水水量（考虑时滞因素）和上游电站下泄水量（考虑时滞因素），其出库流量由本库发电用水水量和本库下泄水量构成。同时，水流量和库容对于其发电能力有着直接的影响，因此，建立科学的水电耦合模型，实现梯级水电的有效协同，对于水电占比较高的电力现货市场环境至关重要。四川在市场建设中依托调控云等管控平台构建考虑水拓扑关系、区间来水预测、时滞、水库蓄水量和出/入库流量的水平衡模型，基于现货核心算法和基础模型开展枯期水电耦合功能建设，将全水系物理水量平衡约束加入计算。该机制可有效提升强水电耦合发电资源结构下出清结果的合理性和可行性。

2）实现水火电联合最优运行。水力发电厂的运行优化不仅要重视水库综合利用效益、节水增发电量，还要重视水火电经济协调问题，解决实时各时段上水电厂和火电厂如何经济分配负荷才能使综合效益最高的问题，实现水火电联合最优运行。水电–火电同时参与市场的情况下，较低边际成本的水电参与市场引起市场出清价格偏低，影响火电主体获益，且丰水期可能由于水火竞价因素导致新增弃水。综合而言，汛期应以火电调峰，增加低谷用电，提高水电发电负荷率，使水电厂尽可能多利用水量，多发电、少弃水。枯水期电网调度则多利用火电厂发电，保留水电厂水库的蓄水量，使得水电机组在电网电力电量短缺时可作为电力系统的负荷备用、事故备用和检修备用，在枯水期充分发挥水电机组作为系统备用容量的作用。

3）市场环境下清洁能源消纳保障。在电力市场环境下，水电厂为了追求经济效益的最大化，在丰水期希望尽可能争取多发电，可能导致市场空间有限的情况下水库发电量较大且自然来水较多时导致下游新增弃水；而在枯水期，电厂则希望减少低谷时段上网运行量，尽可能集中在高峰时段发电，而同时由于流域水力关系耦合紧密，难以满足当前径流水电按来水量发电的原则，径流式水电难以争取到与其流量相匹配的市场份额，也可能导致新增弃水现象。故以四川为例在市场建设初期采用了丰枯分期的特色模式，丰水期仅水电机组参与市场，通过压缩火电开机规模和发电曲线，全力为水电消纳腾让空间；枯水期仅燃煤火电机组参与市场，水库电厂按计划有序消落，径流式水电以不弃水原则发电，确保水电全额消纳。

67. 什么是调峰？国内调峰市场的发展历程和建设现状如何？

（1）调峰的概念。

调峰是一种特殊的电力辅助服务品种，产生于厂网分开、可再生能源大规模并网和电力现货市场尚未建立的背景，具体是指为满足电力系统日峰谷负荷需要，对发电机组出力所进行的上下调整。负荷的峰谷性是由于一日 24h 内用电需求不均匀而形成的。一般来说，一昼夜之内，在上午和照明时间，会出现两次尖峰负荷，深夜则为用电最少的低谷负荷（仅为尖峰负荷的 50%～70%）时间。尖峰负荷持续时间相对较短。尖峰负荷与低谷负荷的差值很大，有的已经超过了系统所有发电机组的调节能力，因此需要调整发电机组出力，甚至要求有些发电机组在低谷负荷时停机来满足系统发用电平衡，即在尖峰负荷到来之前迅速增加出力和启动机组，尖峰负荷过后即降低出力和停机。

调峰可分为基本调峰和有偿调峰。基本调峰是指发电机组在规定的出力调整范围内，为了跟踪负荷的峰谷变化而有计划的、按照一定调节速度进行的发电机组出力调整所提供的服务，基本调峰的范围，一般是参考常规火电机组可调节范围确定。有偿调峰是指发电机组超过规定的调峰范围进行调峰，及发电机组按调度机构要求在规定时间内完成启停机（炉）进行调峰所提供的服务。

从调峰提供主体看，主要有以下几个主要来源：

1）水电常规机组调峰。其调峰容量是根据水电厂的可调节保证电量进行计算，由于水电有许多优点，所以在有水电的电力系统中均首先利用可调水电机组调峰。

2）抽水蓄能机组调峰。其调峰容量由厂家规定，优点是启停迅速，运行灵活，调峰效果显著；缺点是投资较大，消耗一定电能，需具有一定的地理条件等。

3）汽轮发电机组调峰。其调峰容量是本机组的可调节容量与其所担任的旋转备用容量之差。汽轮发电机组的可调节容量所占机组容量的比值，各个国家和地区不尽相同，一些国家（美、英、日本等）大火电机组已考虑按调峰运行设计，燃煤汽包炉最小稳定负荷为额定值的 30%～35%，而且机组启停迅速，启停次数可达一万次，可为系统提供较大的调峰容量，是电力系统主要的调峰电源。有些发电机组是按照带基本负荷设计的，燃煤炉最小稳定负荷一般为额定值的 70%～80%，而且启停缓慢、负荷增长慢、负荷变动范围不大，为系统提供的调峰容量不大。

4）燃气轮机组调峰。其调峰容量就是机组的额定容量。优点是启动迅速，运行灵活，厂用电率低，缺点是需要燃油和燃气，机组维修工作量大，发电成本高。由于一般单机容量小、调峰后设备损坏率高，因此在大型电力系统中不能作为主要调峰电源。

5）核电机组调峰。从国外核电调峰情况看，以法国为例，其核电装机占比超过 50%，发电量占比超过 70%，机组频繁进行日调峰运行；美国、德国核电机组根据电网需求参与调峰运行。从硬件及技术原理来看，中国已投运及在建的大部分核电机组具备调峰能力，但在技术标准、操作规范、运行经验等方面，国内核电实现日调峰与国外相比仍有不小差距，亟须对核电机组调峰能力进行研究，论证核电进行日调峰的可行性。

6）其他新型调峰电源，如压缩空气蓄能电站调峰、风光储组合调峰等。

由于新能源发电占比的提升，调峰资源逐渐成为稀缺资源，迫使电力系统主要通过火电灵活性改造来提高机组深调能力，并通过火电机组启停来实现有偿调峰。除了传统的气电、抽蓄、煤电灵活性改造外，随着储能成本下降，储能电站参与系统调峰调频的工程范例也陆续出现。同时，电力市场建设过程中，调峰的思路更是拓展至用户侧，需求侧响应、电动汽车等也陆续加入。

（2）国内调峰市场发展历程。

调峰是我国特有的电力辅助服务品种，其本质是通过短时电力调节使发电出力匹配负荷的变化，实现电力电量的平衡。国外电力辅助服务市场中并没有这个品种，因为国外成熟电力市场一般通过现货市场中的实时平衡市场或平衡机制实现调峰。而在 21 世纪初，我国尚未启动电力现货市场建设，亟须利用市场化手段提高奖罚力度，以更高的补偿价格激励发电企业等调节资源参与电力辅助服务。因此我国在 2006 年提出了一种新的电力辅助服务品种——调峰。

随着我国电力体制改革的逐步推进，我国调峰服务的发展基本上经历了无偿提供、计划补偿和市场化探索三个主要阶段，相关政策如表 2－1 所示。

表 2－1　　调峰服务政策梳理

阶段	时间	政策	要点
无偿提供	2002 年厂网分开以前	发电计划和辅助服务全网优化的调度方式	辅助服务和发电量捆绑在一起结算，并没有单独的辅助服务补偿机制
计划补偿	2006 年	原国家电监会印发《并网发电厂辅助服务管理暂行办法》《发电厂并网运行管理规定》	电力辅助服务是并网发电厂提供的服务，由电力监管机构对辅助服务进行监管。将辅助服务分为基本辅助服务和有偿辅助服务两类，按照“补偿成本和合理收益”的原则对提供有偿辅助服务的并网发电厂进行补偿，补偿费用主要来源于辅助服务考核费用，不足（富余）部分按统一标准由并网发电厂分摊
	2009 年	六个区域电监局（东北、西北、华北、华中、华东、南方）制定并印发了针对本区域的《发电厂并网运行管理实施细则》和《区域并网发电厂辅助服务管理实施细则》	细化了关于电力辅助服务的调度制度，计量考核标准提出了具体量化数值，供各个区域电厂参考，于 2010 年开始逐步实施
市场化探索	2014 年	东北能源局下发《东北电力辅助服务调峰市场监管办法（试行）》	我国首个电力调峰市场正式启动，标志着市场化补偿电力调峰服务尝试开始
	2015 年	《中共中央、国务院关于进一步深化电力体制改革的若干意见》（中发〔2015〕9 号）发布	提出以市场化原则建立辅助服务分担共享新机制以及完善并网发电企业辅助服务考核机制和补偿机制
		中发 9 号文配套文件（发改经体〔2015〕2752 号），其中《关于推进电力市场建设的实施意见》	提出在现货市场开展备用、调频等辅助服务交易，中长期市场开展可中断负荷、调压等辅助服务交易。日前发电计划编制过程中，应考虑辅助服务与电能量统一出清，统一安排，首次没有将调峰明确列为辅助服务
	2017 年	国家能源局印发了《完善电力辅助服务补偿（市场）机制工作方案》	完善电力辅助服务补偿项目的覆盖范围，推进国家指令性计划、地方政府协议跨省跨区电能交易辅助服务补偿工作，鼓励采用竞争方式确定电力辅助服务承担机组，鼓励自动发电控制和调峰服务按效果补偿，按需扩大电力辅助服务提供主体

厂网分开之前，电力系统中没有辅助服务的概念。2002 年厂网分开以后，发电企业成为独立主体，其诉求主要在于“公平”。调峰调频徒增成本而没有收益，由于缺乏明确

的调用规则，有的企业承担得多，有的企业承担得少，承担得多的企业自然有怨言。在这样的背景下，2006 年，当时的国家电监会颁布了《发电厂并网运行管理规定》和《并网电厂辅助服务管理暂行办法》，六大区域根据这两个文件制定了具体的用于明确辅助服务的调用和补偿规则的实施细则，并称为“两个细则”。“两个细则”体现了电力系统对于调峰最早期的设计思路：调峰服务，是由一部分机组服务另一部分机组乃至整个系统。在当时的价格机制下，辅助服务的成本已包含在上网电价中，但由于不同机组完成的辅助服务任务量不同，承担得多的机组应该得到相应的补偿，承担得少的机组应该付费。因此，机组发电计划由调度机构确定，实现按需调度。提供辅助服务的机组应按需补偿，在事后按调用量考核补偿，费用应由所有发电机组分摊。

2014 年，我国首个电力调峰市场正式启动，该市场更新了原有思路。当时东北区域风电消纳形势严峻，供热机组占比高且供热期调峰能力有限。为了充分激发火电调峰的积极性，解决弃风问题，东北区域在调峰领域率先引入竞争机制。相较于从前的“两个细则”，首先大幅提高了调峰补偿的价格水平，让深度调峰成为一件有利可图的事情，但不再是按需调用，谁来调峰取决于发电企业的报价，调度机构按照报价由低到高调用。新的规则利用竞争机制使得发电机组有意愿提供更多调峰服务，并尽力降低成本以便于在竞价中取胜，这使得东北区域挖掘出了更多调峰资源。这是在电力现货市场尚未建立时的一种改进模式。

2015 年 3 月，中发 9 号文提出以市场化原则建立辅助服务分担共享新机制，并完善并网发电企业辅助服务考核机制和补偿机制。2019 年初，东北电力辅助服务市场升级，首次增设旋转备用交易品种，实现辅助服务市场“压低谷、顶尖峰”全覆盖。截至 2020 年，区域省间辅助服务市场方面，华北、华东、华中、东北、西北等区域已经正式运行，西南区域完成方案编制。省内辅助服务市场方面，国网经营区内河北、山西、上海、江苏、湖南、河南、辽宁、吉林、陕西、甘肃、重庆等 19 个省市开展了调峰市场。从实际效果来看，电力辅助服务市场的建设提升了火电机组的调峰能力，在转轨阶段通过市场化手段充分调动了火电企业参与调峰的积极性和主动性，降低了新能源弃电率，促进了节能减排。

调峰市场普遍适用于传统计划模式，其主要处理方式是发电机组（用户）在供需低谷时段，在电力调度指令下压低发电出力（提高用电功率），相对发（用）电计划欠发（用）的电量在其他时段补足。现货市场环境下，特别是集中式市场模式下，在负荷低谷时段，供大于求，价格会一路走低，不愿意降低功率的机组越多，价格就会越低。但总有一个价格，让大部分机组认为无法承受亏损而主动降低功率，自然而然地实现负荷低谷“压出力”（调峰）的目的。以美国 PJM 电力市场为例，其实时电价的变化自然引导发电企业主动参与调峰，反映了在基本的电能量市场出清中不需要一个额外的调峰产品。此外，现货市场产生分时价格信号，不同时段电能量价值不同，而在大部分地区的调峰市场中，深度调峰产生的电量会在事后返还，一方面难以体现电能价格的分时特性，另一方面会产生不平衡资金。

因此，在现货市场建设中，通过推动各类型机组参与现货市场、在风险可控范围内合理扩大现货市场限价范围等措施，有效拉大现货市场峰谷价差，使现货市场分时价格信号反映电力商品的时间价值和市场供需状况。在综合考虑电源灵活性改造情况、电网调峰能力等因素以及确保不降低可再生能源消纳水平的基础上，逐步推动电力现货市场替代调峰市场。

（3）国内调峰市场建设现状。

我国的辅助服务市场设计分区域开展，各省、网调在规则设计时，都是充分考虑了本省及区域内电源结构特点和用电负荷特性，结合电网实际情况，并综合考虑了未来的电力现货市场发展需要。各地的省内及省间调峰市场运营规则对市场成员及其职责、各类型调峰交易、市场组织与竞价、交易结果执行、计量与结算、信息发布、市场监管与干预等进行了详细规定。各地辅助服务市场虽已陆续正式投入运行，并在促进新能源消纳方面发挥了重要作用，但随着现货市场建设的不断推进，将促使各省调峰市场和现货市场深度融合，充分发挥市场在资源配置中的主导作用。

当前国内调峰市场主要有以下特点：

1）市场品种方面，调峰服务包括实时深度调峰、启停调峰、跨省跨区调峰等类型。

2）市场主体方面，所有区域和省份将火电机组纳入调峰服务提供主体。福建、江苏、山东将核电纳入提供主体；华北率先引入第三方独立主体参与调峰服务；华中引入抽蓄参与省间调峰市场；西北省间调峰纳入了虚拟储能品种，通过自备电厂的电量有偿置换，调动自备电厂积极性，参与低谷调峰。

3）费用分摊方面，辅助服务相关费用在发电侧内部分摊，其中调峰服务分摊主体主要为集中式风电和光伏、出力未减到有偿调峰基准的火电机组，部分地区纳入核电、水电等。

4）出清价格方面，各省市辅助服务市场主要采用边际价格出清，仅有少量省市在调峰服务市场中采用申报价格出清。调峰服务市场的出清价格除安徽、江苏采用申报价格出清外，其余省份均采用边际价格出清。

5）出清方式方面，各省市服务市场主要采用独立出清方式，仅有少量省市考虑辅助服务市场与电能量市场的联合出清。调峰服务市场除山西采用联合出清方式外，其余省份全部采用独立出清方式。

6）省间和省内辅助服务市场的衔接方面，各省市均通过省内辅助服务市场优先调用本省辅助服务资源。省市电网按照电网运行需求优先调用本省调峰资源，在本省调峰资源无法满足平衡需求时，可通过省间调峰服务市场购买省外调峰资源。

68. 电力现货市场与调峰市场融合前后，机组调峰如何实现成本补偿？

调峰服务指发电机组根据电网运行需要，按照电网调度指令通过调减出力至基本调峰范围以下，所提供的辅助服务。所属发电机组一般是指火电机组和核电机组。在增加清洁能源装机量、减少弃风弃光限电的背景下，机组调峰的需求越来越高。

在增加清洁能源装机量、减少弃风弃光限电的背景下，机组调峰的需求越来越高。

（1）电力现货市场与调峰市场融合前机组调峰补偿。

为了鼓励火电机组参与调峰，不少地区也积极征求意见并逐步试行电力辅助服务市场运营规则，对参与调峰的机组给予一定补偿。

1）调峰市场中的深度调峰交易机制。电力现货市场与调峰市场深度融合前，机组在最小技术出力以上部分参与现货市场，最小技术出力以下部分参加深度调峰市场竞价。各省调峰市场中深度调峰交易大多采用阶梯式、分机组的报价方式，按照机组负荷率分为若干挡位，每挡为一个报价区间，并进行限价。

例如河南深度调峰交易，卖方暂为统调公用燃煤机组，买方为集中式风电和光伏及出力未减到有偿调峰基准的统调公用燃煤机组。发电机组参与辅助服务深度调峰交易，不影响机组原有合同电量的执行。

火电机组（含供热机组）有偿调峰基准为初始额定容量的 50%。实时深度调峰交易采用阶梯式报价方式和价格机制，采用负荷率分段式报价，具体分挡和报价上、下限见表 2–2。

表 2–2　　负荷率分段式报价

挡位	负荷率	报价下限（元/kWh）	报价上限（元/kWh）
第一挡	40%≤负荷率＜50%	0	0.3
第二挡	30%≤负荷率＜40%	0.3	0.5
第三挡	负荷率＜30%	0.5	0.7

市场初期，按照“日前报价、实时出清”的交易机制，深度调峰交易按照各挡有偿调峰电量及对应市场出清价格进行结算。其中，深度调峰电量是指火电厂在各深度调峰分挡区间内平均负荷率低于深度调峰基准形成的未发电量，挡内市场出清价格是指单位统计周期内同一挡内实际调用到的最后一台调峰机组的报价。

2）启停调峰交易机制。火电启停调峰交易是指电力调度机构根据电网安全运行实际需要，按照日前各机组单位可释放容量价格由低到高依次调停火电机组，为电网提供的调峰服务。通常按照启停的次数和时长进行补偿。例如宁夏火电启停调峰补偿价格如表 2–3 所示。

表 2–3　　宁夏火电启停调峰补偿价格

机组额定容量级别（万 kW）	日前报价上线（万元/次）
10	50
20	80
30	110
60	200
100	300

（2）电力现货市场与调峰市场融合后机组深度调峰补偿。

1）两个市场深度融合后的深度调峰交易机制。在全电量竞价现货市场中，发电企业在日前申报相关数据进行报价，调度机构通过安全约束机组组合和安全约束经济调度等程序形成发电计划。不同负荷率水平的发电机组的收益通过不同时间电能量市场实时电价的变化来反映和调整。系统负荷较小的谷时段，电价可能较低，而在系统负荷较大的峰时段，电价可能很高，因此调节能力强的机组可以通过在谷时段少发电而在峰时段多发电获得较高的平均电价，调节能力较差的机组如果无法在谷时段减小出力，就要接受较低的电价。实时电价的变化自然引导了发电企业主动参与调峰，也就反映了在基本的电能量市场出清中，电力现货市场与调峰市场实现深度融合，不需要一个额外的调峰产品。

2）两个市场深度融合后的深度调峰成本补偿机制。当系统出现负备用不足，意味着系统发电能力过剩，需要进一步降低机组出力，此时由调度员下达指令要求部分机组进行深度调峰，相应时段内价格取市场价格下限（0 或负价）。由于市场价格下限一般低于机组边际成本，深度调峰机组可以通过降至最低技术出力以下运行以及实时与日前市场的差量结算来减少损失；而其他机组在负备用不足时段只能接受市场价格下限，损失相对较大。此外，按照调度指令进行深度调峰的机组，若全天收益无法覆盖其运行成本，市场仍将按规则对其进行成本补偿（包括启动成本，空载成本和电能边际成本）。通过上述机制可以有效维护机组在特殊工况下的基本收益，引导机组严格遵循调度指令进行深度调峰，从而保障电网稳定运行和市场稳定运营。

69. 国内外现货市场与辅助服务市场的出清模式是什么？

现货市场与辅助服务市场的出清模式可以分为独立出清模式和联合出清模式。单独出清模式要考虑电能量和各类辅助服务的出清次序，若电力辅助服务市场先于电能量现货市场出清，可以保证系统电力辅助服务需求容量充分满足，若辅以有效的市场机制保证电力辅助服务市场内中标机组的基本出力，有利于机组积极参与电力辅助服务市场竞价。但由于电力辅助服务市场与电能量现货市场的出清目标分离优化，系统整体的机会成本会部分淹没，社会效益将低于联合优化情况。由于电力辅助服务市场出清结果的有效性依附于机组在电能量现货市场中的中标情况，若电力辅助服务市场的中标机组未能在电能量现货市场内成功中标，将意味着对应时段该机组无法进入开机组合，则该机组的电力辅助服务市场出清结果无效。联合出清模式将电能量与调频、备用等同时段交易获取的辅助服务放在统一的数学模型中集中优化，求解得到满足系统安全运行约束的最经济的出清结果。联合出清可以实现最经济的电能量与辅助服务安排，但其算法复杂，理解难度大；独立出清只能实现单个市场出清结果的成本最优，无法实现电能量与辅助服务总成本最优，但其算法较为简单，易于理解。在电力现货市场初期，一般采用电能量与辅助服务市场独立出清模式，在市场成熟期，再采用电能量与辅助服务联合出清模式。

（1）国外典型电力市场现货与辅助服务出清模式。

国外成熟的电力市场大部分都将调频、备用等辅助服务资源与电能量进行联合优化出清，由此带来更可观的经济效益。

在美国 PJM 市场，其体系包括电能量市场、辅助服务市场、金融输电权市场等，PJM 按照时序联合出清电能量市场和辅助服务市场，以实现社会福利最大化，其电能量和辅助服务在市场上是紧密结合的，耦合关系较强。

在英国电力市场，其 97%的电能量通过双边合约进行交易和执行，剩余的不平衡电量由平衡机制来解决。市场流程主要包括远期双边合约市场和期货市场、短期双边合约市场、平衡机制和不平衡结算。虽然在平衡机制阶段进行实时电能量竞价和调用辅助服务，但是两者都是通过签订双边合约或协议来获得的。因此，电能量和辅助服务在市场获得上是相对独立的，耦合关系较弱。

（2）国内典型电力市场现货与辅助服务出清模式。

长期以来，我国电力系统辅助服务资源的配置主要依据“两个细则”来开展，在电力市场化改革背景下，电能量与辅助服务资源配置的耦合关系愈发密切，转而探索和设计适应中国电力调度管理体系的电能量和辅助服务的出清机制。

日前电能量市场出清模式，采用安全约束机组组合（SCUC）程序计算运行日的机组开机组合；采用安全约束经济调度（SCED）程序计算运行日的机组出力曲线以及分时电价；若同时运行辅助服务，则在运行日机组开机组合基础上，考虑辅助服务交易出清结果对机组出力上下限的影响；支持设定次日 15min 或 1h 等特定时间间隔的滚动计算。

日内或实时电能量市场出清模式，采用安全约束经济调度（SCED）程序滚动计算发电机组的实际出力；若同时运行辅助服务，则在日前开机组合基础上，考虑调频等辅助服务交易出清结果对相应机组出力上下限的影响。

常见调频辅助服务市场出清模式：根据市场主体的申报数据，以机组组合状态、调频需求、机组调频性能、机组可调出力、调频状态等作为边界条件，以购买调频服务费用最小为目标，集中出清各交易时段的调频中标机组，形成调频市场出清价格，中标结果送 AGC 调用执行。可采用多种出清，例如：

1）日前正式出清。日前开展调频市场正式出清，出清结果作为日前、日内计划编制的边界条件，同时用于日内调用及执行。

2）日前预出清与日内调用。日前开展调频市场预出清，预出清结果不用于最终调用及结算；日内实际调用结果进行结算。

3）日内正式出清并调用。日前不开展市场出清，日内开展正式出清，出清结果用于调用及结算；调频辅助服务市场可与电能量市场统一出清或顺序出清；顺序出清情况下，在电能量市场前出清时，调频市场中标结果作为电能量市场的边界条件，使用中标机组的中标容量修正其参与电能量市场的可调上下限；在电能量市场后出清时，机组电能计划作为调频市场的边界条件。

以广东电力市场为代表，先进行调频辅助服务市场出清，再开展电能量市场出清，机组在调频市场的出清结果作为电能量市场的边界条件。调频市场日前开展预出清，日内进行正式出清。调峰市场则在日内根据电网实际运行情况触发启动。

以甘肃电力市场为代表，先进行电能量市场出清，再开展调频辅助服务市场出清。由于甘肃电网新能源较多，若先进行调频市场出清，容易挤占火电参与市场竞价的空间，因此采取先进行电能量市场出清的模式，在出清结果的机组组合基础上，进行调频市场出清，且新能源不参与调频市场。调峰市场则与电能量市场联合出清。

以浙江电力市场为代表，电能量市场与辅助服务市场联合出清。按照运行过程先后顺序分为调频市场出清和实时联合出清两部分，在调频市场出清环节出清得到机组参与调频市场的结果，并将中标调频容量发送实时市场，作为机组参与实时市场的边界条件。实时联合出清环节出清得到实时市场备用和电能量的结果，出清的节点价格在调频市场中用于计算机会成本。实时市场以备用、电能量总成本最低为目标，周期滚动出清备用、电能量中标结果并送调度控制系统执行。

70. 电力现货市场出清结果是否会进行安全校核？怎样进行校核？

电力现货市场出清结果必须满足电网安全约束，一般称这个校核过程为安全校核。电力交易出清结果需与电网调度安全校核协调，从而保障电力系统运行的安全性和可靠性。安全校核就是针对现有电网建立模型，整合网络参数、网络拓扑结构数据、母线节点负荷，并结合发电报价曲线、系统负荷预测曲线、检修计划、安全稳定限额等数据，利用潮流计算与故障分析，校核无约束的出清结果是否满足网络安全稳定约束条件。其中潮流计算的计算方法一般采用 PQ 解耦法、NR 牛顿—拉普森迭代法进行计算，当出现交流潮流不收敛时，转而采用类直流法和直流法进行计算。故障分析的故障集主要包括线路、变压器过载情况以及母线、变压器、机组等设备在发生故障情况下其他设备过载或重载情况，针对部分电网的暂态、动态、电压或小干扰稳定等问题，还需要增加暂、稳态等其他类型计算。

我国目前多数采用 D5000 平台进行交易计划的安全校核。其校核方式为对电网日前和日内短期未来运行断面的进行电力潮流计算和安全分析，校验全网次日各时间段输变电设备和重要断面潮流分布是否越限，并针对可能出现的重要输变电设备和重要断面的过载或重载情况采取预控措施，以提高电网安全稳定水平。

一般而言，集中式电力现货市场通过安全约束机组组合（SCUC）和安全约束经济调度（SCED）（详见问题 94）在出清环节内嵌考虑系统安全约束，从而精准协调经济效益与系统安全需求。下面以美国具有代表性的 PJM、ERCOT 市场为例对其安全校核做法进行详细说明：

美国 PJM 电力市场中，通过在日前和实时市场中进行机组组合和经济调度市场出清时，内嵌安全约束从而保障系统的安全稳定运行。日前市场中使用安全约束下的机组组合和经济调度对电能和备用辅助服务进行联合出清。日前市场出清结束后，PJM 会运行第二次机组组合，以保证第二日调度计划安排能够满足系统的可靠性要求。实时市场基于系统实际运行情况，使用安全约束下的经济调度对电能、调频和备用进行联合出清，每 5min 计算一次。日前市场出清应用的技术软件包括 RSC/SPD/SFT，RSC 可以计算 7 天机组组合，使用的模型包括机组报价、固定交易、虚拟报价、负荷报价、外部交易。在机组组合计算中不考虑阻塞限价的交易，但在经济调度中需要考虑安全约束和备用要求。SPD 的功能为计算每小时机组出力，其可以启动燃气机组，考虑爬坡约束，考虑虚拟报价，并计算节点边际电价，计算日前备用市场出清电价，并考虑热稳定限值和无功功率断面限值。SFT 根据网络拓扑、SPD 计划、检修计划确定校核模型，并根据 EMS 提供的故障集进行安全分析，在必要的情况下可以返回 SPD 或 RSC，经过 SFT 复核的出清结果能够确保日前计划可行。

美国 ERCOT 市场中，日前市场在发电机组运行物理约束和网络安全校核的基础上，以社会福利最大化为目标函数，通过安全约束下的机组组合联合优化电能量、辅助服务和金融输电权。利用可靠性机组组合（该机组组合采用考虑了备用、机组故障和机组启停频繁程度等可靠性因素）保障电力系统可靠性，机组强制参与，以系统运行成本最小为目标函数。ERCOT 利用输电安全分析软件（transmission security analysis，TSA）开展日前市场安全校核，该软件用于校核 SCUC 求解结果是否能够在正常态和预想故障集下保障系统的安全稳定运行，若校核不通过则在纳入新约束下重新进行 SCUC 计算，不断迭代直至满足安全校核。机组组合结果在实时市场需要物理执行，接受指令开机的机组必须在实时运行阶段上线。实时市场在可靠性机组组合的基础上，进行安全约束下的经济调度，以 5min 为周期对发电机组发放实时调度计划，市场成员强制参与市场，实时市场与日前市场的偏差电量按照实时节点边际电价结算。

英国、北欧等电力市场以中长期双边交易为主的国家，由于各国家电力系统阻塞较轻，在进行双边交易时没有考虑安全约束，主要通过设计平衡机制、平衡市场保证系统的运行安全性并在以上市场中考虑线路约束、安全校核问题。此外，在英国的日前现货交易市场出清时也考虑 $N-1$ 安全校核准则以及无功电压控制等因素，遵循特定的出清规则。而北欧市场作为跨国电力交易市场，在不同时间尺度所考虑的安全约束略有不同，日前市场和日内市场出清时考虑了价区间联络线约束、小时线路爬坡率约束，部分联络线考虑静态线损因子，但不考虑系统的实际物理模型，在平衡调节市场才考虑各个区域内网络的实际约束。

在英国电力市场中，由于英国电网结构比较坚强、阻塞较少，英国电力交易所的各类交易以及场外的双边合约均不考虑电网运行约束，也就是说不进行安全校核，电网在实时运行中可能发生的阻塞等问题由调度机构通过平衡机制予以解决。也正是因为交易所内的各类交易无须安全校核，使得同一市场中有两家交易所以竞争方式开展日前交易成为可能。由于双边交易和日前集中竞价市场均未考虑电网安全约束，因此调度机构在日前环节要通过大量分析计算，及时发现平衡和电网安全问题，引导市场成员调整交易，并非以调度指令的方式安排生产，也不进行机组组合。调度机构每日 09:00 公布全网及分区负荷预测；11:00 开始根据市场成员提交的初始电力曲线（initial physical notification，IPN），进行次日系统平衡裕度分析和电网安全分析；16:00 调度机构根据最新的申报曲线，发布系统平衡裕度和次日发电计划。当发生电力供应不足时，及时发布电力不足警告和限负荷警告，通过电价上涨的预期，引导发电厂商推迟检修，引导可调整负荷缩减电力需求。当发生电网阻塞时，引导市场成员调整交易计划，避免造成合同累加曲线与实际出力偏差过大。

除了以上所提到的调度机构通过发布相关申报曲线、警告，引导市场成员进行调整调整交易计划外，英国调度机构（electricity system operator，ESO）还设立了平衡机制，通过平衡机制来考虑系统的安全约束，提高系统的调度效率，保障系统安全运行。该机制是英国 ESO 用来保证每秒钟电力供需平衡的系统。该平衡机制为调度部门提供了在实时调度前 1h 阶段，调整发电与负荷预测偏差的手段和依据。同时，ESO 也可提前（有时提前 1 年以上）与一些辅助服务机构签订合同以保证系统能安全和高效地运行，这些辅助性服务包括无功调节、热备用、频率控制和黑启动等。

北欧电力市场在考虑安全校核问题上的思路基本与英国一致，但北欧作为一个跨国电力交易市场，在处理各价区之间联络线约束问题上具有其特别之处。北欧电力现货市场由日前现货市场和日内现货市场组成，同时还包括平衡调节市场。北欧日前市场和日内市场出清时考虑了价区间联络线约束、小时线路爬坡率约束，此外部分联络线考虑静态线损因子，不考虑系统的实际物理模型，在平衡调节市场才考虑各个区域内网络的实际约束。平衡调节市场是系统实时运行前的最后一道关口，其主要作用在于保障系统的实时平衡与稳定运行，而不在于进行电量交易。平衡调节市场是由北欧各国系统调度运行机构 TSO 负责，出清时会考虑各个区域的实际物理模型与安全约束，实现交易计划的再调整。

71. 什么是电力市场管理委员会？国内外电力市场管理委员会是如何建立的？

（1）电力市场管理委员会的成立。

电力市场管理委员会是一个由在交易机构注册的相关市场主体按类别选派代表组成的自治性议事协调机构。成立电力市场管理委员会，是落实中发 9 号文和电力体制改革配套文件的具体体现，是完成电力交易机构组建和规范运行工作的必然要求。《关于电力交易机构组建和规范运行的实施意见》明确提出，“为维护市场的公平、公正、公开，保障市场主体的合法权益，充分体现各方意愿，可建立由电网企业、发电厂商、售电商、电力用户等组成的市场管理委员会。按类别选派代表组成，负责研究讨论交易机构章程、交易和运营规则，协调电力市场相关事项等。市场管理委员会实行按市场主体类别投票表决等合理议事机制，国家能源局及其派出机构和政府有关部门可以派员参加市场管理委员会有关会议。市场管理委员会审议结果经审定后执行，国家能源局及其派出机构和政府有关部门可以行使否决权。”这是新一轮电力体制改革关于相对独立的电力交易机构组建方式的一大特色。

1）电力市场管理委员会的构成。作为电力交易的组织者，交易机构应具有非盈利的公益属性，独立于市场参与各方，并采用公开透明的运营方式，才能取得市场成员的广泛信任，确保电力市场的高效、有序竞争和健康、长久发展。电力市场管理委员会主要由电网企业、发电厂商、售电商、电力用户等市场主体按类别选派代表组成。根据上述市场主体意愿，可以选派相关领域专家学者、第三方机构代表参加市场管理委员会。国家能源局及其派出机构和政府有关部门可以派员参加市场管理委员会有关会议。唯有如此，才能够维护市场各方利益、反映市场成员诉求，为市场各方积极参与交易机构的事务提供一个平等交流的平台和机制保障，共同确保电力交易机构的独立性和中立性，促进电力市场建设的长久健康发展。

2）电力市场管理委员会的职责。市场管理委员会是一个自治性议事协调机构，由在交易机构注册的市场主体按类别推荐代表组成，不从交易机构领取薪酬，主要在电力市场建设和运营等方面工作发挥重要作用。市场管理委员会主要职责包括：① 研究讨论交易机构组建方案和章程；② 研究提出电力市场建设建议，参与起草（修订）、研究讨论电力市场运营规则及相关实施细则；③ 研究推荐交易机构高级管理人员；④ 组织召开相关会议，研究讨论涉及市场主体利益的重要事项，听取市场主体诉求，提出合理意见建议；⑤ 监督电力市场运营情况和交易规则执行情况，并及时向有关部门、监管机构和电力交易机构反映；⑥ 根据工作需要，由政府部门和市场主体授权履行其他职责。

3）电力市场管理委员会的议题。电力市场管理委员会议题通过以下几种方式产生：① 市场管理委员会主任认为必要的。② 市场管理委员会成员联名提议的。③ 电力交易机构根据运营需要提出建议的。④ 市场管理委员会专业工作组建议的。⑤ 市场管理委员会专家委员会建议的。⑥ 市场管理委员会成员以外的市场注册成员可以通过多种途径参与市场管理委员会，表达其诉求：一是参与推选所在类别的市场管理委员会成员代表，选择具有广泛代表性、能够合理反映所在类别诉求、具有履职能力的合格代表；二是通过电子邮件、面谈等方式向市场管理委员会成员或各专业工作组提出意见建议，形成议题后，提交市场管理委员会审议。

（2）国内电力市场管理委员会的成立情况。

1）山西。

2017 年 6 月 7 日，山西省经信委会同山西省发改委、山西能监办共同组织了电网企业、发电企业、用电企业和第三方机构的候选人推荐和选举工作，经选举票决产生了第一届山西省电力市场管理委员会，任期三年。

山西省电力市场管理委员会作为一个共同研究、协商并表决形成一致意见的自治性组织，要依照法律、法规和有关电力体制改革文件精神，客观中立、公平公正履行职责。山西省电力市场管理委员会应尽快建立日常工作制度，做实基础工作；建立议事制度、协调制度、专业学习讨论制度和表决机制，会议表决形成的意见要报省经信委和山西能监办审核同意后，方可执行。山西省电力市场管理委员会要建立完善信息收集和传递渠道，充分反映电力市场各方意愿，保障市场主体的合法权益；要维护电力交易市场秩序，保障交易机构合法、合规运营；要注重调查研究，调动相关专业技术力量，向政府管理部门提出有价值的建议和意见，协助政府管理部门代表市场主体对电力市场交易行为实施监管。

2）山东。

为推进电力交易机构规范运作，搭建民主平等协商对话平台，构筑公开透明、竞争有序市场体制，按照《山东省电力体制改革综合试点方案》及专项实施方案要求，山东省于 2017 年 7 月 28 日组织成立了由 37 名发电企业、电网企业、售电企业、电力用户等市场主体代表，及以山东省电力企业协会为代表的第三方研究咨询机构委员共同组成的山东省电力市场管理委员会。

电力市场管理委员会是自治性议事协调机构，主要负责向交易机构提出电力市场方面的专业建议，参与研究讨论交易机构的章程、运营规则和相关实施细则，推荐交易机构高级管理人员，听取和反映市场主体诉求，提出涉及市场主体利益的重要事项和合理意见建议。市场管理委员会将按照相关文件精神，加快完善运作机制，明确职责定位，遵守议事协调规则，团结各个市场主体，积极在电力市场建设、运营和监督等方面发挥作用。要围绕当前电力市场建设中的重点、难点、热点问题，广泛听取各类市场主体的声音，深入研究新形势下市场主体的新需求，市场的新变化，及时反映市场建设和运行问题，当好政府和各类市场主体的参谋。电力市场管理委员会还将充分体现不同行业、不同类别、不同市场主体的诉求和意愿，做好电力市场运营和交易规则执行情况的监督，维护全省电力市场交易的公开、公平、公正。对违反交易规则的行为要提出纠正建议，保障各方的合法权利，促进市场交易规范运行。从山东经济社会发展和电力市场建设大局出发，把握改革主线，引导各类市场主体用发展的眼光、积极的姿态参与电力市场改革，求同存异，相互理解，公平公正对待协商事项，以实现和谐发展和多方共赢。

3）四川。

2017 年 8 月 6 日，四川省发展和改革委员会、四川省能源局联合印发《四川省电力市场管理委员会组建方案和四川省电力市场管理委员会第一届委员会名单》，正式批准成立四川省电力市场管理委员会。四川省电力市场管理委员会是市场主体按类别推荐代表组成的自治性议事协调机构，在电力市场建设、制定交易规则等方面发挥重要作用，致力于维护电力市场公平、公正、公开，保障市场主体的合法权益。

四川电力市场管理委员会由在川发电企业、电网企业、电力用户、售电公司、第三方机构 5 个类别机构代表和固定成员单位代表（四川省电力交易中心）组成。电力市场管理委员会第一届委员 38 名，其中发电企业类别委员 11 名、电网企业类别委员 5 名、电力用户类别委员 11 名、售电企业类别委员 5 名、第三方机构类别委员 5 名，省电力交易机构委员 1 名（不具有投票权）。委员实行任期制，任期三年，可连选连任。委员会可召开全体会议和专题会议，实行按类别投票表决议事机制，5 个类别共计 5 票。对重大事项表决，市场主体类别同意票数需达到 4 票以上方可通过；对一般事项表决，市场主体类别同意票数需达到 3 票以上方可通过。

4）浙江。

2019 年 11 月 15 日，在公证处见证下，浙江电力市场管理委员会第一届委员单位通过抽签方式最终确定，共有 12 家来自不同市场主体类别的单位入围，包括电网企业、交易机构、7 家发电企业、两家用电企业以及两家售电企业代表。

市场管理委员会为市场主体按类别推荐代表组成的自治性议事协调机构，在电力市场建设、制定交易规则、监督市场运营、维护市场秩序、反映市场主体合理诉求等方面发挥重要作用，并接受省发改委（省能源局）的工作指导。市场管理委员会秘书处办公室常设在浙江电力交易中心。其主要职责包括：① 研究讨论交易机构组建方案和章程；② 研究提出电力市场建设建议，参与起草修订市场规则及相关实施细则；③ 审核交易机构高级管理人员任职资格；④ 组织召开相关会议，研究讨论涉及市场主体利益的重要事项，听取市场主体诉求，提出合理意见建议；⑤ 监督电力市场运营情况和交易规则执行情况，并及时向省发改委（省能源局）等政府部门反映；⑥ 协调电力市场主体各方在交易运营中发生的争议及市场主体其他相关事宜等；⑦ 根据工作需要，由政府部门授权履行其他职责。

5）福建。

2019 年 2 月 22 日，福建省电力市场管理委员会成立大会暨第一次全体委员会议在福州顺利召开。省工信厅、省发改委和福建能监办等部门相关负责同志及市场管理委员会委员参加会议。

会议产生了第一届福建省电力市场管理委员会，表决通过了《福建省电力市场管理委员会议事规则》。第一届福建省电力市场管理委员会由电网企业、发电企业、售电公司、电力用户、交易机构和第三方机构代表组成，其中电网企业代表 4 席、发电企业代表 5 席、电力用户代表 4 席、售电公司 2 席、交易机构 1 席、第三方机构代表 2 席，秘书处设在福建电力交易中心有限公司。组建福建省电力市场管理委员会，是贯彻落实国家电力体制改革精神的一项重要举措，对构筑公开透明、竞争有序的福建电力市场具有十分重要的意义，下一步市场管理委员会要完善议事协调功能，规范高效运作，当好政府的参谋，倾听市场主体的声音，积极在电力市场建设、运营和监督等方面发挥更大的作用。

6）广州。

广州电力交易中心市场管理委员会由送电省、受电省、发电厂商、电网企业、交易机构、第三方机构等类别代表组成，初期规模 28 人。

广州电力交易中心主要职责是为跨区跨省市场化交易提供服务，促进省间余缺调剂和清洁能源消纳。电力市场管理委员会为广州电力交易中心的市场主体等按类别推荐代表组成的自治性议事协调机构，主要负责等。对于广州电力交易中心而言，其主要负责研究讨论广州电力交易中心交易和运营规则，协调电力市场相关事项，落实国家西电东送战略，落实国家指令性计划、地方政府间框架协议，开展跨区跨省市场化交易，促进省间余缺调剂和清洁能源消纳。因此，可以根据实际需要，由相关送电省份、受电省份政府代表或政府推荐的企业代表参加市场管理委员会。

（3）国外电力市场管理委员会成立情况。

通常，国外电力交易机构的市场管理委员会包容各类市场成员的共同参与，如发电厂商、输电商、配电商、售电商、电力用户、金融机构、能源企业、咨询公司、调度机构、交易机构、政府部门等共同组成，协商确定电力交易机构运营和电力市场组织当中的重要事项。从英国、北欧、美国等电力交易机构的运营实践情况来看，各国/区域市场中的交易机构均存在市场管理/建议委员会或类似职能的机构：①各区域/省成立的电力交易机构，应由当地的市场利益相关方参与组成市场管理委员会（甚至搭建相应的股权结构），对市场规则及相应的重大事项进行决策审核；②各方在市场规则制定、修改等重大问题中拥有相应话语权并相互制衡；③交易机构的人员任命上，高级管理人员应由市场管理委员会推荐，并依法按组织程序聘任。

1）英国电力交易机构 APX。英国电力交易机构 APX 的市场发展建议委员会负责向管理层提供关于市场和产品发展方面的有关建议，其下还设有欧洲大陆市场建议分委员会和英国市场建议分委员会。

2）北欧电力交易机构的用户建议委员会。北欧电力交易机构的用户建议委员会由参与北欧电力市场的电力交易商和工业界代表构成，主要负责对北欧电力交易机构的业务和工作提出相应的建议和咨询，并向交易机构的董事会汇报。

3）美国电力调度交易一体化机构PJM。美国电力调度交易一体化机构PJM设有商讨研究各类问题的委员会。所有参与PJM电力市场的市场成员签订并网协议后，满足输电商、发电厂商、售电商、配电商和电力用户身份之一的可成为正式会员，并在各委员会内具有投票表决权。PJM会员若对市场规则或市场运行有修改建议或争议时，可在其所在的下属委员会提出议案申请，由所在委员会投票表决，通过后提交至上级委员会，直至最高级的市场委员会通过后方可执行。

72. 电力市场运营监管的主要内容是什么?

电力市场监管由国家能源局（及其派出机构）会同地方政府主导实施，市场运营机构应积极配合政府相关部门实施监管，按照规定提供相关信息。市场运营机构发现电力现货市场交易活动涉嫌违反国家有关法律法规的，应及时向相关政府部门汇报并配合政府部门依法依规进行处理。

市场运营监管是针对日前市场、实时市场的全过程监管，重点环节包含市场运行流程、市场边界条件、市场出清结果、合同及结算情况等内容，与市场主体的利益息息相关，影响市场主体的报价策略和参与市场的积极性。

对市场成员的行为监管是针对发电厂商、售电商、电力用户、独立第三方辅助服务提供主体等市场主体，交易、调度等市场运营机构以及电网企业开展市场行为的监管，包括对市场成员有关市场集中度、公平竞争、电网公平开放、交易行为等情况实施监管，对交易、调度机构执行市场规则的情况实施监管，对市场主体进入退出市场、市场行为、运营中立性、市场信用、量价申报、合同及履约情况等情况实施监管。其中，对交易、调度等市场运营机构的监管主要是事后监管，并对其是否存在市场操纵行为开展调查、认证和处罚。具体如下。

（1）对市场主体的监管。

1）市场结构监管。对市场主体在电力批发市场和零售市场中所占份额的比例实施监管。

a. 同一投资主体（含关联企业）在电力市场中所占的市场份额不得超过市场份额限值。批发市场份额限值和零售市场份额限值由相关能源监管机构会同政府有关部门根据电力市场运营情况确定。

b. 参与电力批发市场交易的市场主体在发生兼并重组、股权变动等投资关系变化时，应当按照市场注册管理制度要求将相关信息提交电力交易机构。

2）规范交易监管。对市场主体执行电力市场规则的情况实施监管。

a. 市场主体应当按照规定完成市场注册程序，遵守市场注册管理制度。

b. 市场主体进行交易时，应当按照市场规则和市场运营机构交易公告进行交易申报，执行成交结果。

c. 市场主体应当按照电力交易机构出具的结算依据及时足额履行结算义务。

d. 接入电网的市场主体应当遵守电力调度管理规程、规定，服从统一调度，维护电力系统安全稳定运行。

3）公平竞争监管。对市场主体公平参与市场交易情况实施监管。

a. 市场主体应当公平参与市场竞争，不得以任何方式扰乱市场秩序，不得通过行使市场操纵力或串通报价、不正当竞争等违规行为谋取不正当利益。

b. 市场主体不得以不正当手段损害竞争对手的商业信誉或排挤竞争对手，不得利用虚假宣传等方式欺骗或误导交易对象。

c. 市场主体的发电、售电等竞争性业务应当保持独立运营。

（2）对市场运营结构的监管。

1）市场注册监管。对电力交易机构进行市场主体管理情况监管。电力交易机构应当建立市场注册管理制度，明确市场新注册、注册变更、撤销注册等办理程序和时间节点，开展市场主体注册信息动态管理。

2）规则执行监管。对市场运营机构执行市场规则情况实施监管。

a. 电力交易机构应当按照市场规则规定的时间和内容要求分解合约电量，组织各类电力市场化交易。

b. 调度机构应当按照市场规则实施市场干预。

c. 电力交易机构应当按照市场规则提供交易结算依据和相关服务。

d. 调度机构应当按照市场规则和电力调度规程要求，合理安排电网运行方式，并按照市场交易结果实施调度，保障电力系统的安全稳定运行。

3）市场风险防范监管。对市场运营机构开展电力市场风险防范情况实施监管。

a. 市场运营机构应当按照“谁运营、谁防范”原则，建立电力市场风险防范机制，采取有效措施辨识、分析、预警和处置市场运营过程中可能出现的各类风险，保障电力市场运营平稳。

b. 市场运营机构应当设置专门部门开展电力市场风险防范工作，有效防范电力市场风险。

4）技术保障监管。对调度机构技术支持系统保障情况实施监管。调度机构应当按照市场规则和国家有关规范要求建设电力市场技术支持系统，保障电力市场技术支持系统安全、可靠运行，原则上确保电力市场运营不中断。

5）运营业务中立监管。对市场运营机构中立提供运营服务的情况实施监管。

a. 市场运营机构应当建立市场运营管理工作制度并对外公开。

b. 市场运营机构应当建立从业回避制度，对关键岗位从业人员与市场主体利益相关方实施回避。

c. 市场运营机构应当建立市场运营信息保密管理制度，对直接或者间接掌握电力市场运营中相关商业秘密数据的知情岗位及其人员实施管理。

d. 市场运营机构应当建立内部监督机制，受理有关市场主体投诉。

e. 市场运营机构应当建立业务咨询制度，及时受理市场主体有关市场业务咨询和意见建议。

f. 电力交易机构与调度机构、不同调度机构之间、不同电力交易机构之间、电力交易机构与电网企业市场计量、营销和财务等业务部门之间应当建立业务衔接工作机制，明确相关工作流程。

（3）对电网企业的监管。

1）输配电服务监管。电网企业应当向参与电力交易的市场主体公平、无歧视开放电网，提供相应的输配电服务和计量服务。

2）输变电设施信息管理。电网企业应当建立电力市场出清计算电网拓扑涉及的输变电设施及其运行信息管理制度，规范电网拓扑信息知情范围登记以及信息获取、传递、使用等，未经允许不得超出知情范围获取电网拓扑信息，不得擅自泄露电网拓扑信息。

3）输变电设施管理。电网企业应当按照国家有关规定，规范输变电、配电设施管理，提高设备可靠性和可用性。

4）电费结算监管。对电网企业按照市场规则收付费服务情况实施监管。电网企业（含拥有配电网运营权的售电企业）应当按照市场规则要求，及时足额进行电费收付。

5）竞争性售电业务独立监管。对电网企业的竞争性售电业务开展情况实施监管。电网企业（包括地方供电企业、增量配电网企业）成立售电公司参加竞争性售电的，应当保证竞争性售电业务与输配电等管制性业务在人员、财务、办公地点、信息等方面隔离，并在企业门户网站公开相关工作规范和承诺，主动接受社会监督。拥有配电网运营权的售电公司，配电业务与售电业务应当实现财务分离。

（4）市场监管方式。

市场成员按照市场规则向相关监管机构披露事前、事中和事后信息，监管机构制定对市场成员个体及市场宏观运营情况的评估标准，并定期发布工作报告，就不规范行为要求合理解释并进行整改；市场主体也可直接向相关监管机构提交争议、申请协调、争议调解或向法院提起诉讼。

1）信息报送。能源监管机构根据履行监管职责需要，有权要求电力市场成员报送电力市场监管事项相关的文件、资料、数据。电力市场成员应当按照监管要求如实、及时提供有关文件、资料、数据。

2）监管信息系统。能源监管机构建立电力市场监管信息系统。调度机构应当按照有关规定将与监管相关的信息接入电力市场监管信息系统。

3）信息披露。能源监管机构有权责令电力市场成员披露电力市场信息。电力市场成员应当按照电力市场规则和监管要求，及时、真实、准确、完整和无歧视地披露有关信息。

4）现场检查。能源监管机构依法履行监管职责，按照有关规定可以对电力市场成员开展现场检查。

5）其他监管措施。电力市场成员违反本实施办法有关规定的，能源监管机构可以对其采取监管约谈、监管通报、责令整改、出具监管意见、暂停交易资格等监管措施，并且记入诚信档案，按照有关规定采取联合惩戒措施。电力市场管理委员会违反规定或者履行职责不到位、造成重大影响的，能源监管机构可以给予提醒、约谈或提出市场管理委员会成员改换选等监管建议。能源监管机构对电力市场成员违反有关电力监管的法律、行政法规或者有关电力监管规章、规则，损害社会公共利益的行为及其处理情况，可以向社会公布。

73. 电力现货市场环境下应具备哪些调度应急机制？

（1）调度应急机制。

电网运行过程中，调度机构针对电力市场运行过程中的风险识别、度量、分析等环节，通过有效的应急机制控制、处置电力市场风险事件，防范和应对电力系统的大面积停电事件。

可能导致电网发生大面积停电事件的风险主要包括：

1）受地形地质构造复杂和全球气候变暖的影响，经营区域内雨雪冰冻、雷暴、大风、洪涝等自然灾害多发，可能造成电网设施设备大范围损毁，导致电网大面积停电。

2）大规模特高压交直流混联电网，网架结构复杂，跨经营区域输电通道多，电网安全控制难度大，重要输变电设备、自动化系统故障，可能引发电网大面积停电。

3）野蛮施工、非法侵入、火灾爆炸、恐怖袭击等外力破坏或重大社会安全事件可能造成电网设施损毁，电网工控系统和通信系统可能遭受网络攻击，都可能引发大面积停电。

4）运行维护人员误操作或调度值班员处置不当等可能导致电网大面积停电。

5）因各种原因造成的发电企业发电量大幅度减少，可能导致电网大面积停电。

6）因其他原因可能引发大面积停电。

面对电网风险事件的巨大威胁，国务院公布《中华人民共和国突发事件应对法》《中华人民共和国安全生产法》《生产安全事故报告和调查处理条例》《电力安全事故应急处置和调查处理条例》等法律法规，赋予电力调度机构在特殊情况下预防和处理电网事故的权力：根据事故的具体情况，电力调度机构可以发布开启或者关停发电机组、调整发电机组有功功率和无功功率、调整电网运行方式、调整供电调度计划等电力调度命令，发电企业、电力用户应当执行。事故可能导致破坏电力系统稳定和电网大面积停电的，电力调度机构有权决定采取拉限负荷、解列电网、解列发电机组等必要措施。

（2）市场环境下的调度应急机制。

现货市场环境下的调度应急机制，是指在特定的情况下，由政府部门授权电力调度控制中心进行的对部分或全部市场交易的临时管制。例如发生价格异常情况时，可以采取价格管制的方式来干预电力市场交易，并宣布相应的交易时段为价格管制时期。当市场出清得到的节点电价超过最高限价时，该节点在该交易时段的节点电价用最高限价代替；当市场出清得到的节点电价低于最低限价时，该节点在该交易时段的节点电价用最低限价代替。

调度应急处置的情况包括：① 上级调度机构相关要求和电网事故；② 系统备用容量严重不足；③ 系统出现功率缺额或即将出现功率缺额；④ 自动发电控制系统 AGC、新能源有功功率控制系统运行异常；⑤ 电力现货市场技术支持系统运行异常；⑥ 调度运行技术支持系统、自动化系统、数据通信系统等技术支持系统运行异常；⑦ 当市场主体滥用市场力、多个市场主体联合串谋、合同未能履行等导致市场秩序受到严重扰乱的行为，或因外部因素（国家政策变化等）导致的市场交易严重不平衡的情况发生时；⑧ 发生其他需要调度紧急干预的情况。电力调度控制中心应及时介入市场进行干预，以维持市场的稳定运营。

电力调度控制中心在进行应急处置时，可根据事故的严重程度选择相关的应急处置措施。其中包括：① 改变市场交易时间、暂缓市场交易，更改市场主体报价上下限，调整市场交易电量等；② 调整系统运行方式，配合省内或省间事故处理；③ 根据系统需要通知部分停役线路或设备提前复役；④ 向区域调度机构及周边省（区）调度机构申请支援，临时向外省购电；⑤ 下达人工调度指令，干预现货市场出清计划和省间电力交易计划；⑥ 执行有序用电和事故拉限电；⑦ 暂停实时现货市场运行；⑧ 启用黑启动机组。

（3）实际应急调度机制应用案例。

在现货市场运行过程中，为及时有效消除技术支持系统缺陷、严重自然灾害等异常情况对电网安全及市场运营的影响，山西在市场中止前，设计实时电能量市场熔断机制。当市场运行环境满足市场规则所设计的熔断条件时，触发实时电能量市场熔断机制，市场运营机构启动相应的应急调度机制和采取合理的调度措施处理异常事件，并在 2h 内向市场发布原因和触发时间，熔断时长不超过 24h。

在市场熔断期间，以确保电网安全稳定运行为目标，对调度设备进行运行状态调整，以调度机构下发的指令为实时电能量市场出清结果，相应时段火电机组的节点电价调整为其出力所在容量段的报价，新能源企业的实时电价调整为所有火电机组节点电价的加权平均值。

2021 年 4 月 15 日上午，受突如其来的沙尘暴天气影响，山西风电、太阳能发电出力骤降，影响现货市场运行。山西省电力调控中心按照《山西电力现货市场交易实施细则》中“特殊情况处理机制部分”规定启动应急调度机制，于 12:30～14:30，成功实施了 2h 的实时现货市场熔断措施，有效应对了突发沙尘暴天气对电网的冲击，保障了山西大电网安全和电力市场平稳运营。本次应急处理过程严格按照山西现货市场规则快速启动和及时恢复熔断机制，成功保障了电网安全和电力供应。在 2h 内恢复现货市场正常运营，市场主体充分理解、反馈良好，全面验证了山西现货市场规则的合理性和有效性，为今后突发事件的紧急处置提供了宝贵经验。

74. 电力现货市场运营中市场成员的免责条款有哪些？

免责条款指的是双方当事人在合同中订立的，事先通过约定来限制或者免除其未来关于与此合同相关的责任的条款。从这个角度来说，免责条款又有广义和狭义之分：广义上的免责条款既包括免除又包括限制责任的条款；而狭义上的免责条款只包括限制责任的条款。

电力现货市场中的免责条款在于能更好地发挥市场成员的意思自治，使其能够在交易之前预先分配或者转移风险，免除或者减轻一方或者电网和市场主体日后可能会承担的某项责任。

免责条款是市场交易合约条款的一种，是市场交易合同的组成部分。因此，和其他的合同条款一样，免责条款也需要市场成员的合意。正如许多国家的法律规定那样，任何企图援引免责条款免责的当事人必须首先证明该条款已构成合同的一部分，否则他无权援引该免责条款。

免责条款具有意定性。电力市场中的免责条款具体体现在免责条款是市场成员之间通过合意所达成的条款，其首要目的是减轻或免除其未来发生的责任。所以能够导致市场成员的责任的减轻或者免除的免责条款必须：① 在责任发生之前；② 以约定的方式；③ 已经生效。

免责条款需市场成员明示。这便意味着不管是默示的还是推定的都不能产生法律效力。这是因为免责条款涉及市场成员各自所承担的风险，属于合同的重要内容，必须以明示的方式来避免争议。

要判定一个电力市场的免责条款是否具有公平合理性，应考虑以下两个方面的因素：

（1）市场成员必须意思表示真实。需要考虑诸如相对主体和其他主体订立没有此类免责条款的合同的可能性；市场成员的交易地位是否是平等的；针对该格式条款的存在、范围及解释，市场成员是否足够明白等综合因素。

（2）合同是否显失公平：需要综合考虑市场成员承担责任的能力、该合同是否可能被条款制定人履行以及该免责条款所免除的责任的性质和范围等情况。

电力市场中合同自由和电网稳定原则作为理论基础，由此产生了电力市场免责条款并且不断地发展。然而正如所有其他的条款一样，合理性和合法性是基础。如果免责条款的本身是合理和合法的，那么社会并无不承认它的理由；但是如果内容本身是不合理且不合法的，那么不管该条款是不是免责条款，都应当是无效的。

电力市场的正常运行是在电力系统的安全稳定的基础上进行的，当可能发生市场交易结果无法正常执行或者造成各级电网大量减供负荷的大规模停电事件时，电力调度机构应该根据国家法律法规赋予的权力对电力市场运行进行适当地处理，在这个过程中应该对市场成员采取的行动和造成的影响免责。

现阶段各试点单位的电力市场试运行过程中，将可能影响电力系统正常运行和市场交易结果执行的一般情况写入电力市场交易规则中：

（1）由于国家有关法律、法规、规章、政策、规则的改变、紧急措施的出台等导致的风险。

（2）由于不可抗力因素导致电力现货市场交易中断。

（3）因突发性的社会事件、气候异常、自然灾害等原因导致预测偏差、负荷突变、电网运行方式发生较大改变或安全风险较大时的风险。

（4）由于调度机构需要保障电网实时电力平衡，在发、输电设备停送电期间，若发生实际停送电时间与计划时间不一致，导致实际断面限额变化与计划存在偏差，进而影响电力现货市场出清结果。

（5）因电网潮流发生突变、电网设备发生跳闸、运行方式重大变化等原因造成电网超稳定限额、其他运行设备超供电能力或影响用户正常供电时的风险。

（6）由于通信系统繁忙、中断、现货市场技术支持系统故障，网络及信息系统故障等原因导致调度指令传达出现延迟、中断或数据错误，或者致使调度机构无法按照规则执行电力现货市场出清结果。

（7）如发生网络通信无信号、网络受黑客攻击、病毒破坏、非法登录等风险，给市场主体造成的损失。

（8）当市场中止时，按照政府部门及能源监管机构指定方式进行结算，由此导致的市场主体运营风险时导致其所承担的风险。

（9）其他可能影响电网安全运行、用户可靠供电、特殊保电等情况。

甘肃由于高比例新能源的电源结构和新能源参与现货市场的体系，基于新能源出力波动性较大的特点，在免责条款中引入“由于市场主体因自身运作原因，包括新能源场站预测数据的上传、市场主体申报价格等，市场成员免责”。

福建电力现货市场规则中引入“因联络线送受电计划临时调整，实际运行中联络线潮流发生较大偏差或上级调度机构要求调整电网运行方式，需要紧急调整机组出力时，市场成员免责”。

目前各试点单位出台的市场免责条款都是处于原则层面，缺乏相对具体的细化规则，需要全面梳理优化电力市场环境下的相关规定，提前与市场成员和政府部门沟通免责条款细则，避免市场成员事后处置的质疑风险。

75. 电力现货市场节点电价机制下负荷侧节点电价的作用是什么？不同节点位置对市场主体的运营有什么影响？

电力市场环境下，需求侧是市场均衡的一支重要力量，负荷侧不再被置于完全被动的地位，而被赋予根据电价或者激励信号选择其需求量的权利。电力市场发展过程中，基于经济措施实现对需求侧的有序引导，充分利用电力系统的发、输及配电设备，鼓励用户根据当前电价信息或激励机制主动做出响应，提高电力系统可靠性的同时实现资源的最优化配置。基于节点电价的用户侧需求响应能够实现用电优化、降低峰谷差、增加新能源消纳以及减少“弃风弃光”的可能性，并且能够实现与电网间的积极互动，是实现电力市场充分竞争、建设能源互联网的核心与关键。

在通信及计量技术支持和市场发展成熟的情况下，通过实时动态电价、需求投标或回购计划等，可以在用户侧全面实施实时节点电价，充分发挥现货市场时空资源分配的优势。负荷侧节点电价可以加强电网调控系统感知接入能力，增强电网调节能力，提升电网协同柔性调控能力；可揭示电网系统中输电通道阻塞情况，改变用户用电习惯，引导用户投资，提升客户用能效率效益，催生新型业态，降低电网建设成本；助力以电网为核心的源网荷储协同产业体系构建，促进新能源消纳，形成电源、电网、负荷和储能协同优化的产业生态。

电力现货市场以电价为杠杆，引导用户在电力系统供需紧张或运行出现紧急状况时调整负荷，实现削峰填谷的作用，达到稳定电力系统及合理利用市场资源的目的。通过搭建用户侧信息发布共享服务，披露用户侧资源在现货市场、辅助服务市场中的交易信息和提供电网实时运行信息，实现电力市场主体、政府部门和市场运营机构间的信息共享，辅助市场主体报价策略制定，提高电网协同控制能力，促进系统资源优化配置。

负荷侧节点电价也为需求侧管理中的负荷控制针对的用户选择和付出的市场成本提供了数据支撑。在需求侧管理中可以通过可中断负荷合同或直接负荷控制实现局部或部分负荷的减少以及完全停用，增强电网平衡能力。在电力市场环境下，切除负荷时必须考虑用户侧的经济利益，一般是与用户签署市场化协议，与用户达成一致后方可在任意时段、特定时段或特定情况下直接切除全部或部分负荷，同时用户从市场中获得相应的经济补偿。

负荷侧节点电价的高低反映了电力系统的局部供需情况，对引导社会投资、电网平衡调整具有积极作用。若电网中某处的节点电价较高，说明在该节点附近兴建或扩建电厂和线路会有利可图，从而吸引电源资本投资；反之，若节点电价较低，则说明该节点附近的企业将获得充足的低价电能，从而吸引更多的用户资本投资。

基于电力现货市场和辅助服务市场，电网可以组织引导建设可控负荷资源库，聚合分类管理电动汽车、虚拟电厂、可中断负荷等各类控制资源，引导新兴产业发展方向，拓展新兴产业范围。通过市场化节点电价引导不同特性的用电侧可控负荷主动参与系统电力调节，激发用户侧资源调节能力，实现电网用电削峰填谷，增加新能源消纳空间，节约电网发展投资。

在电力现货市场交易平台基础上，建立客户侧负荷协调控制手段，探索大规模柔性资源参与电网运行调节与新能源消纳，以市场化电价引导电动汽车、电采暖、工业负荷、储能系统等不同特性的用电负荷参与电网辅助服务，将从“源随荷动”的传统电网运行控制模式转变为“源网荷储智能互动”的能源互联网新型模式。

电力现货市场负荷侧节点电价的作用可归纳如下：

（1）多维度提升电力系统灵活性。加强对用户侧可控柔性负荷管理，根据不同负荷资源调节能力、响应速率匹配电网调节需求，提升电力系统灵活性。

（2）提高电网调度管理精度。复原负荷真实值，修正电网用电负荷感知，提高分布式风电和光电功率预测精度和分布式电源调控水平，为电网投资建设提供市场信息指导。

（3）降低企业用电成本。通过市场价格引导用户，特别是改变高耗能企业的用电习惯，从根据峰谷电价用电转变为根据电网调峰需求灵活用电，降低企业用电成本，形成多方受益的良性循环。

（4）促进源网荷储智能互动模式的发展。充分调动负荷侧资源参与电网辅助服务，增强削峰填谷响应能力，深挖负荷侧调节空间，统筹电源侧、电网侧、负荷侧资源，加速形成源、网、荷、储协同控制的格局，促进清洁能源消纳。

（5）促进数字化转型，创新新业态，建立可控负荷资源库，引导用户侧资源积极参与电网调节，通过市场手段实现系统资源优化配置。

负荷侧不同的节点位置对市场主体运营的影响主要有：

（1）电力市场环境下，市场主体的运营方式主要受价格信号的经济引导影响，在考虑负荷侧节点位置对市场主体的运营影响时，首先要讨论不同节点位置的负荷侧电价，这与电网运行方式和负荷侧的电价机制紧密相关。

（2）电力现货市场在系统无阻塞的情况下，全网节点电价保持一致，并趋向于全网统一边际出清电价；在系统发生阻塞的情况下，阻塞通道送、受两端节点电价有所不同。受限于通道容量约束，受端节点用户需要购买价格更高的受端节点发电量，受端节点电价上升，受端节点用户电价提升，送、受两端节点电价之差为阻塞价格。

因此，只有在电力供应形势较为紧张、网架较为薄弱、阻塞比较严重的电网中才会出现不同的节点电价，同时只有采用负荷侧节点电价机制，才能把现货市场价格信号充分传导给用户，激励市场主体采取不同的运营策略提高市场效益。

在国内试点省份现行采用的电价机制中仅在发电侧使用节点电价机制，用户侧暂不参与市场竞争或者采用发电侧、用户侧节点电价的加权平均值，用户很难感受到不同的节点位置电价对于经济效益的影响，负荷的节点位置对用户侧市场主体的运营影响很小。

76. 我国电力现货市场结算通常分为哪几个科目？怎么分摊费用？

电力现货市场结算主要包括电能量市场结算、辅助服务市场结算、“两个细则”结算以及市场运营费用结算等。电能量市场结算和辅助服务市场按照市场出清结果结算。“两个细则”费用按照各地的“两个细则”规定结算。市场运营费用主要针对市场运行中的其他费用进行结算分摊，如机会补偿费用、双轨制偏差费用、计量误差费用、阻塞盈余费用等，其中包含不平衡费用。

（1）电能量费用。指发电企业与电力用户在中长期交易市场和现货市场中以电能量为交易标的物的电费。

中长期市场根据中长期合约分解电量曲线，采用“日清月结”的方式，按合同约定价格（即按规则分解后的净合约综合价）对中长期合约电量进行电量结算。在分散式市场中，中长期合约是物理合同，必须强制执行，各地可以根据实际情况制定偏差电量处理方案，例如：发电侧超发电量按照月度全省电力市场中长期（直接交易）合约均价结算；发电侧欠发电量按照按月度全省电力市场中长期（直接交易）合约均价的结算。在集中式市场中，中长期合约是金融性质的差价合约，分解曲线和合约价格仅作为结算依据，无中长期偏差电量考核，对合同偏差电量采取现货市场偏差结算方式。

分散式模式中，中长期合约物理执行不进入现货市场优化空间，日前市场出清电量按照日前市场价格结算，实时市场根据实际上网电量（或实际用电量）与日前市场出清电量的差值做偏差结算，偏差结算价格为实时市场价格。集中式模式下，现货市场根据日前市场出清电量与中长期合约电量的差值进行偏差结算，偏差结算价格为日前市场价格。实时市场结算方式与分散式市场一致。

（2）辅助服务费用。为维护系统的安全稳定运行、保证电能质量，由发电企业、电网经营企业和电力用户等提供除正常电能生产、传输、使用之外，由并网发电厂提供辅助服务所得的费用，具体包括调频、深度调峰、备用等。现阶段试点省份已基本建成调频市场和调峰市场，备用市场也正在研究建设中。

调频市场中，运营机构根据辅助服务供应商申报的市场报价和 ACE 性能指标，得到市场成员的综合报价进行市场集中竞价。市场结算价格可以是边际出清电价，也可以按照市场申报价格结算，具体结算价格根据市场规则确定。中标的调频资源在提供调频服务以后，可以获得的调频收益为：该时段内调频资源的调频收益 = 该时段内调频资源实际的调节深度 × 该时段内调频资源当日的性能指标 × 该时段内调频市场结算价格。

调峰市场中，火电机组在深度调峰参与基准值以下，进行“阶梯式”分挡申报，申报每挡价格及机组深度调峰出力下限。运行日日内根据电网实际深调需求、以竞价日的申报价进行日内滚动出清，执行日内滚动出清结果，实时调用机组深调。

深度调峰交易每15min出清一次，辅助服务市场技术支持系统依据各发电机组深度调峰交易的执行结果进行清算。计算每 15min 各火电机组每一挡因深度调峰少发的电量，每一档收益为其在该挡范围内因深度调峰少发的电量与该挡申报价格的乘积。

（3）“两个细则”电费。指“两个细则”规范的辅助服务费用和并网运行考核费用，辅助服务市场中发生的辅助服务费用，以及所有辅助服务费用、并网运行考核费用按一定规则进行分摊、返还的费用。

市场运营初期，对于“两个细则”电费，由电力调度机构负责提供“两个细则”电费及分摊结果，由电网企业开展结算。发电企业“两个细则”电费分为提供辅助服务所得费用（辅助费用）、考核费用、分摊费用和返还费用四部分。“两个细则”电费＝辅助费用－考核费用－分摊费用＋返还费用。其中考核费用、分摊费用和返还费用的具体结算方式参考各地区的“两个细则”规定。

（4）市场运营费用结算。指在市场初期，为清算发用两侧计划电与市场电、统筹兼顾市场竞争与规范市场主体行为，保障电力系统安全稳定，设置电能量费用之外的调节费用。考虑到市场组织模式、用户参与方式、计量技术水平以及市场干预机制等情况，在本文第 20 问中已经提出几种现货市场运营方式下基本的不平衡费用结算科目及分摊方式。本问主要列举实际运行中的典型市场运营费用方案以供参考，主要包括成本补偿类费用、市场平衡类费用和市场调节类费用。

1）成本补偿类费用。包括机组启动补偿费用、必开机组补偿费用和调频量价补偿费用。其中，机组启动补偿费用是指所有由日前现货市场确定的机组启动，需要对机组的启动费用进行补偿，仅针对应由市场化用户承担部分的费用进行补偿；必开机组成本补偿是指必开机组处于必开最小出力时，对其超出中长期曲线的量差和对应成本大于该时段日前节点电价的价差形成的电费差额进行的补偿，供热机组不参与必开机组成本补偿计算；调频偏差补偿是指为鼓励机组参与调频市场，在现货市场根据调频机组实际出力和日前发电计划偏差情况、按照日前现货市场节点价格高低、调频机组报价等对调频机组进行的补偿。

成本补偿类费用纳入市场运营费用管理，以月度为周期进行分摊。其中，机组启动补偿费用由批发市场用户承担换机造成的部分，剩余费用与新能源企业按一定比例分摊，用户侧之间按用电量比例分摊、新能源企业按上网电量比例进行分摊；必开机组补偿费用由发电企业承担当月政府定价电量占总上网电量（剔除外送）比例的部分、批发市场用户承担剩余部分，发电企业之间按照政府定价电量比例分摊、批发市场用户之间按现货电量正偏差比例进行分摊；调频量价补偿费用非市场化的部分全部由发电企业按实际上网电量比例分摊，市场化部分由火电、新能源、批发市场用户按一定比例分摊，发电企业间按上网电量比例分摊、用户之间按用电量比例分摊。

2）市场平衡类费用。包括市场结构平衡费用、阻塞平衡费用、双轨制发电价格补贴。其中，市场结构平衡费用主要指在市场和计划双轨制下，由于非市场化用户用电量与政府定价上网电量出现偏差，导致电网企业购售价差收入出现的偏差费用；阻塞平衡费用是指现货市场中，发电侧以节点电价进行电能电费结算，用户侧以统一结算点电价进行电能电费结算，由此导致的应收市场用户费用和应付发电企业费用之间的偏差费用；双轨制发电价格补贴主要指燃气、煤层气发电价格高于燃煤标杆上网电价形成的电费差额中，应由市场化用户分摊部分的费用。

市场平衡类费用纳入市场运营费用管理，以月度为周期进行分摊。其中，市场结构平衡费用由所有发电企业按政府定价上网电量比例进行分摊；阻塞盈余费用由发电侧承担政府定价电量和外送电量比例的部分，用户侧承担剩余部分，发电企业之间按照政府定价电量和外送电量比例分摊、批发市场用户之间按实际用电量比例分摊；双轨制发电价格补贴由所有批发市场用户按电量比例进行分摊。

3）市场调节类费用。包括新能源超额获利回收费用、用户侧超额获利回收费用、中长期缺额回收费用。其中，新能源超额获利回收费用是指为规范新能源机组合理预测发电量，降低新能源机组申报套利行为，当新能源发电实时出力与在市场中竞标的发电计划出现偏差时，对于新能源市场分时偏差电量超出允许偏差范围的，将价差收益进行回收；用户侧超额获利回收费用是指为避免用户现货市场套利，提高负荷预测精度，用户侧实时市场分时偏差电量超出允许偏差范围的，进行回收；中长期缺额回收费用是指为鼓励发用两侧签订中长期合约，稳定市场价格，对现货运行日用户侧中长期电量不足实际结算电量一定比例的，进行考核。

市场调节类费用纳入市场运营费用管理，以月度为周期进行分摊。其中，新能源超额获利回收费用由所有发电企业按上网电量比例返还；用户侧超额获利回收费用由所有批发市场用户按用电量比例进行返还；用户侧中长期缺额回收费用由所有发电企业按直接交易合同电量比例进行返还。

77. 中长期市场与现货市场在电费结算方面有什么不同?

电力市场中的电费结算方式与电力市场组织模式、交易品种、竞价方式、电价机制和分摊机制等因素密切相关，因此在探讨中长期市场与现货市场在电费结算方面的关系时，需要全面讨论多种电力市场运行机制下的市场交易模式。

（1）中长期市场模式。

中长期市场根据中长期合约分解电量曲线，按照合约约定价格结算。在非现货市场模式下，按照月结月清模式处理合同偏差，合同电量按照合同电价全量结算，偏差电量根据各省市的实际运行情况和市场规则处理，比如采用偏差费用结算或者按照照付不议模式结算等机制。

中长期交易在现货市场模式下，采用“日清月结”的方式，根据中长期合约分解电量，按合同约定价格（即按规则分解后的净合约综合价）对中长期合约电量进行电量结算；中长期合约电量包括年度、月度、周等交易周期的合约电量，按照日清月结的方式处理合同偏差。

在分散式市场中，中长期合约是物理合同，必须强制执行，合同偏差处理方式与非现货模式下的处理方式保持一致。

在集中式市场中，中长期合约是差价合约，无中长期偏差电量考核，对合同偏差电量采取现货市场偏差结算方式。现货市场根据日前市场出清电量与中长期合约电量的差值进行偏差结算，偏差结算价格为日前市场价格。实时市场根据实际上网电量（或实际用电量）与日前市场出清电量的差值做偏差结算，偏差结算价格为实时市场价格。

（2）现货市场模式。

现阶段，国家电网各试点省份的电价机制基本都采取了节点电价和统一边际电价机制，用户侧不参与结算或者采用统一结算电价。

发电侧现货市场结算时，在中长期合约具有金融属性的市场中，采用机组所在节点电价或者系统统一电价（根据市场规则确定），日前市场根据日前市场出清电量与中长期合约分解电量的偏差电量，按照日前市场出清电价进行结算；实时市场根据实际上网电量与日前市场出清电量的偏差电量，按照实时市场出清电价进行结算。在中长期合约具有物理属性的市场中，日前市场根据日前市场出清电量按照日前市场出清电价进行结算；实时市场根据实际上网电量与日前市场出清电量的偏差电量，按照实时市场出清电价进行结算。

在用户侧参与市场结算的规则体系中，采用统一结算电价。在中长期合约具有金融属性的市场中，日前申报电量与中长期合约分解电量的偏差部分，以日前市场分时统一结算电价作为日前电能量市场结算价格；实际用电量与日前申报电量的偏差部分，以实时市场分时统一结算点电价作为实时电能量市场结算价格。在中长期合约具有物理属性的市场中，日前市场中根据日前市场申报电量以日前市场统一电价进行结算；实时市场中根据实际用电量与日前市场申报电量的偏差电量，按照实时市场统一电价进行结算。

电力现货市场采用“日清月结”的结算模式，电费计算周期为日，以小时为基本计算时段，出具日清算临时结算结果，以月度为周期发布正式结算依据，开展电费结算。

国家规定电力现货市场不得设置不平衡资金池，每项结算科目均需独立记录，分类明确疏导，辅助服务费用、成本补偿、阻塞盈余等科目作为综合电价科目详细列支。所有结算科目的分摊（返还）应事先商定分摊（返还）方式，明确各方合理的权利与义务。

78. 电力现货市场建设一般经历哪几个阶段?

我国电力现货市场建设任务重，时间紧，需按照逐步分阶段、分目标任务开展各项建设任务，确保如期启动电力现货市场试运行。根据各试点省份的现货市场设计方案，现货市场运行一般划分为模拟试运行、结算试运行、正式运行三个阶段。其中，模拟试运行重点检验技术支持系统功能，适时依据市场出清结果进行生产调度；结算试运行依据市场出清结果进行生产调度，并开展实际结算；根据结算试运行情况进一步完善规则和技术支持系统，各项条件完备后开展正式运行。

（1）第一阶段：模拟试运行。

阶段目标：市场主体参与模拟报价，电力现货技术支持系统能够正常出清，市场主体能够依据电力现货技术支持系统的出清结果执行调度计划。

电力现货技术支持系统数据库服务器、应用服务器、磁盘阵列及交换机、正向及反向隔离等相关硬件全部到位，电力现货市场技术支持系统操作系统、数据库管理软件、电力现货技术支持基础平台等安装部署完毕，并在电力调度机构完成组网，接入到电力调度机构主网。完成电力现货技术支持系统日前电力现货市场、日内平衡市场、中长期计划分解、市场管理、数据管理、数据申报、数据发布等主要功能的开发和调试部署，和外部 EMS、OMS 系统对接完毕，能够持续接入电网物理模型、实时运行数据、电网厂站图形、发输变电设备检修计划、短期（超短期）系统负荷预测、短期（超短期）母线负荷预测等调度运行实际数据，根据电网物理模型数据完成市场主体模型构建，能够通过模拟报价并根据电网物理模型的变化生成电力现货市场出清及安全校核模型，日前电力现货市场及日内现货市场能够在系统模拟报价的情况下运行市场出清流程并进行安全校核。打通电力现货技术支持系统和 EMS、OMS 的实时数据交互通道，并保证通道稳定交互，完成对接入各类基础数据的合理性校验，以此为基础验证日前存量市场基于电网实时数据能否正常出清，并查找系统漏洞及时消缺。

基于能够正常运行的现货市场技术支持系统，完善日前电力现货市场、日内平衡市场、中长期计划分解、市场管理、数据管理、市场申报、市场发布等主要功能的消缺。调度机构能够通过市场发布模块发布系统负荷预测、机组检修信息等市场边界信息，发电企业能够基于市场申报功能分别申报现货市场和辅助服务市场报价等。日前电力现货市场及日内现货市场能够基于市场主体申报报价的情况下运行市场出清流程并进行安全校核，并验证市场出清机组出力及电价合理性。由电力调度机构对电力现货技术支持系统和市场运行结果做出评价，并根据交易出清结果调整电力市场交易规则。

在初步实现主体报价运行情况的基础上，进一步完成市场出清、市场申报、市场发布等主要功能的完善，各功能模块能够适应电力现货市场的运行要求支撑现货市场运营。现货市场技术支持系统实现 AGC 闭环，并将出清结果发布给市场主体执行但是不结算。电力现货技术支持系统能够将现货市场的量价信息生成 Excel 表格供结算分析。电力调度机构对调度计划进行审核与校订，电力现货技术支持系统进行调整。

由电力调度控制中心根据出清结果和调度计划修改电力现货市场交易规则，经政府部门审批后，向市场成员发布电力现货市场交易规则。

（2）第二阶段：结算试运行。

阶段目标：各市场主体按照电力现货市场交易规则上报电量和价格，电力现货技术支持系统能够正常出清可执行的调度计划，并进行实际结算。

基于模拟试运行的运行情况，市场主体能够通过交易机构的中长期交易系统进行市场注册，并自动同步到电力现货技术支持系统，同时电力现货技术支持系统能够将现货市场的量价信息通过接口发布给交易机构的中长期交易系统进行结算。现货市场系统各模块能够稳定有效运行，支持电力现货的运行，正常运行顺利出清，市场主体依据出清结果执行调度计划，结算信息由交易机构发布。

现阶段各试点省份已经多次开展结算试运行工作，并取得显著成效，为其他省份的现货市场建设提供宝贵经验。

浙江在 2019 年 5 月 30 日开始电力现货市场模拟试运行，2019 年 9 月正式开始结算试运行。截至 2020 年底，已开展 3 次正式结算试运行，其中 2019 年 9 月和 2020 年 5 月分别开展了为期一周的结算试运行，2020 年 7 月首次开展了连续一个月的长周期结算试运行，市场运行总体平稳，电能价格能够反映供需关系，辅助服务与电能量联合出清效果明显，市场结算结果各主体普遍接受。

山东在 2019 年 6 月 21 日正式启动电力现货市场模拟试运行。2019 年 9 月 5 日，应国家发展改革委《关于推进电力现货市场建设试点结算试运行工作的通知》和山东省政府主管部门要求，山东分别于 2019 年 9 月、12 月组织连续一周结算试运行。2020 年 5 月 16 日至 19 日，按照山东能监办、山东省能源局要求，山东组织开展第三次连续结算试运行。2020 年 11 月，按照山东省能源局、山东能监办要求，山东启动电力现货市场整月结算试运行工作。

福建电力现货市场于 2019 年 6 月 21 日启动模拟试运行，2020 年 8 月 14 日，福建省能监办、工信厅、发改委联合正式印发了《福建电力现货市场交易规则（2020 年版）》（闽监能〔2020〕56 号）。福建省在前期四轮次连续结算运行的基础上，从 2020 年 8 月 18 日启动长周期连续结算运行，标志着现货市场第一阶段开展的发电侧市场建设任务顺利完成。

四川电力现货市场在 2019 年 6 月 20 日成功启动模拟试运行；2019 年 9 月 26 日，四川电力现货市场成功开展首次调电试运行，并在之后一年内，完成了 9 次调电试运行，其中，2020 年 4 月 16 日～5 月 25 日完成了为期 40 天的火电竞价长周期调电试运行。2020 年 9 月 24 日，省经信厅、省发改委、四川能监办、省能源局联合印发《〈四川电力现货市场建设试点方案〉及相关实施细则（2020 年结算试运行稿）》（川经信电力〔2020〕171 号），并于 2020 年 9 月 26 日～2020 年 10 月 25 日开展了第一次水电竞价长周期结算试运行。

甘肃电力现货市场在 2018 年 12 月启动试运行。2019 年 9 月，开展第一次连续 7 天结算试运行，11 月开展第二次连续 7 天试运行，2020 年 3 月 18 日～4 月 30 日开展第三次长达 43 天的长周期连续不间断试运行和 4 月份整月结算试运行。期间现货市场运行平稳，市场主体积极参与，验证了市场规则和技术支持系统的适用性，取得了良好的试运行效果。2020 年 4 月整月结算试运行结束后，依据结算试运行中发现的问题以及市场主体反馈，完成了现货市场运营规则修订，并于 7 月 10 日召开现货市场规则调整讨论会，向市场主体进行了规则宣贯和意见征集；同时现货市场技术支持系统同步完成了相关功能升级和改造。2020 年 8 月 1 日开展第四次不少于两个月的连续不间断长周期试运行。

山西电力现货市场于 2018 年 12 月 27 日在国家电网区域内率先开启模拟试运行，至今已完成 6 次 122 天结算试运行，对山西电网运行环境典型场景实现了全覆盖，包括检修密集期、风电大发期、冬季供热期、迎峰度夏期等。2019 年 9 月 1 日，在国家电网系统率先开展日结算试运行，验证了现货市场规则的适用性、现货交易技术支持系统的实用性和交易组织的流畅性。2019 年 9 月 18～24 日，在全国率先开展连续 7 天结算试运行，检验了“中长期合约作为结算依据管理市场风险、现货交易采用全电量集中竞价”的市场模式的有效性。2019 年 12 月 7～13 日，开展第二次连续 7 天试运行，检验现货电能量市场与深度调峰辅助服务市场联合优化运行的机制，以及“中长期＋现货＋辅助服务”市场体系的可行性。2020 年 5 月，开展连续半月结算试运行，适逢全国两会保电和春季风电大发，检验了长周期机组组合算法的有效性，验证了电网保电特殊运行方式下，现货市场运行的适应性。2020 年 8 月，开展首次整月结算试运行，本次试运行正值迎峰度夏、极端恶劣天气频发时期，检验了新增 $N-1$ 校核的长周期机组组合算法的稳定性、基础电量分解方法优化后双轨制偏差资金减小的合理性等内容。2020 年 11、12 月在冬季供热与新能源大发叠加的有利时期开展连续两个月的现货市场结算试运行，率先探索现货市场与调峰辅助服务融合的方法和机制，并检验省内现货与跨区富余新能源现货市场和华北跨省调峰辅助服务市场的衔接、局部市场力检测、分时段调频交易、基础电量分梯次优化等新规则内容的适应性，以及更高频次的中长期交易与现货交易衔接的流畅性。

（3）第三阶段：正式运行。

阶段目标：在市场交易规则和电力市场体系更加完善、现货市场技术支持系统经历多次检验顺利出清的基础上，各市场主体按照电力现货市场交易规则申报电价曲线，开展现货市场连续正式运行。

现阶段电力现货市场的试点省份都已经完成编制电力市场规则和检验技术支持系统的模拟试运行阶段，并且开展过多次连续结算试运行工作，根据试运行结果对现货市场规则体系、技术支持系统和运营管理模式进行了多重检验和滚动完善。试运行期间，各试点省份的电网运行安全、市场运营平稳，各项工作有序推进，为其他省份电力市场的建设提供了重要实践参考，也为电力现货市场的正式运行积累了宝贵经验。

79. 我国现货市场建设重点应建设哪些配套机制?

电力现货市场试点方案应充分考虑相关配套机制，包括但不限于与现货交易机制配套的电力中长期交易机制、信息披露机制、与现货交易机制配套的辅助服务机制、容量成本回收机制、输配电价机制、优先发电和购电制度落实机制、可再生能源保障性收购机制、市场力防范机制、财务信用风险规避机制及市场应急预案等。

（1）与现货交易机制配套的电力中长期交易机制。

省内中长期交易合同应约定结算曲线或曲线形成方式。结算曲线形成方式可采用市场主体协商确定、自愿选择典型曲线等多种形式。对于由调度机构集中优化组织市场交易的地区，推荐使用差价合约方式签订中长期交易合同；对于因特殊原因需要物理执行的中长期合同应以价格接受者的方式参与现货市场，偏差量按现货价格结算。

省间中长期交易合同应约定电力曲线或曲线形成方式。省间中长期交易合同物理执行，通过省间现货市场进行偏差处理。

（2）信息披露机制。

1）信息披露主体。参与电力市场的市场成员均为电力市场信息披露主体，包括发电企业、售电公司、电力用户、电网企业、市场运营机构等。

2）市场信息分类。电力市场信息按披露范围分为公众信息、公开信息、私有信息和依申请披露信息，按披露时序分为事前信息、事中信息和事后信息。

3）信息披露方式。主要通过电力交易平台完成，还可通过公众号、短信、交易大厅大屏、信息发布会等方式进行信息披露。

4）信息披露使用与保密要求。信息披露相关方需遵守各类信息的保密要求，建立健全信息安全保障机制，制定信息安全事故应急处理预案，做好事前主动防御，确保信息安全可控，超过保密范围要求的信息泄露方应承担相应经济或法律责任。

5）信息披露要求。电力市场成员在市场信息披露中应遵循以下工作要求：

a. 按照真实、及时、准确、完整、易于使用的原则披露市场信息。

b. 不违反对应披露范围或时序进行市场信息披露。

c. 不得泄露未向所有市场主体披露且会对市场价格产生重大影响的内幕信息。

d. 对私有信息或依申请公开的信息应按要求保密。

e. 电力现货市场出清结果信息应按照“有记录，能回溯，可还原”原则进行封存。

（3）与现货交易机制配套的辅助服务机制。

省内主要开展调频辅助服务市场，以市场化经济手段激励各类市场主体参与调频辅助服务，丰富电网安全平衡调节手段和资源。

省间主要开展备用辅助服务市场，推动建立跨省区和区域备用辅助服务市场，实现大范围备用资源互济。

逐步实现调峰辅助服务市场与现货电能量市场融合，不断提高市场运行效率。

按照“谁受益，谁承担”原则，探索建立用户侧参与辅助服务成本分摊机制。

持续优化辅助服务交易品种，推动电力辅助服务市场交易品种创新。可适时引入爬坡类产品、系统惯性等辅助服务交易品种，满足系统中对于具有快速爬坡能力、调节性能良好的电源需求，并通过市场化定价方式对此类机组进行经济补偿，进一步促进新能源消纳。

（4）容量成本回收机制。

容量成本回收机制包括建立容量电价、稀缺定价、容量市场等，用于激励常规火电投资建设、保障系统发电容量充裕度、调节能力和运行安全。

1）容量电价。根据发电成本、用电需求、系统可靠性要求等因素，确定容量电价。容量成本纳入市场运营公共服务成本，分摊至用户侧。

2）稀缺定价。在电价风险承受力较强的地区，可探索建立稀缺定价机制，设置较高的价格上限，激励机组满足尖峰期用电需求。

3）容量市场。容量市场可按照多年、年度、月度等开展容量交易，存量及增量容量资源参与容量市场需按规则认定有效容量，容量市场补偿成本可由市场运营机构购买并分摊至用户侧。

（5）输配电价机制。

中发 9 号文提出单独核定输配电价的要求。政府定价的范围主要限定在重要公用事业、公益性服务和网络自然垄断环节。政府主要核定输配电价，并向社会公布，接受社会监督。输配电价逐步过渡到按“准许成本加合理收益”的原则，分电压等级核定。用户或售电主体按照其接入的电网电压等级所对应的输配电价支付费用。

《国家发展改革委关于全面推进输配电价改革试点有关事项的通知（发改价格〔2016〕

2018 号）》提出全面推进输配电价改革试点的要求，进一步提速输配电价改革试点工作。结合各地电力体制改革试点进展情况，加快建立独立输配电价体系，重点就电网投资、电量增长与输配电价关系，分电压等级、分用户类别归集核算输配电成本，妥善处理政策性交叉补贴，保障电力普遍服务，建立健全电网企业监管长效机制，建立电网企业投资后评估制度等重大问题开展研究，为建立科学合理的输配电价管理办法，引导电网科学、有序发展打下坚实基础。

《省级电网输配电价定价办法（试行）》（征求意见稿）提出省级电网输配电价的方法，先核定电网企业输配电业务的准许收入，再以准许收入为基础核定分电压等级和各类用户输配电价。省级电网输配电价在每一监管周期开始前核定，监管周期为三年。电网企业应对各电压等级的资产、费用、收入、输配售电量、负荷、用户报装容量、线损率、投资计划完成进度等与输配电价相关的基础数据，按相关规定进行统计归集，并于每年 5 月底之前将上一年有关数据及材料报送国务院价格主管部门和省级政府价格主管部门。

（6）优先发电和购电制度落实机制。

跨区跨省优先发电计划现阶段视为厂网双边交易，纳入省间电力中长期交易范畴，优先安排输电通道，按照合同约定予以保障执行，并作为后续交易开展的边界；各省优先发电合同电量，同样视为厂网间双边交易，纳入各省电力中长期交易范畴。

实现优先发电购电电量匹配，能够匹配优先购电用户的优先发电电量执行“保量保价”政策，相应的销售电价、上网电价均执行政府定价。富余优先发电电量执行“保量不保价”政策，价格按照市场规则约定执行。如优先发电不满足优先购电，由本省常规电源按等比例保障原则补充。

实现优先发电购电电力匹配，优先发电资源包括保障性收购的新能源，其调峰能力与优先购电用户负荷特性结构上不匹配，应统筹考虑系统调峰能力，实现调峰资源共享。

合同分解与执行。“保量保价”优先发电部分由发电企业和电网企业签订厂网间购售电合同，双方协商确定曲线或按照典型曲线进行分解，并建立完善的调整机制。针对优先发电购电不匹配的偏差电量，设立合理的偏差结算和不平衡资金疏导机制，及时足额在市场中解决，保障市场平稳运行。

（7）可再生能源保障性收购机制。

按照“价补分离”原则，根据政府主管部门核定的新能源全生命周期合理利用小时数和保障利用小时数，推动新能源以“保量保价”“保量竞价”等方式参与市场。

平价或低价新能源在保障利用小时数内作为优先发电全额保障性收购。

新能源参与现货市场需申报发电预测曲线，电力调度机构以申报的预测曲线为基准对新能源进行偏差考核。

省内新能源富余发电能力可参加省间现货交易。

（8）市场力防范机制。

市场运营机构按照“谁运营、谁监控”的原则履行电力现货市场监控主体责任，利用信息化手段对电力现货市场涉及的交易组织、计划执行、交易结算等全过程进行监测和分析。

电力现货市场监控内容包括但不限于：

1）市场总体运营情况、市场价格水平及走势和各类别市场主体经营情况。

2）市场主体异常交易行为。

3）市场履约情况。

4）市场主要风险及防范情况。

5）按授权实施市场干预情况。

6）市场运营规则评估分析情况。

电力现货市场监控以事前、事中为主中充分发挥市场运营机构一线作用，全面掌握市场动态、提前准确研判形势、及时快速控制风险。

市场运营机构在监控市场运行过程中，发现异常后可根据授权进行市场干预，事后向电力市场成员披露干预过程，并向监管机构和政府部门报告市场干预原因及情况；发现涉嫌违反电力市场监管相关规章和规范性文件的行为，按程序移交监管机构处理。

（9）财务信用风险规避机制。

信用管理主要内容包括信用额度管理、履约风险评估、履约担保管理、信用额度要求管理、信用预警管理、信用额度不足的处置、履约风险控制等。

1）信用额度管理。

电力交易机构通过市场主体的信用等级、资产情况以及提交的履约担保，计算该市场主体的无担保信用、担保信用，进而确定该市场主体的交易信用额度和结算信用额度。

无担保信用主要由市场主体的有形净资产以及信用评价等级对应的有形净资产比率确定；担保信用是市场主体通过各种担保手段获得的信用，其额度由市场主体自行选择，依法设立。交易信用额度，指市场主体用于中长期集中竞争交易需要的信用额度。结算信用额度，指市场主体用于开展电力市场结算时需要的信用额度。

2）履约风险评估。

市场履约风险包括交易履约风险和结算履约风险。

交易履约风险是市场主体参与中长期集中竞争交易引起的履约风险，主要指持有合约的交易价格波动风险。

结算履约风险是市场主体进行结算相关活动的履约风险，由市场主体的历史欠费、未到期账单费用、已清算交易费用、未清算交易费用四部分组成。

3）履约担保管理。

参与电力市场交易的市场主体，应结合交易的实际需要，按照相关规定要求向电力交易机构提交履约担保。履约担保主要采用履约保函形式，市场主体也可自愿提交现金担保。

4）信用额度要求。

市场主体参与中长期集中竞争交易，交易信用额度须大于等于交易履约风险；参与电力市场结算，结算信用额度须大于等于结算履约风险。

5）信用预警管理。

电力交易机构通过交易信用占用度和结算信用占用度来对市场主体的信用额度进行信用预警管理。当信用占用度达到一定标准时，通知市场主体及时满足信用额度要求。

6）信用额度不足的处置。

市场主体的交易信用占用度超过 100%且未及时补足信用额度要求的，暂停其中长期集中竞争交易资格，并对其中长期电能量市场常用曲线合约进行强制处理。

市场主体的结算信用占用度超过 100%且未及时补足信用额度要求的，暂停其在现货电能量市场的交易和结算资格，对其所持有的交割月的年、月、周等中长期电能量市场合约进行强制处理，其所对应的零售用户按程序转至保底售电公司。

7）履约风险控制。

为防范市场履约风险，电力交易机构可采取暂停交易资格、合约强制处置、要求追加履约担保、设立市场应急资金等强制措施。

（10）市场应急预案。

当出现以下情形之一的，市场运营机构应按照安全第一的原则处理事故、安排电力系统运行，及时有效干预市场交易，必要时可以中止电力现货交易，并尽快报告监管机构和政府部门：

1）因发生突发性的社会事件、气候异常和自然灾害等原因导致电力供应严重不足或电网运行安全风险较大时。

2）发生重大电源或电网故障，影响电力有序供应或电力系统安全运行时。

3）因重大自然灾害、突发事件等导致电网主备调切换时。

4）技术支持系统（含调度运行技术支持系统、自动化系统、数据通信系统等）发生重大故障，导致现货交易无法正常组织时。

5）出现其他影响电网安全运行的重大突发情况时。

80. 我国第一批现货试点省份的现货市场特色是什么?

（1）浙江政府授权合约。

为保证市场平稳过渡和规避市场主体参与风险，浙江设计了政府授权合约和双边合约。一方面，将未放开的发电计划转化为带曲线的政府授权合约，合约为金融性质的差价合约，合约初期覆盖比例为 90%左右，有效衔接现货市场与中长期市场，保证市场平稳过渡；另一方面，放开的市场化用电市场主体签订双边合约，即参与中长期电量市场的市场主体签订带曲线的双边合约，保证现货市场运行时顺利衔接。

机组的事前政府授权合约电量按照既定算法由程序分解至每个结算时段，分解原则为：煤电（除热电联产）和燃气机组分别按照考虑 3 月内各类型工作日、双休日和节假日典型曲线，分解至每台机组的每个结算时段。燃气机组事前分配合约电量中，低谷时段不分配合约电量。机组计划检修时段的合约调整到该机组其他时段或电厂其他机组，机组计划检修时段不分配合约电量，检修时段包括正式报复役当日，正式复役日期与计划复役日期不一致时，政府授权合约根据调度机构记录的正式报复役日进行事后调整，按照既定算法，保持电厂月度总合约量不变。若电厂结算试运行期间所有机组全时段计划检修，则不分配合约。

目前浙江省内现货结算按照“日前基准、实时差量、合约差价”的原则进行计算。采用事前分解和事后调整策略，使煤电、水电、核电以及热电机组合约电量分别占现货市场各自机组实际电量的 90%，使气电机组合约电量占现货市场实际电量的 30%（气电机组有容量电费）；采用“合约差价”的方式进行合约电量的结算，可以对冲现货市场价格波动的风险，保住预期的发电利润，使少数电量暴露到现货市场进行结算，可以保护电厂基础利益，有效进行非市场化中长期与现货市场的衔接。

浙江电力现货市场实行的双差价合约，即政府授权合约与日前市场出清结果进行差价结算，实时市场出清结果与日前市场出清结果进行差价结算。政府授权合约和日前市场出清结果是金融性质，不必物理执行。差价合约最大的好处是在市场起步初期避免发电厂商利益调整过大，有利于市场平稳有序运行。随着政府授权合约的逐年减少，取而代之的市场避险手段是发电厂商自行签订的各种双边交易合约。发电厂商通过各种合约和日前市场，可以提前锁定大部分发电收益，只有少部分电量需要在波动性较大的实时市场中确定，在很大程度上防范发电厂商面临的市场风险。

（2）山西现货市场与调峰市场融合机制。

按照国家发展改革委、国家能源局关于探索现货市场与调峰辅助服务融合机制的要求，山西在 2020 年 11、12 月连续结算试运行期间，停止省内日前、实时深度调峰辅助服务市场，在现货市场中由火电机组自行申报运行下限。

为了引导在线运行的火电机组主动释放向下调节能力，山西在以下 4 个方面积极探索：

1）自 2018 年 6 月验收第一台灵活性改造机组以来，截至 2020 年底，已改造完成 31 台、1253 万 kW 机组，新增向下调节能力 227 万 kW（纯凝工况），具备引导火电机组调峰的物理条件。

2）不断拓宽现货市场申报和出清价格范围，现货价格由 0～332 元/MWh，逐次拓宽至 0～664/MWh、0～996/MWh 和 0～1500/MWh，峰谷价差不断拉大，具备引导火电机组调峰的价格条件。

3）允许火电机组在现货市场中自行申报运行下限，配合以 3～10 段自由选择的量价曲线申报方式，给予火电企业在分配发电容量时更多的自由选择权，具备引导火电机组调峰的机制条件。

4）创新开展分时段调频交易，火电机组可自由选择在全天 3 个交易时段申报不同的运行下限，可以仅在后夜或中午新能源消纳困难时降低运行下限，实现向下调节和提供调频的自由选择，精细化地引导火电机组在不同时段释放不同的向下调节能力。

（3）甘肃对于新能源发电预测偏差的“钓鱼法”机制。

在现货市场中，新能源通过报价优势，保证了优先调度和消纳。为解决新能源发电预测偏差问题，甘肃创新新能源辅助调频功能，以实时市场出清结果（15min 内为固定值）当作新能源场站出力的“标杆”，以“钓鱼”（分钟级）的方法不断调发新能源出力，每分钟对前 1min 下发指令的完成情况进行监测，对没有完成指令的场站，将其未完成的发电计划进行回收，增加给已完成前 1min 指令且有富余发电能力的场站，在保证新能源总计划不变的前提下，将有富余发电能力的场站出力调用到最大化。若调频火电机组还有下调空间，新能源还有富余发电能力，则压减调频机组出力，增加新能源消纳空间。

（4）山东现货市场容量补偿机制。

为补偿市场化机组的固定成本，在电力市场运行初期，山东建立了现货市场容量补偿机制，综合考虑发电机组类型、投产年限、可用状态等因素，以容量补偿方式补偿发电机组固定成本。发电容量补偿费用按照省发展改革委核定的容量补偿电价（元/kWh）向用户侧收取，每月结算一次。

（5）四川采用丰枯分期特色模式，建立负荷水电高占比的市场机制。

针对四川水电占比高、市场主体参与市场程度受丰枯水期影响较大、季节特征明显的特点，四川现货市场将全年的现货市场从时间维度划分为了水电竞价现货市场和火电竞价现货市场，即水电机组和火电机组分期参与现货市场竞价。

该机制有效保证了水电大省的水电消纳能力，提升市场稳定性和各类发电资源的利用效率。四川丰水期水电供大于求、高峰负荷情况下送出通道受限的矛盾同时存在，且由于来水充足，流域间发电能力受水力联系制约较弱，径流式水电、库容式水电可公平参与市场竞价，因此，在此期间水电作为竞价主体参与现货市场，而火电不参与现货市场，作为市场边界条件按最小方式安排开机并以最低负荷率安排发电计划，尽可能为水电消纳腾让空间。枯水期，流域水力关系耦合紧密，水电发电能力主要受制于具备调节能力的水库电厂，但水库电厂需按计划有序消落以保障枯水期可靠供电，径流式水电同时面临着个体市场竞争力差和不能弃水的矛盾局面，因此水电不参与现货市场，火电作为竞价主体参与现货市场。通过丰水期及枯水期电力市场结算试运行实践，充分验证了丰枯分期电力现货市场机制设计对电力现货市场长周期结算运行的适应性，是具有高占比水电特色的省份参与电力市场的有益尝试。

（6）福建建立清洁能源全额消纳和中长期交易全额兑现的市场机制。

截至 2020 年底，福建省清洁能源装机占比 51.57%，全年清洁能源发电量占比 41.19%。为了保障清洁能源电量全额消纳，在日前现货市场，优先安排清洁能源出力计划，作为现货市场交易边界。并建立实时平衡机制，采用市场化机制推动火电机组开展灵活性改造，提升机组调节能力，火电机组通过深度调峰、启停调峰，为清洁能源腾出消纳空间，有效缓解清洁能源高占比带来的电力电量平衡困难，实现了清洁能源全额消纳。

福建省 2020 年中长期直接交易规模 805 亿 kWh，2021 年扩大至 1200 亿 kWh。其中，火电参与直接交易的增量最大，由 2020 年的 483 亿 kWh 增至 790 亿 kWh。为了全额兑现中长期合同电量，维护中长期市场既有格局，通过加强中长期交易合同的安全校核，开展短周期交易，中长期交易合同优先安排等措施，实现对中长期市场交易结果的继承与衔接。并通过现货市场竞价，进一步提高电厂总体的发电效率、降低全社会成本。市场主体接受度高，实现政府、电网、发电企业的多方共赢。

第三章

电力现货市场技术支持系统

81. 什么是电力现货市场技术支持系统?

电力现货市场技术支持系统是支撑电力现货市场运营的计算机、网络与通信设备和各功能应用软件的统称，是电力现货市场安全、稳定运行的重要技术支撑，依据电力现货市场运营规则，实现市场注册、竞价、出清、结算、分析等现货市场运营全业务功能，为市场主体提供了一个公开、透明、高效、便捷的交易平台。调度机构通过系统开展市场组织、管理及监管分析，市场中交易主体通过系统开展交易报价、交易结果查询。

在功能架构设计上，电力现货市场技术支持系统一般采用分层架构设计，下层应用为上层应用提供服务支撑，上层单向调用下层服务接口，不允许上下两层双向调用，以此保证各层之间的松耦合。电力现货市场技术支持系统从下往上分为基础设施层、基础平台层、应用服务层、应用功能层。基础设施层为电力现货市场提供基础的软硬件，主要包括应用服务器、存储设施、数据库软件、操作系统等；基础平台层为电力现货市场应用开发与系统运行提供了基础支撑组件和服务，主要包括数据访问服务、消息总线、通信总线、图形画面、告警管理、日志管理、系统管理、权限管理、报表工具、安全防护等；应用服务层是为应用层功能实现提供公共计算服务支撑，主要是把现货市场核心算法和公共组件进行了服务化封装，供不同应用场景进行调用，应用服务包括核心出清算法服务、安全校核计算服务、数据管理服务等。应用功能层是现货市场系统面向用户所提供的各自业务功能集合，支撑用户完成现货市场各项业务操作，主要包括市场申报发布数据管理、市场数据及模型管理、日前市场、日内市场、实时市场、辅助服务市场、市场风险管控、市场模拟推演、市场分析、市场监管支持等。

在部署架构上，电力现货市场技术支持系统在电力生产控制大区Ⅱ区和信息管理大区Ⅲ区分别部署，申报发布管理、市场模型与数据管理、日前市场、日内市场、实时市场、辅助服务市场、市场风险管控等核心数据管理与出清计算功能部署在安全Ⅱ区，市场模拟推演、市场监管支持、市场分析等离线功能部署在Ⅲ区，Ⅱ区数据通过数据同步软件实时同步到Ⅲ区。同时，为了实现交易机构申报发布数据安全可靠传输至现货市场系统，构建了隔离缓冲区，部署数据传输服务。

在硬件配置上，电力现货市场系统技术支持系统硬件部署在安全Ⅱ区、Ⅲ区和隔离缓冲区。其中，Ⅱ区包括日前市场服务器、日内市场服务器、实时市场服务器、辅助服务市场服务器、潮流安全分析服务器、市场风险管控服务器、存储阵列、接入交换机、加密机及工作站。Ⅲ区包括市场分析服务器、市场模拟推演服务器、市场监管支持服务器、接入交换机及工作站若干。隔离缓冲区包括正反隔离装置、网络安全监测装置及恶意代码流量监测设备。

电力现货市场技术支持系统配备高度智能化运行监视和告警功能，对系统各类软硬件异常状态及时通过动图、声音等方式告警提示，方便系统运维人员全面掌控系统运行情况，及时发现问题，快速介入处理。为了满足系统运行可靠性要求，系统所采用的服务器、网络设备、存储设备等都采用冗余配置，在单个设备出现故障时，能够及时进行设备切除和应用切换，实现在硬件和软件故障下无感知迁移。为应对严重自然灾害导致的系统级别瘫痪，在异地建立备用系统或并列双活运行 B 系统，实现两地系统互为主备和并列运行，现货 AB 系统通过 AB 系统数据同步服务实现数据双向同步，同步的内容包括电网模型、平台及应用的配置信息、人工操作及业务中间结果信息等。同时 AB 系统也分别通过独立数据传输通道各自与国调（网调）AB 系统及外部系统 AB 系统进行双向交叉的数据交互，保证双活运行的可靠性及可用性。

电力现货市场技术支持系统遵循“安全分区、网络专用、横向隔离、纵向认证”安全防护基本原则，构建隔离缓冲区与交易机构进行数据安全交互，对申报数据等关键业务数据采取加密签名、安全存储与访问控制措施，强化关键业务数据的安全监管、审计监测和抗抵赖性。针对现货市场运行特点，用到的新技术包括：基于恶意代码流量监测与网络安全监测技术实现安全接入监控，基于数据不落地的安全传输技术实现跨区传输服务，基于密码管控技术实现对业务数据的数字证书签名与非对称密码加密传输。

电力现货市场技术支持系统与能量管理系统、电力交易系统等内外部系统存在大量数据交互。电力现货市场技术支持系统在市场出清环节中需要考虑电网及机组物理运行特性，因此，需要从能量管理系统中获取电网物理模型、电网实时运行数据以及系统负荷预测、母线负荷预测、联络线计划、检修计划等数据，同时，现货市场出清结果需要用于物理执行，相关出清结果也会发送给能量管理系统中进行实际调度运行，事后，从能量管理系统中接入电网及机组实际运行数据开展市场运行分析等业务。电力现货市场技术支持系统在整个电力现货市场事前、事中、事后等全过程中都与能量管理系统存在密不可分的联系。电力交易系统在我国主要由电力交易机构负责建设和维护，它主要为开展年度、月度等中长期电力市场提供技术支撑，及负责市场申报发布和市场注册，电力现货市场技术支持系统需要从电力交易系统中获取市场注册信息、中长期交易合同相关信息，用于市场边界条件设定，按照市场信息披露原则向电力交易系统发送市场披露信息，由电力交易系统向市场主体发布，从电力交易系统获取市场主体报价信息。为了保证数据及时、准确的传输至现货市场系统，在现货市场系统中建立多种高效的数据传输机制以实现与不同系统间的数据交互，数据传输方式包括数据库同步、文件交互、数据访问服务等，支撑数据传输格式、传输周期的灵活配合，建立数据传输全过程监视技术，对从数据发送端到数据接收端各个环节进行监视。外部数据质量好坏直接影响了市场出清结果的准确性，针对现货市场各类外部数据特征，建立了可配置的数据校验规则，对所有输入数据进行校验，只有通过数据校验的数据才能进入到市场出清环节。

随着云计算、大数据、人工智能、区块链等新技术发展，电力现货市场技术支持系统与新技术融合进一步推动了系统从体系架构、功能实现、系统运行等方面发生转变。利用云计算平台提供虚拟化资源，实现了传统物理机向可弹性伸缩的虚拟机转变，采用微服务、容器化等技术大大增强了系统扩展性和灵活性。利用大数据存储与处理能力，可以有效支撑大区域市场、大规模用户所产生的海量市场数据的处理与分析，实现千万级发用侧市场主体灵活接入市场。在市场分析、市场力检测、市场预测等领域应用人工智能算法，通过海量数据和人工智能算法相结合，挖掘现货市场复杂运行表象下更本质的运行规律，有效把握市场运行脉络，为开展各类市场分析提供智能化工具，同时，在市场模拟推演中应用人工智能技术模拟市场报价与博弈，为市场规则推演提供更加真实的环境。区块链技术是一种为多方协作构建互信环境的新型技术，利用块链式数据结构来验证与存储数据，利用分布式节点共识算法来生成和更新数据，利用密码学的方式保证数据传输和访问的安全，利用由自动化脚本代码组成的智能合约，来编程和操作数据的一种全新的分布式基础架构与计算方式。区块链分布式存储、防抵赖、可溯源等技术特点与电力现货市场应用需求高度契合，在电力现货市场技术支持系统中申报发布、市场监管、市场结算等领域具有广阔的应用前景，把市场申报发布数据和市场操作日志等关键业务数据进行上链存储，实现数据不可篡改和事后追溯，利用区块链智能合约实现市场自动结算与考核，为调度机构、市场主体、市场监管机构间建立公开、透明、互信、共享的市场环境提供技术支撑。

82. 现货市场为什么需要技术支持系统？主要功能是什么？

电力现货市场建设与运营是一个对运行效率、安全性、自动化水平要求极高且高度复杂的系统工程，大量数据处理、计算、分析无法通过人工在短时间内完成，必须借助技术支持系统自动、高效的计算机程序来完成。

现货市场技术支持系统为现货市场高效、安全、稳定运行提供了全面技术支撑。各类市场主体通过技术支持系统提供的技术手段实现反映市场供需关系的市场双向互动操作，购售电市场主体主要通过系统完成市场报价、市场信息获取，调度机构通过系统完成市场出清、市场管理、市场监视、市场分析等业务。根据现货市场业务流程及市场规则设计，电力现货市场技术支持系统一般包括市场模型与数据管理、市场申报发布管理、可靠性机组组合、日前市场、日内市场、实时市场、辅助服务市场、市场评估分析、市场风险管控、市场模拟推演、市场监管支持、潮流安全分析、数据交换等功能。各功能具体如下：

（1）市场模型与数据管理。包括市场模型管理和市场数据管理两个模块，用于对市场出清计算所需要的市场模型、各类外部数据及市场参数进行集中管理与维护，为后续市场出清计算提供准确、可靠的市场模型和输入数据。市场模型包括发电集团、市场成员、经济机组、联络线、负荷对象等，模型参数包括机组的启动成本、爬坡速率、额度容量、最小出力、机组类型、所属市场成员、所属发电集团、开停机曲线、最小连续开停机时间、最大开停机次数等。市场数据管理对从外部接入的各类数据及市场参数提供查询、新增、修改等操作，提供根据历史实测数据和相似日实测数据复制生成，对数据操作进行日志记录等功能，记录内容包括操作人、操作时间、操作内容、操作机器等信息，支持文件数据导入导出等。市场接入的外部数据包括系统负荷预测、母线负荷预测、设备检修计划、联络线计划、机组可调范围、机组固定出力、新能源功率预测等，市场出清参数一般包括日前、日内、实时市场中所使用的基本参数、潮流安全分析计算参数、优化计算参数等。

（2）申报发布数据管理。申报发布数据管理功能包括申报数据管理、发布信息管理两个模块，管理和审核来自统一电力市场交易平台的发电厂商、大用户、售电公司等市场成员的申报信息，并对相关申报发布数据采用数据加密机制保证数据安全性，按照市场信息披露原则审核需要向统一电力市场交易平台等系统提供的市场发布信息。申报数据管理提供对申报的数据进行查询、审核、校验和解密功能，申报的数据一般包括日前、日内、实时及辅助服务市场报价数据、运行数据、注册数据及默认参数等。发布数据管理对需要向市场主体和外部系统发布的市场信息进行审核，只有审核通过的数据才能正式发布出去，发布数据管理具备各类待发布数据的查询、修改功能，能够记录发布人、发布时间等日志信息，支持对发布数据的加密操作。

（3）可靠性机组组合。主要是机组组合优化模块，考虑电网安全、机组运行、系统平衡等约束条件，通过 SCUC 计算得到机组组合计划。滚动决策未来 7 天或多天的因电网安全或机组运行需要提前确定的机组组合计划，考虑 96 个时段以内的机组组合，在市场出清后根据电网安全运行需要形成满足电网安全运行要求的机组组合。

（4）日前市场。日前市场包括中长期合同分解、日前市场出清两个模块。运行日前一天（$D-1$ 日）进行的决定运行日（D 日）机组组合状态、机组出力计划、机组中标价格、中标负荷及负荷中标价格的电能量市场，以安全约束机组组合（SCUC）及安全约束经济调度（SCED）进行优化出清。中长期合同分解用于根据分解规则把中长期交易电量、优发优购电量分解成交易电力曲线。日前市场出清根据市场主体的日前市场申报数据，以长周期机组组合状态、负荷预测、联络线计划等作为市场边界，考虑电网安全约束、机组运行约束、系统约束及其他可行性约束条件，每天分为若干个交易时段（如 24 或 96 个时段），以社会福利最大化（或购电费用最小）等为目标函数进行优化，集中优化出清次日组合计划、机组出力计划及用户中标负荷，并形成机组与用户市场出清电价。

（5）日内市场。主要是日内市场出清模块，支撑形成日内市场调度计划和可快速启停机组开停机决策，每 15min 滚动计算未来 30min 至未来多小时的快速启停机组启停计划、机组出力计划及价格，滚动频率及时间尺度可根据不同地区市场出清计算频率要求进行灵活设定。

（6）实时市场。实时市场用于根据最新电网运行状态以购电费用最小为目标优化出清下一时段的机组发电计划及中标价格，保证电网实时发用电平衡，主要包括实时市场出清和实时平衡调度两个环节。实时市场出清根据电网当前运行状态、最新系统负荷预测和实时市场报价（可采用日前封存报价），在日前与日内滚动机组组合基础上，采用 SCED，每 5min（或 15min）滚动计算未来 5min（或 15min）至 2h 的机组出力计划及价格。滚动频率及时间尺度可根据不同地区市场出清计算要求进行灵活设定。实时平衡调度在实时市场出清流程结束后至实时执行前，根据电网及机组实时运行状态，对实时市场生成的机组出力计划进行快速干预调整，确保最终发电计划更加符合当前电网实际安全、稳定运行要求，实时调度计划结果直接送 AGC 进行控制执行。

（7）辅助服务市场。辅助服务市场是指基于市场竞价下的辅助服务产品市场化交易，辅助服务交易品种包括调频、备用。辅助服务市场功能包括调频辅助服务市场、备用辅助服务市场及辅助服务市场的出清计算和收益（分摊）计算等业务模块。

（8）市场评估分析。市场评估分析基于电力现货市场运营、电网运行、市场注册、市场成员行为记录等数据，从市场供需、市场报价、市场集中度、市场交易结果、市场行为等多方面及调度机构和市场成员等多对象对市场进行分析，通过量化指标评估电力现货市场运行状态。包括市场供需评估分析、市场报价评估分析、市场集中度评估分析、市场结果评估分析、市场行为评估分析等模块。

（9）市场风险管控。市场风险管控实时监视市场运行状态，对市场各类运行风险进行识别，评估风险对社会经济生活可能造成的损害程度并进行告警提示，同时根据告警级别选择有效的管控手段，有计划有目的地管控风险，保障市场平稳、健康运行。包括风险参数设置、风险识别、风险告警、风险管控等模块。

（10）市场模拟推演。市场模拟推演功能用于市场运营模拟与评估、运营技术验证、市场运营人员培训等，主要基于现有的出清模型和算法，对市场模型、市场参数、市场运行边界、约束条件等数据进行调整或从外部导入历史算例，开展电能量、辅助服务等市场的模拟出清、结果分析，评估不同市场环境下市场运营效率和运营风险。包括市场出清推演、市场报价推演、历史出清反演、推演结果分析、推演数据管理与生成等模块。

（11）市场监管支持。市场监管支持功能为调度机构内部监管提供技术支持，根据有关法律、法规和规章对市场主体、电网运营企业、调度机构及其市场行为进行监督和管理，以实现电力市场竞争的合理、有序、公正、公平和公开。包括市场数据查询与监测、市场力判定、市场运行绩效评价指标监管、信息发布监管等模块。

（12）潮流安全分析。潮流安全分析利用电网模型、检修计划及市场出清的发电计划等信息形成计划断面潮流，基于计划断面进行基态潮流分析，当出现网络设备越限时，由市场出清算法根据越限设备及其灵敏度信息对出清结果进行调整直至无设备越限，确保出清结果满足物理可行性要求。包括计划拓扑生成与分析、基态潮流分析、基于预想故障集的 $N-1$ 分析、灵敏度分析等模块。

（13）数据交换。数据交换是为现货市场技术支持系统与其他各业务系统间进行数据交换、提供服务的通用数据枢纽。现货市场技术支持系统与统一电力市场交易平台、结算系统等其他业务系统间只需通过数据交换应用就可以获取交换数据，而不需要各自分别去建立专用连接通道。源数据端负责数据发送信息注册、数据组织，目标数据端负责数据接收注册、解析存储。主要包括基础配置、任务控制、状态监视、数据输入、数据输出等模块。

83. 电力现货市场技术支持系统建设遵循的主要原则是什么？

电力现货市场技术支持系统在设计、研发时需要遵循一定的设计原则，以此来保证系统体系架构、技术路线及实现功能符合最初设计理念，支撑电力现货市场公平、公正、公开和电网安全、稳定、优质、经济运行。这些设计原则充分考虑 IT 技术及电力现货市场运营特征，具有一定普适性、先进性、灵活性，技术支持系统建设通常遵循以下基本原则：

（1）标准化原则。符合国家电力市场改革及电力系统相关政策要求及技术支持系统功能规范要求。以中发 9 号文及其配套文件为根本出发点，符合“四个革命、一个合作”能源战略思想，满足国家能源局《电力市场运营系统现货交易和现货结算功能指南（试行）》（发改办能源〔2018〕1518 号）、国家电网公司企业标准《省级电力现货市场子系统技术规范》等相关文件要求。充分支持国际、国家和南方电网公司先进技术标准，支持 IEC 61970、IEC 61850、IEC 61968、IEC 62351 等系列最新国际标准。

（2）一体化原则。遵循现货系统一体化设计和建设的要求，采用统一的基础支撑平台和体系架构，全方位覆盖电力现货市场运营的各项业务需求，全过程支持电力现货市场注册、申报、出清、结算、发布和分析的一体化管控，全方位支持日前、日内、实时电能量与辅助服务市场运营，全面协调现货市场运营业务和信息的横向协同与纵向贯通。系统设计充分考虑已建成业务系统的业务特点和相互之间的内在联系，做到系统功能模块化和接口标准化，系统具有更好的开放性、灵活性、可扩性和友好性，实现共享。支撑平台融合智能电网调控系统统一支撑平台和电力市场交易平台的先进技术和研发经验，采用 SOA 面向服务架构技术、组件技术、分布式存储和处理技术、信息展示技术、安全技术和软件开发等成熟先进 IT 技术，构建标准统一、安全可靠、高度开放、组件重用、易于集成和好用易用的开放软件平台，可以全面支撑系统设计、开发、测试、部署和运维的全过程。可支撑包括市场出清、日前、日内和实时经济调度、安全校核和市场推演仿真等涉及物理电网运行的电力现货市场核心功能，实现与调度自动化系统数据、模型的共享与融合。

（3）先进性原则。采用先进的微内核和面向服务（SOA）的架构，微内核集成框架作为平台架构的底层，支持通信服务、公共服务、构件容器和业务引擎等以构件的方式部署在集成框架上，同时构建一个一体化的管理框架来对集成到集成框架上的构件进行统一的管理。快速适应电力市场业务模式与规则不断变化要求。系统软件功能设计充分吸收借鉴国内外电力现货市场和智能调度等相关领域的先进技术和最新研究成果，采用 SOA 面向服务架构技术、组件技术、分布式存储和处理技术、信息展示技术、安全技术等成熟先进 IT 技术，通过关键硬件设备及软件采用冗余配置、集群、虚拟化、容灾备用等技术手段，消除单点故障，构建标准统一、安全可靠、高度开放、组件重用、易于集成和好用易用的电力现货市场技术支撑软件，采用一体化的市场模型管理和通用的人机展示界面等国际前沿技术，提供丰富的图形展示方式和灵活的交互能力，以实现业务信息的生动表达，满足电力市场不同业务应用对界面展示的需求，方便不同市场成员快速、方便接入电力市场系统、参与市场交易。

（4）模块化原则。满足业务功能模块化建设和“即插即用”的要求。应提供相对独立的标准化、开放式计算机基础设施和支撑平台，支持各类应用功能以模块化的方式纳入现货系统，支持各类外部系统或数据以标准化的方式接入现货系统，支持各模块在统一平台上协同运作。

（5）安全性原则，在安全性方面，通过采用安全加密信道及身份认证、网络边界防护、隔离装置等安全措施，为业务提供数据源认证、数据加密、数据完整性验证等多种安全功能，有效抵抗窃取网络信息、篡改网络数据、网络重放攻击，确保数据的安全性或通过网络诱骗防止内部网络信息等攻击。构建事前防护、事中监测、事后恢复全过程安全防控及恢复体系，确保平台满足信息系统安全等级保护及电力二次系统安全防护相关标准、规范的要求。平台在运行过程中不影响电力系统的安全性，不会因系统本身的故障或错误导致电网安全事故。

（6）智能化原则。促进市场运营与电网运行业务的灵活互动，进一步提高电网运行调度和控制的效率。充分应用最新的计算机技术，提升市场运营大数据分析与智能决策能力，全面提升市场运营的社会综合效益。综合利用包括 EMS、中长期交易系统等信息系统资源结合先进的可视化和全景可视化界面手段，为电力现货市场交易、安全校核、经济调度提供全面的决策支持，从保证电网安全性、电力交易的合理性、公平性。

（7）可靠性原则。系统架构充分考虑可靠性要求，通过关键硬件设备及软件采用冗余配置、集群、虚拟化、容灾备用等技术手段，消除单点故障，确保不因部分软硬件故障而影响系统功能的正常运行。系统架构设计和技术实现能够保证数据和交易的完整，在系统偶然故障造成数据丢失或交易中断时，能够保证数据的一致性。并有人工补救措施。

（8）易用性原则。采用基于当前最新 IT 技术研发的人机界面，提供方便易用的操作、维护和管理的可视化界面，系统功能组织合理、界面美观易懂、操作方便快捷。使用人员无需经过复杂的培训即可掌握并使用此系统。

（9）可维护原则。具备系统自检、性能预警、事件告警、故障诊断等功能，可对系统软硬件设备进行全面的监测，提供系统运营状态实时监视信息，并具备统一的管控界面，方便管理人员及时发现并排除系统隐患及故障。

（10）开放性原则。应具备开放的体系，支持业务规模的平滑扩充与可持续发展，支持各类市场主体在统一的平台上安全、高效地开展业务及拓展功能。

为实现上述系统设计目标及原则，系统建设总体思路是：

（1）充分发挥电力调度、交易机构现有调度控制数据网、通信、安全防护、数据采集和市场主体与电力交易、调度机构间沟通等设施的作用，适当扩展电力现货市场环境下需要新增相应设施，包括服务器、安全设施、时钟同步服务器等。

（2）充分吸收相关系统建设经验。我国已经建立了国际领先的调度自动化系统，长期支撑我国交直流混联大电网的安全稳定运行，具有丰富系统建设和运行经验，而现货市场系统与调度自动化系统中传统的调度计划应用一脉相承，在基础平台和部分关键技术上可以充分借鉴、吸收调度自动化系统的技术成果和先进经验，由于调度自动化系统与现货市场系统存在紧密的数据共享与业务协调运行要求，两个系统采用相同的技术架构和实现技术可以有效支撑两者高效运行与业务协同。除调度自动化系统外，我国已经建立了相对成熟的中长期电力市场及其技术支持系统，中长期市场除与现货市场在市场运行周期、出清算法等方面存在差异外，在数据加密、安全防护、申报发布、市场结算、市场分析等技术上与现货市场具有相似之处。

（3）加强市场运营所需的业务安全可靠运行的保障措施。保障措施主要从三方面开展：① 建立市场业务数据管理体系；② 以通信和计算机技术为支撑，提升数据质量和处理能力，保证市场环境下数据的完整性、准确性、可靠性、及时性和一致性；③ 借鉴国外和其他行业的先进经验，完善系统架构的主、备模式，从系统安全、数据安全、业务安全和接入安全等方面的开展工作，全面提升技术支撑系统的安全性。

（4）重点突破关键技术问题。研究以节点电价计算、阻塞管理、安全约束机组组合（SCUC）和安全约束经济调度（SCED）为核心的电力现货市场优化出清软件，实现日前、实时电能量市场优化出清、辅助服务市场交易出清及电能量市场与辅助服务市场的联合优化出清，为电网安全运行和电力现货市场健康运营提供坚实技术保障。研究制定市场环境下调度业务流程和异常处理规则，提高技术支撑功能中业务操作的规范性和安全性；根据市场运行需求，完善历史数据存储类型、存储范围和存储周期管理以及历史数据备份管理，以保障系统的可靠性和数据的安全性。

84. 为什么需要对技术支持系统进行第三方检验?

电力现货市场技术支持系统第三方检验指由电力现货市场技术支持系统建设单位之外的第三方，对电力现货市场技术支持系统的市场出清功能进行第三方标准算例校核，以确保电力现货市场技术支持系统市场出清功能与现货市场规则一致性以及结果正确性。

第三方检验针对市场出清功能中出清模型正确性、时效性及实用性评估通常可以分为标准算例校核及实际系统算例校核两部分。根据电力现货市场交易规则和市场出清模型特性，构建标准简单算例，验证现货市场出清模型的正确性；在此基础上，可进一步构建标准复杂算例、实际系统算例，对现货市场出清模型的时效性和实用性进行验证。

（1）标准算例校核。

标准算例校核方案主要从正确性、计算效率和实用性等角度对现货市场出清模型进行验证与评估，分别构建标准简单算例、标准复杂算例两个场景对出清模型进行评估。

标准简单算例是指权威机构已公开的电网模型算例，基于该算例进行时间尺度扩展形成标准简单算例验证场景，主要目的是验证出清模型算法的正确性，包括无网络约束和考虑网络约束两个子场景，并为每个子场景设计多个算例，根据电力现货市场交易规则，对市场出清模型考虑的约束条件、控制参数等进行详细测试，验证模型的正确性。

标准复杂算例是指已公开的多节点模型算例（大于 1000 节点），基于该算例进行时间尺度扩展形成标准复杂算例验证场景，主要目的是验证出清模型算法的计算效率。包括无网络约束和考虑网络约束两个子场景，并为每个子场景设计多个算例，包括改变收敛 GAP、加重网络阻塞等，测试不同计算场景对出清模型计算效率的影响。

（2）实际系统算例校核。

实际系统算例校核是指采用实际电力现货市场技术支持系统算例数据，构建实际算例验证场景，校核的目的是验证出清模型的实用性以及模型与规则的一致性，主要测试各功能模块是否在规则体系要求的约束下得到优化结果，以及在不同假设场景下的优化结果与市场规则是否符合，当计算条件改变时优化结果是否满足规则的调整逻辑。实际系统算例校核涉及边界数据多，对数据质量要求也较高。

电力现货市场技术支持系统是保障现货市场安全、稳定、健康运行的重要技术支撑。国家发展改革委、能源局《关于深化电力现货市场建设试点工作的意见》（发改办能源规〔2019〕828 号）文件中，首次提出在电力现货市场技术支持系统投入试运行前，应由电力现货市场建设地区第一责任单位会同有关部门组织开展对电力现货市场技术支持系统市场出清软件的第三方标准算例校核；通过第三方检验，确保电力现货市场技术支持系统市场出清功能与现货市场规则一致且结果正确，同时满足出清时效性及实用性的要求。

85. 电力现货市场对发电厂商、售电公司和电力用户提出了哪些技术要求？

当前我国新一轮电力市场改革正在全面深入开展，本轮改革一项重要内容就是电力现货市场建设。通过电力现货市场精准形成反映不同时间、不同地点上供电成本的价格信号，通过价格信号来引导发用电行为、优化源网荷投资布局及促进清洁能源消纳。

在电力市场中，电能作为买卖双方交易的商品，其商品的价值规律是由商品价值的货币表现形式——系统边际电价来体现的。对电力系统而言，边际电价预测可以引导用户的用电行为，减小系统峰谷差，增加系统运行的安全可靠性。对发电厂商而言，边际电价是它的产品销售价格，其利润取决于成功的报价策略。

对于发电厂商来说，现货市场给发电厂商的生产经营带来革命性的变化。现货市场使得发电机组的发电时间、发电出力、启停机全部取决于日前和实时市场的出清结果。与传统运营模式相比，机组运行方式的可预测性、计划性均发生变化。

对于售电公司来说，其在现货市场中将面临更大的不确定性，其最大的风险来自现货市场的价格波动。对于一般用户来讲，其对现货市场的价格并不敏感，又因为计量表计、信息传递等技术因素的限制，无法对现货市场价格做出及时响应，对用户来说，更愿意与售电公司签订风险较小的购电合同。那么，现货市场的风险便转嫁到了售电公司的头上。因此，售电公司必须通过现货价格预测、负荷预测等手段，对参与中长期市场、现货市场以及金融市场的策略进行组合优化，实现自身利益的最大化。现货市场对售电公司的技术手段提出了更高的要求。

电力现货市场交易开启后，对发电侧、售电侧及电力用户等各类市场主体都产生了较大影响。电力现货市场技术支持系统建设对发电厂商、售电公司和电力用户提出了技术要求。

（1）市场规则方面。

作为发电厂商、售电公司及电力用户等市场成员，需要熟练掌握电力现货市场的运营规则，了解市场准入注册、市场申报、信息发布、市场出清、市场结算等市场流程及业务规则，包括但不限于：

1）市场注册、变更、退出及信用管理等内容。

2）中长期电能量市场、日前与实时电能量市场、调频备用等辅助服务市场在内的各类交易品种的组织方式和具体流程。

3）电力批发、零售市场结算的原则、公式和流程规定。

4）市场信息披露的具体内容、范围、对象和时限。

5）电力现货市场环境下电力系统调度运行的管理要求等。

（2）电力现货市场技术支持系统使用方面。

发电厂商、售电公司及电力用户通过电力现货市场技术支持系统的申报发布模块参与市场，获取市场发布信息、提交市场量价申报以及技术参数信息。发电厂商、售电公司及电力用户需要按照电力现货市场要求配置电力现货市场专用工作站，具备与电力现货市场技术支持系统连接的网络条件；市场交易人员需熟练掌握技术支持系统的操作使用方法，了解市场申报时间节点及申报规则、信息披露内容及披露时间等。

（3）发用电预测能力方面。

售电公司、电力用户参与现货交易的第一个门槛就是用电负荷预测能力。现货交易需要售电公司、电力用户申报未来一天用户的用电需求计划曲线，历史用电数据的缺失与预测能力缺乏将造成售电公司、电力用户的申报策略制定难度大大增加，偏差考核风险也增大。特别是每个小时、半小时、15min 甚至 5min 的量价申报，对售电公司、电力用户的负荷预测能力提出了更高的要求，体现在：

1）预测频度高，每个交易窗口都要开展负荷预测。

2）预测工作量大，预测要精确到市场交易时段 15min 级别。

3）精度要求高，由于现货价格波动大，且有时候会出现极值，小偏差可能会导致大损失。

因此需要售电公司、电力用户建立准确的 15min 级用电负荷预测机制（精确到节点或用户群），并且需要在所有的交易窗口开展。

对发电厂商来说，提高发电边际成本预测能力，预测应更精准、实时，以支撑现货交易中的报价策略。在大用户直购电、中长期交易中已基本锁定电厂的基数发电小时数，所以电厂在考虑边际成本的情况下抢夺增量发电市场，尽可能高负荷发电。

（4）交易策略。

以现货试点区域为例，发电厂商参与市场交易的形式按时间尺度可分为中长期交易和现货交易。中长期市场以年、季、月、周为周期开展交易，交易方式包括双协、竞价、挂牌、发电权转让等多种类型。现货市场则以日前、日内、实时为周期开展交易，按标的物分为电能交易及辅助服务交易。在现有的交易机制下，发电厂商的收益将由中长期合约收益、现货电能量交易收益及辅助服务收益三部分组成。因此，发电厂商的交易策略需平衡三种交易的量、价组合，寻找最优策略实现收益最大化。

从短期角度看，准确地预测次日市场出清电价，将有助于发电厂商掌握市场先机，构造最优的电量、电价投标策略，以获取最大利润。从长远角度看，通过中长期边际电价预测，发电方可初步了解未来一段时期内的电价变化趋势，制定长期发电规划，确定长期竞价电量和合约电量的分配比例，把企业自身参与市场竞争的风险降到最小，从而规避市场风险。因此，发电方的报价策略形成的基础是准确地把握短期市场的走向，而把握市场的关键是对边际电价的准确预测。

对于售电公司和电力用户来说，在报量报价模式下，在市场报价中，需要按照每小时、每半小时甚至每 15min 进行报价和调配电量并实时调整策略，这要求有快速的反应能力以利用不同时间段的价格偏差进行预判，获得最优报价。

（5）营销策略。

现货市场对用户侧的需求响应有很大的需求，需求侧响应市场空间进一步扩大，客户管理对用户管理精益化程度高的售电公司将带来利好影响。对用户的用电情况，同用户签订合同中，需要更精确的时间区段，甚至会约定每日每小时的价格和电量。合同的套餐和模式会有更多的种类出来，会对售电公司的营销策略有很大影响。同时，市场价格波动的增大，如何进行风险控制也将对售电公司未来的营销策略、运营方式带来不小的影响。售电公司应提升售电套餐设计能力，及时掌握市场信息和用户用能需求和特性，根据消费者的使用习惯设计最具竞争力、最能满足用户需求的最优方案。

对发电厂商来说，非市场模式下发电厂商一般根据市场供需、检修计划进行电量申报，执行政府和调度机构制定的行政性发电计划指令。现货市场开启后，电厂应进一步提升机组技术水平，通过技术改造，改善 AGC 性能，缩短响应时间；同时优化机组运行策略，以提高主动参与调频、调峰等辅助服务的能力；新能源发电厂商应利用现货市场机遇，优化风光互补运行策略，促进新能源消纳。

86. 技术支持系统故障时如何保障电力现货市场运行？电力现货市场技术支持系统为何需要备用系统？没有备用系统的后果是什么？

电力现货市场技术支持系统是电力现货市场安全、稳定运行的重要技术支撑。为了满足系统运行可靠性要求，系统所采用的服务器、网络设备、存储设备等都采用冗余配置，在单个设备出现故障时，能够及时进行设备切除和应用切换，实现在硬件和软件故障下的无感知迁移；同时通过配备高度智能化的运行监视和告警功能，对系统各类软硬件运行异常或故障状态及时进行动图、声音等方式的告警提示，方便系统运维人员全面掌控系统运行情况，及时发现问题，快速介入处理。

当出现严重自然灾害导致的系统级别瘫痪时，冗余配置、设备及应用的无感切换无法保障系统正常运行，电力现货市场技术支持系统需要在异地建立备用系统或并列双活运行 B 系统，实现两地系统互为主备和并列运行，保障现货市场稳定可靠运行。

电力现货市场技术支持系统备用系统的建设有以下几种模式：

（1）主备模式。备用系统具备独立场所和必要的现货市场功能，但日常无人员值守，不参与实际市场运行，应急情况下启用，开展市场运营工作。

（2）双活模式。备用系统具备独立场所和与主用一致的现货市场功能，两者同步运行，各自承担部分现货市场运行业务，备用系统运行值班人员配置与主用系统基本相同，实现系统、市场业务的实时备用。

电力现货市场技术支持系统备用系统实现：

（1）A、B 系统通过统一数据同步确保一致，综合考虑系统可用性和一致性需求，采用最终一致性策略保证 A、B 系统的数据一致性。

（2）A、B 系统数据同步充分考虑实时性要求，模型维护、人工操作等需要秒级同步，采样数据等可分钟级同步等。

（3）基于现有的各类专业管理界面，充分考虑系统的可维护性和易维护性，例如通过在主从模式下主模式维护，向从模式同步进行共享，降低整体维护工作量，并为数据一致性提供保障。

（4）调度应急体系要求提供的服务连续不中断，技术设计方案按照其可用性需达到“容错级”，需使用数据多副本容错、计算节点同构可互换等措施来保障服务的高可靠性。

（5）充分运用成熟、先进的技术，确保备用系统具有较强的生命力和长期使用价值。

备用系统在应急时刻切主运行的前提是数据与主用系统的一致性，同步数据包括：

（1）图模及配置参数。模型数据同步分为主从一致性提交和主从异步复制模式。一致性提交由模型服务程序分别向主从模式的数据库写入数据，主从模式都提交成功则本次模型操作正式提交成功，否则通过模型回退主从模式恢复到操作前状态，通过强一致性技术保证主从模型数据的实时一致性；主从异步复制模式通过商用库同步将模型数据复制到从系统数据库，保证主从模式模型数据的最终一致性。

（2）实时数据。实时数据阶段同步提供了业务长处理流程中间结果同步的能力。应用触发的数据同步手段，应用通过接口触发对指定数据集的同步，能够实时的完成数据从一个站点实时库到另一个站点实时库的同步。阶段同步支持表级、字段级和记录级的同步粒度。阶段数据同步需要从应用的运行站点向备用站点同步，因此只具备单向同步，相同的表不考虑双向同步。阶段数据同步支持断点续传功能，可以选择具备断点续传的同步策略。

（3）人工操作。人工操作数据同步技术通过系统间消息代理转发技术实现了同城双活系统或异地双活系统的用户操作信息自动同步。同城双活系统通过负载均衡策略确定主从地位，操作消息发送至主机系统 SCADA 应用，通过消息代理分别同步至备用系统，以确定操作数据在两地节点保持同步。接收到同步消息后备用系统与主用系统完成相同的操作步骤，将信息写入本地实时数据库。对于同城双活模式，在备用系统中需要增加写库权限判断，确定商用库数据的一致性，避免数据重复写入。

（4）数据一致性校验。数据比较功能包括实时库，关系库，模型（关系库）和文件数据比较，具备定时和手动方式两种方式，目前数据比较功能不考虑自动修复。自动比较发现不同步的，比较程序生成告警；手动比较发现不同步的，比较程序生成报告。原则上，自动比较侧重效率，尽量比较关键性指标，降低对系统运行的影响。手动比较侧重详细结果，能够生成较详细的测试报告，能够指导数据同步恢复。

随着电力现货市场的运营开展，电力现货市场技术支持系统运营出现故障所带来的业务影响范围会迅速扩大，因此对系统连续运行、业务系统和市场数据的高可用性和系统抵御突发性灾难的能力提出了更高要求，电力现货市场技术支持系统建设备用系统的目的在于：

（1）确保系统在应用或硬件故障时能正常运行，保障电网运行安全和出清结果的完整性。

（2）重要业务数据在系统重大故障或机房网络故障以及地震、火灾等不可抗物理灾难发生时能够得以有效保护；重要业务能在设定时间内恢复，实现业务的连续运行。

（3）业务系统增强抵御突发问题的能力，进一步提升市场在用户中的信心，提升系统持续服务能力和资源利用效率，避免引起外部对系统稳定、安全运行的质疑，提高系统应用可靠性和数据安全性。

电力现货市场如果没有建设备用系统，在技术支持系统故障、机房网络故障以及地震、火灾等不可抗物理灾难发生时，可能导致电力现货市场运营暂停，严重时可能导致市场短时中止甚至长时间退出市场的情况发生；同时如果出现数据存储损害等情况时，可能导致市场运营数据丢失等情况，后果不堪设想。

87. 电力现货市场技术支持系统需要与哪些系统进行数据交互及其交互技术？电力现货技术支持系统和能量管理系统是何关系？

电力现货市场技术支持系统为支撑多周期多品种电力现货交易全过程业务，需要从相关内外部系统接入电网物理模型、运行方式、市场边界等数据，并将市场出清结果发布给相关系统。与之存在数据交互的调度自动化内部系统主要包括 EMS（能量管理系统）、OMS（调度运行管理系统）等，相关外部系统主要包括市场交易系统、结算系统、电能量计量系统、营销系统等。

电力现货市场技术支持系统从 EMS 获取电网模型方式、网络约束、设备断面实时及历史量测、计划预测边界等数据，一般包括电网物理模型、状态估计方式断面、AGC（自动发电控制）机组控制信息、SCADA（数据采集与监视控制）机组及断面实时运行和历史量测数据、稳定断面定义及控制信息、关键输电线关口断面稳定限额、新能源预测信息、系统负荷预测、母线负荷预测、联络线计划等，这些数据将用于市场主体与电网物理模型关联关系及计划市场未来态安全校核断面的构建。电力现货市场技术支持系统将日前市场出清结果、日内市场出清结果、实时市场出清结果、辅助服务市场出清结果发布到 EMS，EMS 将通过 AGC、SCADA 等应用功能实现各类市场出清结果的物理执行。

电力现货市场技术支持系统从 OMS 获取发输变电设备检修计划、投退役计划等数据，一般包括机组检修单、输变电设备检修单、设备投运、设备退役信息等，用于构建计划市场未来态安全校核断面。

电力现货市场技术支持系统从市场交易平台获取市场主体注册信息、报价信息等数据，一般包括发电厂商信息、售电商信息、电力用户信息、机组启停报价、电能报价、机组最早并网时间、机组日最大发电量等信息，并向市场交易平台输出电能量及辅助服务交易结果、电网实际运行数据等信息，一般包括电能和调峰调频等辅助服务市场的出清结果、节点边际电价、实际执行结果、偏差结算信息、机组实际出力、联络线实际功率、系统负荷实测等，这些数据由市场交易平台开放给市场主体和监管机构，用于市场运行信息披露。

电力现货市场技术支持系统将日前市场出清结果、日内市场出清结果、实时市场出清结果、辅助服务市场出清结果发布发送到电力市场交易结算系统，用于市场交易结算。

电力现货市场技术支持系统从电能量计量系统获取机组实际发生电量数据，用于市场行为分析和结算分析。

电力现货市场技术支持系统将重要且及时性要求较高的市场发布信息发送给营销系统各市场成员，用于市场信息披露。

电力现货市场技术支持系统与上述系统的数据交互内容、交互机制各不相同，其数据交互技术需要同时满足安全、质量、效率等要求，一般包括数据交换方式、数据质量校验、数据质量分析等方面。

数据交换方式方面，电力现货市场技术支持系统一般采用同步服务调用、异步可信文件传输等方式进行数据交换。同步服务调用是指由数据提供方按照服务总线访问规范对外提供服务调用接口，数据获取方通过调用数据服务访问接口来获取数据。服务调用提供了透明的数据同步访问机制，数据获取方无需了解数据提供方的数据来源、存放位置、存储结构等信息。异步可信文件传输主要是指数据按照双方事先制定统一的数据文件规范进行交互。数据发送方生成数据文件并发送到数据接收方系统指定目录下，数据接收方读取数据文件、解析入库，数据接收方完成数据接收后，向数据发送端发送数据已经接收的确认消息，数据发送方等待获取到接收方的反馈确认消息后完成整个文件传输流程，如果在规定的时间内没有收到接收方的确认消息，则发送端进行相关告警，保存发送时间、地址、文件内容等信息，并可根据设定的重发机制定时再次发送之前发送失败的文件。对报价数据文件、出清结果等保密数据采用高强度的加密算法进行文件加密，并采用专用数据发送和接收目录，同时，对目录采用加密、隐藏等方式确保加密文件内容不被非法获取。

数据质量校验方面，电力现货市场技术支持系统通过分析各类外部接入数据的特点，建立可扩展的数据校验规则库并基于该规则库实现数据校验功能。为每类从外部接入的数据配置相应的数据校验规则，判断数据是否满足质量要求，由数据校验功能根据设置的数据校验规则对数据进行校验，确保只有通过数据校验的数据才能进入到现货市场系统数据库中。

数据接入质量分析方面，电力现货市场技术支持系统在离线状态下利用数据挖掘技术从数据校验详细日志中发现隐藏的数据相互之间的影响关系，得到不同质量水平的数据出现的系统、时间、次数、类型的分布信息，并通过图表方式展示出各个系统数据传输质量情况，便于外部系统在后续的数据发送过程中调整数据源及策略。数据质量分析是整个数据交换系统最后一个环节，实现了数据交换的闭环流程。数据质量分析采用了异常分析、分类分析等数据挖掘手段对生成的数据校验日志进行多角度挖掘，从时间段、系统、数据类型等多种维度下分析数据质量趋势。数据校验日志及数据质量信息通过基于服务调用的数据结果服务对外提供调用接口，数据上报端系统通过部署在本地系统中的数据质量查询客户端调用数据结果服务获取数据发送结果信息。

至于电力现货市场技术支持系统与能量管理系统的关系，两者业务定位不同，但在数据、流程等业务交互上又存在紧密联系。

业务定位方面，电力现货市场技术支持系统为电力现货市场运营提供全过程、全业务技术支持，为多周期多品种现货市场交易提供稳定、易用、高效的基础运行环境，侧重于现货市场交易。而 EMS 是现代电网调度自动化系统总称，包括数据采集与监视、自动发电控制与计划、网络应用分析等功能，侧重于电网运行控制。

业务交互方面，电力现货市场技术支持系统需要利用 EMS 提供的电网模型、运行方式、实时和历史量测数据、计划预测边界等信息进行市场出清与安全校核计算；同时，电力现货市场技术支持系统输出的各类电能量及辅助服务市场出清结果最后需要通过 EMS 转换为一系列遥控、遥调调度指令来执行，并接收来自 EMS 的电网运行信息进行市场运行评估与分析。电力现货市场技术支持系统的建设和可靠运行也对能量管理系统提出更高要求，如在电力市场环境下，EMS 中 AGC 应用要充分考虑控制机组对市场边际电价的影响、投入辅助服务后的经济补偿等因素，短期和超短期系统负荷预测精度要进一步提升等。

因此，电力现货市场技术支持系统与能量管理系统相对独立但又紧密相连，电力现货市场技术支持系统为 EMS 运行提供最经济的市场化出清结果，指导发电厂商安排生产，EMS 为电力现货市场技术支持系统提供电力市场运行的物理系统基础，是电力市场交易组织和执行的前提。在系统规划和建设时两者应统筹兼顾，系统间数据交互与业务应用实现无缝连接，最大化发挥两个系统的合力，才能实现市场化环境下电力系统的安全、经济、高效运行。

88. 电力现货市场技术支持系统需要哪些安全防护措施？

电力现货市场技术支持系统的安全防护应依据《中华人民共和国网络安全法》《中华人民共和国电子签名法》《电力监控系统安全防护规定》（国家发展改革委 2014 年第 14 号令）和《电力监控系统安全防护方案》（国能安全〔2015〕36 号）等法律法规和相关文件要求，采用高强度、全方位安全防护技术，严格按照相关要求保障系统的安全、可靠和稳定运行。系统安全防护应至少满足国家信息系统安全等级保护三级的基本要求。

系统安全防护的总体原则为“安全分区、网络专用、横向隔离、纵向认证”。加强边界防护和内部的物理、网络、主机、应用和数据安全，强化系统的监测预警，加强制度、机构、人员、研发、建设、运维的管理，提高系统整体安全防护能力，保证系统及现货市场交易数据的安全。所有密码基础设施，应符合国家有关规定，并通过国家有关机构的检测认证。

具体来看，系统安全防护一般包括运行环境、边界防护、本体安全、数据安全、运维安全和检测预警等方面的措施。

（1）运行环境方面。

系统安全防护的运行环境方面应包括但不限于：

1）系统机房应选择在具有防震、防风和防雨等能力的建筑内，应采取有效防水、防潮、防火、防静电、防雷击、防盗窃、防破坏措施。

2）在机房供电线路上配置稳压器和过电压防护设备，设置冗余或并行的电力电缆线路为计算机系统供电，应建立备用供电系统，提供短期的备用电力供应，至少满足设备在断电情况下的正常运行要求。

3）机房配置电子门禁系统及具备存储功能的视频、环境监控系统以加强物理访问控制。

4）系统机房对现货市场系统的相关服务器、交换机等采用相对独立区域进行安装、放置，采用必要的物理防护措施来限制人员对机器设备的接触。

（2）边界防护方面。

系统安全防护的边界防护方面一般包括边界安全、分区安全、网络专用、横向隔离、纵向认证、隔离缓冲区等。

1）边界安全是电力监控系统网络安全防护体系的基础框架，也是所有其他安全防护措施的重要基础，应包括但不限于：

a. 安全Ⅱ区现货市场系统与安全Ⅰ区调度自动化系统其他应用的边界应部署硬件防火墙等逻辑隔离设施。

b. 安全Ⅱ区现货市场系统与安全Ⅱ区调度自动化系统的边界应部署硬件防火墙等逻辑隔离设施。

c. 安全Ⅱ区现货市场系统与电力调度数据网的边界应部署纵向加密认证装置。

d. 安全Ⅱ区现货市场系统与管理信息大区的边界应部署电力专用横向单向隔离装置。

e. 安全Ⅱ区现货市场系统与隔离缓冲区的边界应部署独立的电力专用横向单向隔离装置。

f. 安全Ⅲ区现货市场系统与安全Ⅲ区调度自动化系统的边界应部署硬件防火墙等逻辑隔离设施。

g. 安全Ⅲ区现货市场系统与电力企业数据网的边界应部署硬件防火墙等逻辑隔离设施。

h. 安全Ⅲ区现货市场系统与信息内网统一电力市场交易平台的边界应部署硬件防火墙等逻辑隔离设施。

i. 隔离缓冲区与信息内网统一电力市场交易平台的边界应部署硬件防火墙等逻辑隔离设施。

j. 信息外网现货市场系统与信息内网的边界应部署信息安全网络隔离装置设施。

k. 信息外网现货市场系统与互联网的边界应部署硬件防火墙等逻辑隔离设施。

2）分区安全方面，遵照《电力监控系统安全防护规定》（国家发展改革委 2014 年第 14 号令）和《电力监控系统安全防护方案》（国能安全〔2015〕36 号）规定，现货市场系统主要功能模块应置于生产控制大区安全Ⅱ区和管理信息大区安全Ⅲ区，涉及互联网的功能模块应部署于信息外网。

3）网络专用方面应包括但不限于：

a. 现货市场系统在生产控制大区与其他地区的生产控制大区系统进行通信时，应采用电力调度数据网进行通信。

b. 管理信息大区业务应采用电力企业数据网进行通信，电力企业数据网为电力企业内联网。

4）横向隔离方面应包括但不限于：

a. 现货市场系统在安全Ⅱ区与安全Ⅲ区和隔离缓冲区之间应部署通过国家或行业有关机构检测认证的电力专用横向单向安全隔离装置。

b. 在安全Ⅱ区部署的现货市场系统在与安全Ⅱ区的其他业务系统之间应部署具有访问控制作用的硬件防火墙或者相当作用的设施，实现逻辑隔离。

c. 在安全Ⅲ区部署的现货市场系统在与安全Ⅲ区或信息内网的其他业务系统之间应部署具有访问控制作用的硬件防火墙或者相当作用的设施，实现逻辑隔离。

d. 在隔离缓冲区部署调度机构与交易中心专用安全接入设施，与交易中心网络之间采用对等隔离措施。

e. 在管理信息大区的信息外网与信息内网之间应部署信息网络安全隔离装置等措施。

5）纵向认证方面应包括但不限于：

a. 现货市场系统在生产控制大区纵向边界处应部署通过国家或行业有关机构检测认证的纵向加密认证装置，通过身份认证、数据加密和访问控制等技术措施，实现业务数据机密性和完整性保护。

b. 现货市场系统在管理信息大区纵向边界处应采取身份认证、数据加密和访问控制等技术措施，实现业务数据机密性和完整性保护。

6）隔离缓冲要求应包括但不限于：

a. 在管理信息大区可建立隔离缓冲区，采用独立的逻辑隔离措施连通交易中心业务系统网络，通过正反向隔离装置连接生产控制大区。

b. 在隔离缓冲区应部署基于可信验证的跨区传输服务，实现交易中心业务与安全Ⅱ区现货市场系统业务之间的数据不落地安全传输。

c. 在隔离缓冲区应部署恶意代码监测装置和网络安全监测装置，实现对网络流量中的恶意代码进行检测，对内部设备网络安全事件进行统一监视。

（3）本体安全防护方面。

系统安全防护的本体安全方面一般包括本体安全、计算机和网络设备安全、操作系统和基础软件安全、应用软件安全等。

1）系统本体安全是构成电力监控系统网络安全防护体系的各个模块应实现自身的安全，系统软硬件应满足要求包括但不限于：采用安全、可控、可靠的产品；通过国家有关机构的安全检测认证。

2）计算机和网络设备安全方面应包括但不限于：

a. 现货市场系统网络安全设施包括网络交换设备（如路由器、交换机等）和网络安全设备（如防火墙、电力专用横向单向隔离装置等），应通过国家有关机构的安全检测认证，防范设备主板存在恶意芯片。

b. 关键网络安全设施应提供硬件设备冗余，对设备配置进行安全备份，及时升级安全补丁，禁止选用国家相关部门通报存在漏洞和风险的设备。

c. 网络设备和计算机设备使用时应合理配置，启用安全策略，封闭空闲网络端口和其他无用端口，拆除或封闭不必要的移动存储设备接口（包括光驱、USB 接口等）。

3）操作系统和基础软件安全方面应包括但不限于：

a. 现货市场系统设备应采用通过国家或行业有关机构检测认证的安全操作系统、数据库、中间件等基础软件，满足安全可靠要求，并实施严格的访问控制措施，并及时升级安全补丁。

b. 操作系统和基础软件应仅安装运行需要的组件和应用程序，数据库和操作系统的用户名、口令及其强度必须符合电监信息〔2012〕62 号等法规要求。

c. 操作系统的管理权限应分别由安全管理员、系统管理员、审计管理员配合实现，并仅授予各用户所需的最小权限。

4）应用软件安全方面应包括但不限于：

a. 现货市场系统应在设计时融入安全防护理念和措施，业务系统软件应采用模块化总体设计，合理划分各业务模块，并部署于相应安全区，重点保障核心模块安全；

b. 现货市场系统在生产控制大区的功能模块应采用 C/S 架构；在管理信息大区的功能模块可采用 B/S 架构，但须采用应用层安全防护设施；

c. 现货市场系统应通过具有测评资质的机构开展安全检测并提供检测报告；

d. 现货市场系统应采用国家密码管理局认证的密码算法对交易信息进行加密存储及传输，保障交易信息的私密性、完整性和抗抵赖性；

e. 应按照用户性质进行实名创建账号，禁止不同用户间共享账号，并根据业务需要配置用户账户所需的最小权限；账号登录可采用数字证书或生物识别等双因子身份认证措施保障安全性；

f. 现货市场系统应具有日志审计管理，交易过程应提供可作为法律证据的日志记录，日志记录应采取安全措施保存至少六个月以上；

g. 现货市场系统中功能模块软件，在部署前应通过国家有关机构的安全性检测和代码安全审计，确保没有恶意软件或恶意代码。

（4）数据安全防护方面。

系统安全防护的数据安全方面应包括但不限于：

1）现货市场系统申报数据等关键业务数据应采用加密、签名、访问控制等措施，保障数据在存储、传输过程中的保密性、完整性和抗抵赖性。关键业务数据应从源端通过隔离缓冲区采取数据不落地方式传递到安全Ⅱ区的业务系统，传输的数据应通过恶意代码检测。

2）现货市场系统业务数据应采用严格访问控制措施，修改、删除等操作应具备日志记录功能。

3）现货市场系统应具备业务数据备份功能，支持本地和异地数据备份方式，备份数据应采用必要的保护措施，保障备份数据安全。

（5）运维安全防护方面。

系统安全防护的运维安全指现货市场系统应通过内部专用设施进行维护，运维终端与系统服务器宜采用逻辑隔离措施，应包括但不限于：

1）采用有效的措施对运维人员进行身份认证和运维授权。

2）对系统服务器等关键设备的程序修改、数据库修改、文件修改、文件删除、文件拷贝等操作进行全过程审计。

3）保障系统的运行维护行为可管控、可追溯。

（6）监测预警方面。

系统安全防护的监测预警指现货市场系统应结合电力监控系统网络安全管理要求部署网络安全监测装置，应包括但不限于：

1）采集网络运行日志、操作系统运行日志、数据库重要操作日志、安全设备运行日志。

2）采集业务应用安全事件信息（包括对业务应用的登录、访问、关键操作等事件）。

3）全面监视网络空间内计算机、网络设备、安防设备的安全行为。

4）对安全事件进行按分析提供预警信息。

电力现货市场技术支持系统在建设和运营过程中都必须具备以上几方面的安全防护措施，防范、抵御黑客及恶意代码等通过各种形式对系统发起的恶意破坏和网络攻击，确保系统数据安全，保障电力现货市场安全稳定运行。

89. 什么是系统负荷预测和母线负荷预测？负荷预测在现货市场中的作用是什么？

（1）系统负荷预测和母线负荷预测。

负荷预测是指对未来负荷发展趋势和特点进行预计和测算。从预测的对象进行划分，负荷预测分为系统负荷预测和母线负荷预测两类。

系统负荷是某时刻系统发、受有功功率的代数和。系统负荷预测是从整体上预测负荷的大小，不考虑负荷在电网各节点之间的分布情况。系统负荷预测的范围可根据业务需要进行选择，包括区域电网负荷预测、省级电网负荷预测、地区电网负荷预测、分区电网负荷预测等。

母线负荷是某时刻变电站母线统计关口与节点负荷，通常指主变压器供电区域的终端负荷的总和。母线负荷预测以节点负荷为预测对象。母线负荷预测的范围可根据业务需要进行选择，包括省、地、县电网所辖变电站母线负荷预测。

负荷预测按周期又有超短期、短期、中期和长期之分。其中，超短期负荷预测为当前时刻的下一个 15min（或 5min、10min）的负荷预测，可以延伸至未来 6h，也称为日内负荷预测，主要用于实时调度和自动控制，使用对象是调度员；短期负荷预测为次日的负荷预测，可延伸至未来多日，每日按照 96 点预测，主要用于火电分配、水火电协调、机组经济组合和交换功率计划，使用对象是编制调度计划的业务人员；中期负荷预测为未来一至数月的负荷预测，主要用于水库调度、机组检修、交换计划和燃料计划，使用对象是编制中长期运行计划的业务人员；长期负荷预测为未来一至数年的负荷预测，主要用于电源和网络发展，使用对象是规划人员。

目前用于负荷预测的方法很多，主要有神经网络法、时间序列法、回归分析法、支持向量机法、模糊预测法等。负荷预测的核心问题是如何利用现有的历史数据，深入挖掘影响负荷的关键相关因素，建立预测模型，对未来时刻或时间段内的负荷值进行预测，因此，历史数据信息的可靠性、相关因素的挖掘和预测模型是影响负荷预测精度的主要因素。随着现在电力系统管理信息系统的逐步建立，以及天气预测水平的提高，准确获取各种历史数据已不再困难，因此，负荷预测的核心问题是相关因素的选取和预测模型的有效性。以下是各种常见负荷预测方法：

1）神经网络法。神经网络法作为人工智能算法的一种，在负荷预测上的应用主要分为人工神经网络（artificial neural networks，ANN）和递归神经网络（recurrent neural networks，RNN）。神经网络法选取过去一段时间的负荷作为训练样本，构建适宜的网络结构，用某种训练算法对网络进行训练，使其满足精度要求之后，此神经网络作为负荷预测模型，实践证明人工神经网络负荷预测有较好的精度。人工神经网络的优点是能够对大量非结构性、非精确性规律具有自适应能力，特别是其学习和自适应功能是其他算法所不具备的。

2）时间序列法。电力负荷的历史数据是按一定时间间隔进行采样和记录下来的有序集合，因此是一个时间序列，时间序列方法是目前电力系统负荷预测中发展较为成熟的算法，根据负荷的历史数据，建立描述电力负荷随时间变化的数学模型，在该模型的基础上确立负荷预测的表达式，并对未来负荷进行预测。时间序列方法的优点是所需数据少，计算速度较快；反映了负荷近期变化的连续性。

3）回归分析预测方法。回归分析预测方法根据历史数据的变化规律和影响负荷变化的因素，寻找自变量与因变量之间的相关关系及其回归方程式，确定模型参数，据此推断将来时刻的负荷值。回归分析法的优点是计算原理和结构形式简单，预测速度快，外推性能好，对于历史上没有出现的情况有较好的预测。

4）支持向量机法。支持向量机法是一种基于统计学习理论提出的能实现在有限样本条件下满足维理论和结构风险最小原理的机器学习方法，具有泛化能力强、全局最优和计算速度快等突出优点。但其自选参数和核函数的选择，通常情况下主要靠经验确定，有较大的人为因素。同时，其缺乏对模糊现象的处理能力，模型误差会造成回归值和实际值的差距。

5）模糊预测法。模糊预测法是建立在模糊数学理论上的一种负荷预测新技术，模糊数学的概念可以描述电力系统中的一些模糊现象，例如负荷预测中的关键因素：天气状况的评判、负荷的日期类型的划分等，将模糊方法应用于负荷预测可以更好地处理负荷变化的不确定性。目前，模糊理论应用于负荷预测主要有以下几种方法：模糊聚类法、模糊相似优先比法和模糊最大贴近度法等。从实际应用来看，单纯的模糊方法对于负荷预测，精度难以满足要求；同时要求提供较多的历史数据，在实际应用中存在困难；其优点是预测结果可以预测区间及概率的形式描述。

6）其他传统方法。电力负荷预测还有很多上文未提及的传统方法，例如负荷求导法、相似日法、卡尔曼滤波法、指数平滑法、灰色预测法等。

电力负荷由于受各种因素的影响，在时间序列上表现为非平稳的随机过程。如气象对负荷有明显的影响，气温、阴晴、降水和大风都会引起负荷的变化。负荷的随机波动是指某些未知的不确定因素引起的负荷变化，每一电网中随机波动负荷的大小是不相同的，例如对超短期负荷预测来说巨大的轧钢负荷就属于随机干扰。负荷预测精度取决于负荷预测软件工具，通过完善负荷预测模型、改进负荷预测算法，来不断提升负荷预测的精度。

（2）负荷预测在现货市场中的作用。

电力调度机构主要关注超短期、短期、中期的负荷预测，基于负荷预测结果开展自动发电控制、实时调度、日前计划与中长期计划编制。电力现货市场指日前及更短时间内的电能量交易市场，主要利用短期、超短期负荷预测，用于支撑日前市场与实时市场的出清计算。系统负荷预测和母线负荷预测结果是现货市场的基础数据。日前市场基于短期负荷预测，同时考虑电网运行可靠性与运行备用需求，在此基础上确定次日机组开机组合及出力计划；实时市场则基于超短期负荷预测，确定机组实时计算周期的出力结果。

系统负荷预测决定了市场的总发电容量需求，也是系统边际价格的关键依据。系统负荷预测的结果及其准确度直接影响市场供需情况，若系统负荷预测结果偏差较大，会使市场出清结果偏离电网实际运行情况，从而使得计算失去意义。

母线负荷预测直接影响了安全校核的准确性，也是节点边际电价的计算依据。节点边际电价作为市场价格信号，能够反映电能在不同时间、不同节点的价值，母线负荷预测的结果及其准确度直接影响电网阻塞情况。节点边际电价是依据母线负荷而非系统负荷计算得出，若母线负荷预测结果偏差较大，会使节点电价结果失真，影响现货市场的有效性。

准确的负荷预测对电力系统控制、运行和现货市场非常重要。影响负荷变化的主要因素有负荷构成、负荷随时间变化规律、气象变化的影响及负荷随机波动等，各因素中大部分具有规律性，从而为实现有效的预测奠定了基础。

90. 日前市场出清计算一般包括哪些基本功能?

日前市场出清根据市场主体的日前市场申报数据，以长周期机组组合状态、负荷预测、联络线计划等作为市场边界，考虑电网安全约束、机组运行约束、系统约束及其他可行性约束条件，每天分为若干个交易时段（如 24 或 96 个时段），以社会福利最大化（或发电成本最小化）等为目标函数进行优化，集中优化出清次日组合计划和出力计划，并形成机组与用户市场出清电价。

日前市场出清计算一般包括约束条件管理、数据处理与校验、日前市场出清、市场结果监测、市场出清异常处置、日前市场结果管理等基本功能。

（1）约束条件管理。约束条件管理指对日前市场出清计算需要满足的约束条件进行管理和设置，主要包括：

1）机组运行类约束。包括但不限于：

a. 机组（机组群）可调出力约束，包括机组（机组群）出力上限约束、出力下限约束，支持每个时段设定不同的上下限值。

b. 机组爬坡速率约束，包括机组升出力速率约束和降出力速率约束。

c. 机组最小启停时间约束，包括机组最小连续停机时间和机组最小连续运行时间。

e. 固定计划约束，支持机组和电厂（机组群）固定计划设置。

f. 电量约束，支持机组和电厂（机组群）日发电量约束的设置。

g. 机组（机组群）备用约束，支持机组（机组群）正负旋转备用、AGC 备用设置。

h. 水电机组振动区设置，支持设置水电机组振动区出力区间。

i. 机组最大启停次数约束。

j. 燃料约束，包括系统燃料约束。

k. 电能与备用联合出清相关约束。

2）系统平衡约束。包括但不限于：

a. 功率平衡约束，要求满足系统各个时段用电需求、交换计划和发电计划保持功率平衡。

b. 系统备用约束，支持系统备用容量（比例）设定，要求机组组合计划和出力计划满足系统备用要求。

3）网络约束。包括但不限于：

a. 断面限额约束，包括线路断面、主变压器断面的有功功率限额约束。

b. 单元件热稳极限约束，包括线路、主变压器热稳限额约束。

（2）数据校验与处理。对日前市场出清所需要的电网模型、运行方式、市场边界、市场报价及市场主体注册信息进行数据校验和处理，确保数据满足计算要求；其中数据校验功能需要支持校验规则的配置和生效设置，包括对各类分项数据的单一完整性和合理性验证，以及对各种相互关联数据的相关性验证；数据处理功能应支持对日前市场出清所使用的短期系统负荷预测、短期母线负荷预测、日前联络线计划、日前设备停复役计划等数据进行修改维护。

（3）日前市场出清。日前市场出清基于安全约束机组组合（SCUC）和安全约束经济调度（SCED）技术进行优化出清，能够考虑约束条件管理设置的各类约束，以社会福利最大化（或发电成本最小化）等为目标函数，进行集中优化出清，计算结果至少包括机组开停机组合、出力、负荷、价格、优化成本、约束是否松弛、计算时间、计算过程日志、潮流分析结果等信息。能够与安全校核进行迭代计算，安全校核对市场出清结果进行交流校核计算，如果发现设备或断面越限，则反馈越限信息至市场出清重新进行优化出清，直至生成满足安全约束的市场出清结果。在具体实现上支持多算例的并行计算及对比分析。

（4）市场结果监测。出清结果监测主要通过市场出清价格、机组启停、机组出力、断面安全等方面对出清结果进行分析，即能够进行价格合理性分析、异常价格检测、边际机组分析、备用出清价格分析；在机组启停分析方面，辅助分析机组启停原因及合理性；在机组出力分析方面，分析是否存在机组出力不在参数限定范围内、系统平衡约束松弛量超过设定值、系统备用需求不满足等情况，如果存在则告警；断面安全分析方面，当出清结果在进行交流潮流时出现断面重载或越限情况时进行告警。

（5）市场出清异常处置。如果在规定的时间内日前市场出清无满足约束条件的出清结果或者市场出清异常，无法满足电网稳定运行安全约束时，由调度机构根据市场规则进行异常处置，并发布处置后的日前市场交易结果，市场出清异常处置措施包括：

1）查明不能满足的约束条件，采取与数据源头部门核实、修改数据等方式后，重新进行市场出清。

2）根据市场规则以前一日或者历史相似日市场交易结果作为日前市场出清结果。

3）其他符合市场规则的市场出清异常处置措施。

（6）日前市场结果管理。日前市场结果管理主要指对市场出清相关结果的查询、统计与管理，主要包括：

1）对机组组合、机组出力、负荷中标量、出清价格等市场出清结果信息的查询与统计，并能根据实际规则需求进行人工干预。

2）对设备重载、越限等潮流计算结果信息进行查询与统计。

3）对于市场出清结果无异议后，支持对机组出力及启停计划、节点电价等市场出清结果进行审批，并记录审批结果。

4）通过审批后的出清结果可对外部横纵向系统进行发布。

5）为便于后续日前市场出清算例的反演分析，能够将当前计算场景全流程数据进行封存管理。

综上所述，约束条件管理为日前市场出清提供丰富出清模型约束条件，并可根据市场规则灵活调整，数据处理与校验保证了业务流程输入数据的高质量和高可用，日前市场出清作为日前出清流程的核心环节，基于上述输入数据和约束条件，实现各市场主体日前电力电价的出清，市场结果监测对各类市场出清结果和安全校核潮流计算结果进行多角度统计分析，全方位披露市场出清概况信息，对于严重出清异常，则由市场出清异常处置环节提供处置策略，最后，日前市场结果管理实现对出清结果的展示分析和审批发布。上述基本功能环环相扣，紧密结合，共同构成了日前市场出清计算业务流程，并将随着市场化改革的深入及市场规则的演变不断丰富和扩展。

91. 实时市场计算周期和基本流程是什么？

电力市场按照交易商品的类型可以分为电能市场、辅助服务市场、输电权市场。电能市场中按照交易时间长短可以划分为中长期电力交易、日前电力交易和实时电力交易；实时电力交易又称实时市场。

在电力现货市场技术支持系统中，实时市场应用功能用于根据最新电网运行状态以购电费用最小为目标优化出清下一时段的机组发电计划及中标价格，保证电网实时发用电平衡，主要包括实时市场出清和实时平衡调度两个环节。

实时市场出清根据系统实际运行情况、最新负荷预测需求和实时市场报价，在日前与日内市场确定的机组开停机组合基础上，考虑电网安全约束、机组运行约束、系统约束及其他可行性约束条件，以购电成本最小为目标函数进行优化，采用安全约束经济调度（SCED）算法，每 5min（或 15min）滚动计算未来 1～2h 的市场出清结果，实时市场出清结果直接送到 EMS 进行控制执行。

实时市场出清的流程包括约束条件管理、数据校验与处理、实时市场出清、实时异常监测、市场出清异常处置、实时市场结果管理等环节。

（1）约束条件管理。

约束条件管理指实时市场计算功能需要满足系统平衡约束、网络约束和机组运行约束等约束条件，主要包括：

1）机组可调出力约束，包括机组出力上限约束、出力下限约束，支持不同时段设定不同的上下限值。

2）机组爬坡速率约束，包括机组升出力速率约束和降出力速率约束，支持不同时段设定不同的升降出力速率。

3）功率平衡约束，要求满足系统各个时段用电需求、交换功率和发电出力保持功率平衡。

4）断面限额约束，支持包括线路断面、主变压器断面、组合断面的分档组合的断面稳定限额和发电厂限额。

5）单个元件热稳极限约束，支持线路、主变压器热稳限额。

（2）数据校验与处理。

数据校验与处理功能是对实时市场出清所需要的以下信息进行实时市场所需数据进行数据校验和处理，确保数据满足计算要求；并支持数据处理，支持对实时市场出清所使用的超短期系统负荷预测、超短期母线负荷预测、联络线计划、检修计划等数据进行修改维护。

1）来自EMS的电网模型、限额信息、故障信息及状态估计信息。

2）来自EMS、OMS计算周期范围内的超短期系统负荷预测、超短期母线负荷预测、最新联络线计划、临时检修计划、可再生能源发电预测等信息。

3）来自市场申报的市场报价、计划电量、计划出力建议、临时出力限额等信息。

4）来自市场模型的机组出力上下限、爬坡速率、AGC调节速率、最小开停机时间、开停机次数、启停磨、振动区等。

（3）实时市场出清。

实时市场出清计算功能是在日内滚动出清计算确定的机组组合的基础上，在满足发用电平衡、电网安全、机组运行等多种约束条件下，采用安全约束经济调度核心算法，以社会效益的最大化为优化目标，优化机组未来5min（或15min）至未来1～2h每5min（或15min）的发电计划。同时，其支持全电量集中竞价市场模式下集中优化出清。

实时市场出清支持市场出清价格计算，其考虑电网的节点网损信息与线路阻塞信息，计算确定市场规则规定周期的各个节点的节点边际电价。节点边际电价包含边际电能价格和边际阻塞价格。实时市场电价计算功能支持按分区聚合得到分区电价计算需求，支持将初始计算获得的节点电价平均得到每小时节点电价的计算需求。

实时市场的计算输出结果包括机组出力、价格、总成本、约束是否松弛、计算时间、计算过程日志、安全校核结果等信息。同时，能够与安全校核进行迭代计算，计算结果送安全校核进行交流潮流计算，出现设备或断面越限时，由安全校核反馈越限信息至安全约束经济调度程序重新进行优化计算，直至生成满足安全约束条件下的市场出清结果。

（4）市场异常监测。

从市场价格、出力安排、电网安全三个方面对出清结果进行分析：

1）价格异常监测，设定最高限价，当价格超过门槛值时进行告警。

2）机组计划异常监测，如果系统平衡约束松弛量超过设定值、系统备用需求不满足等情况进行告警。

3）断面重载监测，当出清结果在进行交流安全校核时出现断面重载或越限情况时进行告警。

（5）市场出清异常处置。

在规定的时间内实时市场出清无满足约束条件的出清结果或者市场出清异常，无法满足电网稳定运行安全约束时，由调度机构进行异常处置，并发布处置后的实时市场交易结果，市场出清异常处置措施包括：

1）修改不能满足的约束条件重新进行市场出清。

2）根据市场规则以前一次实时市场出清结果、日前或者日内滚动计划出清结果作为实时市场出清结果。

3）其他符合市场规则的市场出清异常处置措施。

（6）实时市场结果管理。

实时市场结果管理包含以下内容：

1）机组发电计划查询：支持实时市场范围内机组发电计划查询，支持表格和曲线展示方式；支持按照机组、电厂、分区、全网以及发电厂商等多种角度查询机组出力计划；计划查询可以与计划人工干预功能集成在一起实现。

2）节点电价查询：支持实时平衡市场范围内节点电价查询，支持表格和曲线展示方式；支持按照电价总量、电价阻塞分量、电价网损分量等多种角度查询节点电价结果。

3）实时市场计算结果统计分析：支持表格方式，展示实时平衡市场结果统计信息，包括机组发电量、机组负荷率、系统平均电价。

4）实时市场计算结果审批：实时平衡市场交易出清完成后，可以自动接受计算结果，更新计算时间范围内已有对外公布的机组计划与电价。也可以由人工确认是否接受计算结果，确认接受后更新计算时间范围内对外发布的机组计划与电价。

实时平衡调度指在实时市场出清流程结束后至实时调度执行前，根据电网及机组实时运行状态，对实时市场生成的机组出力计划进行快速人工干预调整，确保最终发电计划更加符合当前电网实际安全、稳定运行要求，实时调度计划结果直接送 AGC 进行控制执行。

92. 日前市场与实时市场出清结果及定位有何不同？

作为发现系统电力边际成本的主要手段，日前市场主要的定位在于发现短期电力边际成本，依据日前市场出清结果确定发电计划。在分散式现货市场中的日前市场，发电机组和电力用户双侧报价，以社会福利最大化为目标，对所有市场主体开展基于可用输电能力（ATC）的集中优化出清。在集中式现货市场中的日前市场，一种是发电机组和电力用户双侧报价，以社会福利最大化为目标，对所有市场主体开展基于安全约束的机组组合（SCUC）；一种是发电机组单侧报价，以机组运行成本最小为目标，基于日前负荷预测曲线，对所有机组开展基于安全约束的机组组合（SCUC）。从国外电力市场建设经验来看，无论是以美国为代表的集中式还是以欧洲为代表的分散式，日前市场都是市场建设不可或缺的关键核心。日前电力市场需要考虑电网运行、机组运行约束条件，出清得到运行日的机组开机组合、分时发电出力曲线以及分时节点电价。

日前电力市场中的“日前”指的是电网实际运行日的前一日，因此，日前电力市场即指该“前一日”发生的电能量交易市场。日前电力市场的出清结果作为调度运行的基础数据。然而，相比于中长期电力市场，日前电力市场距运行日仅有一日之差，因此具有了很多中长期电力市场未考虑的约束。

日前市场中使用的机组运行参数，是反映机组物理运行特性的相关参数。具体包括发电机组额定有功功率、发电机组最小稳定技术出力、发电机组有功功率调节速率、发电机组日内允许的最大启停次数、发电机组厂用电率、发电机组冷/温/热态启动时间、燃气机组不同季节最大技术出力、冷态/温态/热态三组典型开停机曲线、AGC上/下限等。

日前电力市场一般在每个自然日均运行。竞价日为运行日前一日（$D-1$），在此竞价日内，发电厂商、售电公司和批发用户进行申报，并通过日前电力市场出清形成运行日（D）的交易结果。运行日为执行日前电力市场交易计划的自然日，每15min为一个交易出清时段，则每个运行日含有96个交易出清时段。例如，07:00～08:00时段，则包含了07:00～07:15、07:15～07:30、07:30～07:45及07:45～08:00 4个出清时段。

作为日前市场的延伸，日内市场通过日内连续交易不断修正各市场主体在日前市场形成的发用电计划和实际发用电计划间的偏差。从国外电力市场建设经验来看，日内市场主要在采用分散式的市场中开展，通过日内市场能帮助各平衡责任体，尤其是对于可再生能源占比较大的平衡责任体更好地达成自身的平衡需求。而对于采用集中式的市场来说，由于各机组可由调度机构直接控制，日前市场的出清结果可以在日内滚动机组组合和实时市场中通过对机组再调度进行修正。因此，采用分散式的现货市场，尤其是可再生能源占比较高的市场，开展日内市场较为重要。采用集中式的现货市场，可选择不开展日内市场，通过开展日内滚动机组组合和实时市场，对机组再调度以实现对日前出清结果的修正。

实时市场包括两种：① 分散式现货市场中的平衡市场，依托平衡资源，以调整成本最小为目标，接受市场主体“上调”和“下调”报价，保障电力实时供需平衡；② 在集中式现货市场中的实时市场，以机组运行成本最小为目标，对所有机组开展基于带安全约束的实时经济调度（SCED）。以下介绍几种国际实时市场不同的处理方式。美国PJM电力市场供需平衡相对较紧，存在一定的电网阻塞情况，PJM实时市场采用全电量竞价、集中优化的决策方式，在市场出清中考虑了电网的物理模型，实时市场出清结果满足系统发用电平衡、电网安全、机组运行和辅助服务需求等多种安全约束。英国电力市场供需平衡较为宽裕，电网中有较多可以快速启停的燃气机组，电力平衡调节能力较强，阻塞相对较轻，以中长期双边交易为主，市场成员分散决策，通过签订各种合同组合形成自己的发用电计划，实时平衡机制只对合同曲线进行微调。北欧四国电力资源存在明显的地域分布特性，挪威和瑞典有较多的水电，芬兰和丹麦则有较多的火电，北欧市场重在协调各国不同的资源特性，从而限制了跨价区签订双边实物交易合同，实时平衡市场由北欧各国TSO共同运作，各自负责区域内部网架阻塞管理。

综合国外电力市场经验来看，实时平衡市场必须由负责电网安全的调度部门组织实施，重点要考虑电源结构、网架阻塞等情况。我国各省份资源特性及电源结构差异较大，各地发用电平衡能力不同；电源装机仍以燃煤火电为主，调节速率受煤质、供热等因素影响较大，可以快速调节的灵活电源较少；我国电网目前处于快速发展阶段，设备检修、基建任务较重，网架结构变化较快，阻塞情况较为普遍；风电、光伏等间歇性能源装机容量快速增长，给电网潮流及发用电平衡带来较多的不确定性。我国电力市场建设应在借鉴国外成功的电力市场模式的基础上，结合我国国情及各地电力行业实际情况，提出合适的实时市场模式，电网调度部门应重点关注跨省区联络线计划调整、与日前市场衔接、电价机制、市场力约束机制、辅助服务市场、配套系统建设等方面，保障电网安全，满足人民追求美好生活的电力需要。

通过上述对日前市场、日内市场及实时市场的介绍我们可以看到，不同市场的定位是不一样的。采用安全约束机组组合算法（SCUC）的日前市场出清计算，用于提前一天决定次日的机组启停安排、中标出力及价格，所用到的市场出清边界数据都是提前一天的预测数据，由于日前市场离交易实际执行时间还比较长，各种预测数据及电网运行数据都会存在一些误差，除开停机用于物理执行外，机组中标出力主要是用于金融结算。如果负荷侧参与市场报价，市场出清计算使用用户侧申报的负荷。实时市场在运行日内滚动计算，每次计算未来 1～2h，不决策机组启停安排，采用安全约束经济调度（SCED）算法，只安排机组出力来保证电网发用电平衡。

93. 日前市场、实时市场与 AGC 之间如何进行功能衔接?

想要了解日前市场、实时市场与 AGC 之间的功能衔接，需要首先了解这三者各自具备的功能及定位，其次需要了解各级市场的基本流程，从功能定位及市场流程中了解三者之间的衔接关系。

首先，现货市场采用“现货市场和辅助服务市场”的市场架构。其中，现货市场包括日前市场和实时市场，采用全电量申报、集中优化出清的方式开展，通过集中优化计算，得到机组开机组合、分时发电出力曲线以及分时现货电能量市场价格。辅助服务市场包括集中竞价的调频和备用辅助服务市场等。中标现货市场和辅助服务市场的最终结果都需要通过 AGC 进行控制执行。日前市场、实时市场、AGC 三者之间关系是一个时序递进下的计划安排到闭环控制的过程。

（1）功能定位。

1）日前市场。日前电力市场中的“日前”指的是电网实际运行日的前一日，因此，日前电力市场即指该“前一日”发生的电能量交易市场。日前市场出清结果是调度运行的基础数据。相比于中长期电力市场，日前电力市场距运行日仅有一日之差，因此具有了很多中长期电力市场未考虑的约束。

2）实时市场。实时市场在运行日内滚动计算，每次计算未来 1～2h，不决策机组启停安排，采用安全约束经济调度（SCED）算法，只安排机组出力来保证电网发用电平衡。

3）自动发电控制（AGC）。自动发电控制是利用调度监控计算机、通道、远方终端、执行（分配）装置、发电机组自动化装置等组成的闭环控制。AGC 监测、调整电力系统的频率，以控制发电机出力，是电力系统调度自动化的主要内容之一。AGC 着重解决电力系统在运行中的频率调节和负荷分配问题，以及与相邻电力系统间按计划进行功率交换。电力系统的供电频率是系统正常运行的主要参数之一。系统电源的总输出功率与包括电力负荷在内的功率消耗相平衡时，供电频率保持恒定；若总输出功率与总功率消耗之间失去平衡时，频率就发生波动，严重时会出现频率崩溃。电力系统的负荷是不断变化的，这种变化有时会引起系统功率不平衡，导致频率波动。要保证电能的质量，就必须对电力系统频率进行监视和调整。当频率偏离额定值后，调节发电机的出力以使电力系统的有功功率达到新的平衡，从而使频率能维持在允许范围之内。因此，自动发电控制是通过对供电频率的监测、调整实现的。

现货市场的主要流程包括日前市场的流程和实时市场的流程，AGC 包含在实时市场的流程之中。目前国内的现货市场在市场规则方面都有所不同，因此对应的市场流程也就不尽相同，以国家电网公司范围内某省级调度机构所参与的日前市场和实时市场流程为例进行介绍。

发电厂商、售电公司和市场用户提前进行市场信息及价格申报。运行日前一日（*D*－1），通过优化出清形成日前市场出清结果，并以此为基础编制预调度计划。运行日（*D* 日），调度机构根据超短期负荷预测通过优化计算形成实时市场出清结果。

（2）基本流程。

1）市场主体价格申报及调度数据准备。

2）日前市场优化出清及结果发布。

3）形成预调度计划。

4）省间交易管理。

5）日内滚动预调度。

6）实时市场优化出清及结果发布。

（3）日前市场的流程。

1）受电预计划接收。日前（*D*－1）的前一日（*D*－2）17:30 前，网调向省级调度机构发布受电预计划。

2）交易信息发布。日前（*D*－1）09:30 前，省级调度机构向市场主体发布运行日（*D*）的相关信息。

3）机组申报。日前（*D*－1）10:00 前，发电厂商申报参与省内市场的电力—电价曲线和机组运行信息。

4）用户侧申报。日前（*D*－1）10:00 前，售电商或电力用户申报参与省内市场的电力—电价曲线。

5）省间现货市场购电报价。日前（*D*－1）11:30 前，省调度机构依照省间现货市场规则，代理省内电力用户参与省间现货市场的报价，出清结果纳入跨区通道日前计划。

6）受电计划下发。日前（*D*－1）14:30 前，网调接受国家调度机构下发的跨区通道日前计划，编制受电计划，经安全校核后下发省级调度机构。

7）日前市场出清。日前（*D*－1）15:00 前，省级调度机构根据更新后的受电计划和日前市场负荷需求，对省内机组进行日前市场出清，形成机组组合、机组出力和市场价格。

8）日前调度计划。日前（*D*－1）15:30 前，省调度机构根据系统负荷预测，编制日前调度计划，基于日前调度计划确定在网调调峰市场作为买方调度机构还是卖方调度机构。

9）省级调度机构组织参与区域内省间调峰市场。

10）日前（$D-1$）16:00 前，省级调度机构作为买方调度机构申报 96 点（时间间隔 15min）调峰辅助服务需求，并进行合理性校验和安全校核，保证电网能够安全可靠送出。

11）日前（$D-1$）16:15 前，省级调度机构作为卖方调度机构组织直调发电厂商完成市场报价，并对发电厂商申报的调峰能力进行合理性校验和初步安全校核，在确保发电厂商申报的调峰电力满足电网安全约束后，提交至网调。

12）日前（$D-1$）16:30 前，网调组织调峰市场集中出清，形成考虑安全约束的出清结果，根据出清结果更新受电计划并下发各省（市）调度机构。

13）日前（$D-1$）16:45 前，网调在电网调峰市场技术支持系统中发布市场出清结果，并同步向省内市场用户发布。

14）日前（$D-1$）17:00，省级调度机构进行省内日前市场出清结果发布。

15）日前（$D-1$）17:00，省级调度机构根据区域内省间调峰市场的出清结果确定日前调度计划并下发至各发电厂商。

（4）日内和实时市场流程。

1）机组报价，发电机组申报日内和实时市场报价信息。

2）参与省间现货市场，省调度机构作为买方参加国调省间现货市场。

3）日内滚动发电计划，（$T-15$）min 前，调度开展 15min 日内调度计划滚动计算，覆盖未来数小时，对日内机组启停状态进行优化决策。调整原则应以发电成本最低为目标，满足电网运行条件和物理约束、满足预测负荷和备用需求。

4）实时市场出清，$T-5$［或者（$T-15$）］min 前，根据超短期负荷预测，考虑电网运行条件和物理约束，以发电成本最低为目标，开展每 5min（或者每 15min）实时市场出清计算，覆盖未来 1～2h，确定机组实时发电出力、实时能量价格、调频价格、备用价格等。

5）实时平衡，省级调度机构负责省级电力系统的实时平衡，确保系统安全、优质、经济运行。调度机构密切监视系统频率及区域控制偏差，使其满足控制性能标准的要求。实时运行中，机组按照 AGC 调节指令或调度电话指令调整发电机出力，确保系统发用电时刻处于平衡状态。

94. 考虑安全约束机组组合（SCUC）、考虑安全约束的经济调度（SCED）一般包括哪些约束条件？

安全约束机组组合（SCUC）可用于编制机组的出力计划及其开停状态。目前主要采用混合整数规划算法进行求解。安全约束经济调度（SCED）是在机组开停状态已确定的条件下，编制机组的出力计划。SCUC/SCED 是发电计划的关键技术和核心内容。

SCUC/SCED 可以在满足电网安全约束和各类实用化约束的前提下，实现目标的最优解，从而保证计算结果满足安全性、节能性和经济性的要求，是一种全功能的整体解决方案。

SCUC/SCED 能够适应节能发电调度、电力市场、三公调度等多种调度模式，计算机组组合状态和机组出力计划。SCUC 其本质是一个大规模、时变的混合整数规划问题，求解难度大，通常引入优化求解引擎算法工具包求解，目前一般采用商业算法包，如 IBM 公司开发的 CPLEX。

SCUC/SCED 考虑的约束包括并不限于系统约束（负荷平衡约束、旋转备用约束、调节备用约束等）、机组运行约束（出力上下限约束、加减负荷速率约束、机组启停成本约束、开停机时间约束、开停机状态、发电量约束等）、电网安全约束等。具体如下：

（1）系统运行约束。

1）系统平衡约束。目的是保证各时段内总发电功率能够满足总负荷要求。建模上表示为所有时间点的发电总出力等于负荷总需求。

2）旋转备用约束。目的是保证各时段内系统旋转备用和调节备用满足要求。处于运行状态的发电机的最大发电能力减去其出力称为该发电机的上旋转备用容量，处于停运状态的发电机的上备用容量为 0。建模上表示为每个时间点发电机的上旋转备用容量之和大于系统上旋转备用要求。处于运行状态的发电机的出力减去其最小发电能力称为该发电机的下旋转备用容量，建模上表示为：每个时间点发电机的下旋转备用容量之和大于系统的下旋转备用要求。

3）调节（AGC）备用约束。处于运行状态的发电机的最大调节能力减去其出力称为该发电机的上调节备用容量，处于停运状态的发电机的上备用容量为 0。建模上表示为每个时间点发电机的上调节备用容量之和大于系统上调节备用要求。处于运行状态的发电机的出力减去其最小调节能力称为该发电机的下调节备用容量，建模上表示为：每个时间点发电机的下调节备用容量之和大于系统的下调节备用要求。

（2）机组运行约束。

1）机组出力上下限约束。目的是保证机组开机条件下，机组运行在最大可调出力和最小可调出力范围内。机组自身由于能力限制或者稳定运行要求，机组的最大可调出力和最小可调出力范围一般比最大技术出力和最小技术出力的带宽要窄。建模上表示为机组出力小于等于机组最大可调出力，并且大于等于机组的最小可调出力。

2）机组加、减负荷速率约束。由于受到机组的机械和热能限制，在一定的时间内机组的发电功率变化幅度受到限制。机组功率加、减速率约束主要保证机组在一定时间内的功率变化在机组性能允许范围内。

3）机组最小开停时间约束。由于火电机组开停机过程耗时较长，因此在安排机组开停机时，需要考虑在当前研究周期以及上一个研究周期的机组开停状态，保证机组满足最小开机时间和最小停机时间，避免机组上一个启停动作尚未完成状态又发生变化。本约束仅在计算 SCUC 时考虑。

4）机组最大启停次数约束。机组尤其是燃煤火电机组通常无法承受日内的频繁启停，需要考虑机组在日内最大的启停次数约束，防止机组在日内多次启停对设备寿命、运行安全造成影响。

5）电厂时段电量上下限约束。某些机组在发电周期或特定时段内有电量限制，可以通过指定电量约束或者指定电量范围方式构建约束条件，使机组或者机组群满足一定的电量要求。

6）水电机组振动区约束。水电机组运行过程中存在振动区，若机组运行在振动区，将对水轮机造成一定损害，降低设备的寿命和运行稳定性，因此应设置水电机组振动区约束，避免水电机组在振动区运行。

（3）网络安全约束。

本约束是 SCUC、SCED 区别于传统发电计划编制的特征。一般通过计算灵敏度，将非线性的问题转换为线性，利用机组、负荷和支路或者断面的灵敏度构建支路或者断面的潮流方程，限制其小于限值，从而保证支路（如线路或者变压器）或者输电断面的功率在限值范围内。

还有一些可以选用的实用化约束。如必开和必停机组约束、机组固定出力、机组固定启停方式、机组调节备用、分区电压支持、分区备用约束、出力曲线平滑约束、机组群出力约束、机组群电量约束等。

机组固定出力约束是为了实现某些机组在特定时段内按照自计划或者给定的发电计划运行，在此特定时段内该机组不参与经济调度计算。

机组固定启停约束用于表示机组在特定时段内的可用状态，包括必开和必停。在此特定时段内两类机组不参与机组组合计算。

在实际运行中，有时某一分区的备用需要达到一定水平，可以通过分区备用约束实现。也可构建机组群，划分在该机组群的所有机组满足一定的约束，如机组群出力约束、机组群电量约束等。

有时计算结果曲线有时会出现一些毛刺，不利于机组实际执行，可以通过平滑约束消除毛刺，使计算结果更符合工程要求。

95. 什么情况下会导致市场出清计算不收敛？市场出清不收敛对电力现货市场运行有什么影响？如何处理？

市场出清计算不收敛的原因分为市场出清算法自身缺陷及数据质量问题所导致的约束无法满足。市场出清不收敛可能会导致无法进行电力现货市场出清，从而缺失量价信息，影响市场主体收益，严重时可能会导致市场暂停。

（1）算法自身缺陷导致。

出清算法自身导致的计算不收敛一般较为少见，多发生在优化模型初次建模或有大的改动后，由于模型仿真测试无法完全模拟系统真实运行环境，导致模型中两个或多个约束无法同时满足，且约束为不可松弛，造成出清计算不收敛。

现货市场出清的优化模型中，最重要的约束为系统平衡约束和网络安全约束，为了保证系统平衡，需要机组 A 增发出力 10MW，且此时只有 A 机组有 10MW 的向上调节空间。但断面 B 对机组 A 的灵敏度为 1，且断面 B 此时已经在限，为满足网络安全约束，A 机组不得向上调节。在这种情况下，网络安全约束和系统平衡约束无法同时满足，导致模型中的约束等式不成立，造成优化不收敛。

在现货市场运行时，下一运行时刻负荷预测较当前时刻用电负荷大幅降低 500MW，为保证系统发受电平衡，须使机组在下一运行时刻降出力 500MW，但考虑滑坡后的全网可调机组只有 450MW 的下调空间，此时优化模型中的系统平衡约束与机组滑坡约束发生冲突，导致优化出清计算不收敛。

在实际系统运行过程中，以上场景经常会出现，为了使模型正常计算，保证系统正常运行，常常将此类约束设置为可松弛约束并附加惩罚值，将可松弛约束的惩罚项列入优化目标等式中，通过设置不同惩罚系数的大小来控制约束松弛的优先级，保证优化计算的收敛性。但是，如果将机组滑坡约束设为可松弛约束，优化结果虽能保证系统平衡，机组却无法严格跟踪优化出清结果，造成优化结果无法执行。所以在优化模型建模时，往往将模型中的约束按照实际可执行性分为可松弛约束和不可松弛约束。一般地，系统平衡约束和断面安全约束通常为可松弛约束，机组运行约束等约束为不可松弛约束。

（2）数据质量问题导致优化不收敛。

现货市场出清的输入数据有多个数据来源，且多为市场主体申报，数据质量控制难度较高，由于数据质量问题造成的优化出清不收敛情况非常常见，且排查难度较高。因此，优化出清计算时，系统会根据模型要求的数据规则和常见数据质量问题对输入数据进行校验和预处理，不断提高现货市场运行的优化出清收敛率，常见数据质量问题主要有人工修改出清数据导致数据不收敛、市场主体申报数据导致不收敛、初始点状态不一致导致不收敛等。

1）人工修改出清数据导致数据不收敛。

场景 1：系统备用设置异常。机组群最大开机约束与必开机组个数冲突：机组群设置的最大开机个数小于机组群中必开机组个数，导致机组群最大开机约束与机组最大避开约束冲突，导致优化不收敛。

处理措施：将机组群设置的最大开机约束设置为机组必开机组个数，保证相关约束都能满足，并提醒市场运营人员按照必开机组情况合理设置机组群约束。

2）市场主体申报数据导致不收敛。

场景 1：机组可调出力上下限冲突。机组申报可调下限大于可调上限，导致机组可调上限约束与机组可调下限约束冲突，优化计算不收敛。

处理措施：将机组申报的可调下限修正后机组可调上限，同时发送告警信息提醒市场运营人员数据异常，保证优化出清计算收敛。

场景 2：机组出力范围与机组报价段范围冲突。机组报价段最大可售容量小于机组可调下限，机组报价段最小可售容量大于机组可调上限时，造成机组出力范围与报价段不匹配，无法正常优化出清，优化不收敛。

处理措施：在市场主体进行报价申报对，对申报报价段进行合理性校验，保证申报报价段在机组可调范围内，从根源处规避此类问题造成的优化不收敛。

场景 3：机组的爬（滑）坡参数设置异常。机组的爬坡滑坡能力设置对机组的出力波动有很大的影响，常见的问题有爬坡滑坡小于等于 0 或者为空，在这种情况下优化出清时认为机组无调节能力，导致该机组的爬坡滑坡约束与其他约束冲突，优化计算不收敛。

处理措施：爬坡滑坡能力小于等于 0 被认为数据错误，为保证优化出清正常开展，通常依据市场规则进行处理后出清，一般地，可根据机组的类型设置默认爬坡滑坡值，比如火电默认为 3MW/min，水电默认为机组容量等，同时发送告警信息提醒市场运营人员数据异常，保证优化出清计算收敛。

3）初始点状态不一致导致不收敛。

场景 1：初始点出力与第一点机组运行状态冲突。初始点出力大于机组最小出力，出清时刻第一点指定为停机，机组按照最大滑坡从初始点到出清时刻第一点时无法降为 0，导致机组滑坡能力与机组指定状态约束冲突，优化不收敛。

处理措施：依据市场规则进行处理后出清，一般地，按照最大滑坡能力计算未来出清时刻能降到的最小出力，并将此能力设置为该时刻的机组固定出力，指定状态为固定状态，直至某一时刻机组停机后，将机组计划置为 0，从而保证优化出清收敛。

场景 2：最小开（停）机持续时间与必开（停）机组冲突。机组的初始点持续开（停）机时间在初始运行点未达到最小开（停）机持续时间，但是优化出清计算第一个时刻人工设置为停（开）机，导致机组最小开（停）机持续时间约束与机组必开（停）约束冲突，造成优化计算不收敛。

处理措施：根据现场运行需求，在优化计算前对数据进行预处理，将机组最小开（停）机持续时间设置为实际开（停）机持续时间，保证人工设置的必开（开）机组生效，并发送告警信息提醒市场运营人员数据异常，保证优化出清计算收敛。

96. 为什么需要电力现货市场模拟仿真系统？电力现货市场模拟仿真系统主要有什么功能？电力现货市场模拟仿真系统与电力现货市场技术支持系统之间有什么区别？

（1）电力现货市场模拟仿真系统的必要性。

电力现货市场与电力系统发电、输电、用电等环节密切相关，并且与调度运行环节密不可分，其市场设计与市场运营均较为复杂。电力现货市场运营是一个长期动态演化的过程，其受电网结构、供需形势、外部环境等多种因素的共同影响，仅仅通过理论分析很难预估市场的运行效果。电力市场模拟仿真验证是电力市场领域的重要研究方法，国际上开展电力市场化改革的主要国家均开展了相关研究，先后建立了多种电力市场仿真软件平台，为电力市场的原理分析、规则制定、风险预警等提供了重要的技术参考和辅助支撑。

目前国外已经建成了多种电力市场模拟仿真软件。英国电力市场为研究市场交易规则建立了简单的市场仿真器，以发电商利润与机组利用率为综合目标构造了依据市场信息进行简单推理的代理模块。美国康奈尔大学开发了基于网络的试验平台 PowerWeb 系统，以随机报价等方法构建代理决策规则，主要用于日前电能市场的模拟；美国爱荷华国立大学为研究批发电力市场规则，开发了应用 RE learning 算法为决策核心的基于代理的电力市场仿真系统 Ames，研究的市场为美国日前批发电力市场，市场出清机制为考虑网络约束的节点电价法。美国 Agone 国家实验室开发了应用电价预测及贪婪算法为代理决策功能的电力市场复杂适应系统 EMCAS，采用具有决策和学习能力的代理模拟电力用户、发电公司、输电公司等市场主体，EMCAS 能仿真电力系统运行和计算电网每个小时和每个地点的电价，以此研究美国日前批发电力市场，市场出清机制是考虑网络约束的节点电价法。

随着我国电力现货市场改革的推进和电力现货市场领域理论与技术研究的逐步深入，国内的电力现货市场模拟仿真系统也在逐步研发和完善。我国的电力现货市场综合试点方案也明确规定，电力现货市场试点方案（含配套的电力中长期交易机制）和运营规则应在专家论证后，由具备能力的单位组织全市场仿真（或经济性模拟）及财务信用风险分析。由此可见，各地的电力现货市场改革中，市场运营过程的模拟推演是一个必不可少的重要步骤。

（2）电力现货市场模拟仿真系统的主要功能。

电力现货市场模拟仿真系统的主要作用是辅助电力现货市场设计和规则制定。电力现货市场的模式和规则设计需要结合各地的电源结构、电网特点以及电力市场的具体情况，确保市场规则的合理性和适用性。市场规则设计的合理性和适用性对于电网的安全性、市场运营的稳定性、市场风险，以及市场成员的利益均具有决定性影响，现货市场建设“试错”代价巨大。基于电力现货市场模拟仿真系统，可以就市场模式设计、市场规则细节等进行适用性分析、运营效果量化评估、电网和市场风险量化评估等，为合理引导并优化市场设计和规则制定提供决策支撑。

基于电力现货市场模拟仿真系统可开展不同交易申报方式、不同出清算法以及不同市场成员参与方式等多市场场景的仿真验证，并对不同场景下的市场运营结果进行对比分析，比较市场运营效果的差异，分析不同的市场模式、规则参数对于市场运营结果的影响，分析市场运营可能出现的风险并提出相应的风险规避措施。基于电力现货市场模拟仿真系统也可以通过对电力现货市场的连续一段时间内的连续运营过程进行模拟仿真，对市场的发展趋势进行验证分析，通过趋势分析发现市场运营过程中可能存在的问题。

除了辅助市场设计和规则制定之外，电力现货市场模拟仿真系统还可以为电力现货市场运营相关的新技术和新功能提供验证和测试环境，在出清计算、安全校核等现货市场核心业务功能投入运行前，基于电力市场运营模拟对相应的功能进行业务级测试，可以确保该功能在业务协作与数据交互方面与其他功能协调一致，能为电力现货市场运营技术支持系统的稳定运行提供保障，也能促进电力现货市场领域新技术的研发和应用。另外，电力现货市场模拟仿真系统也可为市场运营人员和市场成员提供模拟培训环境，通过多种场景的电力现货市场运营的模拟和结果的对比分析，帮助他们建立电力现货市场的基本概念，理解电力现货市场的运营机理，熟悉业务流程，提升市场运营效率。

（3）电力现货市场模拟仿真系统与电力现货市场技术支持系统之间的区别。

电力现货市场技术支持系统指用于电力现货市场实际运营的技术系统，用于电力现货市场的日常运营支持，系统的运行结果直接影响到市场成员的收益，在数据接入、竞价申报、出清计算、结果发布等各环节均须实行严格的时间控制，在申报数据保密性方面也有严格规定，系统的部署需要严格遵循电网企业的等级保护部署要求。在市场结构、规则设置、算法服务方面只要满足市场规则设计要求即可。电力现货市场模拟仿真系统是针对电力现货市场运营过程进行仿真验证的技术系统，由于多场景仿真分析需要，它在技术支持系统的基础上还需要增加与电网仿真互联互动、对实时市场、辅助服务等的执行进行仿真，仿真场景设置、市场成员竞价代理、仿真过程管理等功能，为实现对电力现货市场运营效果和运营趋势的分析，还需要支持市场连续运营过程的自动仿真，并尽量压缩仿真过程所需时间，提升仿真分析的效率。

电力现货市场模拟仿真系统需要针对不特定的模式、规则下的电力现货市场提供仿真分析支持，因此系统设计的灵活性要求显著提高，需要支持仿真场景、市场规则的灵活定义与调整，支持电网模型、拓扑结构的灵活调整，支持市场运行边界、各类市场参数的灵活调整，支持各类市场成员的竞价决策代理，实现多种场景下电力现货市场运营过程的仿真验证分析。在市场运营相关的算法支持方面，仿真系统需要支持多种电价出清方式、多种安全校核计算方法以及算法参数的简便调整，并在架构设计上简便未来新的算法的集成。

与在线运行的电力现货市场技术支持系统相比，电力现货市场模拟仿真系统一般是离线运行的，仿真系统不从调度运行系统、中长期交易系统、计量系统中实时接入数据，也不会要求市场成员在规定时间申报竞价数据，仿真模拟所需的竞价数据由系统的市场成员竞价代理依据成本和自主学习竞价决策等算法生成，其他数据主要通过数据文件离线接入方式接入系统。由于是离线运行，电力现货市场模拟仿真系统的部署方面一般也为一级部署，不需要考虑等级保护的要求。在参与人员方面，模拟仿真系统可以由市场运营分析人员和部分市场成员共同参与，也可以仅由市场运营分析人员参与，未参与的市场成员基于竞价决策代理报价。

97. 现货市场技术支持系统与调度自动化系统在哪些应用功能方面联系紧密？分别与现货市场及辅助服务市场如何衔接？

电网能量管理系统经多年发展，现有的高级应用软件种类已经非常丰富。我国现有主流电网能量管理系统中的应用软件主要包括实时监控与预警类、调度计划类、安全校核类、调度管理类四大类几十种类型，其中较为常见的高级应用软件包括：负荷预测、状态估计、潮流计算、静态安全分析、灵敏度分析、自动发电控制、自动电压控制、在线安全分析等，与现货市场及辅助服务市场关系较为密切的有高级应用软件以及衔接形式主要如下：

负荷预测主要为现货市场提供出清时段的系统功率及母线负荷功率的预估值。负荷预测主要有两种类型：系统负荷预测和母线负荷预测。系统负荷预测是根据历史负荷数据特征预测未来某一时间段内的系统负荷。母线负荷预测则是根据母线历史负荷数据或者系统负荷预测结果求出某一时刻的各母线负荷功率。负荷预测分为长期（年、月）、短期（周、日）和超短期（h），与现货系统关联较为紧密的是短期和超短期负荷预测。日前市场主要使用短期负荷预测结果，实时市场主要采用超短期负荷预测结果。现有现货出清流程中，负荷预测数据作为出清计算的边界条件，应在市场成员报价截止时间之前由交易机构向市场成员发布，市场成员可根据负荷预测结果结合自身实际特点，形成各自的报价策略。

状态估计软件是现货系统的重要数据源之一。状态估计主要根据数据采集与监视控制系统（SCADA）等遥测遥信信息，估计出系统完整的运行状态，可以检验开关状态，去除不良数据，计算出比SCADA遥测数据更准确的运行方式，并补充缺失的电气量。状态估计提供了供调度运行人员监视系统运行的更准确的运行方式，并为其他应用软件提供完整的实时系统运行方式。状态估计一般周期运行，并自动保存计算结果供其他高级应用分析使用。状态估计计算结果与现货市场出清计算关系紧密：现货市场出清计算过程之前，需要以电网状态估计结果为基础，叠加检修计划等信息，形成各出清时段的预想运行方式，并进行灵敏度计算，计算稳定断面对机组及母线的灵敏度供优化出清计算计及网络约束使用；现货市场出清计算完成后，安全校核将以电网状态估计结果为基础，叠加负荷预测、机组出清结果、检修计划等信息，形成各出清时段的预想运行方式，并对各预想运行方式进行安全分析校核。

灵敏度分析是现货系统处理网络约束的主要手段。灵敏度分析是电力系统规划决策及运行控制中经常用到的方法，可以量化地计算出某项运行指标与控制变量之间的关系以确定该变量与系统的影响，从而进一步提出改善该运行指标的措施。灵敏度分析实际上用于量化描述潮流方程变量之间的线性关系，可以用一次偏导数矩阵的形式描述。灵敏度分析包括网损灵敏度、支路有功功率对节点注入有功功率灵敏度、节点电压对节点注入无功功率灵敏度、节点电压对变压器挡位灵敏度、节点电压对容抗器灵敏度、稳定断面对节点注入灵敏度等几种类型。现货出清计算过程中，为了简化计算流程，提高计算速度和收敛性，需将电力系统非线性的潮流约束方程进行线性化处理，即根据灵敏度计算结果，建立网络约束方程，在出清优化过程中将断面及设备的功率控制在限值以内。

潮流计算是现货系统最基础的安全校核方式。潮流计算是EMS最基本的网络分析软件之一，调度员可以用它研究当前电力系统可能出现的运行状态，计划工程师可以用它校核调度计划的安全性，分析工程师可以用它分析近期运行方式的变化。现货系统中，出清计算完成后，可根据现货出清结果与状态估计结果组成的未来时段预想运行方式进行潮流计算，根据潮流计算结果，分析稳定断面、变压器、线路等设备的状态，以判断出清结果的可行性。如果存在断面或设备越限，则出清结果存在问题，需进一步调整。实际现货出清计算中，为了提高计算效率，现货技术支持系统均具备潮流计算功能，其采用优化出清计算与潮流安全校核交替迭代方式进行计算：首先进行出清计算，然后对出清计算结果进行潮流校核，如有断面或设备越限，则进行相应调整并重新优化出清计算，如此交替迭代，直至无设备越限为止。采用该方式主要是由于优化出清计算采用线性化的方式计及网络约束，存在偏差；且为了提高计算速度和收敛性，出清计算中往往只加入重要约束，次要或者不易越限断面不加入约束方程，因此对其计算结果进行潮流计算并校核非常有必要。

静态安全分析是现货市场安全校核的主要手段之一。静态安全分析主要分析在指定的故障或故障组合下电力系统的静态安全情况，基于$N-1$原则，对每个故障模拟计算，得出稳态潮流结果，并进行网络越限条件检查以检验运行方式是否满足安全运行要求。与潮流计算不同，现货出清计算过程中，静态安全分析无需与出清计算交替迭代进行，原因在于电力系统的实际调度运行过程中，已经事前进行了大量的分析计算，将各类预想故障下的系统安全状态控制方法简化成了稳定断面功率控制；只要满足稳定断面的潮流约束，电网运行将不存在静态安全等其他问题。实际上，为了保证现货市场的稳定运行，一般在出清计算完成后进行一次静态安全分析，以进一步确保系统的安全可靠运行。

自动发电控制（AGC）是现货市场出清结果的实际执行软件。自动发电控制是传统能量管理系统的重要组成部分，其按电网调度机构的控制目标将指令发送给有关发电厂或机组，通过电厂或机组的自动控制调节装置实现对发电机功率的自动控制。现货市场中，日前市场出清结果不通过 AGC 执行，实时市场的电能量市场和辅助服务市场的中标结果都需要通过 AGC 进行控制执行。部分不具备 AGC 功能的机组需自行根据出清结果执行机组出力计划曲线。

98. 什么是电网状态估计？状态估计在现货市场中的作用是什么？

（1）电网状态估计。

状态估计是电网能量管理系统中用于电网状态感知的基础应用模块，主要功能是综合电力系统的各种量测信息，估算出电力系统当前的运行状态，为各类应用软件提供高可靠性的完整运行方式数据。数据可靠性方面，电网的各类运行状态信息主要是通过远动装置采集后传送至调度机构，由于远动装置的误差及在传送过程中各个环节所造成的误差，此类数据往往存在不同程度的误差和不可靠性。数据完整性方面，电网建设初期由于测量装置在数量上或种类上的限制，调度机构往往得不到完整的、足够的电力系统计算分析所需要的数据；近年来随着电力系统建设的逐步推进，量测装置的数量已基本不再是数据质量的制约，但量测采集装置或通信故障仍可能对数据的完整性带来影响。为解决上述同题，除了不断改善测量与传输系统外，还可采用数学处理的方法来提高测量数据的可靠性与完整性，电力系统状态估计正是为适应这一需要而诞生。

自 19 世纪 60 年代 F.C.Schweppe 等提出电力系统状态估计概念以来，经过几十年的发展，电力系统状态估计已成为能量管理系统的重要组成部分，是电力系统分析控制软件的基石。其主要任务是利用实时量测系统的冗余性，应用估计算法来检测与剔除坏数据，自动排除随机干扰引起的错误信息，提高数据准确性和一致性，并对部分缺失的数据进行估计，以此来为高级分析控制软件提供可信的实时潮流数据。状态估计的主要功能如图 3－1 所示。

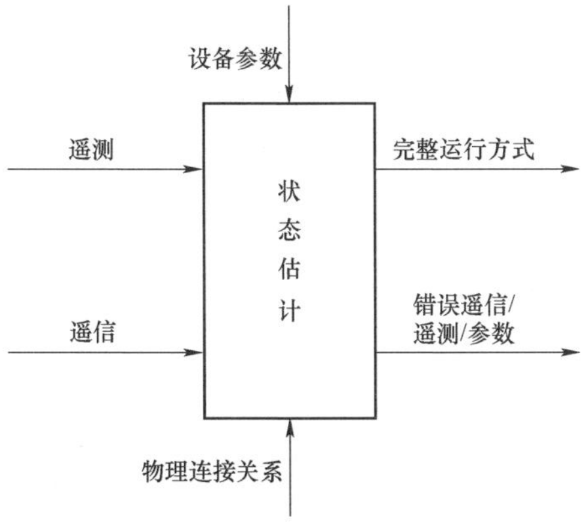

图 3－1　状态估计功能示意图

状态估计的输入数据主要包括网络模型参数以及系统遥测、遥信数据，输入数据经过状态估计分析计算，得到估计后的完整系统运行方式数据并输出，同时状态估计对辨识出的错误数据进行提示。状态估计主要包含如下功能和作用：

1）提高数据精度。状态估计根据网络方程应用最佳估计标准（可采用最小二乘准则等）处理系统采集来的生数据（系统直接采集的数据包含误差，因此为生数据），并剔除或修正其中的不良数据，从而提高可靠性。

2）提高数据完整性。状态估计根据当前能够获取的量测值推导出其他相关的难以测量的电气量，如通过有功功率测量值推导节点电压相角等。

3）网络连接方式辨识或开关状态辨识。为了保证运行方式的正确性，可以利用遥测量估计电网的实际开关状态，找出并修正因为偶然因素出现的开关刀闸的错误状态信息。

4）参数估计。对于某些未知或可疑的参数，将它们组成状态量，根据实际量测数据，利用欧姆定律和基尔霍夫定律估算出此类参数数值，找出可疑参数。

（2）状态估计在现货市场中的作用。

在支撑电力现货系统运行方面，电网状态估计具有很重要的价值。与数据采集与监视控制系统（SCADA）原始量测值相比，状态估计计算结果具有更好的准确性和完整性，传统调度控制系统的各类分析计算软件都以状态估计提供的准实时断面为基础进行后续分析计算。现货技术支持系统同样需要以状态估计结果作为数据基础进行分析和计算：现货系统的灵敏度分析功能以状态估计提供的实时断面为基础，叠加检修计划后进行灵敏度计算，所计算出的灵敏度结果是优化出清的网络约束处理依据；现货系统的安全校核功能以电网状态估计结果为基础，叠加负荷预测、机组出清结果、检修计划等信息，形成各出清时段的预想运行方式，并对各预想运行方式进行安全校核分析；现货系统通过状态估计所提供的历史断面，分析各机组的连续运行时间或连续停机时间，从而判断该机组是否满足开停机要求。

在对电网运行的安全约束考虑方面，实际调度运行过程中，为了简化流程、提高控制效率，一般采取通过大量分析计算将复杂的控制规则“降维”处理成稳定断面的功率控制的方法。而现货优化出清过程中将断面功率控制进一步进行线性化处理，根据稳定断面对机组和负荷的灵敏度将断面功率控制在限值以内。为防止此类近似偏差对系统的安全运行和市场的有序开展带来影响，需对现货出清计算结果进行进一步安全校核。

对现货出清结果进行安全校核需要对计划运行方式进行大量的分析计算，包括潮流计算、静态安全分析、动态稳定、暂态稳定和电压稳定等。其中潮流计算是各类分析的基础，并且能为后面各种稳态分析计算和分析提供初值。潮流计算需要一整套运行方式数据，而现货出清结果中仅包含未来时段的机组有功功率、负荷有功功率、联络线有功功率。潮流计算所需的其他数据，如电网拓扑结构、电压无功等数据，大多需要从状态估计结果中进行获取和整合。上述数据对形成完整的运行方式数据缺一不可。

电网拓扑结构方面，对出清结果进行安全校核，首先要形成未来时段的网络结构，这就需要获得开关刀闸的状态。针对未来时段开关刀闸状态的不确定性，常见的处理方法包括以下两种：第一种是根据相似日生成未来运行方式，采用历史相似日的电网运行拓扑结构来代替未来电网拓扑结构；第二种是在电网实际运行方式的基础上叠加未来时段的检修计划。第一种方式多见于学术研究及时间尺度较长的未来运行方式生成。由于电力现货市场主要处理日内或者次日的运行方式，时间尺度较短，运行方式的不确定性小，因此实际常用的方法是第二种，即在电网实际运行方式的基础上叠加未来指定时段的检修计划，而电网的实际运行方式主要来源于状态估计计算结果。现货出清计算时，首先获取电网的实时运行状态作为初始状态，在初始运行状态的基础上，按检修计划将对应设备在指定时段进行投退、操作相关的开关刀闸，并由最终结果生成出清时段内的电网运行网络拓扑结构。

无功功率、电压数据方面，现有现货出清均仅针对有功功率功率进行出清计算，不涉及无功功率、电压范畴。如仅采用直流潮流对电力现货出清结果进行潮流安全校核，则无需补充无功功率、电压类数据。实际上，国外部分电力交易机构对出清结果的安全校核都采用直流潮流。但考虑到直流潮流的精度问题，以及更进一步开展电压稳定分析等校核需求，安全校核还需要补充电机端电压、变压器分接头以及电容电抗器补偿情况等数据。考虑到电网运行方式的相似性，该类数据可以根据以往电网运行状态进行拟合。现货出清计算多以五分钟或十五分钟为时间间隔，将出清时段的运行方式分解成若干个运行点。而状态估计一般以五分钟为周期保存电网运行的历史数据，其中包含负荷无功功率、变压器分接头位置等各类详细信息，因此状态估计保存的历史数据可以满足无功电压数据的拟合需要。在进行负荷无功功率拟合时，可采用等功率拟合或者等功率因数拟合等方式估算各出清时段的负荷无功功率大小。发电机无功功率拟合可分为两种，设置为 PV 节点的发电机无需计算无功功率，直接根据设定极端电压参与计算；设置为 PQ 节点的发电机可采用与负荷无功功率类似的方式计算各时段的无功功率。

除状态估计外，电网运行数据的另一大类数据源是 SCADA 量测数据，但现货系统的安全校核不宜直接采用 SCADA 数据作为数据基础。从数据准确度而言，SCADA 数据是直接量测数据，与状态估计结果相比，大多测点的 SCADA 数据与真实值更为接近，但 SCADA 数据中可能存在的少数坏数据，这会导致安全校核计算无法执行，或对系统运行状态造成误判。例如部分量测数据可能会存在异常值或者毛刺，导致全系统的功率出现很大的不平衡量，无法进行潮流等安全分析；部分关键遥信量如关键特高压线路开关遥信值的偶然错误会导致全系统潮流异常分布，造成计算结果的不可用。状态估计可对此类坏数据进行辨识与剔除，能有效提高现货安全校核的实用性。

此外，由于状态估计结果是大多数电力调度应用软件分析的数据基础，因此状态估计结果的偏差对各类应用分析结果都有不同程度的影响。传统调度计划模式下，此类影响主要体现在系统运行状态分析偏差、安全裕度分析偏差等，会对系统安全运行带来不良影响。而市场模式下，状态估计结果的偏差还可能造成出清结果的差异，除影响电网安全运行外，还将对市场主体的收益造成影响。因此，随着电力市场化改革的逐步推进，对状态估计计算结果的准确性的要求将越来越高。

99. 什么是电能量计量系统？现货市场建设为何需要完备的电能量计量系统？现货市场建设对电能量计量系统有什么新的技术要求？

（1）电能量计量系统。

电能量计量系统（tele-meter reading system，TMR）主要实现电厂上网、下网和联络线关口点电能量的计量，分时段存储、采集和处理，为结算和分析提供基本数据。

（2）现货市场建设需要完备的电能量计量系统的原因。

现货市场结算需要通过采集市场计量装置的计量数据确定每个参与市场的发电机组的分时电量和用户侧每个计量点的分时电量，需要保证电能量的采集、传送、处理过程的可靠性、唯一性、准确性和连续性。完备的电能量计量系统关系到市场成员的切身利益、是保障准确结算的必要条件，而准确结算也是保障电力市场稳定运营、形成良性循环的基础条件之一，因此现货市场建设需要完备的电能量计量系统。

（3）现货市场建设对电能量计量系统的技术要求。

电力现货市场对数据采集频率、计量数据准确度、计量数据精度、计量装置及通信装置稳定性、计量系统时钟与标准时钟的同步误差控制、分时段累计存储有更高要求，对计量系统丢失数据补全、采集数据格式、采集终端位置等有新的要求。

1）计量装置精度、功能要求。

电力市场计量装置及技术管理应符合 DL/T 448—2016《电能计量装置技术管理规程》要求。通过升级或更换电能量采集终端、专用变压器采集终端，关口电能表负荷记录间隔时间应支持设置为 15min 或现货结算时段，计量数据采集机构应测量、记录和读取其负责的每个市场表计、记录每个交易日、每个交易时段的电量数据。计量自动化系统应能够满足数据在现货市场规定时间内，通过远程自动采集读取计量数据，以满足电力现货市场结算要求。

对于新能源机组、电力用户等发/用电力较小的资源，考虑原有计量回路均与保护、测控回路共用电压互感器、电流互感器，其表计倍率往往较大，亟须通过拓展表计采集小数位数解决时段数据计量精度问题。

受用户侧计量精度难以满足实际业务需求、非统调电厂和用户侧分时电量采集完整率不高、数据上传滞后等因素影响，对用户侧结算和不平衡资金计算造成一定困扰。同时计量数据的自动校验、推送频度等方面与现货市场连续运行要求还存在较大差距，需要进一步完善。

辅助服务通过能量管理系统、电力需求侧系统等计量，由调度机构按结算要求统计辅助服务提供和使用情况。

表计应支持自动根据倍率参数调整二次计量值；若表计自身未自动根据倍率参数调整二次计量值，数据采集机构应按照适用的表计倍率参数对读取到的计量数据进行调整。

若远程读取数据失败 3 次，计量数据采集机构应及时人工采集市场表计数据。

2）计量数据验证要求。

计量数据采集机构应通过以下方法进行计量数据验证：

a. 根据已发布标准对每个交易时段内读取到的计量数据进行验证。

b. 适用于市场表计、市场主体和零售用户的通用验证规则；个别市场表计特定的验证规则；任何可用的计量数据，包括市场主体提交的表计读数进行验证。

c. 若市场表计在市场表计注册表中状态为“离线”，则任何非零的计量数据皆为“验证失败”。

3）关口计量点设置要求。

发电厂商、拥有配电网运营权的售电公司根据市场运行需要，按照《中华人民共和国合同法》《电能计量装置技术管理规程》等国家和行业规程规范要求，向电网企业提出关口计量的设置申请。电网企业根据申请，在产权分界点处设置关口电能计量点，并与其他市场主体在相关合同、协议中明确。火电、水电机组在主变压器高压侧增加设置关口计量点，单机上网电量按主变压器所计电量比例分劈总上网电量计算；风电、光伏电站可延用原关口计量点参与现货交易。参与贸易结算的关口计量点应在相关合同、协议中给予明确。

新增关口计量点时，由发电厂商、拥有配电网运营权的售电公司向电网企业提交相关设计方案，并完成施工，经电网企业验收合格后方可投运。

4）计量装置安装位置要求。

发电单元接入电网的连接点；直接参与市场用户的设备接入电网的连接点；竞争性零售用户接入电网的连接点；10kV 及以上电压等级的非竞争性用户的设备接入电网的连接点；不同电压等级或归属不同电网服务机构的电网间的连接点；省间电网的连接点。

5）计量装置可遵守的规定。

若某发电厂商一个发电单元的上网电量可通过其他发电单元的计量表计和出线侧表计的计量值计算出来，且该计算值满足结算要求的准确度和精确度，相关市场主体可提出电量的计算方法并经调度机构批准，那么该发电单元不需安装市场表计。

发电单元的各个组成部分无需单独安装市场表计，只要能获得满足结算准确度和精确度要求的发电单元电量数据即可。在该连接点整合出的计量数据可以由一个或多个市场表计计算得出，相关市场主体应提出该位置电量的计算方法，并经调度机构批准。例如：在同一位置有多台风力发电机组的风力发电厂。

若厂用电和单个发电单元共用同一个连接点，该连接点的结算电量可由一个双向的市场表计计量得出，则无需为该厂用电和发电单元安装独立的市场表计，如图 3－2 所示。

若厂用电与多个发电单元共用同一个连接点。应明确厂用电的分配方式，发电厂商可要求指定电厂中的某一发电单元来承担厂用电，在每个交易时段，用该发电单元的发电量减掉厂用电得到的净发电量进行结算；发电厂商可要求按照发电单元容量的比例分配厂用电，在每个交易时段，用每个发电单元的发电量减掉分配的厂用电得到的净发电量进行结算，如图 3－3 所示。

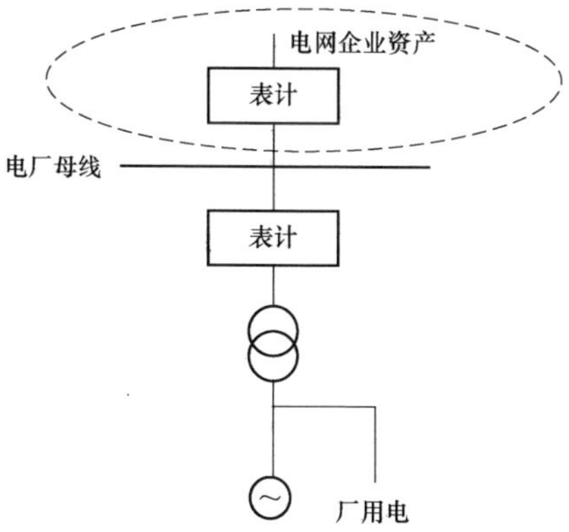

图 3－2　厂用电和发电单元安装独立的市场表计

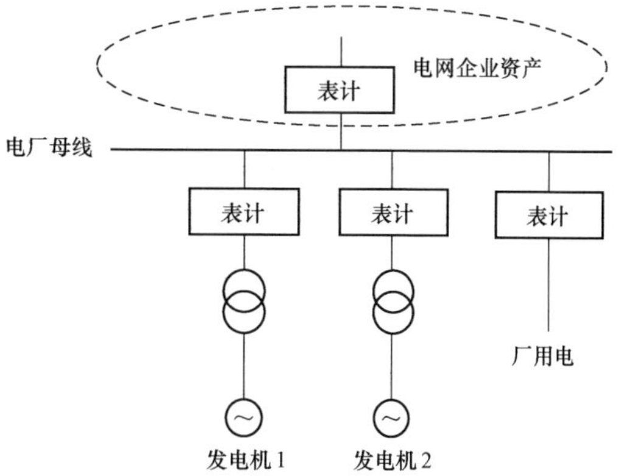

图 3－3　厂用电与多个发电单元共用同一个连接点

若电厂的连接点与发电单元的连接点不同，此类厂用电应视为负荷。发电厂商应将其注册为市场用户或通过零售商购买这部分用电量。负荷单元和市场用户的费用结算要求适用于此类厂用电，如图 3－4 所示。

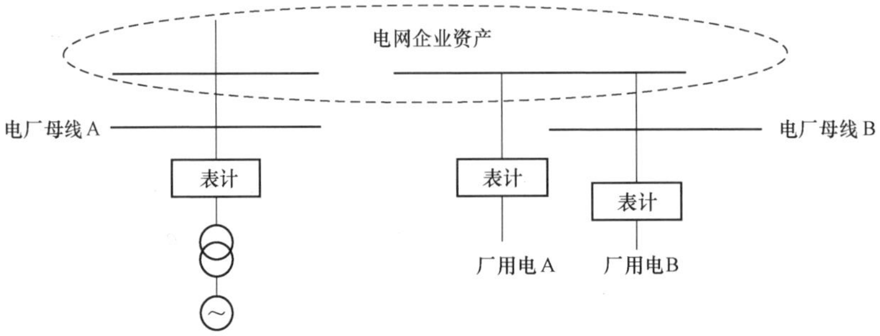

图 3－4　电厂的连接点与发电单元的连接点不同

6）关口计量点配置要求。

发电厂商，Ⅰ、Ⅱ类电力用户和Ⅲ类重要电力用户的关口计量点，原则上应安装同型号、同规格、同精度的主副电能表各一套，主副表应有明确标志。以主表计量数据作为结算数据，副表计量数据作为参照。当确认主表故障后，副表计量数据替代主表计量数据作为电量结算数据。其他电力用户关口计量点至少安装一具符合技术要求的电能计量装置。

电能计量装置精度的选择以供电容量及被计量对象的重要程度为基础，按照 DL/T 448—2016《电能计量装置技术管理规程》要求配置。现场计量装置时钟以北斗或 GPS 标准时钟为基准，实现自动对时。

7）故障检测与修复要求。

a. 若计量数据采集机构怀疑市场表计故障，则需支持重新读取市场表计每 30min 的计量数据和底码值；及时通知表计服务机构并提供疑似故障的支持材料。

b. 若收到计量数据采集机构通知或通过例行检查怀疑市场表计出现故障，表计服务机构应：

a）通知表计注册机构该表计的状态为“疑似故障”；立即进行故障诊断；迅速人工读取电表底码值，并发送到计量数据采集机构；立即修复或更换故障表计；更换表计后，应人工读取表计初始值并发送给计量数据采集机构。

b）立即通知表计注册机构：市场表计的管理和技术细节变更。

c. 当市场表计处于“疑似故障”状态时，若该市场表计无副表，计量数据采集机构应对该市场表计的计量数据进行估算。

8）关口计量装置运行管理。

新建、改（扩）建关口计量装置投运后，产权单位应建立相应的运行档案并及时维护。新建、改（扩）建关口计量装置应在投运后 1 个月内，进行首次现场检验（投运时间以首次抄见电量时间为准）。

现场关口电能计量装置由相关责任部门和人员负责日常维护，保证其封印、接线、外观结构完好，不受人为损坏。发现异常时应及时报送产权单位和运维单位进行消缺处理。

关口计量装置产权单位应定期开展电能计量装置配置情况、修调前检验及监督抽检结果、故障差错情况等统计分析，评价电能计量装置配置水平和运行质量，为制定、实施电能计量装置改造计划提供依据。

市场主体对关口计量装置计量电量有异议时，可向关口计量装置产权单位提出申请，由产权单位组织相关方共同向有资质的计量检定机构提出检验申请。如果检定合格，检定费用由提出单位承担；如果检定存在误差，由产权单位承担检定费用。差错电量按检定结果进行更正。

9）计量数据异常处理。

电能计量装置是电能量计量数据的唯一来源。市场结算用的关口计量数据，原则上应由电能计量采集管理信息系统自动采集。自动采集数据不完整时，由电能计量采集管理信息系统根据拟合规则补全。当计量装置故障等问题导致计量表计底码值不可用时，计量装置管理机构依据相关规则出具电量更正报告，由交易机构组织相关市场主体确认后进行电量追退补。

10）不具备自动采集条件发电厂商计量数据处理。

对于暂不具备实现自动采集的发电厂商，按照市场规则要求的周期，由该发电厂商提供相应关口计量点的计量数据。各相关发电厂商应设专人负责严格按时抄表，及时报送关口计量数据。相关发电厂商应在不多于一个电费结算周期内完成计量装置的改造，实现计量数据的自动采集。

11）封印管理。

关口计量装置使用的封印样式和编号方式等由电网企业按照省级市场监管机构相关要求订制及管理。

关口点计量装置变更时，在现场工作结束后应对关口计量装置实施封印，记录封印编号，由各方代表在记录中签名确认。

相关各方均应做好关口计量装置封印维护和管理，任何一方不得无故擅自开启封印，确保封印完好。

100. 现货市场运营为什么需要对用户表计改造？对表计改造有什么要求？表计数据采集失败或尚不具备分时计量条件如何处理？

（1）现货市场运行需要对用户表计改造的原因。

现货市场开启之后，计量周期由月缩短至 15min，缩短约 3000 倍。考虑原有计量回路均与保护、测控回路共用电压互感器、电流互感器，用户表计倍率往往较大，亟须通过拓展表计采集小数位数解决时段数据计量精度问题。此外，为保证交易时段结算要求，表计应支持设置负荷记录间隔时间为 15min 或现货结算时段。计量数据采集机构应测量、记录和读取其负责的每个市场表计，记录每个交易日、每个交易时段的电量数据。计量自动化系统应能够在现货市场规定时间内，通过远程自动采集读取计量数据，以满足电力现货市场结算要求。

计量精度、采集完整率、数据上传时效性若无法满足实际业务需求，将对市场主体结算造成困扰，带来资金的争议，故需对表计进行改造。

（2）对表计改造的要求。

针对符合准入条件（一定电压等级或一定规模）且有参与市场意愿的用户，初期可通过拟合用电曲线或典型用电曲线满足结算要求，根据用户侧参与市场的需求推动分时计量表计的改造，并在表计改造前完成相关工作。改造后的表计采集精度应至少满足国标要求，数据补采后完整率应达到 98%以上，用户侧每个计量点的分时电量数据应满足现货市场结算要求。

（3）表计数据采集失败或尚不具备分时计量条件的处理方法。

对表计数据采集失败或历史尚不具备分时计量条件的用户，计量时对其每个时段的电量采用一定的拟合办法。拟合规则制定要公开透明，并按照现货市场时序价格结算电量偏差。

以下以山西电力市场电力数据拟合办法为例说明。

根据《山西电力市场监管实施办法（试行）》《山西电力市场信息披露指引》《山西电力市场运营机构监管指引》《山西电力市场监测和关联及异常交易行为认定指引》和《〈山西电力市场风险防范指引〉意见的函》（晋监能市场函〔2020〕45 号），山西发用电量采集补全算法如下：

1）发电关口侧电量采集补全算法。

对于山西省内参与市场交易的电厂，截至（$D+3$）日电能计量采集管理信息系统仍无法采集到电表数据，由电能计量采集管理信息系统对需提供的电表数据进行拟合后用于电量计算，并对拟合数据作出明确标示。拟合规则约定如下：

a. 当发电侧关口点主表采集数据缺失时，则所缺电量数据采用该关口点副表数据进行近似拟合，拟合时以副表同一时段电量值进行计算后，补全至主表所缺数据点。若主、副表均采集失败，则继续使用下一条拟合规则。

b. 当计量点连续时间点内缺点数不大于 2 个点时，取该计量点表计缺点区间内前后时间点的区间电量算术平均值作为电量拟合值。

c. 当连续时间点内缺点数大于 2 个点时，取该计量点表计同比同属性日期的电量/表码数据进行近似拟合。如果缺点时间段区间在工作日内，按上一个工作日数据的平均值拟合处理；如果缺点时间段区间在双休日内，按上一个双休日区间数据的平均值拟合处理。

d. 采用拟合电量数据进行结算的电厂，在跨越结算期后重新获得电表实际表码，且当日拟合总电量偏差超过实际电量 –5%或 +5%时，则按照电量追补原则进行处理，原有拟合数据不做调整。

2）用户侧电量采集补全算法。

对于山西省内参与市场交易的用户，截至（$D+3$）日电能计量采集管理信息系统仍无法采集到电表数据，由电能计量采集管理信息系统对需提供电量进行拟合后用于市场化结算，拟合规则如下：

a. 当连续时间点内缺点数不大于 2 个点时，取该计量点表计缺点区间内前后时间点的区间电量算术平均值作为电量拟合值。

b. 当连续时间点内缺点数大于 2 个点时，取该计量点同期的电量数据进行近似拟合。

按日期属性分为工作日、双休日、国家法定节假日（元旦、清明、五一、端午、中秋、国庆、春节）三种。具体拟合规则如下：

如果缺点时间段区间在工作日内，前推 4 个同期日数据的平均值拟合处理。例如：3 月 25 日星期一 11:00～12:00 缺数，以 3 月 25 日前 4 个星期一 11:00～12:00 数的平均值进行拟合。

如果缺点时间段区间在双休日内，前推 4 个双休日数据的平均值拟合处理。例如：3 月 23 日星期六 11:00～12:00 缺数，以 3 月 23 日前 4 个星期六 11:00～12:00 数的平均值进行拟合。

如果缺点时间段区间在法定节假日内，按去年同类型节假日区间数据拟合处理。无历史类比数据的区分大小长假，参照上一个大小长假数据拟合处理。大长假例如 2019 年 10 月 1 日国庆节 11:00～12:00 缺数，则用 2018 年 10 月 1 日国庆节 11:00～12:00 数据拟合处理。无历史类比数据用春节数据拟合处理。小长假例如 2019 年 4 月 5 日清明 11:00～12:00 缺数，则用 2018 年清明假期 11:00～12:00 数据拟合处理。无历史类比数据用元旦数据拟合处理。

无 4 个同期日和节假日新报装用户，采用近 1 月内电量数据的平均值拟合。例如：某 2019 年 2 月 1 日进入市场用户，2019 年 2 月 20 日 01:00～12:00 缺数，且无历史数据，则使用 2019 年 2 月 1～20 日 01:00～12:00 平均数据进行拟合。

c. 采用拟合电量数据进行电量计算时，当结算期内重新获得电表实际表码后，应用电表实际表码替换拟合数据进行电量计算；如跨越结算期重新获得电表实际表码，且当日拟合总电量偏差超过实际电量－10%或＋10%时，则按照电量追补原则进行处理。

101. 电力现货技术支持系统与电力交易平台定位与关系是什么?

随着中发 9 号文的发布，我国电力市场改革不断深化，电力交易品种日益丰富，以中长期交易规避风险，以现货市场发现价格的“中长期＋现货”联合运营模式逐渐形成。中发 9 号文配套文件《关于推进电力市场建设的实施意见》指出，电力市场主要由中长期市场和现货市场构成，中长期市场主要开展多年、年、季、月、周等日以上电能量交易和可中断负荷、调压等辅助服务交易。现货市场主要开展日前、日内、实施电能量交易和备用、调频等辅助服务交易。条件成熟时，探索开展容量市场、电力期货和衍生品等交易。

2018 年，国家电网公司《全国统一电力市场深化设计方案》在综合考虑体制架构和电网安全运行需要的基础上，提出了由交易机构负责市场注册、交易申报、交易结算、信息发布等与市场交易密切相关环节，由调度机构负责现货和辅助服务交易组织、安全校核等与电网运行密切相关环节的统一市场联合运营模式。此模式也成为电力市场技术支撑平台在交易机构和调度机构之间功能建设的实际划分标准，交易机构的电力交易平台、调度机构的电力现货技术支持系统各功能相互协作实现“全时段、全过程、全环节”的交易流程，实现“中长期＋现货”市场安全、高效、有序运营，向市场成员提供准确规范的市场交易信息和在线交易业务支持。

调度机构负责现货交易与电网运行密切相关的环节，负责安全校核、现货交易组织、辅助服务交易组织等工作。电力现货技术支持系统面向调度机构业务，用于支撑日前、实时等电力现货市场的组织、出清、安全校核等核心业务，并与调度机构内部的调度系统、交易机构的电力交易平台等系统实现对接。

交易机构负责与市场交易密切相关的环节，电力交易平台作为国家电网公司对市场主体服务的窗口，在市场注册、交易申报、交易结算、信息发布等环节为市场主体提供相关服务，并与包括电力现货技术支持系统在内的调度、营销、财务等系统实现对接。电力交易平台分为面向电力交易机构的主站端，以及面向发电侧、用电侧等市场成员的子站端。主站端的主要功能是市场成员注册审批、中长期交易组织、政府授权合约分解、合同管理、结算计算、信息发布、信息管理、信用管理等功能；子站端是发用侧市场成员用于进行市场注册、现货市场申报、中长期市场申报、中长期合约备案、查看发布信息、查看结算账单的系统。

电力交易平台的主要功能如下：

（1）市场成员管理。市场成员向电力交易平台提交注册申请和相关信息。电力交易平台将调度机构业务所需要的市场成员信息推送至电力现货技术支持系统。

（2）交易申报。中长期电力交易在电力交易平台组织，现货交易在电力现货技术支持系统组织，但参与市场的市场成员均在电力交易平台的外网端进行报价。即现货交易申报通过电力交易平台受理，面向公众的现货交易信息也通过电力交易平台发布。

（3）交易出清。中长期电力交易的出清在电力交易平台开展，中长期电力交易、现货交易均由调度机构进行安全校核，现货交易的安全校核和市场出清在电力现货技术支持系统一并进行。

（4）交易结算。交易机构根据中长期、现货以及辅助服务交易结果、执行情况，通过电力交易平台出具结算依据。对各类交易品种日清分、月结算、年清算。

（5）信息发布。交易机构将市场相关信息在电力交易平台对外发布，调度机构协助开展现货交易部分的信息发布工作。

总体而言，电力现货技术支持系统与电力交易平台分别针对使用用户的业务特点和需求而建立，同时具有较强的业务配合衔接和数据交互关系。

附录　电力体制改革政策文件

序号	政策名称/文号	发布日期	发布机关	分类
1	关于进一步深化电力体制改革的若干意见/中发〔2015〕9号	2015/3/15	中共中央、国务院	综合
2	关于改善电力运行调节促进清洁能源多发满发的指导意见/发改运行〔2015〕518号	2015/3/20	国家发展改革委、国家能源局	新能源
3	关于完善电力应急机制做好电力需求侧管理城市综合试点工作的通知/发改运行〔2015〕703号	2015/4/7	国家发展改革委、财政部	其他
4	关于贯彻中发〔2015〕9号文件精神加快推进输配电价改革的通知/发改价格〔2015〕742号	2015/4/13	国家发展改革委	电价
5	关于降低燃煤发电上网电价和工商业用电价格的通知/发改价格〔2015〕748号	2015/4/13	国家发展改革委	电价
6	关于完善跨省跨区电能交易价格形成机制有关问题的通知/发改价格〔2015〕962号	2015/5/5	国家发展改革委	电价
7	输配电定价成本监审办法（试行）/发改价格〔2015〕1347号	2015/6/9	国家发展改革委、国家能源局	电价
8	关于促进智能电网发展的指导意见/发改运行〔2015〕1518号	2015/7/6	国家发展改革委、国家能源局	其他
9	中共中央国务院关于推进价格机制改革的若干意见	2015/10/12	中共中央、国务院	电价
10	关于推进输配电价改革的实施意见/发改经体〔2015〕2752号	2015/11/26	国家发展改革委、国家能源局	电价
11	关于推进电力市场建设的实施意见/发改经体〔2015〕2752号	2015/11/26	国家发展改革委、国家能源局	电力市场
12	关于电力交易机构组建和规范运行的实施意见/发改经体〔2015〕2752号	2015/11/26	国家发展改革委、国家能源局	交易机构
13	关于有序放开发用电计划的实施意见/发改经体〔2015〕2752号	2015/11/26	国家发展改革委、国家能源局	电力市场
14	关于推进售电侧改革的实施意见/发改经体〔2015〕2752号	2015/11/26	国家发展改革委、国家能源局	售电侧
15	关于加强和规范燃煤自备电厂监督管理的指导意见/发改经体〔2015〕2752号	2015/11/26	国家发展改革委、国家能源局	其他
16	关于认真做好电力体制改革试点工作的通知/发改电〔2015〕800号	2015/12/15	国家发展改革委、国家能源局	综合
17	关于降低燃煤发电上网电价和一般工商业用电价格的通知/发改价格〔2015〕3105号	2015/12/27	国家发展改革委	电价
18	关于印发省级能源发展规划管理办法的通知/国能规划〔2016〕46号	2016/2/17	国家能源局	其他
19	关于推进“互联网+”智慧能源发展的指导意见/发改能源〔2016〕392号	2016/2/24	国家发展改革委、国家能源局、工业和信息化部	新能源
20	关于建立可再生能源开发利用目标引导制度的指导意见/国能新能〔2016〕54号	2016/2/29	国家能源局	新能源

续表

序号	政策名称/文号	发布日期	发布机关	分类
21	关于促进我国煤电有序发展的通知/发改能源〔2016〕565号	2016/3/17	国家发展改革委、国家能源局	其他
22	《可再生能源发电全额保障性收购管理办法》/发改能源〔2016〕25号	2016/3/24	国家发展改革委	新能源
23	关于发展煤电联营的指导意见/发改能源〔2016〕857号	2016/4/17	国家发展改革委	其他
24	关于推进电能替代的指导意见/发改能源〔2016〕1054号	2016/5/16	国家发展改革委、国家能源局、财政部、环保部、住建部、工信部、交通运输部、中国民航局	其他
25	电力规划管理办法/国能电力〔2016〕139号	2016/5/17	国家能源局	其他
26	关于做好风电、光伏发电全额保障性收购管理工作的通知/发改能源〔2016〕1150号	2016/5/27	国家发展改革委、国家能源局	新能源
27	关于完善两部制电价用户基本电价执行方式的通知/发改办价格〔2016〕1583号	2016/6/30	国家发展改革委	电价
28	关于印发《可再生能源调峰机组优先发电试行办法》的通知/发改运行〔2016〕1558号	2016/7/14	国家发展改革委、国家能源局	新能源
29	关于全面推进输配电价改革试点有关事项的通知/发改价格〔2016〕2018号	2016/9/19	国家发展改革委	电价
30	售电公司准入与退出管理办法/发改经体〔2016〕2120号	2016/10/8	国家发展改革委、国家能源局	售电侧
31	有序放开配电网业务管理办法/发改经体〔2016〕2120号	2016/10/8	国家发展改革委、国家能源局	增量配电
32	关于印发《生物质能发展“十三五”规划》的通知/国能新能〔2016〕291号	2016/10/28	国家能源局	新能源
33	关于规范开展增量配电业务改革试点的通知/发改经体〔2016〕2480号	2016/11/27	国家发展改革委、国家能源局	增量配电
34	关于对拥有配电网运营权的售电公司颁发管理电力业务许可证（供电类）有关事项的通知/国能资质〔2016〕353号	2016/12/8	国家能源局	增量配电
35	省级电网输配电价定价办法（试行）/发改价格〔2016〕2711号	2016/12/22	国家发展改革委	电价
36	电力中长期交易基本规则（暂行）/发改能源〔2016〕2784号	2016/12/29	国家发展改革委、国家能源局	电力市场
37	关于试行可再生能源绿色电力证书核发及自愿认购交易制度的通知/发改能源〔2017〕132号	2017/1/18	国家发展改革委、财政部、国家能源局	新能源
38	关于开展跨区域省间可再生能源增量现货交易试点工作的复函/国能监管〔2017〕49号	2017/2/14	国家能源局	电力市场
39	关于有序放开发用电计划的通知/发改运行〔2017〕294号	2017/3/29	国家发展改革委、国家能源局	电力市场
40	关于印发《推进并网型微电网建设试行办法》的通知/发改能源〔2017〕1339号	2017/7/17	国家发展改革委、国家能源局	新能源
41	关于可再生能源发展“十三五”规划实施的指导意见/国能发新能〔2017〕31号	2017/7/19	国家能源局	新能源

续表

序号	政策名称/文号	发布日期	发布机关	分类
42	关于请报送第二批增量配电业务改革试点项目的通知/发改办经体〔2017〕1264 号	2017/7/20	国家发展改革委、国家能源局	增量配电
43	关于同意印发《跨区域省间富余可再生能源电力现货交易试点规则（试行）》的复函/国能函监管〔2017〕46 号	2017/7/24	国家能源局	电力市场
44	能源行业市场主体信用评价工作管理办法（试行）/国能发资质〔2017〕37 号	2017/8/1	国家能源局	其他
45	关于全面推进跨省跨区和区域电网输电价格改革工作的通知/发改办价格〔2017〕1407 号	2017/8/16	国家发展改革委	电价
46	关于开展电力现货市场建设试点工作的通知/发改办能源〔2017〕1453 号	2017/8/28	国家发展改革委、国家能源局	电力市场
47	关于促进储能技术与产业发展的指导意见/发改能源〔2017〕1701 号	2017/9/22	国家发展改革委、财政部 科学技术部、工业和信息化部、国家能源局	新能源
48	关于开展分布式发电市场化交易试点的通知/发改能源〔2017〕1901 号	2017/10/30	国家发展改革委、国家能源局	电力市场
49	关于印发《完善电力辅助服务补偿（市场）机制工作方案》的通知/国能发监管〔2017〕67 号	2017/11/15	国家能源局	电力市场
50	关于规范开展第二批增量配电业务改革试点的通知/发改经体〔2017〕2010 号	2017/11/21	国家发展改革委、国家能源局	增量配电
51	关于加快推进增量配电业务改革试点的通知/发改办经体〔2017〕1973 号	2017/11/30	国家发展改革委、国家能源局	增量配电
52	关于开展分布式发电市场化交易试点的补充通知/发改办能源〔2017〕2150 号	2017/12/28	国家发展改革委、国家能源局	电力市场
53	区域电网输电价格定价办法（试行）/发改价格规〔2017〕2269 号	2017/12/29	国家发展改革委	电价
54	跨省跨区专项工程输电价格定价办法（试行）/发改价格规〔2017〕2269 号	2017/12/29	国家发展改革委	电价
55	关于制定《地方电网和增量配电网配电价格的指导意见》的通知/发改价格规〔2017〕2269 号	2017/12/29	国家发展改革委	电价
56	关于印发《企业产品成本核算制度——电网经营行业》的通知/财会〔2018〕2 号	2018/1/5	财政部	电价
57	关于提升电力系统调节能力的指导意见/发改能源〔2018〕364 号	2018/2/28	国家发展改革委、国家能源局	其他
58	增量配电业务配电区域划分实施办法（试行）/发改能源规〔2018〕424 号	2018/3/13	国家发展改革委、国家能源局	增量配电
59	关于降低一般工商业电价有关事项的通知/发改价格〔2018〕500 号	2018/3/28	国家发展改革委	电价
60	关于减轻可再生能源领域企业负担有关事项的通知/国能发新能〔2018〕34 号	2018/4/2	国家能源局	新能源
61	分散式风电项目开发建设暂行管理办法/国能发新能〔2018〕30 号	2018/4/3	国家能源局	新能源
62	关于规范开展第三批增量配电业务改革试点的通知/发改经体〔2018〕604 号	2018/4/18	国家发展改革委、国家能源局	增量配电

续表

序号	政策名称/文号	发布日期	发布机关	分类
63	关于进一步促进发电权交易有关工作的通知/国能发监管〔2018〕36 号	2018/4/27	国家能源局	电力市场
64	关于规范开展第三批增量配电业务改革试点的补充通知/发改经体〔2018〕956 号	2018/6/25	国家发展改革委、国家能源局	增量配电
65	关于清理规范电网和转供电环节收费有关事项的通知/发改办价格〔2018〕787 号	2018/7/4	国家发展改革委办公厅	电价
66	关于简化优化许可条件、加快推进增量配电项目电力业务许可工作的通知/国能综通资质〔2018〕102 号	2018/7/11	国家能源局综合司	增量配电
67	关于积极推进电力市场化交易 进一步完善交易机制的通知/发改运行〔2018〕1027 号	2018/7/16	国家发展改革委、国家能源局	电力市场
68	关于核定部分跨省跨区专项工程输电价格有关问题的通知/发改价格〔2018〕1227 号	2018/8/25	国家发展改革委	电价
69	关于推进电力交易机构规范化建设的通知/发改经体〔2018〕1246 号	2018/8/28	国家发展改革委、国家能源局	交易机构
70	关于同意继续开展跨区域省间富余可再生能源电力现货交易试点工作的复函/国能函监管〔2018〕106 号	2018/9/10	国家能源局	新能源
71	关于增量配电业务改革第一批试点项目进展情况的通报/发改经体〔2018〕1460 号	2018/10/9	国家发展改革委、国家能源局	增量配电
72	关于健全完善电力现货市场建设试点工作机制的通知/国能综通法改〔2018〕164 号	2018/11/8	国家能源局综合司	电力市场
73	关于印发电力市场运营系统现货交易和现货结算功能指南（试行）的通知/发改办能源〔2018〕1518 号	2018/11/21	国家发展改革委、国家能源局	电力市场
74	关于印发清洁能源消纳行动计划（2018～2020 年）的通知/发改能源规〔2018〕1575 号	2018/10/30	国家发展改革委、国家能源局	新能源
75	关于请报送第四批增量配电业务改革试点项目的通知/发改办运行〔2018〕1673 号	2018/12/19	国家发展改革委、国家能源局	增量配电
76	关于进一步推进增量配电业务改革的通知/发改经体〔2019〕27 号	2019/1/5	国家发展改革委、国家能源局	增量配电
77	关于积极推进风电、光伏发电无补贴平价上网有关工作的通知/发改能源〔2019〕19 号	2019/1/7	国家发展改革委、国家能源局	新能源
78	关于规范优先发电优先购电计划管理的通知/发改运行〔2019〕144 号	2019/1/22	国家发展改革委、国家能源局	电力市场
79	关于印发《能源标准化管理办法》及实施细则的通知/国能发科技〔2019〕38 号	2019/4/18	国家能源局	其他
80	关于建立健全可再生能源电力消纳保障机制的通知/发改能源〔2019〕807 号	2019/5/10	国家发展改革委、国家能源局	新能源
81	关于加强能源互联网标准化工作的指导意见/国标委联〔2019〕19 号	2019/5/15	国家标准化管理委员会、国家能源局	其他
82	关于印发《输配电定价成本监审办法》的通知/发改价格规〔2019〕897 号	2019/5/24	国家发展改革委、国家能源局	电价
83	关于规范开展第四批增量配电业务改革试点的通知/发改运行〔2019〕1097 号	2019/6/21	国家发展改革委、国家能源局	增量配电
84	关于全面放开经营性电力用户发用电计划的通知/发改运行〔2019〕1105 号	2019/6/22	国家发展改革委	电力市场

续表

序号	政策名称/文号	发布日期	发布机关	分类
85	关于深化电力现货市场建设试点工作的意见/发改办能源规〔2019〕828 号	2019/7/31	国家发展改革委、国家能源	电力市场
86	关于加强电力中长期交易监管的意见/国能发监管〔2019〕70 号	2019/9/4	国家能源局	电力市场
87	关于加大政策支持力度进一步推进煤电联营工作的通知/发改能源〔2019〕1556 号	2019/9/25	国家发展改革委、国家能源局	其他
88	关于取消部分地区增量配电业务改革试点的通知/发改运行〔2019〕948 号	2019/9/29	国家发展改革委、国家能源局	增量配电
89	关于请报送第五批增量配电业务改革试点项目的通知/发改运行〔2019〕1004 号	2019/10/28	国家发展改革委、国家能源局	增量配电
90	关于做好 2020 年电力中长期合同签订工作的通知/发改运行〔2019〕1982 号	2019/12/21	国家发展改革委	电力市场
91	区域电网输电价格定价办法/发改价格规〔2020〕100 号	2020/1/19	国家发展改革委	电价
92	省级电网输配电价定价办法/发改价格规〔2020〕101 号	2020/1/19	国家发展改革委	电价
93	关于促进非水可再生能源发电健康发展的若干意见/财建〔2020〕4 号	2020/1/20	财政部、国家发展改革委、国家能源局	新能源
94	可再生能源电价附加资金管理办法/财建〔2020〕5 号	2020/1/21	财政部、国家发展改革委、国家能源局	新能源
95	关于推进电力交易机构独立规范运行的实施意见/发改体改〔2020〕234 号	2020/2/18	国家发展改革委、国家能源局	交易机构
96	关于做好电力现货市场试点连续试结算相关工作的通知/发改办能源规〔2020〕245 号	2020/3/26	国家发展改革委、国家能源局	电力市场
97	关于印发各省级行政区域 2020 年可再生能源电力消纳责任权重的通知/发改能源〔2020〕767 号	2020/5/18	国家发展改革委、国家能源局	新能源
98	电力中长期交易基本规则/发改能源规〔2020〕889 号	2020/7/1	国家发展改革委、国家能源局	电力市场
99	关于开展第五批增量配电业务改革试点的通知/发改运行〔2020〕1310 号	2020/8/21	国家发展改革委、国家能源局	增量配电
100	关于促进非水可再生能源发电健康发展的若干意见/财建〔2020〕426 号	2020/9/29	财政部、国家发展改革委、国家能源局	新能源
101	国家发展改革委关于核定 2020～2022 年区域电网输电价格的通知/发改价格规〔2020〕1441 号	2020/9/28	国家发展改革委	电价
102	国家发展改革委关于核定 2020～2022 年省级电网输配电价的通知/发改价格规〔2020〕1508 号	2020/9/28	国家发展改革委	电价

参 考 文 献

[1] 张粒子，张洪，等.《能源市场知识》[M]. 北京：中国电力出版社.

[2] 吉兴全，文福拴. 发电投资的实物期权决策方法 [J]. 电力系统自动化，2005，000（11）：1－5.

[3] 侯孚睿，王秀丽，锁涛，等. 英国电力容量市场设计及对中国电力市场改革的启示 [J]. 电力系统自动化，2015，39（24）：8－14.

[4] 陈大宇. 电力现货市场配套容量机制的国际实践比较分析 [J]. 中国电力企业管理，2020，000（1）：30－35.

[5] 黄培. 输电阻塞管理机制选择方法研究 [D]. 华北电力大学，2019.

[6] 孙可，兰洲，林振智，等. 国际典型电力市场阻塞管理机制及其对中国的启示研究 [J]. 电力系统保护与控制，2020，48（12）：170－178.

[7] 谭期文. 电力市场条件下的输电阻塞管理研究 D]. 广西大学，2019.

[8] 黄涵颖. 电力市场下的阻塞管理方法研究 [D]. 华北电力大学，2017.

[9] 张维静，刘秉祺，汪洋，等. 国内外辅助服务定价机制综述 [J]. 企业技术开发，2018，37（5）：13－16.

[10] 齐新宇. 搁置成本与竞争效率－兼论中国电力产业改革 [J]. 产业经济研究，2007，第三期（总第 28 期）：38－43.

[11] 刘双全，谢蒙飞，陈清贵，等. 适应云南电力市场的火电搁置成本补贴机制 [J]. 南方电网技术，2020，14（6）：40－46.

[12] 任震，吴杰康，祁达才. 电力市场中的闲置成本及其回收方法 [J]. 电力系统自动化，2001，16－18.

[13] 陈雨果，张轩，张兰，等. 南方（以广东起步）电力容量市场机制设计探讨 [J]. 广东电力，2020，33（2）：45－53.

[14] 张宗益，杨世兴，李豫湘. 电力产业激励性管制机制 [J]. 重庆大学学报，2002，25（11）.

[15] 柯琼，李奔. 激励性管制方法在世界电力产业中的应用与启示 [J]. 中国集体经济，2007，000（033）：108－109.

[16] 叶泽. 电力现货市场价格上下限的经济学依据 [J]. 中国电力企业管理，2020，607（22）：48－53.

[17] 文安，黄维芳，刘年. 英国电力市场的电量交易平衡机制 [J]. 南方电网技术，2014，8（05）：1－5.

[18] 董超，黄筱婴. 美国 PJM 电力市场及对广东电力改革的启示 [J]. 云南电力技术，2017，45（01）：16－20.

[19] 周华锋，胡亚平，聂涌泉，等. 区域互联电网电能量与备用辅助服务联合优化模型研究 [J]. 电网技术，2020，44（03）：991－1001.

[20] 梁志飞，陈玮，张志翔，等. 南方区域电力现货市场建设模式及路径探讨 [J]. 电力系统自动化，2017（24）：16－21.

[21] 孙珂，夏清. 兼顾效率与帕累托改进的电力市场竞价模式 [J]. 电力系统自动化，2008，32（015）：26－30.

[22] 王永福，张伯明，孙宏斌，等. 国外平衡机制介绍及建设我国实时平衡市场的建议 [J]. 电网技术，

2003（09）：10－13.
［23］陈建华. 电力市场中发电商报价行为分析［D］. 浙江大学.
［24］刁勤华，林济铿，倪以信，等. 博弈论及其在电力市场中的应用［J］. 电力系统自动化，2001，000（01）：19－23.
［25］杨争林，姚建国，马远东，等. 电力市场经济学：理论与政策［M］. 中国电力出版社，2017.
［26］邹鹏，陈启鑫，夏清，等. 国外电力现货市场建设的逻辑分析及对中国的启示与建议［J］. 电力系统自动化，2014，38（13）：18－27.
［27］樊宇琦，丁涛，孙瑜歌，等. 国内外促进可再生能源消纳的电力现货市场发展综述与思考［J］. 中国电机工程学报，2021，41（05）：1729－1752.
［28］王海利，王萌，付兆庆，等. 电力现货市场多阶段运行模式模拟分析研究［J］. 自动化技术与应用，2020，39（2）：124－127，142.
［29］徐云. 现货市场中考虑中长期交易限制的售电公司决策［J/OL］. 中国电力：1－7［2021－05－08］.
［30］吴敬慧，张杰，潘舒妍，等. 电力现货市场中标准零售套餐设计——基于用户分群的分析［J］. 价格理论与实践，2019（12）：132－136.
［31］李琼慧，叶小宁，胡静，等. 分布式能源规模化发展前景及关键问题［J］. 分布式能源，2020，24（02）：4－10.
［32］夏清，黎灿兵，江健健，等. 国外电力市场的监管方法、指标与手段［J］. 电网技术，2003（03）：1－4.
［33］陈清贵，王帮灿，丁文桥. 澳大利亚国家电力市场计量机制及启示［J］. 云南电力技术，2020，6（48）：60－64.
［34］董力. 适合我国电力市场发展不同阶段的调频备用市场设计［D］. 东南大学，2018.
［35］喻洁，刘云仁，杨家琪，等. 美国加州辅助服务市场发展解析及其对我国电力市场的启示［J］. 电网技术，2019，43（08）：2711－2717.
［36］龙苏岩，冯凯，徐骏，等. 电力现货市场下不平衡费用构成及分摊机制研究［J］. 电网技术，2019，43（8）：2649－2657.
［37］陈政. 关于区域电力市场建设的思考［N］. 中国能源报，2017－03－20（010）.
［38］高峰. 电力现货交易对市场主体的影响［J］. 合作经济与科技，2020（10）：100－101.
［39］刁勤华，林济铿，倪以信，等. 博弈论及其在电力市场中的应用［J］. 电力系统自动化，2001（02）：13－18.
［40］阮文骏，马琎劼，毛晓波，等. 智能电网电力需求响应标准体系研究与设计［J］. 电力系统装备，2018（012）：132－133.
［41］陈俊生. 面向智能用电的需求响应技术及家庭用户用电策略研究［D］. 重庆大学，2014.
［42］潘小辉，王蓓蓓，李扬. 国外需求响应技术及项目实践［J］. 电力需求侧管理，2013（01）：63－67.
［43］柯东鹤. 电力现货市场售电侧日前申报策略分析与研究［J］. 机电信息，2019（23）：140－141.
［44］石剑涛，郭烨，孙宏斌，等. 备用市场机制研究与实践综述［J］. 中国电机工程学报，2021，41（01）：123－134+403.
［45］李岱昕. 从 CAISO 和 PJM 区域电力市场，看储能的能量型和功率型应用状况［J］. 电器工业，2018（07）：41.

［46］刘红岭. 电力市场环境下水电系统的优化调度及风险管理研究［D］. 上海：上海交通大学电子信息与电气工程学院，2009.

［47］周文俊. 电力市场环境下电力中长期交易校核技术研究与应用［D］. 东南大学，2019.

［48］包铭磊，丁一，邵常政，等. 北欧电力市场评述及对我国的经验借鉴［J］. 中国电机工程学报，2017，000（17）：4881－4892.

［49］葛乃成，庄立伟. 需求侧响应实施方法综述及案例分析［J］. 华东电力，2012，40（05）：744－747.

［50］闫湖，黄碧斌，洪博文. 区块链：适应未来市场化交易的分布式电源交易架构重构［J］. 电力信息与通信技术，2018，16（10）：8－12.

［51］陈青，杨骏伟，黄远明，等. 国外电力市场中市场力监测与缓解机制综述［J］. 南方电网技术，2018，12（12）：9－15，63.

［52］黄晓玲，郭国川. 电力市场操纵力问题探析［J］. 中国电力，2003（06）：39－44.

［53］陈达鹏，荆朝霞，施建华. 电力市场中市场力的控制［A］，2019:14.

［54］张夏平，宋依群，杨立兵，等. PJM 电力市场三寡头垄断测试法［J］. 华东电力，2008（05）：23－25.

［55］童明光. 我国电力市场中市场力的理论与实证研究［D］. 华北电力大学（北京），2006.

［56］张粒子，张集，程瑜. 电力市场中的串谋溢价和串谋行为规制［J］. 电网技术，2006（24）：61－67.

［57］刘杰. 电力市场力的量度及抑制理论方法研究［D］. 华北电力大学（北京），2004.

［58］Transmission Transfer Capability Task Force. Available Transmission Capability Definitions and Determination. North American Electric Reliability Council，Princeton，New Jersey，June 1996.

［59］Transmission Capability Margins and Their Use in ATC Determination-White Paper. Prepared by the North American Electric Reliability Council Available Transfer Capability Working Group. June，1999.

［60］Sauer P W. Alternatives for Calculating Transmission Reliability Margin（TRM）in Available Transfer Capability（ATC）. Proceedings of the Thirty-First Hawaii International Conference on System Sciences，1998，3.

［61］林文森，张毅威，丁超杰，等. 欧洲输电费率的发展与现状［J］. 电网技术，2016，40（11）：3316－3321.

［62］李竹，庞博，李国栋，等. 欧洲统一电力市场建设及对中国电力市场模式的启示［J］. 电力系统自动化，2017，41（24）：2－9.